Ludwig Kotelmann
**Gesundheitspflege im Mittelalter
Kulturgeschichtliche Studien nach Predigten
des 13., 14. und 15. Jahrhunderts**

Kotelmann, Ludwig: Gesundheitspflege im Mittelalter-
Kulturgeschichtliche Studien nach Predigten des 13., 14. und 15.
Jahrhundert
Hamburg, SEVERUS Verlag 2011.
Nachdruck der Originalausgabe von 1890.

ISBN: 978-3-86347-119-4
Druck: SEVERUS Verlag, Hamburg 2011

Der SEVERUS Verlag ist ein Imprint der Diplomica Verlag GmbH.

Bibliografische Information der Deutschen Nationalbibliothek:
Die Deutsche Nationalbibliothek verzeichnet diese Publikation in der
Deutschen Nationalbibliografie; detaillierte bibliografische Daten sind
im Internet über http://dnb.d-nb.de abrufbar.

© **SEVERUS Verlag**
http://www.severus-verlag.de, Hamburg 2011
Printed in Germany
Alle Rechte vorbehalten.

Der SEVERUS Verlag übernimmt keine juristische Verantwortung
oder irgendeine Haftung für evtl. fehlerhafte Angaben und deren
Folgen.

Vorrede.

> Das bis jetzt stark vernachlässigte Studium der Geschichte der Gesundheitspflege ist thatsächlich lehrreicher und verspricht gröfseren Lohn, als man gemeiniglich glaubt.
> J. Uffelmann.

In dem nachstehenden Werke ist zum erstenmale der Versuch gemacht worden, deutsche Predigten des Mittelalters als Quelle für die Geschichte der Medizin zu benutzen.[1] Dieser Versuch darf nicht überraschend erscheinen, wenn man bedenkt, dafs die damalige Predigtweise eine vorherrschend auf das Praktische gerichtete, ethische war und infolge dessen die verschiedensten Seiten des menschlichen Lebens berührte. So bilden denn jene Reden eine wichtige Fundgrube für die Kulturgeschichte und die damit eng zusammenhängende Geschichte der Medizin.

Wenn wir nun aus dieser Quelle Beiträge zur Gesundheitspflege des Mittelalters zu geben unternehmen, so wird niemand in denselben ein System der Hygiene oder gelehrte hygienische Auseinandersetzungen zu finden erwarten. Dazu ist die Gesundheitspflege ein zu junger Zweig der medizinischen Wissenschaft, ganz abgesehen davon, dafs eine Predigtsammlung kein hygienisches Kompendium sein kann.

Vielmehr handelt es sich bei unseren Geistlichen nur um das, was der nüchternen Beobachtung und dem gesunden Menschen-

---

[1] Die Ausgabe *altdeutscher Predigten* von Anton E. Schönbach, Graz, 1886—1888, welche als Abschlufs der älteren Sammlungen gilt, konnte leider nicht mehr Berücksichtigung finden, da unsere Arbeit bereits seit längerer Zeit vollendet war und nur, durch äufsere Umstände veranlafst, erst jetzt erscheint.

verstande die tägliche Erfahrung an die Hand gab, und ihre Ausführungen haben daher öfter mehr kulturhistorisches, als streng hygienisches Interesse. Doch bieten sie auch Stoff genug, der, wie beispielsweise die Verfälschung der Nahrungs- und Genufsmittel, zu den wichtigsten Kapiteln der Gesundheitspflege gehört. Was die Form der Darstellung betrifft, so haben wir so viel als möglich die Quellen selbst reden lassen, indem wir charakteristische Stellen auswählten und dazu den verbindenden Text, der das Urteil leiten soll, gaben. Dadurch ist nicht nur eine gewisse Mannigfaltigkeit des Tones erzielt, sondern auch ein unmittelbares Verhältnis zwischen dem Leser und den Männern hergestellt, deren Predigten nach der Erklärung Jakob Grimms zu dem Besten gehören, was die deutsche Beredsamkeit alter und neuer Zeit hervorgebracht hat.

Mögen sie denn auch anderen wenigstens einen kleinen Teil des Genusses gewähren, den der Verfasser bei ihrem Studium reichlich empfunden hat!

Hamburg, im Oktober 1890.

L. Kotelmann.

Inhaltsverzeichnis.

Einleitung.
Die benutzten Quellen.
Berthold von Regensburg, Meister Eckhart, Johann Tauler, Geiler
von Keifersberg; sonstige Predigtsammlungen; weltliche Litteratur 1 — 5

Erstes Kapitel.
Die Ernährung.
Animalische Nahrungsmittel: Haussäugetiere, zahmes Geflügel, Wildbret; Fische; Milch und deren Derivate .... 6 — 14
Vegetabilische Nahrungsmittel: Ackerbau, Getreide, Brot, Feingebäck; Gemüse, Leguminosen; Obst und andere Früchte .... 14 — 23
Genufsmittel: Gewürze; Bier, Met, Wein .... 23 — 31
Zubereitung der Speisen und Verdauung derselben .... 31 — 37
Verdorbene und verfälschte Nahrungsmittel: faules, krankes, unzeitiges, finniges Fleisch; faule Fische; faules Korn, Brot mit zu viel Salz- oder Hefezusatz, verschimmeltes Brot; verfaultes Obst .... 37 — 41
Verdorbene und verfälschte Genufsmittel: Fälschung des Pfeffers; Vermischung des Weines mit Wasser, trüber, umgeschlagener Wein 41 — 43
Warnung vor Leckerei und Völlerei: Verbreitung derselben, ihre nachteiligen Folgen für die Gesundheit .... 43 — 50
Empfehlung der Mäfsigkeit und des Fastens: Fastenzeit, Dispens vom Fasten für Kranke, Alte, Kinder, Schwangere, Säugende, schwer Arbeitende .... 50 — 57
Bekämpfung der Trunksucht: Schädigung der Gesundheit durch dieselbe, Ermahnung zur Vorsicht beim Trinken, Verbreitung des Trunkes .... 57 — 62

Zweites Kapitel.
Die Kleidung, Haut- und Haarpflege.
Hautpflege durch Bäder: allgemeine Benutzung derselben, die Art und Weise, zu baden .... 63 — 66
Verderbnis der Haut durch Schminken: Frauen und Männer geschminkt, Bekämpfung dieser Unsitte .... 66 — 69
Haarpflege: Verunstaltung des Haares bei beiden Geschlechtern, Pflege des Bartes, Haartracht der Geistlichen .... 69 — 74
Die Kleider: männliche und weibliche Kopfbedeckung und Leibwäsche;

Röcke, Obergewänder, Mäntel, Beinkleider der Männer; Tracht der Ritter, Priester und Mönche; Röcke, Gürtel, Obergewänder, Mäntel und Tücher der Frauen; Handschuhe, Schuhe und Stiefel ... 74 — 93

Verweichlichung durch die Kleidung: Neigung der Frauen zur Putzsucht, psychologische Erklärung hierfür, Gelegenheit zum Putze, die damit verbundene Verschwendung, Vererbung dieser Gewohnheit, Aufwand der Frauen mit Hüten, Schleiern, Röcken, Gürteln, Tüchern und Schuhen; Hoffart der Männer in Kleidern, auffallende Kopftracht, kostbare Röcke und Mäntel, geschlitzte Hosen und Schuhe derselben; Tadel solcher Üppigkeit und Empfehlung, den Leib abzuhärten .... 93 —109

Verweichlichung durch Betten: Einrichtung des Bettes, damit getriebener Luxus .... 109—111

Die Wohnung: Beschaffenheit des bürgerlichen Hauses, der Ritterburgen und ihrer Verliefse, der Paläste der Fürsten, der Mönch- und Nonnenklöster; hygienische Anforderungen an die Wohnstätte 111—120

Drittes Kapitel.
Die Prostitution und Unsittlichkeit.

Sexueller Umgang in Frauenhäusern: häufiger Besuch derselben, Verwerfung ihrer öffentlichen Duldung........................... 121—124

Sonstiger aufserehelicher Verkehr der beiden Geschlechter: jüngere und ältere Männer der Unzucht ergeben; Sittenlosigkeit der Mönche und Priester, Konkubinen der letzteren, Verführung junger Frauen und Nonnen durch Geistliche, die Ursache dieser Mifsstände; Betastung der weiblichen Genitalien durch Männer, Onanie, Päderastie und Sodomiterei derselben .... 124—136

Unzüchtiges Verhalten der Weiber: Kupplerinnen; Verführung von Klerikern und anderen durch junge Mädchen und Frauen; Witwen und Nonnen unkeusch; Fruchtabtreibung, Kindsmord; unnatürliche Befriedigung des weiblichen Geschlechtstriebes ..... 136—143

Unsittlichkeit in der Ehe: Heirat naher Verwandter; Kohabitation Verehelichter ohne Zucht und Mafs, eheliche Enthaltsamkeit während der Fasten und kirchlichen Feste empfoblen, desgleichen, wenn die Frauen hochschwanger oder krank sind, Übertretung dieser Vorschriften namentlich durch Ungebildete; coitus a posteriori; Ehebruch bei Männern und Frauen, Treulosigkeit der letzteren auf Wallfahrten; widernatürlicher Verkehr der Frauen mit ihren Männern... 143—158

Verurteilung der Unkeuschheit: jede fleischliche Lust ein Laster, der Unreinen wartet die Verdammung, ihre Strafe schon auf Erden, sie schädigen ihre Gesundheit und verkürzen ihr Leben .... 159—164

Lob der Keuschheit: christliche Vorbilder derselben; Warnung vor unreinen Gedanken, schmutzigen Kunstdarstellungen, obscönen Reden und Liedern; hitzige Gewürze, starke Weine und üppige Kleider sind zu meiden; Rat, zu ehelichen für die, welche ihrer Triebe nicht Herr werden können, nur geistlichen Personen ist

die Ehe verboten, grofser Altersunterschied der Gatten bringt
mancherlei Nachteil.................................... 165—176

Viertes Kapitel.
Die körperlichen Übungen.

Der Tanz: Beliebtheit desselben bei jung und alt; Rüge der Tanzsucht, das Tanzen etwas Unnützes, das namentlich an Sonn- und Feiertagen zu unterlassen ist, Geistliche sollen den Tanz und die Spielleute besonders fliehen........................... 177—184

Das Ringen, Springen, Wettlaufen, Steinstofsen, Speerstechen, Kegelschieben und Scheibenschiefsen: Vorliebe der Jugend für diese Spiele, sie sind nach einzelnen Predigern nur ein Mittel zur Hoffart, andere verteidigen sie, wenn sie der Erholung und körperlichen Kräftigung dienen................................ 184—185

Die Turniere: weil stark anstrengend, nur von Männern, doch vereinzelt auch von Frauen gehalten; sie dienen der Eitelkeit und dem Hochmut, sind nutzloser Zeitvertreib, an kirchlichen Festen doppelt unrecht... 186—187

Fünftes Kapitel.
Die ärztliche Hilfe.

Die Ärzte: Aufenthalt derselben auf den Universitäten, Methode des Studiums, Prüfungen für das Magisterium und Doktorat; Ansehen der Doktoren der Medizin, berühmte Ärzte der Vorzeit; die Juden, weil verachtet, vom ärztlichen Stande ausgeschlossen, trotzdem öfter praktizierend.. 188—194

Die Kurpfuscher: Priester und Ordensbrüder als solche; Übergriffe der Wundärzte auf das Gebiet der inneren Medizin; Krankenbehandlung durch Zahnärzte, Theriakhändler, Landstreicher und alte Weiber, Universalmittel der Genannten; der Krankheiten sind zu viele, als dafs ein jeder heilen kann.................. 194—199

Die Arztnarren: sie erdenken schädliche Künste, besuchen den Patienten zu selten oder zu oft, behandeln ihn schablonenhaft, ohne zu specialisieren... 199—201

Verhalten des Kranken gegen den Arzt: er hat ihn zu honorieren, schuldet ihm volles Vertrauen, darf ihn nicht ohne Grund konsultieren, nichts vor ihm verheimlichen, seine Vorschriften nicht aufser acht lassen, soll ihn nicht zu spät aufsuchen, ihn nicht verachten, wenn er nicht helfen kann....................... 202—207

Die inneren Krankheiten: Einflufs der Gestirne auf ihre Entstehung; Erkrankungen des Gehirns, des Rückenmarks und der Nerven, der Atmungs- und Kreislauforgane, der Verdauungswege; Infektionskrankheiten: Hundswut, kaltes Fieber, Aussatz, Blattern, Pestilenz; auf Ernährungsstörungen beruhende Krankheiten: Gicht, Leiden des Alters................................... 207—216

Die äufseren Krankheiten: Behandlung derselben durch Wundärzte, deren Ausbildung und kollegiales Verhältnis; Ausführung des Ader-

— VIII —

Seite

lasses, des Stein- und Bruchschnittes; Heilung von Geschwüren, offenen alten Schäden, Stich- und Schnittwunden, Verband mit Charpie, Erysipel, Narbenbildung, Wundheilungen im einzelnen; Einrichtung von Luxationen und Frakturen; Amputation verschiedener Gliedmafsen; Behandlung von Ohren- und Augenkrankheiten ... 216—222

Die Geburtshilfe: Hebammen; Embryo, seine Beseelung, Entstehung des Geschlechtes; Schonung der Frauen während der Schwangerschaft, „Versehen" der Mütter; Schmerzhaftigkeit des Gebärens, Absterben des Kindes während der Geburt; Dauer des Kindbettes, Diät der Wöchnerinnen; das Selbstnähren, Ammen............ 223—228

Die Apotheken: nicht nur Apotheker, auch Ärzte, Wundärzte und Theriakhändler bereiteten Arzneien; Heilmittel aus dem Tierreiche; pflanzliche Medikamente, Beispiele ihrer Verwendung; Therapie mit Mineralien, die Mineralbrunnen; Form der Medikamente: Pflaster, Salben, Heiltränke, Latwergen, Pillen; Wirkungsweise derselben, vergebliche Benutzung .... 228—236

Heilung mit Zaubermitteln: häufiger Gebrauch derselben auf dem Lande, Beispiele von Aberglauben in der Volksmedizin; die Kirche verdammt denselben, keine Entschuldigung gilt dafür; Zugeständnisse der Geistlichkeit an die Superstition: den Heiligen und ihren Reliquien werden Heilerfolge zugeschrieben, nur Berthold tadelt Kuren dieser Art .... 236—242

Sechstes Kapitel.
Die Krankenpflege und Totenbestattung.

Pflege der Patienten: in ihrer Wohnung üblich, arme Kranke verlassen; Gründung von Spitälern, Siechen- und Blatternhäusern, Einrichtung derselben.. 243—247

Exitus letalis: Sterblichkeit, Anzeichen des nahen Todes, der Sterbende auf den Boden gelegt; Leichensektionen, Einkleidung und Aufbahrung der Toten, Nachtwachen bei Verstorbenen durch Priester und Mönche, Totenbünde .... 247—253

Begräbnis: Exequien in der Kirche; die Angehörigen folgten der Leiche nicht, diese Unsitte nicht in Norddeutschland; die Kirchhöfe meist innerhalb der Stadt, das Gesundheitswidrige dieser Lage; die Grüfte, steinerne Familiengräber; Verwesung; Beisetzung in Kirchen, ein Vorzug der Heiligen und Vornehmen; Hinausschaffen des Leichnams an die Stätte der Erhängten .... 253—263

Schlufs.
Beurteilung des Mitgeteilten.

Die hygienischen Anschauungen unserer Prediger fast ausnahmslos gesunde, der Grund hierfür ihre vielseitige Bildung: sie sind nicht nur Theologen, sondern auch mit dem klassischen Altertume, der Geographie, Astronomie, Physik, Chemie und den beschreibenden Naturwissenschaften vertraut; ihr warmes Herz für die Natur... 264—276

Einleitung.

Die benutzten Quellen.

In der Geschichte der Kanzelberedsamkeit wird die Zeit von 1250 bis 1510 immer eine hervorragende Epoche ausmachen. Wirkten doch damals eine Anzahl Männer als geistliche Redner, die das Volk mit so unwiderstehlicher Macht an sich zogen, dafs „oft nur der Tempel Gottes im Freien die Menge ihrer Hörer zu fassen vermochte".[1] Der älteste derselben ist der 1272 verstorbene Franziskanermönch Berthold von Regensburg.[2] In echt volkstümlicher und dennoch niemals niedriger Rede erschütterte er rohe Gemüter,

---

[1] K. Hase, *Kirchengeschichte*. Leipzig 1858. S. 312. W. Wackernagel, *Altdeutsche Predigten und Gebete*. Basel 1876. S. 69: „Bruoder berchtolt von regenſpurg der barfuos hat gerpediet da ef menig tusent menfch hort ze zürich vor der ſtat." Schuegraf gibt in der *Bibliothek der gesammt. deutsch. National-Litteratur*. Quedlinburg und Leipzig 1839. Bd. XI. Tl. 1. S. 81 sogar an, es hätten sich einmal über 200 000 (?) Menschen hinzugedrängt, als Berthold in dem Minoritenkloster zu Regensburg predigte.

[2] Chr. F. Kling, *Berthold, des Franciskaners deutsche Predigten, aus der zweiten Hälfte des 13. Jahrhunderts, theils vollständig, theils in Auszügen.* Berlin 1824. Vgl. J. Grimms Beurteilung dieser Schrift in den *Wiener Jahrbüchern der Litteratur.* 1825. Bd. XXXII. Oktob.- und Dezemb.-Heft. S. 194ff. F. Pfeiffer, *Berthold von Regensburg. Vollständige Ausgabe seiner Predigten mit Anmerkungen und Wörterbuch.* Wien 1862. Bd. I; Wien 1880. Bd. II von J. Strobl. Eine Charakteristik Bertholds findet sich bei W. Wackernagel, *Altdeutsche Predigten und Gebete.* S. 352—369; ebenso bei R. Cruel, *Geschichte der deutsch. Predigt im Mittelalter.* Detmold 1879. S. 306—322.

zog gegen die Ablaſs- oder Pfennigprediger[1] zu Felde und drang gegenüber dem Ceremonienwesen der damaligen Kirche auf eine Verehrung Gottes im Geiste und in der Wahrheit. Eine ähnliche, wenn auch weniger praktische Richtung verfolgte Meister Eckhart[2], wahrscheinlich in Thüringen in der zweiten Hälfte des dreizehnten Jahrhunderts geboren. Wegen seiner mystisch-kontemplativen Gesinnung ward er als Ketzer verdammt und lebte zuletzt in Köln, wo er eine Schar hervorragender Schüler um sich versammelte. Zu denselben gehörte vor allem Johann Tauler[3], den die Mitwelt mit dem stolzen Beinamen eines „Doctor sublimis et illuminatus" belegt hat. Er zog als Dominikaner in verschiedenen Gegenden Deutschlands predigend umher und schlug dann seinen Wohnsitz in Straſsburg auf, wo er nach zwanzigjährigem Aufenthalte 1361 starb. Aus seinen Predigten[4] strahlt uns die ganze Wärme innerster Überzeugung entgegen, und wir wüſsten denselben kein passenderes Motto,

---

[1] Für die Bezeichnung „pfennincprediger" gibt Berthold folgende Erklärung ab: „Swenne (wenn) dû ûf stêst unde vergibest einem alle die sünde die er ie getete umb einen einigen helbelinc (ein halber Pfennig) oder umb einigen pfenninc, sô waenet er, er habe gebüezet, unde wil für baz niht mêr büezen." F. Pfeiffer, *Berthold von Regensburg*. Bd. I. S. 117.

[2] F. Pfeiffer, *Deutsche Mystiker des 14. Jahrhunderts*. Leipzig 1857. Bd. II: Meister Eckhart. Vgl. K. Schmidt, Meister Eckart; ein Beitrag zur Geschichte der Theologie und Philosophie des Mittelalters. *Theolog. Studien u. Kritiken*. 1839. Heft 3. S. 663 ff. W. Wackernagel a. a. O. S. 398—429. R. Cruel a. a. O. S. 370—384.

[3] C. Schmidt, *Johannes Tauler von Straſsburg. Beitrag zur Geschichte der Mystik und des religiösen Lebens im 14. Jahrhundert*. Hamburg 1841. W. Wackernagel a. a. O. S. 429—431. R. Cruel a. a. O. S. 385—395.

[4] Die älteste Ausgabe von Taulers Predigten erschien 1498 in Leipzig; zuletzt kamen dieselben 1826 in Frankfurt a. M. in 3 Bänden heraus. Wir citieren nach der Baseler Ausgabe von 1521: Joannis Tauleri *des heiligẽ lerers Predig, fast fruchtbar zuo eim recht christlichen leben*. Eine neuhochdeutsche Übersetzung haben E. Kuntze und J. H. R. Biesenthal geliefert: Johann Taulers *Predigten auf alle Sonn- und Festtage im Jahr*. Nach den Ausgaben von Joh. Arndt und Phil. Jac. Spener. Berlin 1841—1842. 3 Teile. Luther äuſsert sich über Taulers Reden in einem Briefe an den sächsischen Kanzler Spalatin: „Si te delectat puram solidam antiquae simillimam Theologiam legere in Germanica lingua effusam, sermones Joh. Tauleri praedicatoriae professionis comparare tibi potes. Neque enim ego vel in Latina vel in nostra lingua Theologiam vidi salubriorem, et cum Evangelio consonantiorem." Epistol. XXIII ad Spalat. in der Walchschen Ausgabe der Werke Luthers. Bd. XXI. S. 567.

als das Quinctilianische „Pectus est, quod disertum facit," vorzusetzen. Als der letzte dieses Kreises endlich ist Geiler von Keisersberg[1] zu nennen, einer der tiefsten Menschenkenner, die es je gegeben hat. Er war 1445 zu Schaffhausen geboren, studierte 1475 zu Basel, ward 1478 Prediger am Münster zu Strafsburg und starb daselbst im Jahre 1510. Seine Predigten[2], namentlich die, welche er über Sebastian Brants Narrenschiff hielt[3], sind weniger auf Erhebung

---

[1] Geilers Leben haben zwei der namhaftesten Humanisten lateinisch beschrieben, Jacob Wimpheling 1510 und Beatus Rhenanus 1511. Eine neuere Biographie verdanken wir F. W. Ph. von Ammon, *Geiler von Kaysersbergs Leben, Lehren und Predigten*. Erlangen 1826. Vgl. auch W. Wackernagel a. a. O. S. 441—444. R. Cruel a. a. O. S. 538—556.

[2] *Dis schön buoch genāt der seelen Paradifs, von waren und volkūmen tugenden sagend. hatt geprediget, und zuoletfst corrigiert, der gottfoerchtig, hoch beruemt doctor uñ predicant. Johañes Geiler vō Keyfzerfperg. zuo den Reüwte in Strafsburg. Als man zalt nach der geburt Chrifti unfzers herren Taufent Fünffhundert und dreü Jar.* Strafsburg 1510. — *Das buch Granatapfel. im latein genant Malogranatus. helt in im gar vil und manig heilfam und fueffer underweyfung und leer. den anhebenden, uffnemenden und volkomē menfchen, mit fampt geiftlicher bedcütung des ufzgangs der kinder Ifrael von Egypto. Item ein merckliche underrichtung der geiftlichen fpinnerin. Item etlich predigen von dē hafen im pfeffer. Unnd von fyben fchwertern, unnd fcheiden, nach geiftlicher ufzlegung. Merers teyls geprediget durch den hochgelerten doctor Johannem Geyler vonn Keyferfperg.* Strafsburg 1516. — *Die Emeis Dis ift das buoch von der Omeiffen. unnd auch. Her der künnig ich diente gern. Und fage von Eigentfchafft der Omeiffen, und gibt underweifung vō dē unholden und hexen, und von gefpenft der geift. unnd von dem wuetenden heer wunderbarlich, und nützlich zewiffen, was man daruon halten oder glauben foll. Und ift von dem hochgelerten doctor Joanes Geiler vo Keiferfperg Predicant der Keiferlichen freien ftatt Strafsburg, der felben zeit. in eim quadragefimal geprediget worden alle fontag in der faften etc.* Strafsburg 1516. 2. Aufl. Strafsburg 1517. — *Euangelia mit ufzlegū Des hoch gelerte Doctor Keiferfpergs: und ufz dem Plenarium und funft vil guotter Exempel Nutzlich, Sumer und Winttertheil durch dz gātz iar. Introit, anfang der Mefs Epiftel und Collect etc. und auch me von den Heiligē und die zwölff Euāgelia die der Doctor auch geprediget uñ ufzgelegt hat, feint von feinē mund angefchriben, uñ getruckt mit gnad uñ Priuilegio ufz weifzet wy nach ftot.* Strafsburg 1517. — *Doctor Keiferfzbergs Poftill: Ueber die fyer Euangelia durchs jor, fampt dem Quadragefimal, und von ettlichen Heyligen, newlich ufzgangen.* Strafsburg 1522.

[3] *Des hochwirdigen doctor Keiferfpergs narenfchiff fo er geprediget hat zuo firafsburg in der hohen ftifft dafelbft Predicāt d' zeit. 1498. dis geprediget. Und ufz latin in tütfch bracht, darin vil weifzheit ift zuo lernē, und leert auch die narrēfchel hinweck werffen. ift nütz und guot alen menfchen.* Strafsburg 1520.

des Gemüts, als auf Verbesserung der Sitten gerichtet, aber sie verfolgen die Thorheiten der Welt und der Kirche mit so derbem, kaustischem Witze, dafs sie unerreicht in dieser Beziehung dastehen.[1]

Wenn aber auch die bisher Genannten die hervorragendsten Prediger jener Zeit sind, und wir deshalb vorzugsweise aus ihren Reden unsre Darstellung schöpften, so haben uns doch noch eine Anzahl andrer Predigtsammlungen für unsern Zweck vorgelegen. Es sind dies die Sermone des dreizehnten Jahrhunderts in H. Hoffmanns *Fundgruben*[2], die damit gleichzeitigen *Deutschen Predigten*, herausgegeben von Grieshaber[3], die elsässischen Predigten des vierzehnten Jahrhunderts in der Birlingerschen Zeitschrift *Alemannia*[4], sowie die geistlichen Reden in dem ersten Bande der *Deutschen Mystiker des vierzehnten Jahrhunderts* von Pfeiffer.[5] Auch die Predigten, welche die *Bibliothek der gesamten deutschen Nationallitteratur*[6], Mones *Anzeiger für Kunde der deutschen Vorzeit*[7] und Wackernagels *Altdeutsche Predigten und*

---

[1] Vgl. Mundt, *Kunst der deutschen Prosa*. S. 178 ff.

[2] H. Hoffmann, *Fundgruben für Geschichte deutscher Sprache und Litteratur*. Breslau 1830. Tl. I. S. 70—126. Vgl. R. Cruel a. a. O. S. 155—167.

[3] F. K. Grieshaber, *Deutsche Predigten des XIII. Jahrhunderts zum erstenmal herausgegeben.* Stuttgart 1844. Abt. 1; Stuttgart 1846. Abt. 2. Vgl. W. Wackernagel a. a. O. S. 372—375. R. Cruel a. a. O. S. 322—336.

[4] A. Birlinger, *Alemannia, Zeitschrift für Sprache, Litteratur und Volkskunde des Elsafses und Oberrheins*. Bonn 1873. Bd. I. S. 60—87, 186—194, 225—250.

[5] F. Pfeiffer, *Deutsche Mystiker des 14. Jahrhunderts*. Leipzig 1845. Bd. I. Enthält das Heiligenleben des Hermann von Fritslar, sowie die Predigten des Nikolaus von Strafsburg und David von Augsburg. Über Nikolaus von Strafsburg vgl. W. Wackernagel a. a. O. S. 393—398.

[6] *Bibliothek der gesammten deutschen National-Literatur von der ältesten bis auf die neuere Zeit*. Bd. XI. Tl. 1: K. Roth, *Deutsche Predigten des XII. und XIII. Jahrhunderts*. Quedlinburg und Leipzig 1839. Bd. XI. Tl. 2: H. Leyser, *Deutsche Predigten des XIII. und XIV. Jahrhunderts*. Quedlinburg und Leipzig 1838. Über die Rothsche Sammlung vgl. R. Cruel a. a. O. S. 191—194, über die Leysersche R. Cruel a. a. O. S. 181—190.

[7] H. Frh. von Aufsefs, *Anzeiger für Kunde des deutschen Mittelalters*. Jahrg. 1 und 2. Nürnberg 1832. 1833; Jahrg. 3 von H. Frh. v. u. z. Aufsefs und Professor Mone. Nürnberg 1834; Jahrg. 4 ff. unter dem Titel: *Anzeiger für Kunde der teutschen Vorzeit* von F. J. Mone. Karlsruhe 1835 ff.

Gebete[1] enthalten, wurden hin und wieder von uns benutzt. — Dagegen haben wir zu der damaligen Profanlitteratur nur alsdann unsre Zuflucht genommen, wenn sie eine wertvolle Ergänzung zu den Mitteilungen unsrer Prediger bot. Auf diese Weise sind aufser dem Nibelungenliede Heinrich von Veldeke, Hartmann von Aue, Walther von der Vogelweide, Gottfried von Strafsburg, Wirnt von Gravenberg, Wolfram von Eschenbach, Ulrich von Lichtenstein, Konrad von Würzburg, Sebastian Brant und andre von uns angezogen worden. Ganz vereinzelt haben uns auch zwei niederdeutsche Urkunden als Quellen gedient.

---

[1] W. Wackernagel, *Altdeutsche Predigten und Gebete aus Handschriften*. Basel 1876. Die darin enthaltenen Predigten aus einem Nonnenkloster bespricht R. Cruel a. a. O. S. 355—361 und Wackernagel selbst a. a. O. S. 384—393.

I. Kapitel.
Die Ernährung.

Indem wir nun aus den in der Einleitung erwähnten Schriften die hygienischen Anschauungen des Mittelalters zu schildern versuchen, beginnen wir mit der Besprechung der damals üblichen Art der Ernährung. Denn „sich zu etzen"[1] oder „des lībes nôtdurft"[2] zu besorgen, galt als christliche Pflicht. „Das ḩaltet leib uñ feel zuosamen"[3], äufsert Geiler einmal, und an einer andren Stelle sagt er, dafs die leibliche Speise zwar nicht das Leben zu geben, wohl aber dasselbe zu erhalten vermöge: „Liblich brot das felb gibt nitt das leben, funder allein behaltet es das leben des menfchē. Einer muoft lang einem toten menfchen brot in das mul thuon, das er lebēdig würd."[4]

Als „effig" (efsbar) und „nutzlich"[5] aber werden namentlich die animalischen Nahrungsmittel bezeichnet. Was zunächst das Fleisch der Haussäugetiere betrifft, so lag die Herrichtung desselben den „vleifchern" oder „metzgern" ob. Sie bildeten zusammen eine

---

[1] Berthold, ed. F. Pfeiffer. Bd. II. S. 115.
[2] Ebendas. Bd. II. S. 17.
[3] Geyler von Keyferfzberg, *Poftill*. teyl III. S. XXXVIII. Pred. An unfers Herren Fronlychnamstag.
[4] Ebendas. teyl II. S. LXIX. Pred. Am Donderftag noch Oculi.
[5] Joannis Tauleri Predig In der Crützwochen. S. XXXVIII.

eigne „zunfft"[1] und waren meistens „fleischslahter"[2] (Fleischschlächter) und Fleischhändler[3] zugleich. Von dem Fleisch aber, das sie feil hielten, ist das Ochsenfleisch zu nennen. Wenigstens bezeichnet es Berthold als eine besondere Sünde, „einen ohsen frezzen an dem karfrîtage."[4] Neben dem Ochsen- war auch das „kelberîn fleifch"[5] (Kalbfleisch) beliebt. So ist bei Geiler von „eim feifszeten kalbe" die Rede, das geschlachtet wird, um „ein feft zuozuorichten."[6] Wie man die Kälber mästete, so hielt man bei den Schafen und Schweinen auf „guote zucht."[7] Es geschah dies um so mehr, als „fchwynē fleifch und lambfleifch"[8] während des ganzen Mittelalters wohl am meisten gegessen wurden. Das erstere, das sich schon bei den alten Germanen einer besonderen Beliebtheit erfreute[9], ward in so grofser Menge verbraucht, dafs beispielsweise für den Haushalt des Erzbischofs von Köln nicht weniger als 24 grofse und 8 mittlere Schweine täglich erforderlich waren.[10] Übrigens eifert Geiler dagegen, das Schweine- und Lammfleisch, gleich den Juden, als unrein anzusehen. „Dorzuo", so apostrophiert er die letzteren, „das fchwynē fleifch, oder lambfleifch, und anders das eüch verbotten ift, uñ im gefatz unrein gefchetzt würt, das ift an jm felber nitt boefz vō art, funder ift allein bedütlich (sinnbildlich). — Ein fchwyn ift unflaetig, bedütet unküfcheit, das ift ein lafter, uñ ift boefz. — Wer do mydet unküfcheit, der felb mydet fchwynē fleifch. Nun do die worheit kuomen ift, fo feind foliche bedütungē ab."[11]

Neben dem Fleisch der Haussäugetiere ward auch dasjenige

---

[1] Geyler von Keyferfzberg, *Poftill.* teyl II. S. CXI. Pred. Am Donderftag noch Judica: „Die zunfft uff der metzger ftuoben."
[2] Berthold, ed. F. Pfeiffer. Bd. I. S. 285.
[3] Ebendas. Bd. I. S. 150: „die müezent uns fleisch veil hân."
[4] Ebendas. Bd. I. S. 84.
[5] Ebendas. Bd. I. S. 285.
[6] Geyler von Keyferfzberg, *Poftill.* teyl II. S. L. Pred. Am Sambftag noch Reminifcere.
[7] Ebendas. teyl II. S. XXI. Pred. Am Mitwoch noch Inuocauit.
[8] Ebendas. teyl II. S. LXVI. Pred. Am Mittwoch noch Oculi.
[9] W. Wackernagel, *Kleinere Schriften.* Leipzig 1872. Bd. I. S. 23.
[10] Ebendas.
[11] Geyler von Keyferfzberg, *Poftill.* teyl II. S. LXVI. Pred. Am Mittwoch noch Oculi.

des zahmen Geflügels vielfach genossen. In erster Linie sind hier „junge huenlin"[1], „heñen"[2] und „hüenre"[3] zu nennen. Sie wurden im Hofe des Hauses aufgezogen, um später als feineres Gericht auf die Tafel zu kommen. Daher sagt Geiler: „Die heñ muoſz uff dē miſt gon, kompt ſie in die ſtuben ſo ſchreyt yedermā über ſie uñ würft mā mit tellern zuo ir, uñ treybt ſie hin uſz. — Darnach aber tregt mā ſie zwyſchē ſylberin blatten uff den tiſch für fürſten und herren."[4] Aber nicht nur die Groſsen, auch die Geistlichen hatten eine besondere Vorliebe für sie. Denn in ziemlich drastischer Weise wird das feindliche Verhältnis zwischen Pfarrern und Mönchen daraus erklärt, daſs die ersteren gern Hühner, die letzteren gern Eier essen, wodurch sich beide ihre Lieblingsspeise gegenseitig verteuern: „Dy pfaffen eſſen die huener, ſo eſſen die mūnch die eyer, ſo haſſen die mūch die pfaffen dz ſie ſo vil hüner eſſen, darūb ſo ſein die eier theur, ſo haſzē die pfaffē dy mūch dz ſie dy huener thür machē darūb dz ſy vil eier eſſē."[5] Daſs sich auch die Kriegsknechte gern Hühner für ihre Mahlzeit aneigneten, ist bei der groſsen Begehrlichkeit derselben nicht zu verwundern. Berthold vergleicht einen solchen „herren ſchiltkneht" mit der unersättlichen „heuſchrecke" und macht demselben zum Vorwurf: „Sô er danne an eime huone genuoc haete, sô würget er zeheniu, — und alſô tuot er dem allem sament."[6] Aber nicht nur Hühner, sondern auch „kapponē"[7] (Kapaunen), „faſant huener"[8] (Fasanen) und „tuben" (Tauben) wurden gern gegessen. Letzteres folgt schon daraus, daſs

---

[1] Ebendas. teyl II. S. XXI. Pred. Am Mitwoch noch Inuocauit.
[2] Geyler vonn Keyſerſperg, Der haſz im pfeffer, letzte Seite. Die Henne wird auch bei Berthold in dem Sprüchwort erwähnt: „Einer Frauen Romfahrt und einer Henne Flug über den Zaun sind gleich viel nütze." Vgl. R. Cruel a. a. O. S. 319.
[3] Berthold, ed. F. Pfeiffer. Bd. I. S. 375 und 368. Geiler võ Keiſerſperg, Die Emeis. S. XXVIII ff. Derselbe, Von den ſyben ſcheiden, das ſechſt ſchwert.
[4] Geyler vonn Keyſerſperg, Der haſz im pfeffer, letzte Seite.
[5] Geiler võ Keiſerſperg, Die Emeis. S. XXVIII ff.
[6] Berthold, ed. F. Pfeiffer. Bd. I. S. 368.
[7] Geiler võ Keiſerſperg, Von den ſyben ſcheiden, das ſechſt ſchwert.
[8] Ebendas.

Die Ernährung. 9

bereits damals die Redensart üblich war: „warten"[1] oder „do fitzen bitz das dir ein gebrottene tub in das mul flueg."[2] Ziemlich verbreitet ist jedenfalls auch der Genufs der „gense"[3] gewesen. Geiler unterscheidet „growe" (graue), grobe und grofze"[4], sowie „fchwartze"[5] und „wiffe gaenns."[6] Ebenso ist bei ihm von „der ganfz an marckt"[7] die Rede, und bei Berthold werden „kinder, die der gense hüetent an dem velde"[8] erwähnt. Zugleich klagt der letztere auch hier wieder den Kriegsknecht an: „Sô er danne an einer gense genuoc haete, sô würget er vier oder zehene."[9] Wo eine Gans zu viel war, da wurde statt derselben auch wohl ein „antfogel"[10] (Ente) verzehrt.

Noch mehr als zahmes Geflügel galt „wildpraet"[11] als „ein befunder fchleck"[12] (Leckerbissen). Bereits die alten Germanen hatten dasselbe, freilich nur wenn es ohne haut goût war[13], sehr schmackhaft gefunden, und dem entsprechend werden auch von Geiler „kapon uñ wildpraet" der „fchlechten fpeyfz", [wie sie „ein clofter mēfch" geniefst, gegenübergestellt.[14] Auf den öfteren Genufs des Wildes

---

[1] Geyler von Keyferfzberg, *Poftill.* teyl II. S. XV. Pred. Am Sonnentag noch Inuocauit.
[2] Ebendas. teyl III. S. LX. Pred. An dem Achtenden fonnentag noch Trinitatis.
[3] Berthold, ed. F. Pfeiffer. Bd. I. S. 375. Geiler vō Keiferfperg, *Von den fyben fcheiden, das fechft fchwert.*
[4] Geyler von Keyferfzberg, *Poftill.* teyl III. S. XXXXV. Pred. Am dem Anderen fonnentag noch Trinitatis.
[5] Ebendas. S. XXXXVI.
[6] Ebendas.
[7] Geyler von Keyferfzberg, *Poftill.* teyl II. S. XCVI. Pred. Am Frytag noch Letare.
[8] Berthold, ed. F. Pfeiffer. Bd. I. S. 403.
[9] Ebendas. Bd. I. S. 368.
[10] Geiler bei H. Rinn, *Kulturgeschichtliches aus deutschen Predigten des Mittelalters.* Programm No. 655 der Gelehrtenschule des Johanneums zu Hamburg. Hamburg 1883. S. 17.
[11] Geyler vonn Keyferfperg, *Der hafz im pfeffer, die vierd eygēfchafft des haefzlins.* Ebendas. *die neünd eygēfchaft des haefzlins.* Geiler vō Keiferfperg, *Von den fyben fcheiden, das fechft fchwert.*
[12] Derselbe, *Der hafz im pfeffer, die vierd eygēfchafft des haefzlins.*
[13] Cibi simplices: agrestia poma, recens fera, aut lac concretum, Tacitus, *de Germ.* cap. XXIII.
[14] Geiler vō Keiferfperg, *Von den fyben fcheiden, das fechft fchwert.*

weist übrigens schon die häufige Erwähnung des „geiaegts"[1] (Jagd) und „iagens"[2], sowie der „jeger unde weideliute"[3] hin. Welche Art von Wildpret aber dieselben für die Küche lieferten, finden wir bei Berthold angeführt. „Ir wizzet wol", so läfst er sich in einer Predigt vernehmen, „daz die jeger unde die weideliute vil maniger hande (mancherlei) stricke müezent haben. Mit einer hande stricke våhent sie die bern — unde die hirze unde diu grôzen tier (wiltswîn[4]). Sô vâhent sie die hasen — aber in andern stricken, — unde diu künigelîn (Kaninchen) unde sô getâniu tierlîn vaehet man aber mit ander leie stricken."[5] Namentlich der Hase mufs sehr häufig gegessen worden sein. Denn Berthold erzählt nicht nur von ihm: „Swie wol er fliehen kan der hase unde swie wol er fliehen getar (sich getraut), sô hât im der weideman sîne stricke geleit mit listen: swenne er wil waenen daz er wol geflohen habe, sô gêt er im in die hant unde würget in unde schindet in unde braetet in unde siudet in"[6], sondern er benutzt „das forchtfam, unachtbar, clein thierlin"[7], das „ze allen zîten in flühten und der minnesten einz ist"[8], auch öfter zu Vergleichen. In besonderem Mafse aber ist dies bei Geiler der Fall, der einen ganzen Cyklus von Predigten über die „geiftliche bedeütung des Haefzlins, wie man das in dem pfeffer bereiten fol"[9], hielt.

Indessen mit dem Genufs des soeben erwähnten Wildprets begnügte man sich nicht. Vielmehr brachte man auch wildes Geflügel auf den Tisch, wie denn Geiler von dem Schlemmer tadelnd bemerkt: „Ein wuefter fraeffiger menfch — der luogt das er alle thierlin un

---

[1] F. K. Grieshaber, *Deutsche Predigten des XIII. Jahrhunderts*. Abt. 1. S. 158. Jo. Tauleri *Predig Am II. fontag in der Faften*. S. XXV.
[2] Jo. Tauleri *Predig Am II. fontag in der Faften*. S. XXV.
[3] Berthold, ed. F. Pfeiffer. Bd. I. S. 410. Ebendas. Bd. I. S. 555. Geyler vonn Keyferfperg, *Der hafz im pfeffer, die neünd eygefchaft des haefzlins*.
[4] „Mir troumte, wie iuch zwei wildiu swin jageten über heide", Der Nibelunge not nach Lachmanns Ausgabe 864, 2. „Mit ir scharpfen gêren si wolden jagen swîn beren unde wisende", ebendas. 854, 2. 859, 3.
[5] Berthold, ed. F. Pfeiffer. Bd. I. S. 410.
[6] Ebendas. Bd. I. S. 555—556.
[7] Geyler vonn Keyferfperg, *Der hafz im pfeffer*. Titel.
[8] Berthold, ed. F. Pfeiffer. Bd. I. S. 554.
[9] Geyler vonn Keyferfperg, *Der hafz im pfeffer*. Titel.

Die Ernährung. 11

gewild in den weldē, uñ die adelichen voegel im lufft — im in feinē magē komen uñ verfudle."[1] Die Vögel wurden entweder mit Netzen[2] oder vermittelst des zur Beize abgerichteten „federfpiles"[3] (Falke) gejagt, das selbst mancher „pfaffe" zu „bereitten" verstand.[4] Den Ertrag der Jagd aber bildeten „birkhuener", „hafelhuener" und vor allem „rephuener." Dafs die letzteren als ein „koftlich ding" für den Gaumen galten, folgt aus einer Stelle bei Geiler: „Der boefz geift betoeret angengs uñ verfuocht Adam uñ Eva, nit mit eim rephuon, fund' mit einē oepffel, hōd fie fich uñ uns in iamer uñ in ellend bracht uñ verfchleckt, es ligt nit daran ob du koftlich od' nachgültig (geringwertig) ding effeft, du magft dich ebē als wol verfchuldē in effen eins oepffels od' andrer frucht, als hetteftu ein rephuon geeffen."[5] Neben den eben genannten Hühnern wurden auch der „brachvogel" (Krammetsvogel) und „snarz" (Wachtelkönig) für die Küche gefangen. Dagegen legt Geiler Protest ein, dafs man den schön gezierten Distelfinken verzehre: „Ein hüpfch diftel voegelin das got fo fein gemacht hat, uñ uff das aller fchoeneft ufzgeftrichē mit hüpfche farben, nit darūb dz es in deinē bauch zuo dreck würde."[6]

Aufser dem Fleisch der Warmblüter kam auch dasjenige der Fische verhältnismäfsig oft auf den Tisch[7], zumal dasselbe eine beliebte Fastenspeise war.[8] Die „fifchery"[9] lag dem „ampt der fifcher uff d' fifcher ftuoben"[10] ob und wurde teils mit „netzen"[11], teils

---

[1] Derselbe, Von den fyben fcheiden, das fechft fchwert.
[2] Berthold, ed. F. Pfeiffer. Bd. I. S. 410.
[3] Geyler von Keyferfzberg, Poftill. teyl II. S. XXXVI. Pred. Am Zynftag noch Reminifcere.
[4] Ebendas. teyl I. S. XXX. Pred. Am Sönentag Septuagefima.
[5] Geiler vō Keiferfperg, Von den fyben fcheiden, das fechft fchwert.
[6] Ebendas.
[7] Geyler von Keyferfzberg, Poftill. teyl III. S. XXXXII. Pred. An dem Erften fonnentag noch Trinitatis. Derselbe', Von den fyben fcheiden, das fechft fchwert.
[8] Berthold, ed. F. Pfeiffer. Bd. I. S. 150.
[9] Geyler von Keyferfzberg, Poftill. teyl III. S. LVI. Pred. Am Fünfften fonnentag noch Trinitatis.
[10] Ebendas. teyl II. S. CXI. Pred. Am Donderftag noch Judica.
[11] Ebendas. teyl III. S. LVI. Pred. Am Fünfften fonnentag noch Trinitatis. Berthold, ed. F. Pfeiffer. Bd. I. S. 410.

mit „dē angel"[1] betrieben, an dem sich „das luoder"[2] (Lockspeise) als „chorder"[3] (Köder) befand. Die Beute aber, die man so den „wyhern"[4] und „vlüzzen", wie dem „moer"[5] abgewann, bestand in „kreffen"[6] (Gründlinge), „felmelingen"[7] (kleine Lachse), „falmen"[8], „forellen"[9], „heringen"[10], „ftockfifchen"[11], „grôzen hûsen"[12] (Hausen) und „störn."[13] Namentlich die Heringe waren ein sehr gewöhnliches Gericht[14], da dieselben in dichten Zügen gefangen wurden. Denn „die hering die farent daher mit groffer vile (Menge), fie habē ein fürer. Ein hering der fchwimpt voranhin, und dye andern all nahin."[15] „Nit benugen hân an einem hering"[16] wird als ein Zeichen von Ungenügsamkeit angeführt. Neben den erstgenannten „fchuopvischen"[17] waren auch „ungefchuepte fifch"[18] auf dem „fifchmarckt"[19] zu haben,

---

[1] Joannis Tauleri *Predig Uff fontag nach der heilgē dry künig tag.* S. XV. Geiler vō Keyfzerfperg, *Der feelen Paradifz.* cap. 6. S. XXXXI. Derselbe, *Poftill.* teyl III. S. C. Pred. Am Zweyundzwentzigften fonnentag noch Trinitatis.
[2] Geiler vō Keyfzerfperg, *Der feelen Paradifz.* cap. VI. Von warer keüfcheit. S. XXXXI.
[3] H. Rinn a. a. O. S. 32.
[4] Geyler von Keyferfzberg, *Poftill.* teyl II. S. LXXVII. Pred. Am Sonnentag Letare.
[5] Ebendas. teyl III. S. C. Pred. Am Zweyundzwentzigften fonnentag noch Trinitatis.
[6] Ebendas. teyl II. S. CI. Pred. Am Sonnentag noch Judica.
[7] Ebendas. teyl III. S. LVI. Pred. Am Fünfften fonnentag noch Trinitatis.
[8] Berthold, ed. F. Pfeiffer. Bd. I. S. 410. Geyler von Keyferfzberg, *Poftill.* teyl II. S. LXXI. Pred. Am Frytag noch Oculi.
[9] Geyler von Keyferfzberg, *Poftill.* teyl II. S. LXXI. Pred. Am Frytag noch Oculi.
[10] Berthold, ed. F. Pfeiffer. Bd. I. S. 150. Geiler vō Keiferfperg, *Die Emeis.* S. XXXIII.
[11] Geiler vō Keiferfperg, *Die Emeis.* S. XXXIII.
[12] Berthold, ed. F. Pfeiffer. Bd. I. S. 410.
[13] Ebendas.
[14] Geiler vō Keiferfperg, *Von den fyben fcheiden, das fechft fchwert.*
[15] Geiler vō Keiferfperg, *Die Emeis.* S. XIII.
[16] H. Rinn a. a. O. S. 17.
[17] F. K. Grieshaber a. a. O. Abt. 1. S. 146.
[18] Geyler von Keyferfzberg, *Poftill.* teyl II. S. LXVI. Pred. Am Mittwoch noch Oculi.
[19] Ebendas. teyl II. S. VI. Pred. Am Donderftag vor Inuocauit. Ebendas. teyl II. S. CI. Pred. Am Sonnentag noch Judica.

Die Ernährung. 13

und zwar rechnete man „ael (Aale), neünocken, rufolcken (Quabben) und groppen"[1] (Grundeln) hierzu. Dafs die Juden diese infolge eines gesetzlichen Verbotes[2] nicht essen, findet sowohl bei Geiler[3], als in einer Predigt der Grieshaber schen Sammlung[4] Erwähnung. Dagegen war der „eierreiche krebez"[5] allgemein als Speise geschätzt, und nur ihn roh zu geniefsen galt als besonders widerwärtig.[6] Von den tierischen Nahrungsmitteln ist endlich noch als eins der alltäglichsten „die milch"[7] anzuführen. Wie schon „ein klein kint"[8] sich an „sîner muoter brüsten"[9] nährte, es sei denn, dafs dieselben „erdorret"[10] gewesen, so nahm man auch noch in reiferem Alter gern Milch zu sich. Bereits bei den alten Germanen hatte eine Vorliebe hierfür bestanden[11], und dafs dieselbe ebenso während des Mittelalters herrschte, beweist die öftere Erwähnung von „fcâf (Schaf) unde chuo (Kuh) melche."[12] Aufser Milch diente auch alles, was sich aus derselben bereiten läfst, das sogenannte „molchen"[13], zur Nahrung. „Want wir aber fîn in den tagen der heiligen urftende" (Ostern), so heifst es in einer Predigt, die das Fasten einschärft,

---

[1] Ebendas. teyl II. S. LXVI. Pred. Am Mittwoch noch Oculi. Derselbe, *Der hafz im pfeffer, die neünd eygéfchaft des haefzlins.*

[2] Levit. 11, 9 f., vgl. Mischn. Choll. 3, 7. Porphyr. abstin. 4, 14.

[3] Geyler von Keyferfzberg, *Poftill.* teyl II. S. LXVI. Pred. Am Mittwoch noch Oculi.

[4] F. K. Grieshaber a. a. O. Abt. 1. S. 146.

[5] R. Cruel a. a. O. S. 553.

[6] „Den krebz wolt ich ê ezzen rô", *Gedichte* Walthers von der Vogelweide, ed. Lachmann. Berlin 1843. 76, 9.

[7] F. K. Grieshaber a. a. O. Abt. 2. S. 68—69.

[8] Berthold, ed. F. Pfeiffer. Bd. I. S. 132.

[9] Ebendas. Bd. I. S. 209 u. 208.; Bd. II. S. 8.

[10] Ebendas. Bd. I. S. 209.

[11] (Germani) agriculturae non student; majorque pars victus eorum in lacte, caseo, carne consistit, Caesar, *de bell. gall.* lib. VI. cap. 22. Neque multum frumento, sed maximam partem lacte atque pecore vivunt. Ibid. lib. IV. cap. 1. Non pecudem his (Chaucis) habere, non lacte ali ut finitimis — contingit, Plinius, *hist. natur.* lib. XVI. cap. 1. Vgl. Strabo IV, 5.

[12] H. Hoffmann, *Fundgruben für Geschichte deutscher Sprache und Litteratur.* Breslau 1837. Tl. II. S. 46.

[13] W. Müller u. F. Zarncke, *Mittelhochdeutsches Wörterbuch.* Leipzig 1863. Bd. II. Abt. I. S. 170.

I. Kapitel.

"fo erlouben wir iu (euch) daz molchen ze einem male in dem tage."[1] Hierher gehörte die „putirmilch"[2] (Buttermilch), die „buter" oder das „milchsmalz"[3] und vor allem der „kaese."[4] „Ein blaws kaefzlin" wurde von der „hêrschaft"[5] gern noch nach Tische gegessen, wenn der Hunger bereits gestillt war[6]; aber auch „daz nackente völkelech, daz dâ heizet diern oder knehte"[7], war nicht unempfänglich dafür, wie aus der Anklage Bertholds gegen dasselbe hervorgeht: „Dû stilst daz ei unde den kaese."[8] Die hier erwähnten „eyer"[9] waren gleichfalls eine sehr verbreitete Speise, und zwar verzehrte man sowohl Hühner-[10] als Gänseeier.[11] Nur vor einem „stinkenden fûlen ei"[12] nahm sich jeder in acht. Aber nicht nur an Eiern, sondern auch an „smalz" vergriff sich bisweilen das Gesinde. „Daz stilt daz salz unde daz smalz"[13], sagt Berthold von den „leckespizen" (Leckermäuler), „die maniger leie untriuwe hân."[14] Auch das Schmalz pflegte also in keinem Haushalt zu fehlen und das Gleiche läfst sich vom „oel"[15], wie vom „smer unde unslit"[16] behaupten.

Selbst wenn wir über den Genufs vegetabilischer Nahrung in jener Zeit nichts Besonderes wüfsten, würden wir denselben schon wegen des häufigen Hinweises auf den Landmann und die verschiedenen Zweige seiner Thätigkeit annehmen dürfen. Wie oft ist

---

[1] H. Hoffmann a. a. O. Tl. I. S. 77.
[2] Ebendas. Tl. I. S. 362.b.
[3] Eine Glosse übersetzt butyrum mit milchsmalz, Sumerlaten. *Mittelhochdeutsche Glossen*, ed. Hoffmann von Fallersleben. Wien 1834. XXXIV, 58.
[4] Berthold, ed. F. Pfeiffer. Bd. I. S. 150.
[5] Ebendas. Bd. I. S. 84.
[6] Geiler vō Keiferfperg, *Von den fyben fcheiden, das fechft fchwert*.
[7] Berthold, ed. F. Pfeiffer. Bd. I. S. 479.
[8] Ebendas. Bd. I. S. 479 u. 84.
[9] Geiler vō Keiferfperg, *Die Emeis*. S. XXVIII f. Berthold, ed. F. Pfeiffer. Bd. I. S. 150 u. 479.
[10] Geiler vō Keiferfperg, *Die Emeis*. S. XXVIII f.
[11] H. Hoffmann a. a. O. Tl. II. S. 315.
[12] Berthold, ed. F. Pfeiffer. Bd. I.¹ S. 434.
[13] Ebendas. Bd. I. S. 479 u. 84.
[14] Ebendas. Bd. I. S. 479.
[15] F. K. Grieshaber a. a. O. Abt. 2. S. 68—69. Berthold, ed. F. Pfeiffer. Bd. I. S. 150.
[16] Berthold, ed. F. Pfeiffer. Bd. I. S. 438.

nicht von dem „ackerman"[1] oder „buren"[2] die Rede, „der da bawet mit groffer arbeit das korn"[3] und „sein brot mit feinem fchweifz gewinnen und verdienen fol."[4] Geiler erzählt, dafs er auf feinem „ackerhoff od' gültguot"[5] „den myft uff die aecker ufzfuert"[6], in einer Predigt bei Leyser werden die „phluochyferen"[7], mit denen er den Acker umstürzt, erwähnt, und Tauler endlich berichtet: „Der ackermannn, der zu wirken hat in dem merzen, so er sihet, dafz die sonne beginnet nahen, so behauwt er und beschneidet seine baum und grebt seinen grund aufz und kert sein ertrich umb und grebt es mit grofzem fleifz."[8] Weiter hören wir, wie auf die Bestellung des Bodens die Aussaat folgt: „der bur, der feygen wil, luogt, das er uff die tag haltet, fo fchoen wetter ist"[9], und alsdann „wirfet er daz korn in die erde."[10] Aber auch mit dem Säen ist die Mühe und Erwartung desselben nicht zu Ende. Hat er „geforget wie das korn well bluegen, und zytigen das erft gefeygt ift, und wie es gon well"[11], so naht schon wieder die Zeit, „fo man in der ernen (Ernte) forg hatt, das man fchnydet zuo rechter zeyt, das das korn haeryn kumme."[12] Öfter „in den kryegslaeuffen geschicht es" auch wohl, dafs „ein anderer kompt und jm das felb abfchnidet, so trurt

---

[1] Joannis Tauleri *Predig Am X. Sontag nach Trinitatis.* S. XCVI.
[2] Geyler von Keyferfzberg, *Poftill.* teyl II. S. LXXIII. Pred. Am Frytag noch Oculi. Ebendas. teyl III. S. LXXX. Pred. Am Fünfftzehenden fonnentag noch Trinitatis. Berthold, ed. F. Pfeiffer. Bd. II. S. 27.
[3] Joannis Tauleri *Predig Am IIII. Sontag nach Trinitatis.* S. LXXXIIII.
[4] Derselbe, *Predig Am X. Sontag nach Trinitatis.* S. XCVI.
[5] Geyler von Keyferfzberg, *Poftill.* teyl II. S. LXX. Pred. Am Frytaag noch Oculi.
[6] Ebendas. teyl III. S. LXXXI. Pred. Am Fünfftzehenden fonnentag noch Trinitatis.
[7] H. Leyser, *Deutsche Predigten des XIII. und XIV. Jahrhundertes.* S. 48. Berthold, ed. F. Pfeiffer. Bd. II. S. 238 u. 241.
[8] Tauler bei H. Rinn a. a. O. S. 12; vgl. W. Wackernagel, *Altdeutsche Predigten und Gebete.* S. 86: „Der waeri ain tumber man der finen famen wurfi uff ain ungebuwen ertrich."
[9] Geyler von Keyferfzberg, *Poftill.* teyl III. S. LXXXII. Pred. Am Fünfftzehenden fonnentag noch Trinitatis.
[10] Berthold, ed. F. Pfeiffer. Bd. I. S. 79.
[11] Geyler von Keyferfzberg, *Poftill.* teyl III. S. LXXXI. Pred. Am Fünfftzehenden fonnentag noch Trinitatis.
[12] Ebendas.

er, und schrygt mordenjo."[1] Erst wenn das Getreide „gemaejet"[2] „gebunden"[3], mit „dem flegel"[4] „gedrofchen"[5] und „in die fchüren"[6] „jngefuert"[7] ist, läfst sich der Besitz desselben als gesichert ansehen. Das so gewonnene „korn"[8] aber bestand von alters her[9] in „waizzin"[10], „rogken"[11], „gersten[12] und habern."[13] Doch wurden auch „treffen"[14] (Lolch), „knüllen[15] (Unkraut) uñ „ratten[16] (Raden) under den guoten kernen"[17] gefunden. Am meisten war „der edele weizen"[18] „oder waz von weizen geslehte"[19], wie „der dinkel", geschätzt. In einer Predigt bei Grieshaber heifst es, viele Leute thäten wie Kain, der das schlechte opferte und das beste für sich behielt: „die geffent dc dinchelin (das aus Dinkel bestehende) uñ gebent dc ruggin (das aus Roggen bestehende) alder dc heberin"[20] (das aus Hafer bestehende).

---

[1] Geyler von Keyferfzberg, *Poftill.* teyl II. S. LXXIII. Pred. Am Frytag noch Oculi.
[2] Berthold, ed. F. Pfeiffer. Bd. II. S. 28.
[3] W. Wackernagel, *Altdeutsche Predigten und Gebete.* S. 86.
[4] Joannis Tauleri *Predig Am X. Sontag nach Trinitatis.* S. XCVI.
[5] Ebendas. Berthold, ed. F. Pfeiffer. Bd. II. S. 28.
[6] Geyler von Keyferfzberg, *Poftill.* teyl II. S. LXXIII. Pred. Am Frytag noch Oculi.
[7] Ebendas. Geyler von Keyferfzberg, *Poftill.* teyl III. S. LXXXIX. Pred. Am Sibentzehenden fonnentag noch Trinitatis.
[8] F. K. Grieshaber a. a. O. Abt. 1. S. 22. Geyler von Keyferfzberg, *Poftill.* teyl III. S. LXXXIX. Pred. Am Sibentzehenden fonnentag noch Trinitatis. Ebendas. teyl III. S. XXXXVI. Pred An dem Anderen fonnentag noch Trinitatis. Berthold, ed. F. Pfeiffer. Bd. I. S. 79.
[9] Tacitus, *de Germ.* cap. XXIII. Plinius, *hist. natur.* lib. XVIII, 17 (44). Strabo IV, 5.
[10] F. K. Grieshaber a. a. O. Abt. 1. S. 22. Berthold, ed. F. Pfeiffer. Bd. I. S. 301. Joannis Tauleri *Predig Uff fant Laurentzen tag.* S. CCXIII.
[11] Joannis Taulery *Predig Am IIII. Sontag nach Trinitatis.* S. LXXXIIII.
[12] F. K. Grieshaber a. a. O. Abt. 1. S. 22. Berthold, ed. F. Pfeiffer. Bd. II. S. 117.
[13] Berthold, ed. F. Pfeifer. Bd. II. S. 117.
[14] F. K. Grieshaber a. a. O. Abt. 2. S. 37.
[15] Ebendas. Abt. 2. S. 37 u. 41.
[6] Ebendas.
[17] Ebendas. Abt. 2. S. 41.
[18] Berthold, ed. F. Pfeiffer. Bd. II. S. 239.
[19] Ebendas. Bd. I. S. 301.
[20] F. K. Grieshaber a. a. O. Abt. 1. S. 70.

Die gleiche Anschauung findet sich bei Tauler, dem die Bauern ihrer schweren Arbeit wegen leid thun, da „jn doch das befte nicht zuo genyeffen wirt, funder der rogk zuo effen."[1] In noch geringerer Achtung als Roggen standen Hafer und Gerste.[2] Daher wird von einem Vater seinem Sohne geraten: „sun, den rocken mische mit habern, ê du vische ezzest mit unêren."[3] Von der Gerste aber meinte man, sie sei „führter (feucht) nature"[4] und „mache sam (wie) dem roken wind in dem leib."[5]

Wie nun aus dem Hafer „das habermuofz"[6] hergestellt ward, so wurde aus dem übrigen Korn zunächst „entzwifchent zwain mülftain"[7] „das mël" und sodann aus diesem durch den „brotbecken"[8] oder „bachmeister"[9] in dem „bachûs-oven"[10] das „brôt"[11] bereitet. Über diese Vorgänge äufsert sich eine Predigt, welche Wackernagel mitteilt: „Nu muoffent aim ieglichen korn fechs ding e gefchehen e es zuo brot werde. Daz erft daz man es fnidet. Daz ander daz man es bindet. Daz dritte daz man es dröfchet. Daz vierd daz man es melt. Daz fünfte daz man es knittet. Daz fehfte daz man es bachet."[12] Zumeist war es „daz waiffin (Weizen) korn

---

[1] Joannis Taulery *Predig Am IIII. Sontag nach Trinitatis.* S. LXXXIIII.
[2] Berthold, ed. F. Pfeiffer. Bd. II. S. 117.
[3] Helmbrecht, ed. M. Haupt in seiner Zeitschrift. Bd. IV. S. 465.
[4] F. K. Grieshaber a. a. O. Abt. 1. S. 22.
[5] Konr. v. Megenb., ed. F. Pfeiffer. 413, 6.
[6] Geyler von Keyferfzberg, *Poftill.* teyl II. S. XI und XII. Pred. Am Freytag vor Inuocauit.
[7] W. Wackernagel, *Altdeutsche Predigten und Gebete.* S. 87. Bei den alten Germanen besorgte den Mühlstein eine eigne Magd, vgl. W. Wackernagel, *Kleinere Schriften.* Bd. I. S. 21.
[8] Geiler bei H. Rinn a. a. O. S. 15; vgl. Berthold, ed. F. Pfeiffer. Bd. I. S. 150: „Die müezent uns eht (eben) daz brôt backen." Schon die alten Deutschen hatten unter ihren Sklaven besondere Bäcker, s. W. Wackernagel, *Kleinere Schriften.* Bd. I. S. 21.
[9] F. Pfeiffer, *Deutsche Mystiker des 14. Jahrhunderts.* Bd. I. S. 108.
[10] Ebendas.
[11] F. K. Grieshaber a. a. O. Abt. 1. S. 76. W. Wackernagel, *Altdeutsche Predigten und Gebete.* S. 88. Berthold, ed. F. Pfeiffer. Bd. II. S. 238. F. Pfeiffer, *Deutsche Mystiker des 14. Jahrhunderts.* Bd. I. S. 107.
[12] W. Wackernagel, *Altdeutsche Predigten und Gebete.* S. 86.

dar us daz brot gemachet wart"[1], doch ist auch von „rugginen" und „gierſtinen brôten"[2] die Rede. Die letzteren werden als „hêrtez (hart) brôt"[3], das „derbe gebacken"[4], im Gegensatz zu dem „lîhte gebackenen" bezeichnet. Der Genuſs des Brotes hatte eine so groſse Verbreitung, daſs nicht nur „ain ſniton (Schnitte) brotez"[5] das gewöhnlichste Almosen war[6], sondern auch ein Prediger bei Grieshaber geradezu sagt: „Der lîp wirt geſpiſet von dem brôte."[7] Nach eben demselben ist es auch „ain boeſez zaichen an dem ſiechen ſwenne (wenn) im dc lîplich brôt widerzeme (widerlich) wirt un dc er dc niht niuzet"[8] (genieſst).

Noch mehr als Brot wurden „vladen"[9], sowie andre Arten „kuochen" zumal von der Jugend hoch gehalten. Daher der schöne Vergleich, der uns bei Geiler begegnet: „Dozuo iſt er geſtanden und' jnē als ein lebkuechener under den dorffknaben, die zuorings umb jn ſtond, uñ ir yeglicher gern lebkuochen von jm hett."[10] Auſser Lebkuchen liebten dieselben aber auch „oflaten, rörlin uñ hüppen"[11], sowie „maſot-"[12] oder „derpkuochen"[13], welche letzteren ungesäuert und ausschlieſslich mit „gerwen"[14] (Hefe) zubereitet waren. Aber nicht nur bei den Kindern, sondern auch bei den Erwachsenen

---

[1] Ebendas. S. 85, vgl. Berthold, ed. F. Pfeiffer. Bd. I. S. 301.
[2] F. K. Grieshaber a. a. O. Abt. 2. S. 107.
[3] Ebendas.
[4] Berthold, ed. F. Pfeiffer. Bd. I. S. 301.
[5] F. K. Grieshaber a. a. O. Abt. 1. S. 72.
[6] Ebendas. F. Pfeiffer, *Deutsche Mystiker des 14. Jahrhunderts*. Bd. II. S. 601.
[7] F. K. Grieshaber a. a. O. Abt. 2. S. 108.
[8] Ebendas.
[9] F. Pfeiffer, *Deutsche Mystiker des 14. Jahrhunderts*. Bd. I. S. 107.
[10] Geyler von Keyſerſzberg, *Poſtill*. teyl III. S. X. Pred. An dem heyligen wiſſzen Sonnentag.
[11] Geiler bei R. Cruel a. a. O. S. 542.
[12] Geyler von Keyſerſzberg, *Poſtill*. teyl II. S. XXII. Pred. Am Donderſtag noch Inuocauit. „Maſotkuoche" oder „matzenkuoch" entspricht dem hebräischen מַצָּה, süſse, ungesäuerte Brotkuchen, Exod. 12, 15. 18.
[13] H. Hoffmann, *Fundgruben für Geschichte deutscher Sprache und Litteratur*. Tl. I. S. 363.
[14] Berthold, ed. F. Pfeiffer. Bd. I. S. 301.

war „der kuochenbecke" (Kuchenbäcker) gerne gesehen, wie denn Geiler seine Hörer einmal vor Leckerei warnt und dieselben ermahnt, „das nitt durch die kuchenwyh undertruckt werde die kirwyh"[1] (Kirchweihe). Ja ein übereifriger Prediger will, wie einst Plato die Dichter, so die Kuchenbäcker aus dem Staate vertrieben wissen, da doch diejenigen nicht verteidigt werden könnten, die ihr ganzes Leben mit dem Backen von überflüssigem Honigkuchen zubrächten.[2]

Wie nun der Landmann für das tägliche Brot, so hatte „der gartner"[3] für die verschiedenen Gemüse- und Obstarten Sorge zu tragen. Was zunächst das Gemüse betrifft, so war Germanien von jeher an efsbaren Kräutern und Wurzeln reich gewesen.[4] Schon zur Zeit der Römer produzierte es Spargel oder, wie sich Kaiser Tiberius scherzend ausdrückte, ein Kraut, das dem Spargel sehr ähnlich sehe[5]; ferner baute man damals Rettige von der Gröfse eines Kindskopfes[6] und Zuckerrüben, so gute, dafs sich derselbe Tiberius alljährlich davon nach Rom kommen liefs.[7] Alle diese Erzeugnisse des Bodens waren aber auch noch während des Mittelalters als Nahrungsmittel gebräuchlich. Geiler erwähnt „louchkolben" (Spargel) und „radicht"[8] (Rettig), von welchem letzteren es heifst: „raetich ist chalt und veuht (feucht) — und gît guot bluot und senftet den durst und machet den sláf."[9] Die gleiche Natur

---

[1] Geyler von Keyferfzberg, *Poftill.* teyl I. S. XXIIII. Pred. Am II. Sonentag noch dem Achten der drey künig tag.

[2] Thomas Haselbach bei R. Cruel a. a. O. S. 497.

[3] Geyler von Keyferfzberg, *Poftill.* teyl II. S. CXI. Pred. Am Donderftag noch Judica.

[4] Strabo IV, 5, vgl. W. Wackernagel, *Kleinere Schriften.* Bd. 1. S. 23.

[5] Est et aliud genus incultius asparago, mitius corruda, passim etiam in montibus nascens, refertis superioris Germaniae campis, non inficeto Tiberi Caesaris dicto herbam ibi quandam nasci simillimam asparago, Plinius, *hist. natur.* lib. XVIV. cap. 8 (42).

[6] Frigore adeo gaudet (raphanus) ut in Germania infantium puerorum magnitudinem aequet, Plinius, *hist. natur.* lib. XVIV. cap. 5 (26).

[7] Siser et ipsum Tiberius princeps nobilitavit flagitans omnibus annis a Germania, Plinius, *hist. natur.* lib. XVIV. cap. 5 (28).

[8] Geiler bei H. Rinn a. a. O. S. 12.

[9] *Arzneib.* J. Diemer. b. XIII.

schrieb man auch andern „würtzlin"[1], insbesondere den „ruoben" (Rüben) und „morchen" (Möhren) zu[2]; zugleich meinte man: „die gesoten ruoben waichent den leip und machent in geng."[3] Aufser den Wurzeln waren auch die mancherlei Arten „krût" ein beliebtes Gericht.[4] Unter „krût"[5] ist vor allem „köle" (Kohl) zu verstehen[6], der nur dann als „ein guot kraut"[7] angesehen wurde, wenn er fleifsig „befchüttet"[8] (begossen) und nicht von „würmen loecheret gemacht"[9] worden war. Daneben wurde auch „ein blatt lattich"[10] gern genossen, während „peterlin"[11] (Petersilie) eine gewöhnliche Zuthat zur Suppe war. Daher das Sprüchwort, das uns öfter bei Geiler begegnet: „peterlin fein uff allē fuppē"[12], das heifst „yed'man fein lumpē ufzwefchē wellen."[13]

Einen geringeren Wert als dem bisher genannten Gemüse schrieb man den „lynfzen"[14], „bonen"[15] und „erbfzen"[16] zu. „Ein lynfen

---

[1] Geyler von Keyferfzberg, *Poftill.* teyl II. S. XXII. Pred. Am Donderftag noch Inuocauit.

[2] „Diu ruob und auch ir kraut sint an der art kalt und fäuht" (feucht) Konr. v. Megenb., ed. F. Pfeiffer. 419, 6.

[3] Konr. v. Megenb., ed. F. Pfeiffer. 419, 11.

[4] „Krût unde würzelīn daz muose ir beste spise sīn", Wolfr. v. Eschenbach, *Parzival,* in Wolframs Werken, ed. K. Lachmann. Berlin 1833. 501, 13.

[5] Geyler von Keyferfzberg, *Poftill.* teyl III. S. LXII. Pred. Am Achtenden fonnentag noch Trinitatis.

[6] W. Müller u. F. Zarncke, *Mittelhochdeutsches Wörterbuch.* Leipzig 1854. Bd. I. S. 890.

[7] Joannis Tauleri *Predig Am VIII. Sontag nach Trinitatis.* S. XCIII.

[8] Geyler von Keyferfzberg, *Poftill.* teyl III. S. LXII. Pred. Am Achtenden fonnentag noch Trinitatis.

[9] Joannis Tauleri *Predig Am VIII. Sontag nach Trinitatis.* S. XCIII. F. K. Grieshaber, *Deutsche Predigten des XIII. Jahrhunderts.* Abt. 2. S. 104.

[10] Geyler von Keyferfzberg, *Poftill.* teyl II. S. LXXVIII. Pred. Am Sonnentag Oculi.

[11] Ebendas. teyl I. S. XXXIIII. Pred. Am Sōnentag Sexagefima.

[12] Ebendas. teyl III. S. XXXXVI. Pred. An dem Anderen fonnentag noch Trinitatis.

[13] Ebendas.

[14] Berthold bei H. Rinn a. a. O. S. 12. Geyler von Keyferfzberg, *Poftill.* teyl III. S. LXII. Pred. Am Achtenden fonnentag noch Trinitatis.

[15] Ebendas.

[16] Berthold, ed. F. Pfeiffer. Bd. II. S. 117.

Die Ernährung. 21

muos"[1] oder „gerſten, linſen unnd erbſzen durch einander geſchüttet"[2] werden ausdrücklich als „ſchlechte ſpeyſz"[3] bezeichnet. In gleicher Weise waren auch die Bohnen wenig geſchätzt. „Aber hinden noch findt ſich die bon"[4], sagt Geiler von den Hoffärtigen, deren Nichtigkeit doch zuletzt ans Tageslicht kommt, und Berthold versichert: „Got hât ouch vil bezzer spise oben ûf dem himele — danne bônen und arbeize"[5] (Erbsen). Etwas höher standen trotzdem die Erbſen im Ansehen, ja „zucker erbſen"[6] waren geradezu ein Leckergericht. Wie uns Geiler erzählt, wurden dieselben von den Eltern benutzt, um ihre Kinder damit ins Kloster zu locken und sich so der Fürsorge für sie zu entledigen.[7] Aber auch im Kloster selbst verstand man Zuckererbsen zu würdigen, wie denn derselbe Prediger den Nonnen vorwirft: „Ja deñ hetten ſie auch gern was neüwes aufz gieng, als birlin (Birnlein), kirſzlin, deñ zucker erbſen", was aber alles „ſchleck" (Leckerei) und nichts „als eytel gickerliſz geckerliſz" sei.[8]

Dies führt uns auf „daz obez"[9] (Obst), welches während des Mittelalters gegessen wurde. Aufser den eben erwähnten „biren"[10] (Birnen) und „kirsen" (Kirschen) sind vor allen Dingen „oepffel"[11]

---

[1] Geiler vō Keiſerſperg, *Von den ſyben ſcheiden, das ſechſt ſchwert.*
[2] Derselbe, *Poſtill.* teyl II. S. LVI. Pred. Am Montag noch Oculi.
[3] Derselbe, *Von den ſyben ſcheiden, das ſechſt ſchwert.*
[4] Derselbe. *Poſtill.* teyl I. S. XXXIIII. Pred. Am Sönentag Sexageſima.
[5] Berthold, ed. F. Pfeiffer. Bd. II. S. 117.
[6] Geyler von Keyſerſperg, *Der haſz im pfeffer, die dreyzehēd eygēſchafft des haeſzlins.*
[7] Ebendas.: „Du bringſt dein kind hinyn mit einē Jeſus knaeblin, und zucker erbſen, und andrer freüntſchaft die du im tuoſt die wyl es nit verbunden iſt, weñ es aber profeſz thuot (das Gelübde ablegt) —, das du fein ſicher biſt dz es nit meer zuo dir kompt ſo laſſeſt du es ſitzen."
[8] Geyler von Keyſerſperg, *Der haſz im pfeffer, die neünd eygēſchaft des haeſzlins.*
[9] Berthold, ed. F. Pfeiffer. Bd. I. S. 198. Joannis Tauleri *Predig Am VIII. Sontag nach Trinitatis.* S. XCIV.
[10] Geyler von Keyſerſzberg, *Poſtill.* teyl II. S. XVII. Pred. Am Zeynſtag noch Inuocauit. Ebendas. teyl II. S. LXXX. Pred. Am Montag noch Letare. Als eine besondere Art von Birnen werden „die gelen (gelben) ſchiltbieren" genannt, ebendas. teyl III S. LVI. Pred. Am Fünfften ſonnentag noch Trinitatis.
[11] Geyler von Keyſerſzberg, *Poſtill.* teyl II. S. XVII. Pred. Am Zeynſtag noch Inuocauit. Ebendas. teyl II. S. LXXX. Pred. Am Montag noch Letare. Derselbe, *Von den ſyben ſcheiden, das ſechſt ſchwert.*

zu nennen, wie sie von „den apfelboumen"[1] „des boumgarten"[2] gewonnen wurden. Man unterschied schon damals gute und schlechte Sorten derselben, indem Berthold an die Ritter die Frage richtet: „Ir herren, ir ritter, wederz (welches von beiden) waere iu lieber in iuwerm boumgarten: ein edel boum der muschât trüege oder hundert die sûre holzepfel trüegen?"[3] Mochten sie aber einer feineren oder geringeren Art angehören, auf keinen Fall durften sie „wurmeſſig"[4] (wurmstichig) sein; denn wenn auch „die wurmſtichigen oepffel ſcheinen als (so) gelb und als ſchoen, und etwan vil gelber und ſchoener dan die guoten"[5], — „in dem grundt findet man loecher"[6] und „das ſy zuo mal vol würm̄ feind."[7] Wie die Äpfel, so wurden auch „malgran ephel"[8] (Granatäpfel), „erdepphile die suozzen"[9] (Melonen) und „sowere nespeln (Mispeln), die die hitze leschent"[10], für den Genuſs feilgehalten.[11] Aufserdem führte man „fygen"[12] aus Italien ein, da „der fygenboum"[13] in Deutschland nur vereinzelt vorkam. Auch „die mandel"[14] mit „der dürren rinde unde dem süezen kern"[15] wurde meist importiert, während „die nuſſz"[16] eine so gewöhnliche heimische

---

[1] Derselbe, *Poſtill.* teyl II. S. CVIII. Pred. Am Mitwoch noch Judica. Berthold, ed. F. Pfeiffer. Bd. I. S. 198.
[2] Joannis Tauleri *Predig Am VIII. Sontag nach Trinitatis.* S. XCIII. Berthold, ed. F. Pfeiffer. Bd. II. S. 178.
[3] Berthold, ed. F. Pfeiffer. Bd. II. S. 178.
[4] Joannis Tauleri *Predig Am VIII. Sontag nach Trinitatis.* S. XCIII und S. XCIV.
[5] Ebendas. S. XCIV.
[6] Ebendas. S. XCIII.
[7] Ebendas. S. XCIV.
[8] F. K. Grieshaber a. a. O. Abt. 2. S. 58.
[9] H. Hoffmann a. a. O. Tl. II. S. 43.
[10] Geyler von Keyferſzberg, *Poſtill.* teyl II. S. CVIII. Pred. Am Mitwoch noch Judica. *Arzneib.* J. Diemer. e. IX.
[11] Berthold, ed. F. Pfeiffer. Bd. II. S. 225.
[12] F. K. Grieshaber a. a. O. Abt. 2. S. 58. Geyler von Keyferſzberg, *Poſtill.* teyl III. S. LXI. Pred. An dem Achtenden ſonnentag noch Trinitatis. Ebendas. teyl II. S. XVII. Pred. Am Zeynſtag noch Inuocauit. Ebendas. teyl II. S. LXXX. Pred. Am Montag noch Letare.
[13] Ebendas. teyl II. S. CVIII. Pred. Am Mitwoch noch Judica.
[14] Berthold, ed. F. Pfeiffer. Bd. I. S. 38.
[15] Ebendas. Bd. I. S. 38 und S. 185.
[16] Geyler von Keyferſzberg, *Poſtill.* teyl II. S. XVII. Pred. Am Zeynſtag noch Inuocauit. Ebendas. teyl II. S. XXII. Pred. Am Donderſtag

Frucht war, dafs man sie den wertlosen „kleinen dingen"[1] beizählte; namentlich „die taube nufz die aufzweñdig hübfch fcheinet, und inwendig einen dürrē verdorbnen kernen hatt"[2], wird in diesem Sinne öfter erwähnt. Nicht viel gröfsere Achtung genossen „die erdbern"[3], zumal „man nit die zeitigen (reifen) allein abbrach, fondern zugleich die noch gruen warē, unnd halb rot, und halb weifz, unnd eins under dem anderen"[4], und auch die kleinen „trûben"[5] (Trauben), die den Namen „moertrübel"[6] führten, waren im allgemeinen wenig geschätzt.[7] Dagegen sah man es als ein Glück an, dafs die deutschen Berge „manegen fchoenen wintrûben"[8] „mit den winberen"[9] trugen, wenn derselbe auch nicht „alfo grôz", wie damals in Kanaan[10], „waz, dc in zwen an ainer ftange muofen tragen."[11]

Haben wir bisher die im Mittelalter üblichen Nahrungsmittel geschildert, so erübrigt noch, der Genufsmittel jener Zeit Erwähnung zu thun. Es sind dies „die manigerley fpecereyen uñ gewürtze"[12], welche teils in der Heimat, teils in entfernteren Ländern

---

noch Inuocauit. H. Leyser, *Deutsche Predigten des XIII. und XIV. Jahrhunderts*. S. 102.

[1] Geyler von Keyferfzberg, *Poftill.* teyl II. S. LXXX. Pred. Am Montag noch Letare.

[2] Derselbe, *Der feelen Paradifz.* cap. XXV. Von warer danckberkeit. S. CXXVIII.

[3] Derselbe, Her d' küng ich diente gern. S. LXXVII. Pred. An dem fybenzehenden Sontag nach der Dreyfaltigkeit.

[4] Ebendas.

[5] J. Diemer, *Deutsche Gedichte des XI. und XII. Jahrhunderts*. Wien 1849. 64, 1.

[6] Geyler von Keyferfzberg, *Poftill.* teyl II. S. XVII. Pred. Am Zcynftag noch Inuocauit. Ebendas. teyl II. S. LXXX. Pred. Am Montag noch Letare. W. Müller und F. Zarncke a. a. O. Bd. III. S. 119 übersetzen „mertriubel" mit rhodia uva.

[7] Geyler von Keyferfzberg, *Poftill.* teyl II. S. XVII. Pred. Am Zcynftag noch Inuocauit. Ebendas. teyl II. S. LXXX. Pred. Am Montag noch Letare.

[8] F. K. Grieshaber a. a. O. Abt. 1. S. 134.

[9] Ebendas. Abt. 2. S. 58.

[10] 4 Mos. 13, 24.

[11] F. K. Grieshaber a. a. O. Abt. 2. S. 58.

[12] Geyler vonn Keyferfperg, *Der hafz im pfeffer, die dreyzehēdt eygēfchafft des haefzlins.* F. K. Grieshaber a. a. O. Abt. 2. S. 134.

gewonnen wurden. Zu den Heimatsprodukten ist „der safrân"[1] zu rechnen, die bekannte Blütennarbe „der faffranbluomenn"[2], von denen Geiler bemerkt: „Das du waeneſt, das am herbſt ſollend faffranbluomenn im acker uffgon, do kein kluff (Furche) im acker, noch im erdtrich geweſen ist durch das gantz jor, das iſt ein laerwane, und hole hoffnung, und ein vergebene vermeſſenheit."[3] Bei demselben Autor ist auch vom „ſenff"[4] die Rede, der erst damals eine gröfsere Verbreitung erlangt haben mufs. Hören wir doch von Feinschmeckern, „die irë frawë beuelhë, — warzuo mä ſenff ſol eſſë, dz nur ſeltzä iſt, als zuo galrey (Gallerte) od' ſultz (Sülze), dz da iſt ein neüwe gewonheit yetz."[5] Aber auch aus „Indîâ"[6] und dem Land, „do der pfeffer wechſzt"[7], wuſste man kostbare Spezereien zu erlangen. Denn der Handel war schon damals so bedeutend entwickelt, dafs „die koufliute"[8] nicht nur „gon Franckfurt"[9], „Andorff"[10], „Mechel"[11], „Lyon"[12], „Venedig"[13] und „Rom"[14] „reiten"[15] (ritten)

---

[1] Gottfried v. Strafsburg, *Tristan und Isolde* nach der Ausgabe von Fr. H. v. d. Hagen in Gottfrieds Werken. C. 1. Breslau 1823. 15832.
[2] Geyler von Keyſerſzberg, *Poſtill.* teyl III. S. LXII. Pred. Am Achtenden ſonnentag noch Trinitatis.
[3] Ebendas.
[4] Geyler vö Keyſerſperg, *Von den ſyben ſchwertern, das ſechſt ſchwert.*
[5] Ebendas.
[6] Wolfr. v. Eschenbach, *Parzival,* in Wolframs Werken, ed. K. Lachmann. 421.
[7] Geyler von Keyſerſzberg. *Poſtill.* teyl IV. S. XXX. Pred. An unſer lieben Frawen Liechtmeſſz tag.
[8] F. Pfeiffer, *Deutsche Mystiker des 14. Jahrhunderts.* Bd. I. S. 34. Berthold, ed. F. Pfeiffer. Bd. II. S. 115. Ebendas. Bd. I. S. 255.
[9] Geyler von Keyſerſzberg, *Poſtill.* teyl II. S. LXXIX. Pred. Am Sonnentag noch Letare.
[10] Ebendas. teyl III. S. XXXXVI. Pred. An dem Anderen ſonnentag noch Trinitatis. Ebendas. teyl III. S. LXV. Pred. An dem Neünden ſonnentag noch Trinitatis.
[11] Ebendas. teyl III. S. LXV. Pred. An dem Neünden ſonnentag noch Trinitatis.
[12] Ebendas. teyl III. S. XXXXVI. Pred. An dem Anderen ſonnentag noch Trinitatis. Ebendas. teyl III. S. LXV. Pred. An dem Neünden ſonnentag noch Trinitatis. Ebendas. teyl III. S. LXXXI. Pred. Am Fünfftzehenden ſonnentag noch Trinitatis.
[13] Ebendas. teyl III. S. LXV. Pred. An dem Neünden ſonnentag noch

oder „fuoren"[1] (fuhren), sondern auch „fchiffe fuerten umb gewin, — allerlei zuo famē rafpelnd (raffend) unnd hie und dort famlend das ir fchiff vol werde."[2] Daher rühmt Berthold dieselben: „Die mit kouf umbe gênt, der (derer) möhte man deheine (kein) wîse gerâten (entraten). Sie füerent ûz einem andern künicrîche in diz daz dort wolveil ist, unde daz jenhalp meres wolveil ist daz füerent sie her über, unde daz hie wolveil ist daz füerent sie hin wider. Sô füerent uns die von Ungern, die von Kerlingen (Frankreich), die ûf schiffen, die ûf wegenen (Wagen); die trîbent, die tragent."[3] Die Gewürze aber, welche dieselben so „den krâmern"[4] für „ir kremerey uñ grempelwerck"[5] (Kleinhandel) lieferten, bestanden in „cardemôm"[6], „zymet"[7], „ymber"[8] (Ingwer), „neglin"[9] (Gewürznelken), „kubeben"[10] und „muskât"[11]; letzteren pflegten die jungen Mädchen ihren Freunden „in ludo castri pascali" zum Geschenk zu machen, indem sie dieselben mit „mufcatnüffzen"[12], Rosen und Veilchen bewarfen.[13] Besonders

---

Trinitatis. Ebendas. teyl III. S. LXXXI. Pred. Am Fünfftzehenden fonnentag noch Trinitatis.
[14] Ebendas. teyl III. S. LXXXI. Pred. Am Fünfftzehenden fonnentag noch Trinitatis.
[15] Berthold, ed. F. Pfeiffer. Bd. II. S. 115. Geyler von Keyferfzberg, Poftill. teyl III. S. LXV. Pred. An dem Neünden fonnentag noch Trinitatis.
[1] Geyler von Keyferfzberg, Postill. teyl III. S. XXXXVI. Pred. An dem Anderen fonnentag noch Trinitatis.
[2] Joannis Taulery Predig An der uffart. S. XL.
[3] Berthold, ed. F. Pfeiffer. Bd. I. S. 148.
[4] Ebendas. Bd. I. S. 17.
[5] Geyler von Keyferfzberg, Poftill. teyl II. S. XVIII. Pred. Am Zeynftag noch Inuocauit.
[6] Berthold, ed. F. Pfeiffer. Bd. I. S. 506. Wolfr. v. Eschenbach' Parzival, in Wolframs Werken, ed. K. Lachmann. 790, 3.
[7] Geyler vonn Keyferfperg, Der hafz im pfeffer, die dreyzehēd eygē fchafft des haefzlins.
[8] Ebendas.
[9] Ebendas.
[10] Berthold, ed. F. Pfeiffer. Bd. I. S. 506.
[11] Ebendas. Wolfr. v. Eschenbach, Parzival, in Wolframs Werken, ed. K. Lachmann. 790, 3.
[12] Geyler von Keyferfzberg, Poftill. teyl II. S. LXVII. Pred. Am Donderftag noch Oculi.
[13] Jordan von Quedlinburg bei R. Cruel a. a. O. S. 429.

oft aber fanden „die ftarcken pfefferkoernlin"[1], welche „bitzeln unnd beiffenn"[2], Verwendung. Man „machte" von denselben nicht nur „an die gallrey"[3], sondern „bereitete" auch „das haefzlin"[4] und anderes Wildpret[5] damit, ja setzte davon selbst dem Honigkuchen zu, um auf diese Weise zum Trinken zu reizen.[6]

Denn die Vorliebe für spirituöse Genufsmittel ist die alte Untugend der Deutschen.[7] Bereits Pytheas bei Strabo[8] und nach ihm Tacitus[9] gedenken des Bieres, welches jene aus Gerste bereiteten und Tag und Nacht zu geniefsen nicht müde wurden.[10] Aber auch noch während des Mittelalters war „das byer"[11] ein sehr verbreitetes Getränk, wie man denn besondere „hopfgaerten"[12] hatte, um den dazu nötigen Hopfen zu bauen. Auch führt Berthold unter denen, „die dâ ezzen unde trinken veil habent", ausdrücklich diejenigen an, „die uns bier briuwen müezent"[13], und Gottschalk Hollen, ein Prediger des fünfzehnten Jahrhunderts, beklagt sich, dafs die Pfarrer von der Kanzel herab sogar darüber sprächen, wie man Bier brauen solle.[14]

---

[1] Geyler vonn Keyferfperg, *Der hafz im pfeffer, die dreyzehēd eygē fchafft des haefzlins*. Derselbe, *Postill.* teyl II. S. XXIIII. Pred. Am Donderftag noch Inuocauit. Ebendas. teyl II. S. LXVII. Pred. Am Donderftag noch Oculi.
[2] Derselbe, *Der hafz im pfeffer, die dreyzehēd eygēfchafft des haefzlins*.
[3] Derselbe, *Poftill.* teyl III. S. LXXXI. Pred. Am Fünfftzehenden fonnentag noch Trinitatis.
[4] Derselbe, *Der hafz im pfeffer, die dreyzehēd eygēfchafft des haefzlins*.
[5] H. Hoffmann a. a. O. Tl. II. S. 36 und S. 38.
[6] Thomas Haselbach bei R. Cruel a. a. O. S. 497. Auch die blofsen Gewürze selbst, roh oder eingemacht, wurden beim Trinken gegessen: „lactwarje muschâte ingebêr galgen (Galgantwurzel) kubēben nêlikin", *Wiener Meerf.* 227 ff. bei W. Wackernagel, *Kleinere Schriften.* Bd. I. S. 95.
[7] Minimeque sitim aestumque tolerare, frigora atque inediam coelo solove adsueverunt (Germaniae populi), Tacitus, *de Germ.* cap. IV. Adversus sitim non eadem temperantia. Si indulseris ebrietati, suggerendo quantum concupiscunt haud minus facile vitiis, quam armis, vincentur, Ibid. cap. XXIII.
[8] Strabo IV, 5.
[9] Potui humor ex hordeo aut frumento, in quandam similitudinem vini conruptus, Tacitus, *de Germ.* cap. XXIII.
[10] Diem noctemque continuare potando, nulli probrum, Ibid. cap. XXII.
[11] Geyler von Keyferfzberg, *Poftill.* teyl II. S. XXVII. Pred. Am Frytag noch Inuocauit.
[12] Berthold, ed. F. Pfeiffer. Bd. I. S. 108.
[13] Ebendas. Bd. I. S. 150.
[14] R. Cruel a. a. O. S. 508.

Neben dem letzteren war allgemein nur noch der Met in Gebrauch, zu welchem das in „den honigwaben"[1] enthaltene „honech"[2] den Stoff lieferte. Schon die alten Germanen hatten denselben zu bereiten verstanden[3], indessen auch Berthold redet von solchen, „die uns den met sieden müezent" und „der (derer) man deheine (keine) wîse gerâten (entraten) mac."[4] Während aber Met und Bier ursprünglich das einzige Getränk bildeten[5], begannen dieselben allmählich in Verachtung zu geraten[6] und ihren Platz dem immer weiter sich verbreitenden „wîn"[7] einzuräumen. Schon Berthold redet vom „wingarten arbeiten"[8], und an einer andren Stelle führt er als etwas besonders Wunderbares an: „Sô laet (läfst) er (sc. Gott) den edeln wolgesmaken wîn ûz sûrem wazzer werden, wan die wînreben die ziehent daz saf ûz der erden, unde versiuret in den reben; dâ machet er alle jâr edeln guoten wîn ûz. Nû seht, ob daz niht ein schoenez zeichen sî?"[9] Noch häufiger aber kommen Tauler und Geiler auf den Weinbau zu sprechen. Der erstere sagt von „dem weinholtz": „dz ift ufzwendig fchwartz und hert, und dürr, und gar fchnoed. Un ob es dem menfchen nit be-

---

[1] Geyler von Keyferfzberg, Poftill. teyl III. S. VIII. Pred. Am Ofterzinftag. Ebendas. teyl II. S. CX. Pred. Am Donderftag noch Judica.
[2] F. K. Grieshaber a. a. O. Abt. 2. S. 68—69.
[3] Strabo IV, 5.
[4] Berthold, ed. F. Pfeiffer. Bd. I. S. 150.
[5] Vinum ad se omnino importari non sinunt (Germani), quod ea re ad laborem ferendum remollescere homines atque effeminari arbitrantur, Caesar, de bell. gall. lib. IV. cap. 2; vgl. lib. II. cap. 15. Nur von den Uferbewohnern sagt Tacitus: Proximi ripae et vinum mercantur, de Germ. cap. XXIII.
[6] Man beachte die Klimax in Freidanks Bescheidenheit, ed. W. Grimm. Göttingen 1834. 9, 5: „wazzer bier mete wîn", sowie die Stelle in Wolfr. v. Eschenbachs Parzival, in Wolframs Werken, ed. K. Lachmann. 201, 6: „ich waer dâ nu wol soldier: wan dâ trinket nieman bier: si hânt wins und spîse vil." Auf die Frage, wie man geizigen Herren danken soll, antwortet Sebastian Brant in seinem Narrenschiff, ed. Strobel. Quedlinburg 1839. S. 115: „daz sol man in dem piere."
[7] F. K. Grieshaber a. a. O. Abt. 2. S. 68. F. Pfeiffer, Deutsche Mystiker des 14. Jahrhunderts. Bd. I. S. 107. Joannis Tauleri Predig Am XIX. Sontag nach Trinitatis. S. CXXI.
[8] Berthold, ed. F. Pfeiffer. Bd. I. S. 108.
[9] Ebendas. Bd. I. S. 79—80.

kant were, fo deücht jn, difz holtz were niemandt nütz noch guot, dañ allein in das feür zuowerffen, und zuouerbrennen. Aber in difem dürren holtz der rebē, da feind in dem grund inne verborgen die lebendigen adern, uñ die edle krafft, da die aller edelft fueffigkeit aufz treüfft, und frucht aufzkommet, vor allem holtze, dafz da wechfzt unnd frucht bringet."[1] Die Arbeit des Weingärtners aber schildert er mit den Worten: „Nun geet der weingartner fchier aufz unnd befchnidet die reben[2], das ift das wyld holtz fchneidet er ab, wann thet er das nit, und liefz es fton an dem guoten holtz, fo brecht es alles mit einander faurn wein. — Darnach fo bindet er die reben, mā ftyckt die reben, man bygt fy von oben hernyder bifz auff die erden, unnd fteckt fy denn mitt ftarcken ramen (Stützen) oder mitt ftecken, da mit die rebē ein auffenthalt haben."[3] Zuletzt „fo undergrebet man die weinftoeck, und reüt das unkraut aufz, von dē guotē."[4] Nicht minder als Tauler erweist sich Geiler mit den mancherlei Vorgängen im Weinberg vertraut. Auch er betont, dafs der Wein nur durch saure Arbeit, „durch hackē, fchnydē, uñ erbrechē erlägt" werden kann.[5] Weiter aber bemerkt er, indem er auf die Abhängigkeit des Weinbauers vom Wetter hinweist: „So der rebman hat im mertzen die reben gefchnitten, dornoch die gehacket, gehefftet, und bereyttet, und umb die Pfingften forget er von künfftigen dingen, wie die trübel (Trauben) zyttig wellen werden. und gedenckt, würt es vaft (sehr) regnen, fo werden die trübel ee ful weder (als) zyttig, uñ würt der wyn fur."[6] Wenn aber diese Sorge überflüssig sei, so liege dagegen dem tüchtigen Weingärtner eine andre Fürsorge ob, „wenn es herbft ift, und die trübel zytig feind, das man luogt bey

---

[1] Joannis Tauleri *Predig Uff Septuagefima*. S. XXI.

[2] Nach Thomas Haselbach bestand der abergläubische Gebrauch, dafs man die Weinstöcke nur an einem solchen Wochentage zu beschneiden anfing, auf welchen in dem betreffenden Jahre das Weihnachtsfest fiel, R. Cruel a. a. O. S. 496.

[3] Joannis Tauleri *Predig Uff Septuagefima*. S. XXI.

[4] Ebendas. S. XXI—XXII.

[5] Geyler von Keyferfzberg, *Poftill*. teyl II. S. VIII. Pred. Am Donderftag vor Inuocauit.

[6] Ebendas. teyl III. S. LXXXI. Pred. Am Fünfftzehenden fonnentag noch Trinitatis.

zeyten, das die vaſſz gebunden, unnd die trübel abgeleſen werdenn. uff das die foegel, kreygen (Krähe) oder rappen (Rabe) die nitt abeſſent."[1] So verbreitet nun aber auch, nach diesem allen zu schliefsen, der Weinbau war, so hatte der Wein trotzdem einen nicht geringen Kaufpreis. Freilich waren einzelne, weil ihnen „der pfenninge not" war, gezwungen, denselben schon einige Zeit vor der Lese zu veräufsern und alsdann „den kouf deste naher (billiger) zuo geben."[2] Im allgemeinen aber pflegte der Wein nicht selten „uffzuoſchlahen"[3], und Berthold bemerkt ausdrücklich: „Ez ist manic lant, dâ wîn gar tiure ist".[4] Namentlich, wer nicht bar zahlen konnte, muſste „einen eimer wînes umbe ein halbpfunt"[5] erstehen, „den koufte er wol umbe fünf schillinge oder sehse zum hohsten in die hant (bar) des selben tages."[6] Unter diesen Umständen ist es erklärlich, dafs der Weingenufs bei den weniger Bemittelten nur selten vorkam. Schliefst doch Geiler, der Bräutigam und die Braut auf der Hochzeit zu Kana seien arm gewesen, da sie „nit hattend, das ſye moechten ein fuoder wins oder zwey jnlegen in ein keller."[7] Zugleich ermahnt er den Reichen: „Schlah ein fuoder weins od' zwey an den kopff — uñ gib es armē lütē umb gottz willen."[8] Denn die Wohlhabenden hatten oft genug „vil wyns beyeinander lygen in iren keyleren, — ein vaſſz lac hert am andern, das eins dem andern nit entwichen mohte."[9] Selbst die Nonnen besafsen einen solchen Vorrat davon, dafs neben dem Amt „der raderin" (Ratgeberin) und „chormeiſterin" auch dasjenige einer „weinkellerin" bei ihnen bestand.[10]

---

[1] Ebendas. teyl III. S. LXXXI—LXXXII. Pred. Am Fünfftzehenden ſonnentag noch Triniſtatis.

[2] Berthold bei H. Rinn a. a. O. S. 15.

[3] Geyler von Keyſerſzberg, *Poſtill.* teyl III. S. XXXXVI. Pred. Am dem Anderen ſonnentag noch Trinitatis.

[4] Berthold, ed. F. Pfeiffer. Bd. I. S. 301.

[5] Ein Pfund Geldes war die höchste Münzeinheit.

[6] Berthold bei H. Rinn a. a. O. S. 15.

[7] Geyler von Keyſerſzberg, *Poſtill.* teyl I. S. XXV. Pred. Am II. Sönentag noch dem Achten der drey künig.

[8] Ebendas. teyl II. S. IIII. Pred. an der Eſſchermitwoch.

[9] Ebendas. teyl III. S.LXXXI. Pred. AmFünfftzehenden ſonnentagnochTrinitatis. Vgl. ebendas. teyl III. S. XXXXVI. Pred. An dem Anderen ſonnentag noch Trinitatis.

[10] Geyler vonn Keyſerſperg, *Der haſz im pfeffer, die zehēt eygeſchafft des haeſzlins.*

I. Kapitel.

Wer aber über Wein zu verfügen hatte, der gab in der Regel dem roten den Vorzug. Geiler redet von „fchoenem roten wein", indem er hinzufügt: „dañ roter wein ift hübfcher und luftiger zuofehen weder (als) wiffer wein der farb halb."[1] Mehr als auf die Farbe sah man jedoch auf den Geschmack und die Stärke des Weines, da man letzteren sehr wohl „zuo entfcheiden, zuo kuften, und muftren"[2] verstand. „Surer wyn"[3] wurde natürlich ungern getrunken, obgleich Tauler selbst den Rheinwein als solchen bezeichnet.[4] „Du haft mir bittern wein gebracht", so läfst er Jehovah dem jüdischen Volke vorwerfen, „fauren reynifchen wein, unnd haft mir für die edelen weintraubē bracht winter trollen (Unhold) und boefz ding."[5] Eben so wenig wie saurer, stand Wein ohne Feuer und Kraft bei den Kennern in Ansehen. Geiler stellt „dem guotten wein"[6] „dē der do fchwecher und lychter ift" gegenüber[7], und Tauler sieht als das höchste „fo übertrefflichen (vortrefflich) edlen guoten wein" an, „der da alfo krefftig wer, das eyn tropff das vermoecht, were das er in eyn gantz fuoder waffers kaeme, das dafz waffer da durch alles fampt zuo guotem wein würd."[8] Schon der Wein des Speyergaus[9] und der von Franken[10] waren in dieser Beziehung geschätzt, als „der aller befte edelfte wein" aber wird der „von Cipern unnd von Engadin" bezeichnet[11], wobei man an „dem edeln cipper wein" zugleich die

---

[1] Derselbe, *Poftill.* teyl I. S. XXV. Pred. Am II. Sönentag noch dem Achten der drey künig.
[2] Ebendas.
[3] Geyler von Keyferfzberg, *Poftill.* teyl III. S. LXXXI. Pred. Am Fünfftzehenden fonnentag noch Trinitatis. Joannis Tauleri *Predig Uff Septuagefima.* S. XXI.
[4] Anders freilich urteilt das *Liederbuch der Hätzlerin.* 66 über den Rheinwein: „Die knaben laben kanst du bas (besser) dann herr Yppocras."
[5] Joannis Taulery *Predig An der uffart.* S. XLI.
[6] Derselbe, *Predig Uff Septuagefima.* S. XXII.
[7] Geyler von Keyferfzberg, *Poftill.* teyl I. S. XXV. Pred. Am II. Sönentag noch dem Achten der drey künig.
[8] Joannis Taulery *Predig Am IIII. Sontag nach Trinitatis.* S. LXXXIIII.
[9] Circa Spirenam Rhenus vinosus abundat, F. J. Mone, *Anzeiger f. Kunde der teutschen Vorzeit.* VII. 508.
[10] Multum Franconia subtilis habet bona vina, F. J. Mone a. a. O. V. 507.
[11] Joannis Taulery *Predig An der uffart.* S. XLI.

„groſſe ſueffigkeit"[1] rühmte. Den gleichen Rang aber nahmen „der malſaſyer"[2] und „Hippocras"[3] ein, welche „die fürſten und groſzen herren"[4] zum Schluſſe des Mahles gewöhnlich genoſſen. „Weñ so sye ein wolleben wellend haben, so trinckent sye am erstenn den ſchlechten wein. Und zuom letſten ſo trinckent sye Hippocras, oder Malmaſier, oder ſunſt einn guotten trunck der do hitziget, was ſye dann heiſzen haerbringen."[5] Der hier erwähnte Hippokras wurde künstlich bereitet, indem man deutschen Wein mit Honig, Kräutern, Früchten und Gewürzen versetzte.[6] Weil er ursprünglich für arzneiliche Zwecke bestimmt war, hatte man ihm den Namen des berühmtesten Arztes beigelegt, der freilich hier, wie auch sonst, in Hippokras[7] entstellt ist.

Da auch die Zubereitung der Speisen ein gewisses hygienisches Interesse darbietet, so sei dieselbe hier in aller Kürze erwähnt.[8] Im allgemeinen war es Aufgabe der Hausfrau, „daz ezzen ze machen."[9] Geiler redet von Männern, „die irē frawē beuelhē, dz alle ding sanfft uñ wol bereitet ſeyen, dz es wol ſchmack."[10] Wo aber die Mittel des Hauses ausreichten, da pflegte man „die kuchē"[11] (Küche) einer besonderen „dierne"[12], „der kellerin"[13], anzuvertrauen, wenn

---

[1] Derselbe, *Predig Am XXII. Sontag nach Trinitatis.* S. CXXIX.
[2] Geyler von Keyſerſzberg, *Poſtill.* teyl II. S. LXVII. Pred. Am Donderſtag noch Oculi. Derselbe, *Der haſz im pfeffer, die dreyzehēd eygēſchafft des haeſzlins.*
[3] Siehe S. 30, Anm.[4].
[4] Geyler von Keyſerſzberg, *Poſtill.* teyl I. S. XXV. Pred. Am II. Sönentag noch dem Achten der drey künig.
[5] Ebendas.
[6] Claretum — so hiefs der künstliche Wein — ex vino et melle et speciebus aromaticis confectum, Bartholomaeus Anglicus, *de proprietatibus rerum.* XIX, 56.
[7] Siehe S. 30, Anm.[4].
[8] Vgl. das Würzburger Kochbuch des 14. Jahrhunderts: *Ein buch von guter speise*, ed. Maurer-Constant. Stuttgart 1844, und Auszüge daraus von Wackernagel in M. Haupts *Zeitschrift.* V, 11.
[9] Berthold, ed. F. Pfeiffer. Bd. I, S. 268.
[10] Geyler võ Keyſerſperg, *Von den ſyben ſchwertern, das ſechſt ſchwert*
[11] Derselbe, *Von den ſyben ſcheiden, das ſechſt ſchwert.*
[12] Berthold, ed. F. Pfeiffer. Bd. I. S. 268 und S. 448.
[13] Geyler von Keyſerſzberg, *Poſtill.* teyl II. S. III. Pred. An der Eſchermitwoch. Ebendas. teyl IV. S. XVII. Pred. An unſer lieben Frawen Himelfart tag.

dieselbe auch nicht immer „geschickt"[1] war und hier und da zu Klagen Veranlassung gab.[2] Auch den Geistlichen bereitete eine Köchin das Essen, wie denn Geiler von sich sagt: „Ich bin ein prediger, uñ muoſſz habē — ein kellerin die mir kocht."[3] „A d' fürsten hoeff"[4] dagegen, wo man, statt von Zinn[5], von Gold[6] oder Silber[7] aſs und an dem „bumberly bum̄ der trumen (Trommel) uñ pfifen"[8] (Pfeife) bei Tisch sich ergötzte, wurde „ein koch"[9] oder „kuchelmeister"[10] (Küchenmeister) gehalten, da man hier ganz besonders darauf gab, daſs „diu spîse"[11] „weder verſaltzen noch verſchmaltzen ſey"[12] und einen ebenso „kreftigen"[13], als „edeln geſmac"[14] besitze. Aber auch wenn jemand „ein geſellenmol, od' graſzmol"[15] veranstaltete oder etwa „mit ſeinen friunden die letze (zum Abschied) aſz"[16], muſste ein wohl „geüebeter"[17] Koch die Küche versehen. Denn auch hier pflegte man

---

[1] Ebendas. teyl III. S. CII. Pred. Am Zweyundzwentzigſten ſonnentag noch Trinitatis.

[2] Berthold, ed. F. Pfeiffer. Bd. I. S. 448: „Und ir frouwen, ir lât iuwern munt niemer gestên mit unnützem gespraeche. Sô seit diu der andern von ir dierne: sie slâfe gerne unde wirke ungerne"; vgl. Geiler võ Keyſzerſperg, Der ſeelen Paradiſz. cap. X. Von warer gerechtikeit. S. LV.

[3] Derselbe, Poſtill. teyl II. S. IIII. Pred. An der Eſſchermitwoch.

[4] Ebendas. teyl I. S. VI. Pred. Am dritten Sonnentag des Advents.

[5] Ebendas. teyl III. S. LXXXI. Pred. Am Fünfftzehenden ſonnentag noch Trinitatis.

[6] Geyler vonn Keyſerſperg, Der haſz im pfeffer, die vierzehend eygeſchafft des haeſzlins.

[7] Derselbe, Poſtill. teyl II. S. LXXVIII. Pred. Am Sonnentag Oculi.

[8] Ebendas.

[9] Geyler von Keyſerſperg, Der haſz im pfeffer, die dreyzehēd eygē ſchafft des haeſzlins. Derselbe, Von den ſyben ſcheiden, das ſechſt ſchwert.

[10] Berthold, ed. F. Pfeiffer. Bd. II. S. 245.

[11] Ebendas. Bd. I. S. 221.

[12] Geyler von Keyſerſperg, Der haſz im pfeffer, die dreyzehēd eygē ſchafft des haeſzlins.

[13] Berthold, ed. F. Pfeiffer. Bd. I. S. 211.

[14] Ebendas. Bd. I. S. 221 und Bd. II. S. 246.

[15] Geyler von Keyſerſzberg, Postill. teyl II. S. LXXVIII. Pred. Am Sonnentag Oculi. Ebendas. teyl II. S. LXXVII. Pred. Am Sonnentag Letare.

[16] Geiler bei H. Rinn a. a. O. S. 18.

[17] Berthold, ed. F. Pfeiffer. Bd. I. S. 226.

Die Ernährung.

die Speisen so stark zu „beraffelen"[1] (bekritteln), dafs Geiler als „die dritt regel die ein geladener halten fol"[2], anführt: „Was man jm fürfetzet, do mitt fol er fich loffen benuegen (begnügen), und nitt übels do wider reden. Nit fol er fprechen, das ift übel gefotten, fo ift difz nit recht gefaltzen, oder gebrotten, unnd fo folt man do das zuom erften, und difz zuom letften dar geben haben. Das foll keiner thuon, funder er fol das loffen blibenn als es ift."[3]

Mochte nun aber ein Koch oder eine Köchin „diu wirtschaft"[4] (Mahlzeit) bereiten, so war dieselbe nicht selten komplizierter Natur. Schon bei „der fuppe"[5] begnügte man sich nicht immer mit einer einfachen „fleifchbrue"[6], sondern es werden unter denen, „die do anhengen den lüftē uñ dem fchleck", auch „die hofflecker un gelen (gelb) fuppen effer"[7] genannt. Ebenso wurde „dz muos"[8] zur Verfeinerung „mit fleifchbrue gekocht"[9], und „das bluoder- oder capitelmuofz" war so künstlich zusammengesetzt, dafs Geiler den Begriff des Chaos daran zur Anschauung bringt: „Als weñ mā ein bluodermuofz, od' ein capitelmuofz macht, uñ bonen, erbfzē, gerften, hering uñ fifch und einander fchüttet, dz wer cōfufio, oder Chaos."[10] Verwandt damit war wohl „das haerings nafz"[11], worüber man häufig „ein

---

[1] Geyler von Keyferfzberg, *Poftill*. teyl III. S. XXXXIIII. Pred. An dem Anderen fonnentag noch Trinitatis.

[2] Ebendas.

[3] Ebendas., vgl. Geiler vō Keyferfperg, *Von den fyben fcheiden, das fechft fchwert*.

[4] Berthold, ed. F. Pfeiffer. Bd. I. S. 229. Bd. II. S. 245. Joannis Taulery *Predig am XX. Sonntag nach Trinitatis*. S. CXXII.

[5] Geyler von Keyferfzberg, *Poftill*. teyl I. S. XXXIIII. Pred. Am Sönentag Sexagefima. Ebendas. teyl III. S. XXXXVI. Pred. An dem Anderen fonnentag noch Trinitatis.

[6] Geyler vonn Keyferfperg, *Der hafz im pfeffer, die zwoelft eygēfchaft des haefzlins*.

[7] Derselbe, *Poftill*. teyl I. S. VI. Pred. Am dritten Sonnentag des Advents.

[8] Derselbe, *Der hafz im pfeffer, die zwoelft eygēfchaft des haefzlins*. Derselbe, *Von den fyben fcheiden, das fechft fchwert*.

[9] Derselbe, *Der hafz im pfeffer, die zwoelft eygēfchaft des haefzlins*.

[10] Derselbe, *Poftill*. teyl III. S. XXXXII. Pred. An dem Erften fonnentag noch Trinitatis.

[11] Derselbe, *Von den fyben fcheiden, das fechft fchwert*.

I. Kapitel.

pfefferlin machte"[1], und auch „der hotzenblotz od' der züfenlin"[2] scheint nicht weit entfernt davon gewesen zu sein. Das Rezept desselben gibt Geiler an: „Wie macht man einen hotzenblotz? weñ dir ein kaltes huenlin überblybt fo fchnydeft du es in ein fchüffel, und fchneydeft radecht (Rettig) oder rotunde zwibel daran, uñ effich darüber, unnd macheft es unnder einannder, das heiffet dann ein hotzenblotz oder ein züfenlin."[3] Zu den kalten Fleischspeisen von künstlicher Zubereitung sind endlich noch „gefüllte wuerfte,[4] „fultz"[5] und „galrey"[6] zu rechnen.

Aber auch in Bezug auf warme Fleischgerichte wurden nicht geringe Anforderungen an die Geschicklichkeit der Köche gestellt. Zunächst verlangte man, dafs „gebratē uñ gefottē fifch uñ fleifch"[7] gehörig weich und mürbe seien, weshalb Geiler erklärt: „Unnder dē wildtpraet ift iung mürb wildtpraet beffer — weder (als) alt zaech wildtpraet."[8] Zu diesem Ende wurde „der brotten"[9] so lange „bey dē feür"[10] gehalten, bis auch das Innere desselben hinreichend erhitzt und nicht mehr blutig war. Nach Geiler „find es dreü zeichē da bey mā fieht weñ ein haefzlin od' huon, od' bratē, gnuog gebratē ift. Das erft zeichē ift, weñ es fich lafzt pfetzen (zerzupfen). Das ander zeichē ift, weñ es nit mer bluotet fo man es ufffchneidet. Das dritt zeichē ift, weñ fich dz fleifch fchelet võ den beinē."[11] Anderseits aber durfte auch der Zeitpunkt nicht überschritten werden, „do d' brat in d' kuchē gnuog hatt"[12], damit derselbe „nit verbriñ."[13] Namentlich galt dies von solchem Fleisch, das nicht besonders fett-

---

[1] Ebendas.
[2] Geyler vonn Keyferfperg, *Der hafz im pfeffer, die dreyzehēd eygē fchafft des haefzlins.*
[3] Ebendas.
[4] Geiler võ Keyferfperg, *Von den fyben fcheiden, das fechft fchwert.*
[5] Derselbe, *Von den fyben fchwertern, das fechft fchwert.*
[6] Ebendas.
[7] Geiler võ Keyferfperg, *Von den fyben fcheiden, das fechft fchwert.*
[8] Derselbe, *Der hafz im pfeffer, die dreyzehēd eygēfchafft des haefzlins.*
[9] Derselbe, *Postill.* teyl II. S. XLIX. Pred. Am Frytag noch Reminifcere.
[10] Derselbe, *Der hafz im pfeffer, die zehēt eygēfchafft des haefzlins.*
[11] Ebendas., *die zwoelft eygēfchat des haefzlins.*
[12] Geiler võ Keyferfperg, *Von den fyben fcheiden, das fechft fchwert.*
[13] Ebendas.

reich war und das man deshalb auch zu spicken pflegte. Sagt doch Geiler von dem Hasen: „Man muofz dz haefzlin fpicken. Es hat felber keī feifzte in im. Es ift eī dürres magers tierlin umb ein haefzlin, darum muofz mā im etwz zuogebē dz es nit bey dē feür verbriñ."[1] Derselbe Zweck läfst sich bisweilen auch auf andre Weise erreichen. Denn „weñ man huener bratē fol, die nit alle feifzt feind, fo ftofzt mā ye ein feifztes uñ ein magers zuofamē, dz ye eins dz and' feifzt machet"[2], oder „fo man ein fchweinē bratē hat uñ magere huener, fo ftofzt man den bratē hin uff an den obern fpifz uñ die huener an den undern fpifz, fo treüfft d' fchweinē brat herab uff die huener."[3] Zeigt schon dies alles an, dafs die Kochkünstler manche Aufgabe zu lösen hatten, so mufsten dieselben auch noch mit gewissen Imitationen vertraut sein. Hören wir doch von „den frawē, die wol kochē kindē"[4], dafs dieselben sogar Wild nachzuahmen verstanden: „Sie nemē etwan fchweinin fleifch, uñ machē es in ein fchwartzē pfeffer, das einer wenet es fey wildpret."[5] Noch gröfseres aber leistete ein Koch bei einem herzoglichen Gastmahl, der nicht nur einen künstlichen Hasen herstellte, sondern auch ein Schachbrett von Mandelmilch und die Figuren dazu von Zucker verfertigte.[6]

Was nun die Verdauung der genossenen Speisen betrifft, so äufsern sich sowohl Berthold, als Tauler und Geiler hierüber. Der erstere vergleicht den Magen, der die Nahrung aufnimmt, mit einem Hafen am Feuer. Wie in diesem die Speise gesotten werde, so sei das gleiche auch im Magen der Fall, und zwar liefere die demselben benachbarte Leber die Hitze dazu. „Der mage", so lauten Bertholds Worte, „ist in dem lîbe: reht enmitten in dem lîbe stêt des menschen mage. Er enpfaehet (empfängt) ouch des

---

[1] Geyler von Keyferfperg, *Der hafz im pfeffer, die eylffi eygenfchafft des haefzlins.*
[2] Ebendas.
[3] Ebendas.
[4] Geyler von Keyferfperg, *Der hafz im pfeffer, die neünd eygēfchafft des haefzlins.*
[5] Ebendas.
[6] W. Wackernagel, *Kleinere Schriften.* Bd. I. S. 121.

êrsten daz ezzen unde daz trinken, daz gêt des aller êrsten in den magen. Unde der mage ist rehte geschaffen als ein haven bî dem fiure, dâ man daz ezzen inne siudet. — Der stêt enmitten in dem lîbe als ein haven unde lît diu leber an dem magen und ist des magen fiwer (Feuer), wan diu leber ist dér nâtûre, daz sie grôze hitze hât unde git dem magen hitze, daz ez allez sieden muoz daz der mensche gizzet (ifst) unde getrinket."[1] Aber noch weiter wird der Vergleich zwischen dem Magen und dem Hafen durchgeführt. Denn wie „man die liute alle ûz dem einigen haven spîset, wirt (Hausherr) unde hûsfrouwen, kinder und ander gesinde"[2], „sô wirt ouch, swenne (wenn) der mage ze rehter wîse vol ist mit ezzen unde mit trinken, daz gesinde allez samt dâ von wol gespîset, daz ez deste kreftiger unde deste sterker wirt. Welhez ist daz hûsgesinde des lîbes? Daz sint die âdern unde diu glider unde daz hirne unde daz bluot unde daz marc unde daz fleisch unde daz herze unde daz gebeine: — der (derer) nimt ieglîchez sîn teil zuo im, und alsô werdent von dem magen alle die âdern und alliu diu glider, hirne unde bluot unde herze und aller der lîp wol gespîset unde gesterket."[3] Noch bestimmter betont Tauler, dafs die Speise durch die Adern in den Körper übergeht, nachdem dieselbe zuvor verdaut worden ist. „Die natur", so sagt er, „wyrckt und verdewet (verdaut) uñ zeücht durch die adern die krafft der fpeifz, uñ wirt ein leben, und ein wefen mitt dem menfchen."[4] Auch Geiler spricht von der Umwandlung der Nahrungsstoffe im Magen, wodurch erst die Ernährung des Leibes möglich werde. „Spifz die ein menfch entpfocht" (empfängt), so äufsert er sich, „die felb fo lang fye in irer art blibt, fo fuort (speist) od' naert fye ein menfchen nitt. Sol fye fuoren (nähren), fo muoffz fye zuo nüt (zunichte) werden, verandert und zerftroewet (aufgelöst), zergon uñ vergon. Denn fo lang die fpifz im magen ligt unuerdowt, und alfo in irer art und wefen blibt unverandert, fo lang mag fye ein menfchen nitt fuoren (nähren). Sunder

---

[1] Berthold, ed. F. Pfeiffer. Bd. I. S. 432.
[2] Ebendas.
[3] Berthold, ed. F. Pfeiffer. Bd. I. S. 432—433.
[4] Joannis Taulery *Predig Uff unfers herren fronlichnamstag.* S. LXII.

weñ fye verandert und verdowet wordē ift, dañ fo fuort (nährt) fye den menfchē."[1] Weiter aber unterscheidet er zwischen einem unverdaulichen und einem verdaulichen Teile des Genossenen, über deren weitere Schicksale er folgendes angibt: „Was unflaetigs do blibt, das godt fein ftroffz, aber das aller fubtilichft vō der fpifz das zücht die leber an fich, das felb würt dornoch zuo bluot, unnd teylt fich doraffter (hierauf) in die glider. Denn yegklichs glid zücht an fich fo vil jm zuoftodt, als denn die aertzt dovon fchribē."[2]

Soll aber eine naturgemäfse Verdauung vor sich gehen, so dürfen die genossenen Nahrungsmittel weder verfälscht noch verdorben sein. „Daz ist grôziu nôtdurft", so ermahnt Berthold einen jeden von denen, „die dâ ezzen unde trinken veil habent"[3], „daz dû dâ mite getriuwe unde gewaere (zuverlässig) sîst, wan (denn) ander trügenheit diu gêt doch niuwan (nur) über daz guot: sô gêt disiu trügenheit über den lîp, den etelîcher (mancher) umbe (um) dise werlt (Welt niht gaebe."[4] Dann aber fährt er, das Gesagte an einem Beispiele ausführend, fort: „Dû mit dîner trügenheit mit müeterînem (vom Mutterschweine herrührend) fleische oder an fûlem fleische, daz dû ze lange in dînem gewalte beheltest unz (bis) ez erfûlet, sô wirdest dû etewenne (manchmal) an einem menschen schuldic oder an zehenen; oder daz ez niht gesunt enist (ist), sô dû ez abnimest, oder unzîtic ist an dem alter."[5] Denselben Gedanken wiederholt er an einer andren Stelle, wo er drohend ausruft: „Dû rehter trügener ungetriuwer! dû beheltest eht (eben) dîn fleisch unz (bis) ez erfûlet under dem velle, sô blîbet ez gar wîz (weifs); die wîle daz vel drobe ist, sô waenet ein biderman ez sî gar guot unde frisch: sô ist ez fûl; er mac den tôt dran gezzen (essen) oder grôzen siechtuom. Dû trügener unde dû ungetriuwer mörder! Dar umbe solten die burger von der stat gebieten, swenne (wenn) man in sumerigen zîten ein kalp oder ein lamp abnaeme, daz man ez sâ (alsbald) zehant (auf

---

[1] Geyler von Keyferfzberg, *Poftill*. teyl II. S. LXVII. Pred. Am Donderftag noch Oculi.
[2] Ebendas.
[3] Berthold, ed. F. Pfeiffer. Bd. I. S. 150.
[4] Ebendas.
[5] Ebendas.

der Stelle) ville (enthäute) und im daz vel gar abe ziehe, unde daz
zwêne biderbe (biedere) man oder vier daz bewaeren, daz ez zîtic[1]
sî daz sie dâ abe nement, unde daz ez gesunt sî; wan (denn) ez ist
etelîcher (mancher) als (so) ungetriuwe gein (gegen) gote unde gein
sînem ebenkristen (Mitchrist) unde gein sîner eigenen sêle, daz er
niht enruochet (sich nicht kümmert), wer dâ von stürbe oder siech
würde, daz eht (nur) im ein kleiner gewin werde."[2] Während aber
hier ein Betrug von fremder Seite stattfindet, betrügen andre sich
selbst, indem sie aus Geiz nur faules, verdorbenes Fleisch zu sich
nehmen. Von solchen sagt Geiler: „Und alſo kriechē die unſeligen
geytigen (geizigen) menſchen uff der erden in irdiſchen dingen und
wirt inen dēnocht nichts davō wed' (als) die nachleibeten (übrig
gebliebenen) und das aller nachbgültigeſt (wertloseste). — ſtinckēt
fleiſch, brauchēt kein ding es ſey dañ verdorben."[3] Statt faulen
Fleisches genieſsen die Geizigen auch wohl solches von „pfifftzigen
(mit Diphtheritis behaftet) huenern"[4], von „boeſzen (krank) ſchwinen"[5]
oder von „einem lämen ferlin (Stierkalb), das do pfynnig iſt, oder
das korn (eine Krankheit) hatt."[6] Wie hier, so wird auch sonst,
insbesondere von Berthold vor Finnen gewarnt, indem derselbe den
Fleischverkäufern vorwirft: „Sô gît (gibt) der böckîn (vom Bock her-
rührend) fleisch für schaeffenz (vom Schafe herrührend), der muoterînez
(vom Mutterschweine herrührend) für berginez (von einem männlichen,
verschnittenen Schweine herrührend), der vinnigez für reinez."[7]
Auffallend könnte erscheinen, daſs man das Fleisch des Mutter-
schweines für nachteilig ansah, indessen wenn man erwägt, in wie
hohem Grade jene Tiere durch das Säugen abmagern, so wird man
dieser Auffassung beipflichten müssen. „Pfî, trügener an dînem

---

[1] Berthold bei H. Rinn a. a. O. S. 13.
[2] Berthold, ed. F. Pfeiffer. Bd. I. S. 86.
[3] Geyler vō Keyſerſperg, *Von den ſyben ſchwertern, das fünfft ſchwert*.
[4] Derselbe, *Poſtill*. teyl III. S. LXVII. Pred. An dem Neünden ſonnen-
tag noch Trinitatis. Ebendas. teyl IV. S. XXX. Pred. An unſer lieben Frawen
Liechtmeſſz tag.
[5] Geyler von Keyſerſzberg, *Poſtill*. teyl III. S. LXVII. Pred. An
dem Neünden ſonnentag noch Trinitatis.
[6] Ebendas. teyl IV. S. XXX. Pred. An unſer lieben Frawen Liechtmeſſz tag.
[7] Berthold, ed. F. Pfeiffer. Bd. I. S. 86.

hantwerc", so fragt Berthold einmal, „waz sprichestû dar zuo? An dîme (deinem) koufe gibest dû ein (einem) muoterin (vom Mutterschweine herrührend) vleisch für bergînez (von einem männlichen, verschnittenen Schweine herrührend): er mac den grimmen tôt daran ezzen, daz dû schuldic an im bist"[1], und an einem andren Orte sagt er: „Sô gít der siuwîn (von einer Sau herrührend) für bergîn fleisch: daz mac einez in krankeit ezzen, daz ez den tôt da von nimet."[2] Aber nicht nur die Fleischer, sondern auch die Gastwirte schädigten ihre Mitbürger bisweilen an der Gesundheit, indem sie denselben verdorbene Speisen vorsetzten. Lesen wir doch bei Berthold: „Sô sint etelîche wirte unde gastgeben in den steten, daz sie ein gesoten spîse als (so) lange behaltent, daz ein gast dran izzet daz er iemer deste krenker ist. Daz ist allez untriuwe unde valscheit, unde dar umbe wirdest dû aptrünnic von der heiligen kristenheit."[3] Dieselbe Anklage wird auch gegen die Fischer erhoben, die, statt die Fische zur rechten Zeit zu verkaufen, dieselben bis zum nächsten Fasttag bewahren, so dafs sie alsdann in Fäulnis geraten: „Dû heltest die vische in dem wazzer gevangen unz (bis) daz ein frîtac kumet: sô sint sie fûl und izzet ein mensche den tôt dar an oder grôzen siechtuom. Sô bistû schuldic an allen den, die dû dâ mite betriugest, daz sie in siechtuom vallent oder in den tôt."[4]

Wie beim Fleisch, so kamen auch bei den übrigen Nahrungsmitteln allerlei Betrügereien und Fälschungen vor. Schon von dem Landmanne heifst es: „Dû legest ouch schoene korn oben in den sac unde danne unden daz boese, und alsô verliusest (verdirbst) dû alle dîne arbeit mit trügenheit unde mit hazze unde mit nîde."[5] Nicht viel anders scheint der Müller verfahren zu sein, denn wir hören von ihm, dafs er auch „manigerleie trügene und diepheit"[6] hat und, was den Bäcker betrifft, „sô becket etelîcher (mancher)

---

[1] Ebendas. Bd. II. S. 28.
[2] Berthold bei H. Rinn a. a. O. S. 13.
[3] Derselbe. Bd. I. S. 150—151.
[4] Ebendas. Bd. I. S. 150.
[5] Ebendas. Bd. I. S. 152.
[6] Berthold bei H. Rinn a. a. O. S. 13.

fûlez korn ze brôte, dâ mac ein mensche vil schiere (in kurzer Zeit) den tôt an ezzen; unde versalzen brôt, daz ist gar ungesunt. Wir lesen des niht, daz salz in deheine slahte (irgend einerlei) wîse sî in spîse sô ungesunt und als (so) jaemerlich als in brôte, unde ie baz (mehr) gesalzener, ie nâher grôzem siechtuome oder dem tôde."[1] Auch über den übermäfsigen Zusatz von Hefe zum Brote in betrügerischer Absicht wird öfter geklagt: „Der verkouft luft für brôt und machet ez mit gerwen (Hefe), daz ez innen hol wirt: so er waenet, er habe ein broseme (Krume) drinne, so ist ez hol und ist ein laeriu rinde."[2] Während aber die letztere doch noch immer geniefsbar erscheint, scheut sich der Geizige selbst nicht vor zerfressenem Korn oder schimmeligen Brote: „Do zuo hatt er dry od' fyer kaften mit korn do ligē, fo iffet er nūmen (nur) von dem das zerftochē ift, bifz das ander ouch zerftochen würt, und nüt mer fol (taugt). kein frifch brot iffet er nit, es muoffz truckē oder fchymelig[3] fein, uff das es defter (desto) fchütziger (länger vorhaltend) fyg (sei). So doch ein armer man all tag frifch brot koufft, unnd nit fo vil hat, das er moeg von einer wochen zuo der andern kouffen."[4] Wie das Korn und das Brot, so mufs auch das Obst halb verfault sein, ehe es der Geizhals geniefst: „Item keinen frifchen oepffel getarr (wagt) er effen, weder (aufser) was müfzlet (angegangen?) und halber ful[5] ift, die muoffz die kellerin ufzlefen und als die fulen dannen, bifz die andern ouch foul werdē."[6] Freilich wufste auch der Händler schon faules Obst beim Verkauf einzuschmuggeln, indem Berthold als eine Art des Betruges anführt: „Sô leit (legt) einer fûle epfel under guote."[7] Dies alles aber war um so bedauerlicher, als es recht wohl bekannt war, dafs verdorbene Speisen ungesund sind. Nach einer Predigt bei Wackernagel rufen dieselben Fieber hervor,

---

[1] Derselbe. Bd. I. S. 151.
[2] Berthold bei H. Rinn a. a. O. S. 13.
[3] Geyler vō Keyferfperg, *Von den fyben fchwertern, das fünfft fchwert*.
[4] Derselbe, *Poftill*. teyl II. S. III. Pred. An der Efchermitwoch.
[5] Derselbe, *Von den fyben fchwertern, das fünfft fchwert*.
[6] Derselbe, *Poftill*. teyl II. S. III. Pred. An der Efchermitwoch.
[7] Berthold, ed. F. Pfeiffer. Bd. II. S. 28.

und es wird empfohlen, dagegen ein Laxans zu nehmen: „Nu ift ze wiffen das der ritte (das Fieber) den mönfchen gern an gat von dem das er etzwas ungefundes geeffen hat und das in dem magen lit (liegt) und es niut vertoewen (verdauen) mag. Und der difem mönfchen helfen wil fo muofz man ime (ihm) den magen rumen (räumen) mit guoter artznie."[1]

Bei dem hohen Preise mancher Genufsmittel, insbesondere der Gewürze und des Weines, wird es begreiflich, dafs man auch hier allerlei Verfälschungen vornahm, um auf diese Weise einen gröfseren Gewinn zu erzielen. So verklagt Geiler die Krämer: „Sie luogent wie fie iren nechften betriegen, befcheyffen (übervorteilen) mügent, geben im meüfzdreck für pfeffer"[2], und dieser Unfug mufs so häufig gewesen sein, dafs derselbe Prediger da her das Bild nehmen konnte: „Uff erdtrich got boefz und guot under einander, alfz pfeffer und müfztreck, weyffen (Weizen) und ratten (Raden) undereinander ift."[3]

Von einer andren Art Genufsmittelverfälschung ist bei Berthold die Rede: „Sô betriegent etelîche die liute mit fûlem wîne unde mit fûlem biere oder mit ungesotem (ungesotten) met, — oder mischet wazzer zuo dem wîne."[4] Namentlich der zuletzt genannte Betrug scheint tiefe Wurzeln geschlagen zu haben und kaum noch als ein Unrecht betrachtet zu sein. Denn nicht nur, dafs Berthold die Fuhrleute warnt: „Unde die den wîn verre (ferne) holn müezent, daz die iht (nicht) wazzers dar zuo giezen, daz er deste langer were. Dâ sult ir iuch an hüeten, als (so) liep iu daz himelrîche sî"[5], er sagt auch von „den wînmannen, die den wîn veil habent"[6]: „Etelîcher giuzet wazzer in wîn: pfî, trügener aller der werlte (Welt)!"[7] und in einer andren Predigt wiederholt er: „Sô ist der ein trügener an sînem koufe, der gît (gibt) wazzer für wîn."[8] Ja selbst die Priester

---

[1] W. Wackernagel, *Altdeutsche Predigten und Gebete.* S. 194.
[2] Geyler vö Keylerfperg, *Von den fyben fchwertern, das fünfft fchwert.*
[3] Derselbe, *Poftill.* teyl II. S. XXIIII. Pred. Am Donderftag noch Inuocauit.
[4] Berthold, ed. F. Pfeiffer. Bd. I. S. 151.
[5] Ebendas. Bd. I. S. 301.
[6] Ebendas. Bd. I. S. 216.
[7] Ebendas. Bd. II. S. 28.
[8] Berthold bei H. Rinn a. a. O. S. 13.

muſs er erinnern, daſs der Abendmahlswein höchstens „mit einigem (einem einzigen) tropfen wazzers getempert (gemischt) sîn" [1] darf, da diese Menge „den wîn als (ebenso) wol erliutert (klärt), als ein michel (groſser) teil" [2]: „Ir sult ouch des wazzers, ir priester, niht ze vil mischen in den kelch [3]: einiger tropfe erliutert iz (es) allez samt: dâ ist sîn ouch genuoc mite. Daz wazzer sol ouch sîn sô dû ez aller reinest und aller frischest gehaben maht (magst)." [4] Aber auch noch eine andre Mahnung wird in bezug auf den Abendmahlswein an die Geistlichen gerichtet: „Ir sult iuch der selben arbeit gerne bewegen (entschlieſsen zu), daz ir deste ofter frischen wîn bringet" [5], oder, wie es ein andermal heiſst: „Ir sult den wîn niht ze lange behalten, hinz (bis) er erfûle." [6] Um dies Faulwerden zu verhindern, empfiehlt Berthold vor allem gröſste Reinlichkeit der Fässer: „Ir sult diu vezzelîn, dâ ir den wîn inne behaltet, mit grôzem flîze reine machen unde mit flîze bedecken und in huote haben" [7], und wiederum: „Ô, ir messenaere, ir sult gar flîziclichen dâ mite (sc. mit dem Abendmahlswein) umbe gân, und reinlichen mit grôzen sorgen und mit vorhte (Furcht), daz ir diu vaz gar schoene machent, diu dar zuo gehoerent, daz sie niht schimelic sîn." [8] Nur wo frischer Wein nicht wohl beschafft werden könne, möge man Nachsicht walten lassen, wenn der Nachtmahlswein einmal trübe oder krank werden sollte, doch dürfe er auch alsdann noch nicht sauer sein: „Obe der wîn trüebe wirt oder kranc, daz eht (nur) er niht ezzich (Essig) wirt, dâ mac ich niht umbe gereden an der stat, dâ man sîn niht rât gehaben mac; wan (denn) ez ist manic lant, — dâ man frischen wîn niht wol gehaben mac, als man solte." [9] Anders verhält es sich dagegen, wenn der Reiche nur aus Geiz den allerschalsten und verdorbensten Wein zu sich nimmt: „Uñ aber ye

---

[1] Derselbe. Bd. II. S. 87.
[2] Ebendas.
[3] Ebendas.
[4] Ebendas. Bd. I. S. 301.
[5] Ebendas.
[6] Ebendas. Bd. II. S. 87.
[7] Ebendas. Bd. I. S. 301.
[8] Ebendas. Bd. II. S. 87.
[9] Ebendas. Bd. I. S. 301.

me (mehr) er fchaetz zuofamen famlet, ye minder jm do von würt. Er trinckt den aller unglückhafftigeften feygerften (umgeschlagen) wein [1] der yenen im keyler (Keller) ift, darff kein guotten wein nit anftechen, wenn er fchon ein keyler vol wein hatt. und die weil würt der guot wein ouch feyger."[2]

Wie aber verdorbene und verfälschte Nahrungs- und Genufsmittel, so sind auch Leckerei und daraus hervorgehende Völlerei der Gesundheit nachteilig. Daher werden wiederholt diejenigen getadelt, die „gern leckeryen nochgon"[3], „die do anhengen den lüfte uñ dem fchleck"[4] (Leckerei) und „allez ûffe iren bûch kêren, daz si wol gezzen und getrinken."[5] Über solche „fchlecker, fchleckerhafftige und genefchige"[6] ruft Berthold aus: „Pfî, ir nescher unde ir nescherinne!"[7], und an einer andren Stelle ermahnt er dieselben: „Ir nescher und ir nescherin, vil wunderlîchen (überaus) balde in die rehten (recht) herten (hart) buoze!"[8] Geiler aber bezeichnet die „lecker hynden uñ vornan unnd an allen fyeren alfo vil als ir ift"[9] als „buoben"[10] und sagt verächtlich von denselben: „Sie luoge was mä effen wil an de uñ an ihene. Das aller erft neüwes ufzgeet, dz vor (früher) nyemä gefehe hat, dz muofz zuom erfte dar gefetzt werde. Es fol ordelich gelebt fein, fpreche fie. Woellen de rachen uñ de bauch genuog fein, warte ir felbs wie eins federfpils."[11] Zugleich weist er den Einwand derselben zurück, als ob man nicht mit Lust essen dürfe: „Spricheft du, fo mueft ich nit mit luft

---

[1] Geyler vō Keyferfperg, *Von den fyben fchwertern, das fünfft fchwert.*
[2] Derselbe, *Poftill.* teyl II. S. III. Pred. An der Efchermitwoch.
[3] Ebendas. teyl III. S. LX. Pred. An dem Achtenden fonnentag noch Trinitatis.
[4] Ebendas. teyl I. S. VI. Pred. Am dritten Sonnentag des Advents.
[5] F. Pfeiffer, *Deutsche Mystiker des 14. Jahrhunderts.* Bd. I. S. 241.
[6] Geyler vō Keyferfperg, *Von den fyben fchwertern, das fechft fchwert.*
[7] Berthold, ed. F. Pfeiffer. Bd. I. S. 226.
[8] Ebendas. Bd. I. S. 71.
[9] Geyler von Keyferfzberg, *Poftill.* teyl III. S. CII. Pred. Am Zweyundzwentzigften fonnentag noch Trinitatis.
[10] Ebendas.
[11] Geyler vō Keyferfperg, *Von den fyben fchwertern, das fechft fchwert.*

eſſenn? Ich ſprich nit das du ſolt on luſt eſſen. Ein menſch muoſz luſt habn̄ ſo er iſſet, aber du ſolt nit uſz luſt eſſen, ſunder allein zuo deiner notturfft"[1], und in Übereinstimmung hiermit erklärt er ein andermal: „Es iſt ein groſſer unnderſcheid mit luſt eſſen, un̄ uſz luſt eſſen"[2], oder, was dasselbe sagt, „zwyſchē eſſen un ſchleckē."[3] „Eſſen ist da man nach vernūft zuo bloſſer not iſſet, ſo vil im dienet un̄ er bedarff. Aber ſchleckē iſt, da d' gluſt (Gelüste) einē menſchē treybt zuo eim ding dz im nit not iſt, ſund' allein dz es im anmuotig iſt, un̄ luſt daran hat un̄ zicket (reizt) in darūb iſſet er, moecht des wol enbroſtē (entledigt) ſeī dz iſt geſchleckt."[4]

Wenn es nun aber auch „gar wee der natur thuot zuo erſterben allen ungeordnetē lüſten an ſpeiſz"[5], so werden doch die Hörer immer wieder ermahnt, nicht „von einer leckery zuo der anderen zuo louffen"[6] und „die natürlichen guetter, ir jugent ir ſtercke zuo leckery und boſzheit zuo miſzbruchen."[7] Namentlich die Kinder soll man nicht „zart in allen leckeryen und bueberyen erziehen"[8], da sie damit nur schlimme Gewohnheit an sich nehmen: „Ein kindlin dz noch nit kan kriechē, heiſſet im ein ſchlecklin gebē dz ſelb ſchlecknn wachſet den̄ für und für mit inē uff die ſelb zart erziehūg bringt in (ihnen) boeſe gewonheit, wen̄ ſie ſoellē zuo rechtē dapfferē leütē werdē, iſt nyemāt daheim, un̄ wenent dan̄ ſie mueſſent alſo ſchleck und weicheit haben."[9] Mit besonderer Strenge ist in dieser Beziehung die Jugend im Kloster zu behandeln, obgleich es auch hier nicht an billiger Rücksicht fehlen darf: „Nun merck auch die

---

[1] Ebendas.
[2] Geiler vō Keyſerſperg, *Von den ſyben ſcheiden, das ſechſt ſchwert*
[3] Ebendas.
[4] Geyler vō Keyſerſperg, *Von den ſyben ſchwertern, das ſechſ ſchwert.*
[5] Joannis Taulery *Predig An der Kirchweyhe.* S. CXXXII.
[6] Geyler von Keyſerſzberg, *Poſtill.* teyl III. S. XXXV. Pred. An dem heyligen Pfingſtag.
[7] Ebendas. teyl III. S. LXVI. Pred. An dem Neünden ſonnentag noch Trinitatis.
[8] Ebendas. teyl III. S. LXVIII. Pred. Am Neünden ſonnentag noch Trinitatis.
[9] Geiler vō Keyſerſperg, *Von den ſyben ſcheiden, das ſechſt ſchwert.*

die her uſſen in d' welt zartlich feind erzogen, uñ auch nit grober ſpeyſz gewonet hond, uñ ſie nit geleydē mügē, den ſelbñ mag man wol ein beſſers gebē. Aber die ſolches nit bedürffen uñ grober ſpeyſz gewonet hond uñ ſy geleydē mügē, die ſelbē ſoellē got lobē, das ſie ſollichs nit nottürfftig feind."[1] Dieselbe Milde, die man den Kindern gegenüber walten liefs, kam auch den Erwachsenen unter Umständen zu gute. So sagt Geiler: „Aber weñ ein menſch koſtlicher ſpeyſen hat gewonet uñ iſt alſo genatürt, uñ hat ein ſolche zarte cōplexion die nit anderſt mag uffenthaltē (erhalten) werden dañ durch ſolche ſpeyſung, den treybt die fünd fraſzheit nit, aber ſein notturfft"[2], oder mit etwas andrer Wendung: „Muoſz deñ einer ettweñ von feiner kranckheit, oder zarten cōplexion wegen, zertere ſpeiſz nützen, deñ einem andren menſchē not iſt der tueg es."[3]

So gemäſsigt aber auch die Vorschriften gegen die Leckerei waren, so kam dieselbe doch ziemlich häufig vor. Schon die gewöhnlichen Bürger waren derselben ergeben und mufsten von sich bekennen: „So wir zu kirmeſſe warn. so vare wir mer dar duorch wol ezzen und trinken."[4] Namentlich aber in den höheren Kreisen pflegte es nicht an solchen zu fehlen, die „alle ſchleck wolten habē"[5]; denn „an d' fürſten hoeff, das iſt bey dē Bobſt (Pabst), keyſer, künig, biſchoeffen uñ weltlichē regentē, in den ſtetten do findet man die ſelbē hofflecker uñ gelen (gelb) ſuppen eſſer."[6] Selbst von den Geistlichen gesteht Geiler mit seltenem Freimut: „Wir Pfarrer sagen von grofser Abstinenz, und ist niemand voller als wir; uns darf keine Leckerei entgehen, wir müssen sie haben"[7], und nicht günstiger lautet sein Urteil über die Mönche: „Nim dē and'n ſtat (Stand) für dich die Ordēſzleut, ſo ſiheſtu wye gätz d' zerriſſen iſt. Sie feind groeſzer buobē und als (ebenso) grofz als in weltlichē ſtat und im

---

[1] Derselbe, *Der haſz im pfeffer, die neünd eygeſchaft des haeſzlins.*
[2] Derselbe, *Von den ſyben ſcheiden, das ſechſt ſchwert.*
[3] Derselbe, *Der ſeelen Paradiſz*, cap. VI. Von warer keüfcheit. S. XXXIX.
[4] H. Leyser, *Deutsche Predigten des XIII. und XIV. Jahrhundertes.* S. 119.
[5] Geyler vonn Keyſerſperg, *Der haſz im pfeffer, die neünd eygeſchaft des haeſzlins.*
[6] Derselbe, *Poſtill.* teyl I. S. VI. Pred. Am dritten Sonnentag des Advents.
[7] Derselbe, *Bröſamlin.* Tl. II. S. 29 bei R. Cruel a. a. O. S. 553.

geiftlichë ftat, fie feind in aller leckerei fornendrä, darüb ift daz verfzlin war. Was die welt thuot, fo wil d' münch d' and' daran fein."[1]

Wie leckerhaftes Wesen, so wird auch Füllen und Prassen, das eng damit zusammenhängt, energisch bekämpft. Als das Vorbild dieser Prasser erscheint „her Êsau der frâz."[2] Daher die Anrede bei Berthold: „Her Esau, unde der andern ein michel (grofs) teil, dû sitzest unde frizzest — einen kropf über den andern, daz sich dîn mage kliubet (spaltet) in vieriu (vier Teile)![3] Dasselbe übermäfsige Essen der „fülleriche"[4] wird auch sonst oft erwähnt, wie denn derselbe Berthold erklärt: „Sô füllent dise fraeze in sich ir einer etewenne (bisweilen) eins tages, daz sich drîe oder sehse schône dâ von betrüegen. Swâ (wo irgend) der (derer) zehen bî einander sint, die vertuont in einem tage, dâ vierzic menschen von berâten waeren schône unde wol."[5] Nach Geiler aber rühmen die „frezzer"[6] sich, wenn sie von einem Gastmal heimkehren: „wir hand wol zehen effen gehebt, oder trachten"[7] (Gerichte), und im Sinne derselben spricht er: „Wir waenen, alles dz gott befchaffen hatt, es fey nyenen (nirgends) zuo guot wann (als) zuo dem frofz. Was im lufft ift, alle foegel, alle fifch im waffer, es muoffz uns dienen zuo unfzerer füllery. Wir mueffens alls freffen —. Ich meyn du fraeffeft die fternen auch, wann dufz vermoechteft."[8] Höchst drastisch schildert er zugleich die Gier eines solchen „menfchē, den frafzheit zuo vil ynbrünftigklich effen macht"[9]: „Die augen glarēt (stieren) uff die fpeyfz, die hend weffent (werfen) die fpeyfz in den mund, dz ein mundt vol dē andern kaum entweychē mag. Er fchlapert (schlürft) die fpeyfz in fich dz

---

[1] Derselbe, *Die Emeis*. S. XXI.
[2] Berthold, ed. F. Pfeiffer. Bd. I. S. 8.
[3] Ebendas. Bd. I. S. 103.
[4] Geyler võ Keyferfperg, *Von den fyben fchwertern, das fechft fchwert*.
[5] Berthold, ed. F. Pfeiffer. Bd. I. S. 431.
[6] Ebendas. Bd. I. S. 190.
[7] Geyler von Keyferfzberg, *Poftill.* teyl III. S. XXXIII. Pred. An dem heyligen Pfingftag.
[8] Ebendas. teyl III. S. LXVI. Pred. An dem Neünden fonnentag noch Trinitatis.
[9] Geiler võ Keyferfperg, *Von den fyben fcheiden, das fechft fchwert*.

im d' geyfer ufz dē mul falt, weñ er über tifch wil fitzē, ftreiffet er die ermel hinder fich als woel er ein kuow (Kuh) metzgē" [1] (schlachten).

Unter diesen Umständen ist es begreiflich, dafs „frafz ein gar vichifch ding"[2] genannt und für eine „untugende"[3], ein „lafter"[4] und „der tôtsünde einiu"[5] erklärt wird. „Unmâze des mundes an ezzen", sagt Berthold, „daz heizet frâzheit in der schrift und ist der siben tôtsünde einiu. Unde swer (wer) sich über die mâze ezzens — noetet unde sich setiget ze gîteclîche (gierig), der hât eine houbetsünde getân"[6], und Geiler bestätigt: „Dz praffen, unnd füllen — nitt fünd fey, und derglichen. Das feind allefammen yrrungen."[7] Zugleich ruft Berthold über die Schlemmer die Drohworte aus: „Pfi, ir fraeze, ir luoderer"[8] (Weichlinge)! und Geiler erklärt: „Dorumb die, die allein do gond — füllen und freffen —, die feind kein nutz einer gemeynd."[9] Aber noch in anderer Weise wird den Prassern ihr Urteil gesprochen: „Die sehsten, ir tiuvele" (Teufel), so lesen wir bei Berthold, „die hoerent iuch (euch) ouch ane. Daz sint alle die mit frâzheit umbegênt, die sich überezzent — und alle zît ûf ginent (das Maul aufsperren) nâch der frezzerîe"[10], und nicht minder streng wird denselben von dem gleichen Autor das Gericht angedroht: „Alle die sich überezzent —, die müezent ouch an dem jungesten tage gerihtet unde geurteilet werden von disem himelischen here unde von dem almehtigen gote selber."[11]

---

[1] Ebendas.
[2] Ebendas.
[3] Berthold, ed. F. Pfeiffer. Bd. I. S. 525.
[4] Geyler von Keyferfzberg, Poftill. teyl II. S. LI. Pred. Am Sambftag noch Reminifcere.
[5] Berthold, ed. F. Pfeiffer. Bd. I. S. 430.
[6] Ebendas. Bd. I. S. 430 und Bd. II. S. 205.
[7] Geyler von Keyferfzberg, Poftill. teyl III. S. XXXIIII. Pred. An dem heyligen Pfingftag.
[8] Berthold, ed. F. Pfeiffer. Bd. I. S. 525.
[9] Geyler von Keyferfzberg, Poftill. teyl II. S. IIII. Pred. über das Evangelium an der Effchermitwoch.
[10] Berthold, ed. F. Pfeiffer. Bd. I. S. 468.
[11] Ebendas. Bd. I. S. 190.

Natürlich kam solche Völlerei der dürftigen Verhältnisse wegen bei den Armen nicht vor. Daher bemerkt Berthold in einer Predigt: „Ir armen liute, ir habet mit dér sünde (sc. der frâzheit) niht ze schaffen, wan (denn) ir habet selten die nôtdurft; wan daz ir ze rehter nôt haben soltet, daz bringent dise fraeze für (durch) mit übermâze"[1], und noch bestimmter sagt Geiler von den Dürftigen: „Weñ fye ein ftuck brots habent, unnd ein fchüffel vol muofzs, fo lond fye fich benuogen"[2] (begnügen). Anders verhielt es sich dagegen mit den Reichen, die schon ihre Kinder nicht selten überfütterten. Versichert doch Berthold wiederholt: „Man kan eime herren niemer sô vil gegeben ze sûgen (saugen) noch ze ezzen oder sust (sonst) eines rîchen mannes kinde, man waene dannoch ez sülle mêr gezzen. Wan (denn) iezuo (bald) nimt ez sîn muome oder sîn base her und strîchet (streicht) im în. Sô nimt ez danne sîn swester oder sîn niftel (nahe Verwandte) und strîchet im ouch în, nû daz iezuo (jetzt), nû daz denne, und alsô strîchet im ieglîchez în. Sô kumt danne aller êrste sîn amme und sprichet: „Vî (pfui), ez enbeiz (genofs) hiute niht" und strîchet im danne von êrsten în. Sô ist im sîn hevelîn (Häflein) kleine und sîn megelîn kleine und ist schiere (bald) vol worden."[3] Was aber von den Kindern galt, das galt erst recht von den Erwachsenen. Wie schon die alten Germanen gerne schmausten[4] und beispielsweise bei ihrer Gastlichkeit[5] den Empfang des Wanderers zu einer Reihe von Gastmahlen durch die ganze Nachbarschaft gestalteten[6], so meint auch Berthold von seinen

---

[1] Ebendas. Bd. I. S. 430. Bd. II. S. 181—182.
[2] Geyler von Keyferfzberg, *Poftill.* teyl II. S. LXXVIII. Pred. Am Sonnentag Oculi.
[3] Berthold, ed. F. Pfeiffer. Bd. II. S. 205 u. Bd. I. S. 433—434.
[4] Convictibus et hospitiis non alia gens effusius indulget, Tacitus, *de Germ.*, cap. XXI.
[5] Hospites violare, fas non putant; qui quaque de caussa ad eos venerint, ab injuria prohibent sanctosque habent; iis omnium domus patent, victusque communicatur, Caesar, *de bell. gall.*, lib. VI, cap. 23.
[6] Quemcumque mortalium arcere tecto, nefas habetur: pro fortuna quisque adparatis epulis excipit. Cum defecere, qui modo hospes fuerat, monstrator hospitii et comes, proximam domum non invitati adeunt; nec interest: pari humanitate accipiuntur, Tacitus, *de Germ.* cap. XXI.

Zeitgenossen noch: „Diu selbe sünde (sc. der frâzheit) der ist niendert (nirgends) alsô vil, sô (als) hie ze tiutschen landen und aller meiste herren ûf bürgen (Burgen) und burger in steten"[1], ja nach ihm „sint wîp unde man, frâz und fraezinne, jung und alt eht (eben) ze fraezen worden."[2]

Und doch führt die Völlerei, wie oft hervorgehoben wird, viele Nachteile mit sich und bringt grofsen Schaden an der Gesundheit des Leibes. Schon den „liuten, die trûwent (glauben), daz diu kint niemer gnuoc gewinnen, unde füllent im allen tac in"[3], hält Berthold vor: „Gloube mir, im waere vil baz (besser) an der rehten (recht) mâze, an gesuntheit des lîbes und an lanclebene"[4], und näher erklärt er: „Unde merket mir einz! Daz der rîchen liute kinde vil minre (weniger) wirt ze alten liuten unde ze gewahsenen (erwachsenen) liuten danne (als) der armen liute kint, daz ist von der überfülle, daz man der rîchen liute kint tuot mit fülle."[5] Aber auch auf die Erwachsenen bezieht sich, was „der wîse Salomôn sprichet: propter crapulam multi perierunt: von frâzheit ververt (verderben) vil liute."[6] Zunächst „kompt darvon d' unrat immūdicia. Unreinigkeit, unflaetigkeit des leybs undē uñ obē, mit fpeyen uñ wueftereyen, und anderen fchamliche dingē die fich nit zymen zuo reden."[7] Ferner wird auf Schlemmerei auch übermäfsige Fettbildung zurückgeführt, „fo dir der fpeck obnē über das wämeft (Wamms) uffer (heraus) godt, uñ der buch dir groffz würt, und das fleifch ufz dem buofzen ftigt, als du wol fychft in (an) unfzeren frowen uñ toechteren, die ire brüft uff das fchaefftlin fetzen (zur Schau stellen?). Wereft du maeffig, dir ftertzte (steif emporragen) das fleifch nit alfo."[8] Berthold aber weifs eine ganze Reihe von Krankheiten anzugeben, die alle durch

---

[1] Berthold, ed. F. Pfeiffer. Bd. II. S. 205.
[2] Ebendas. Bd. I. S. 469.
[3] Ebendas. Bd. I. S. 35.
[4] Ebendas. Bd. I. S. 35, Bd. II. S. 204.
[5] Ebendas. Bd. I. S. 433, Bd. II. S. 205.
[6] Ebendas. Bd. I. S. 430, S. 103; vgl. Geiler vō Keyferfperg, *Von den fyben fcheiden, das fechft fchwert.*
[7] Geyler vō Keyferfperg, *Von den fyben fchwertern, das fechft fchwert.* Derselbe, *Her d' küng ich diente gern.* S. LXXI. Pred. An fant Matheus tag.
[8] Derselbe, *Poftill*, teyl II. S. LXXIX. Pred. Am Sonnentag noch Letare.

unmäfsiges Essen entstehen: „Und ist daz der mage übergêt, sô geraetet der überfluz etewenne (zuweilen) gein (gegen) dem houbete, daz dem menschen etewenne diu ôren vervallent, daz er ungehoernde (taub) wirt, oder für die gesiht, daz er erblindet oder sus (sonst) boesiu ougen gewinnet, sûröuge (triefäugig) oder glaseöuge (eiteräugig) oder starblint. Geraetet ez zwischen hût unde fleisch, sô wirdest dû wazzersühtic oder ûzsetzic oder gelsühtic (gelbsüchtig) oder sus als (so) unflaetic daz dû dir lange widerzaeme (widerlich) bist und andern liuten. Geraetet ez danne in daz geaeder, sô werdent dir die hende zitern. Geraet ez dir danne in diu glider, sô wirdest dû lam oder betterisic (bettlägerig) — und alse maniger hande (Art) siechtuom kümet von der frâzheit, oder der gaehe tôt oder der lancseime (langsam) tôt."[1] Was den letzten Punkt anbetrifft, so macht Berthold noch besonders aufmerksam: „Wan (denn) ir seht wol daz wênic herren ist die gar alt werdent, und habent schoene und guote spise und gesunt, swaz (was) sie ezzent und trinkent daz ist gesunt, und wirt ir doch wênic alt, allez von überfülle."[2]

Aber nicht nur dem Leibe, sondern auch dem Geiste ist alles „überezzen"[3] in hohem Grade nachteilig. Daher sagt Geiler: „Gedeck zuom fechfte was fchades dir mer köpt von frafzheit. Sie machet die vernůfft ftumpff, dz ein menfch nitt weifzt was er fol angreyffen, ift im latein Hebetudo metis."[4] Wie es aber möglich ist, dafs solche Geistesschwäche durch Völlerei erzeugt wird, erläutert er mit den Worten: „Wañ (denn) von der füllerey des frafz überflüffigklich der tampff (Dampf) von der fpeyfz dē menfchen uffreücht (dunstend emporsteigt) vom magen in das haupt, das fie ftumpff verftentnüfz haben, und nit fcharpff hinyn fehen moege."[5]

Um nun diesen Gefahren zu entgehen, rät Berthold: „Unde wellet ir dirre (dieser) untugende abe komen, diu dâ heizet frâzheit, sô habet eine juncfrouwen liep, diu dâ heizet mâze. Diu ist ouch

---

[1] Berthold, ed. F. Pfeiffer. Bd. I. S. 433. Bd. II. S. 204—205.
[2] Ebendas. Bd. II. S. 205.
[3] Ebendas. Bd. I. S. 190.
[4] Geiler vō Keyferfperg, Von den fyben fcheiden, das fechft fchwert.
[5] Derselbe, Von den fyben fchwertern, das fechft fchwert.

war grôzer tugende vol: daz ir maezic sit an ezzenne."[1] Denn es ist durchaus irrtümlich, zu meinen, dafs vieles Essen der Gesundheit besonders förderlich sei. Mit dramatischer Anschaulichkeit gibt Berthold seine Meinung hierüber ab: „Wie, bruoder Berhtolt! nû wolte ich waenen, sô man ie baz (mehr) gaeze —, sô man ie sterker unde gesünder waere an dem libe unde daz man ie lenger lebte? Des ist niht!"[2] Vielmehr soll man, „fo vil und fo mancherley auch des wunders an den fpeifen ist", nach Tauler nicht mehr geniefsen, „dañ dz leib uñ feel bey eynander bleibē moechtē"[3], oder, wie Geiler denselben Gedanken ausdrückt: „Wenn (denn) dorumb fol man effen, das man leben moeg. dann aeffz ein menfch nitt, fo mueft er fterbenn. Dozuo dorumb, das er moege gefuntheit haben, unnd auch die ftercke feines libs dobey behalten, das er moege die arbeit volbringen dozuo er dañ verwidmet (angewiesen), verpflicht uñ verbunden ift."[4] Damit hängt denn das Zugeständnis zusammen, das derselbe Geiler gewissen Handwerkern macht: „Und einer der da arbeitet, dē gehoert me (mehr) leiplicher fürung (Nahrung) zuo, deñ einem der nit fo vil oder fchwer arbeit tuot."[5] „Deñ ein fchmydt muoffz me geffen haben, weder ein fchuomacher. Dornoch ein fchuomacher me, weder ein gerwer. Und ein gerwer me weder ein fchnyder."[6] Die gleiche Rücksicht ist auch auf die verschiedenen Naturen der Individuen zu nehmen. „Ein menfch", so heifst es in dem Seelenparadies, „der von art me narung bedarff, denn ein anderer der felb brauch me, das ift nitt unrecht"[7], und näher hören wir hierüber: „Ein hitziger darff (bedarf) mer weder (als) einer d' kalter natur ift, wañ (denn) er verdoewet (verdaut) auch bafz (besser) dañ difer."[8] Ebenso können besondere Körperzustände eine reichere

---

[1] Berthold, ed. F. Pfeiffer. Bd. I. S. 525 u. S. 103.
[2] Ebendas. Bd. I. S. 431—432.
[3] Joannis Taulery *Predig Am XX. Sontag nach Trinitatis*. S. CXXIIII.
[4] Geyler von Keyferfzberg, *Poftill.* teyl III. S. XXXXVII. Pred. An dem Anderen fonnentag noch Trinitatis.
[5] Derselbe, *Der feelen Paradifz*, cap. VI. Von warer keüfcheit. S. XXXIX.
[6] Derselbe, *Poftill.* teyl III. S. XXXXVIII. Pred. An dem Anderen fonnentag noch Trinitatis.
[7] Derselbe, *Der feelen Paradifz*, cap. VI. Von warer keüfcheit. S. XXXIX.
[8] Derselbe, *Von den fyben fchwertern, das fechft fchwert*.

Aufnahme von Nahrungsmitteln rechtfertigen, wie denn Geiler für einen solchen Fall die Ermahnung ausspricht: „Ein fraw die kinder tragē oder erneren mufz, fol fich mit effen — da noch haltē, das dē kind — durch — abbruch kein abgang (Mangel) befcheh."[1]

Im übrigen aber gilt, was eine Predigt der Geilerschen Postille einschärft: „Dein zung, foltu nitt dargeben ftedts zuo freffen — ad omnes horas",[2] oder, was in einer andren Predigt von dem Menschen gesagt wird: „Und fol defzglichen zuo denen zytten effen do er denn effen fol weder zuo frueg, noch zuo fpot."[3] Was das zu frühe Speisen betrifft, so werden wir weiter darüber belehrt: „Die frafzheit bringt einen menfchē darzuo dz er zuo frue iffet. Da eins muofz wandlē über feld od' fiech ift, od' gewachet uñ gearbeit hat uñ ufz der urfach frue iffet, dz ift nitt unrecht noch frafzheit, da treybt in not."[4] Über das zu späte Essen aber sagt Geiler: „Wenn (denn) noch dem nachteffen, wartet kein vernünfftiger menfch me effens. Aber ein voller kruog, — wenn er von der ftuben (Wirtsstube) heym kumpt, fo muoffz jm die fraw erft ein zybel (Zwiebel) oder fpeck fupp kochen. Sollich buoben folt man fchwemmen"[5] (ins Wasser stecken). Um sich mäfsig zu halten, darf man ferner nicht der Aufforderung derjenigen folgen, welche den Rat erteilen: „wol dan zuo dem muoshûfe!"[6] (Speisehaus), und ebenso wenig ist es erlaubt, durch allzu häufige Geselligkeit seine „kranke girheit"[7] zu befriedigen. Schon Tauler ermahnt in dieser Beziehung: „Man fol auch fliehē alle manigfaltikeit (Häufigkeit), das ift dannocht dessenungeachtet) guot erfam gefelfchafft, dz ift fo die mēfchē zuo (inander kommē, durch ein ergetzen"[8], und auch Geiler fordert auf,

---

[1] Derselbe, *Der feelen Paradifz*, cap. VI. Von warer keüfcheit. S. XXXIX.
[2] Derselbe, *Poftill.* teyl III. S. C. Pred. Am Einundzwentzigften fonnenag noch Trinitatis.
[3] Ebendas. teyl III. S. XXXXVIII. Pred. An dem Anderen fonnentag noch Trinitatis.
[4] Geiler võ Keyferfperg, *Von den fyben fcheiden, das fechft fchwert.*
[5] Derselbe, *Poftill.* teyl III. S. XXXXV. Pred. An dem Anderen fonnentag noch Trinitatis.
[6] Berthold, ed. F. Pfeiffer. Bd. I. S. 213.
[7] Ebendas. Bd. I. S. 8.
[8] Joannis Tàulery *Predig Am XX. Sontag nach Trinitatis.* S. CXXIIII

„fich dem noch zuo haltē, als d' Catho fpricht. Raro conviva. Du folt felten würtfchafft (Bewirtung), od' gefelfchafft haben."[1] Als ein ganz besonderes Beförderungsmittel der Mäfsigkeit aber wird das Fasten empfohlen. Daher sagt Geiler: „Bift du ein füller, uñ haft dich gewenet zuo vil effē —, fo gelob got am morgē den felbē tag zuo faftē"[2], und auch bei andern Gelegenheiten ermahnt er: „Ir follent eüch eins lochs enger gürten",[3] oder: „Du folt dir umb gotts willen ab brechen, unnd das fuoter entzyehē."[4] Ebenso erteilen die übrigen Prediger ihren Hörern für gewisse Fälle den Rat, „fy folten des morgens ir notturfft effen, uñ des abents gar wenig"[5], oder nach dem Vorbilde der Heiligen[6] „vasten eine mittewochen oder einen frîtag unde etewenne (zuweilen) wazzer unde brôt ezzen."[7] Allerdings sei das Fasten nur ein „ûzer (äufserlich) dinc",[8] „ein fcheynende guote uebung"[9] und ohne die rechte Gesinnung nichts[10]; ja es kämen Fälle vor, wo es nur darum geübt werde, „das man defter mynder doerff ufzgeben"[11], oder „das man dornoch defter luftiger fey zuo effen."[12] Trotz allem dem aber müsse es als „ein tugentliche uebung"[13], „eine geiftliche gewere"[14] (Waffe), „eine

---

[1] Geyler von Keyferfzberg, *Poftill.* teyl III. S. XXXX. Pred. An dem Erften fonnentag noch Trinitatis.

[2] Derselbe, *Der hafz im pfeffer, die dreyzehēd eygēfchafft des haefzlins.*

[3] Derselbe, *Poftill.* teyl II. S. XI. Pred. Am Freytag vor Inuocauit.

[4] Ebendas. teyl II. S. III. Pred. über das Euangelium an der Efchermitwoch.

[5] Joannis Taulery *Predig Uff unfers herren fronlichnamstag.* S. LXIII.

[6] F. Pfeiffer, *Deutsche Mystiker des 14. Jahrhunderts.* Bd. I. S. 15. H. Leyser, *Deutsche Predigten des XIII. und XIV. Jahrhundertes.* S. 123.

[7] Berthold, ed. F. Pfeiffer. Bd. I. S. 356.

[8] F. Pfeiffer, *Deutsche Mystiker des 14. Jahrhunderts.* Bd. II. S. 560.

[9] Joannis Taulery *Predig Am II. fontag in der Faften.* S. XXV.

[10] Berthold, ed. F. Pfeiffer. Bd. I. S. 3. u. S. 384. Joannis Taulery *Predig Uff eyns heyligen bifchoffstag.* S. CCXXX. Derselbe, *Predig Von den heyligen beichtigern.* S. CCXXXI.

[11] Geyler von Keyferfzberg, *Poftill.* teyl II. S. II. Pred. über das Euangelium an der Efchermitwoch.

[12] Ebendas. teyl II. S. II—III. Pred. über das Euangelium an der Efchermitwoch.

[13] Joannis Taulery *Predig Am fontag nach der dry künig tag.* S. XVII.

[14] H. Leyser, *Deutsche Predigten des XIII. und XIV. Jahrhundertes.* S. 62.

guottat"[1] und „ein gut werc"[2] angesehen werden, und in einer Predigt bei Hoffmann heifst es ausdrücklich: „ieiunare aut remedium est aut salutare."[3]

Als eigentliche Fastenzeit galt die sogenannte „kerrîne"[4], „die heiligen vierzic tage vor ôstern."[5] Hermann von Fritslar sagt darüber: „Di heilige kristenheit hât virzic tage gesatzit, di loufen in den hornung (Februar) und in den merzen, und dise muz man vasten von nôt und von gebote des bâbistes"[6] (Pabstes). Galt schon von dieser Zeit, als „der vasten"[7] κατ' ἐξοχήν: „isto tempore non ieiunare peccatum est"[8], so war es doppelt unrecht, an „den drî tagen vor unsers herren ûffarttage"[9], namentlich „an dem karfrîtage"[10]. sich „einen strik mit der frâzheit darlegen"[11] zu lassen und „den gebannen oder gebottenen faftag zuo brechen."[12] Aufser den vierzig Tagen vor Ostern sind es die Quatember- oder „goltvasten"[13], deren Beobachtung allen, die dazu im stande sind, warm ans Herz gelegt wird. Über die Zeit derselben bemerkt Berthold: „Diu selbe vaste was vor (früher) ze zwelf zîten geteilt, daz man in iedem mânôde (Monat) einen tac vastet. Sô haben wir sie nû gelegt ze vier zîten in daz jâr, ie drî tage, und daz ist ân sache (ohne Ursache) niht

---

[1] W. Wackernagel, *Altdeutsche Predigten und Gebete*. S. 27.
[2] Berthold, ed. F. Pfeiffer. Bd. I. S. 42. H. Leyser, *Deutsche Predigten des XIII. und XIV. Jahrhundertes*. S. 62 u. S. 107; vgl. Berthold, ed. F. Pfeiffer. Bd. I. S. 3, S. 13 u. S. 195. H. Leyser, *Deutsche Predigten des XIII. und XIV. Jahrhundertes*. S. 123 u. 128.
[3] H. Hoffmann, *Fundgruben für Geschichte deutscher Sprache und Litteratur*. Tl. I. S. 89.
[4] Berthold, ed. F. Pfeiffer. Bd. II. S. 148.
[5] Ebendas. Bd. I. S. 21.
[6] F. Pfeiffer, *Deutsche Mystiker des 14. Jahrhunderts*. Bd. I. S. 90.
[7] Ebendas. Bd. I. S. 101. Geyler von Keyferfzberg, *Poftill*. teyl III. S. LXXXIX. Pred. An dem Achtzehenden fonnentag noch Trinitatis.
[8] H. Hoffmann, *Fundgruben für Geschichte deutscher Sprache und Litteratur*. Tl. I. S. 89.
[9] Berthold, ed. F. Pfeiffer. Bd. II. S. 17.
[10] Ebendas. Bd. I. S. 84.
[11] Ebendas. Bd. I. S. 409.
[12] Geyler von Keyferfzberg, *Poftill*. teyl III. S. XXXXV. Pred. An dem Anderen fonnentag noch Trinitatis.
[13] Berthold, ed. F. Pfeiffer. Bd. II. S. 14.

geschehen."[1] Aber auch die „heiligen frîtage, als unser lieber herre die jämerliche marter und den bittern tôt von unser wegen geliten hat"[2], werden den Gläubigen als Fasttage dringend empfohlen[3], und hierzu kamen noch die verschiedenen selbsterwählten Tage, an denen manche einem „gelübdt"[1] zufolge sich der Speise enthielten. Hören wir doch bei Berthold: „Darzuo nement in (sich) die menschen manigerleie vasten von in selben. Etelîche êrent sand Niclausen an der mitwochen[5] oder ander heiligen"[6], etliche „unser liebe frouwen — an dem samztage"[7], etliche „die zwelfboten (Apostel) und heiligen marterer[8], als sand Laurenzen."[9] Wieder andere geniefsen nichts an „Sente Barberen âbent"[10] oder „den âbent unserre vrowen alsô (als) si enphangen wart"[11], oder sie „vasten sand Markestac —, daz got die fruht (Frucht) mêre und beschirme, und den ertwuocher (Feldfrucht) behüete, er sî im kasten oder ûf dem velde."[12] Selbst als Strafe[13] wurde das Fasten bisweilen auferlegt, wie denn Berthold den Landsknechten einmal vorhält „Ir schiltknehte, als (wenn) ir ein hûs verbrennet und sô ir ez einem vergolten (erstattet) habet, dannoch (dennoch) gît man iu ze vasten driu jâr drî tage in der wochen, den mântac, den mitewochen, und den frîtac. Und brennet ir ein kirchen abe, man gît iu funfzehen jâr, daz ist geschribenez reht. Alsô hüetet iuch umbe heilige stete."[14]

Folgt schon hieraus, dafs das Fasten für etwas Hartes gehalten wurde, so wird es auch sonst als ein „twingen"[15] (zwingen) „ge-

---

[1] Ebendas.
[2] H. Rinn a. a. O. S. 31.
[3] Berthold, ed. F. Pfeiffer. Bd. I. S. 356.
[4] Joannis Taulery *Predig Am fontag nach der dry künig tag.* S. XVII.
[5] Berthold, ed. F. Pfeiffer. Bd. I. S. 356.
[6] Ebendas. Bd. II. S. 17.
[7] Ebendas. Bd. II. S. 16, vgl. Bd. II. S. 249.
[8] F. Pfeiffer, *Deutsche Mystiker des 14. Jahrhunderts.* Bd. I. S. 141.
[9] Berthold, ed. F. Pfeiffer. Bd. II. S. 16.
[10] F. Pfeiffer, *Deutsche Mystiker des 14. Jahrhunderts.* Bd. I. S. 12.
[11] Ebendas. Bd. I. S. 19—20.
[12] Berthold, ed. F. Pfeiffer. Bd. II. S. 17.
[13] Ebendas. Bd. I. S. 421. H. Hoffmann, *Fundgruben für Geschichte deutscher Sprache und Litteratur.* Tl. I. S. 117.
[14] Berthold, ed. F. Pfeiffer. Bd. II. S. 253.
[15] H. Leyser, *Deutsche Predigten des XIII. und XIV. Jahrhundertes.* S. 123.

zamen"[1] (zähmen) und „peinigē des leibes"[2], als ein „pênitencienleben"[3] und eine bittere „myrra"[4] bezeichnet. Damit aber hängt zusammen, dafs man dasselbe, weit entfernt, es für eine absolute Pflicht zu erklären, nur von denjenigen forderte, welche es zu leisten im stande waren. „Wiffent", so lesen wir bei Tauler, „das faften — eyn grofz ftarck hylff ift zuo eynem geyftlichen leben, fo es der mēfch vermag. Aber fo ein kräck menfch ift eines krancken haupts, und befindet der menfch das es feyn natur krencket, und verderben wil, fo ftreich es ab, uñ ob auch wer ein tag den man faften folt, fo nym urlaub von deynem beichtiger (Beichtvater). Unnd ob das urlaub dir nit mag werdenn, fo magftu von gott urlaub nemen, unnd yfz etwas, bifz morgen, untz (bis) du zuo dem beichtiger kömeft und fprich, Ich was kranck unnd afz, und nym darnach urlaub. Die heylig kirch gemeynt noch gedacht das nye, das fich yemāt folt verderbē."[5] Diesen humanen Worten entspricht, was er an einer andren Stelle, wo er zur Treue gegen die Ordensgesetze auffordert, sogleich hinzufügt: „nicht das eyn alter bruoder oder fchwefter foellen faften — oder aufzerlich werck thuon über die macht."[6] Denselben liberalen Grundsätzen aber begegnen wir auch bei Geiler. „Hye folt ich eüch fagē", spricht er, „wer fchuldig, od' nit fchuldig waer zuo faftē, ich kans aber nitt alles famen eins mols fagē. Aber fo vil wiffen do von. Wer das nitt thuon mag, der ift es nitt verbundē. als do feind iunge kind, die felben moegent nitt faften on fchadē, bifz das fye alt werden XXI jor. — Aber wenn fye kūmen über XXI jor, fo feind fye fchuldig zuo faften.[7] Item kranck lüt, und frawen die do mit kinden gond, und kind foeigē, uñ alt lüt, die do nit moegend fchloffen, vō wegē das

---

[1] H. Hoffmann, *Fundgruben für Geschichte deutscher Sprache und Litteratur.* Tl. I. S. 70.
[2] Joannis Taulery *Predig Von den heyligen beichtigern.* S. CCXXXI.
[3] F. Pfeiffer, *Deutsche Mystiker des 14. Jahrhunderts.* Bd. II. S. 29 u. S. 560. Joannis Taulery *Predig Uff fontag nach der heilge dry künig tag.* S. XIIII.
[4] H. Leyser, *Deutsche Predigten des XIII. und XIV. Jahrhundertes.* S. 58.
[5] Joannis Taulerij *Predig Am IIII. Sontag nach Trinitatis.* S. LXXXI.
[6] Derselbe, *Predig Am XI. Sontag nach Trinitatis.* S. XCIX.
[7] F. K. Grieshaber a. a. O. Abt. 1. S. 70.

Die Ernährung. 57

fye bloed fchwindlend hoeubter habend, od' überkümen (elend werden) moechten von faften. Ouch die menfchē die do mueffend arbeiten, unnd moegend folliche arbeit, dor zü fye verwidmet (verpflichtet) feind, nitt volbringen fo fye faftent. Die all, und der gleichen, feind nitt fchuldig zuo faftē."[1] Am entschiedensten aber urteilt Berthold, welcher erklärt, es sei der Teufel, der „guoten menschen solichen rât gît, daz sie den lip ze sêre an grîfen mit vasten, wazzer und brôt und mit andern dingen, die über des menschen kraft sint. Sô verre (weit) sol sich nieman an grîfen."[2]

Mit derselben Bestimmtheit wie gegen übermäfsiges Essen ziehen die Prediger auch gegen „unmâze des mundes — an trinken"[3] zu Felde, und „die „slûcher (Schläuche) und swelher (Trunkenbolde), die tranklaere" (Säufer)[4] und „alle die sich — übertrinkent"[5] werden vielfach von ihnen getadelt. Von einem solchen „übertrinker"[6] heifst es in einer Predigt bei Leyser: „Der trenkere ift als ein witbuofch (Weidenbusch). der ftet immermer (immerfort) in der nezzen (Nässe). und trinchet nacht und tach. und en gibet doch kein fruocht. alfo tuot der trenkere. er guozzet (giefst) nacht und tach in fich und en tuot doch kein guote werk."[7] Geiler aber klagt über die „menfchē, welche unmeffiglichñ vil — trincken",[8] in seiner drastischen Weise: „Was fol ich erft do fagen vō dē wüften vollen krügen, die nacht und tag uff den ftuben (Trinkstuben) ligen, und heym kummen und voll truofzen (trotzen) feind, das einer ein thür mit jnē ufflieff, und kum an das bett koennen kummen, und zuo der Nefzen (Agnes, Name der Frau) fprechen, oder wie fye deñ heiffet, wolan wolumb haer. wiffent nit wie fye fich ftellen follend. und wenn fye das wyb wellend küffen, fo ftinckt jn das mul übeler weder (als)

---

[1] Geyler von Keyferfzberg, *Poftill.* teyl II. S. III. Pred. über das Euangelium an der Efchermitwoch.
[2] Berthold, ed. F. Pfeiffer. Bd. II. S. 17.
[3] Ebendas. Bd. I. S. 430.
[4] Ebendas. Bd. II. S. 204.
[5] Ebendas. Bd. I. S. 190.
[6] Ebendas.
[7] H. Leyser, *Deutsche Predigten des XIII. und XIV. Jahrhundertes.* S. 42.
[8] Geiler vō Keyfzerfperg, *Der feelen Paradifz,* cap. VI. Von warer keüfcheit. S. XXXXI.

ein fproch hufz (Abtritt). kotzend das bett vol, und unden und oben feind fye wueft. Was lufts ein fraw do habē mag, dz kanft du wol mercken. Sye ift villichter (vielleicht) laer, und ift mit iren kinden ongeffen uñ ongetruncken fchloffen gangen. fo ift er voll, das er von voelle nit reden kan."[1] Ja, nach Berthold vergreift sich der Trunkene wohl gar an seiner schwangeren Frau, „daz einer an sînem eigen wîbe schuldic werde oder einer sîne hûsfrouwen sus (so sehr) slahe (schlage), daz er an sînem ungebornen kinde schuldic werde."[2]

Aber nicht nur andern, sondern auch sich selbst bringt der Trinker vielfachen Schaden. „Des er doch wol geriete" (entriete), sagt derselbe Berthold von ihm, „daz giuzet (giefst) er alle tage in sich, und im halt grôz schade ist an dem lîbe und an dem guote und an der sêle und an den êren."[3] Denn „die tranklaere" (Säufer) sind es, „die alle die êre und allez daz guot des er und sîniu kint und sîn frouwe leben solten und dannoch (sodann noch) sînen gesunt (Gesundheit) und sîn lancleben verderbet."[4] Was die Schädigung der Gesundheit durch die Trunksucht anbetrifft, so äufsert sich Gottschalk Hollen näher hierüber. Nach ihm wird Diplopie durch dieselbe erzeugt, wie das Beispiel eines betrunkenen Bauern beweise, der bei seiner Rückkunft nach Hause alles doppelt sah und seine Frau deswegen des Ehebruchs anschuldigte. Weiter aber versichert er: „Die jenem verfluchten Götzen „Trunkenbold" dienen, die werden als Ablafs erhalten die zitternde Lähmung für sieben Jahr, und Triefen der Augen für sieben Jahr, und zuletzt werden sie zu dem ewigen Leben geführt, wo Judas und Pilatus ausruhn."[5]

In Einklang hiermit wird das „fuffen" auch sonst oft für ein „lafter"[6] und ein grofses Unrecht erklärt, wie denn Berthold beteuert: „Unde swer (wer irgend) sich über die mâze — trinkens

---

[1] Derselbe, *Poftill*. teyl III. S. XXXXVII. Pred. An dem Anderen fonnentag noch Trinitatis.
[2] Berthold, ed. F. Pfeiffer. Bd. I. S. 409.
[3] Ebendas. Bd. I. S. 191.
[4] Ebendas. Bd. II. S. 204.
[5] R. Cruel a. a. O. S. 510.
[6] Geyler von Keyferfzberg, *Poftill*. teyl III. S. XXXIIII. Pred. An dem heyligen Pfingftag.

noetet —, der hât eine houbetsünde getân."[1] „Ubertrunk hinderet dich uoch an dime luofen (sc. zuo gote)"[2], fügt eine Predigt bei Leyser begründend hinzu, und zugleich hören wir, dafs die Teufel den Menschen zur Trunksucht verführen. „Sie legent ir stricke", sagt Berthold, „für lithiuser (Schenken) durch überigez (übermäfsig) trinken"[3], und ein Prediger des vierzehnten Jahrhunderts wiederholt: „Der tuwel truoget den menfchen wuonderliche — und gibet ime — ein cleine lon. daz ift ein cuorze geluoft — trinchenes. und daz ift fin fpot. Mach er dich aber zihen an den ubertrank. fo biftu fin affe. und dines felbes fchande."[4] Von solchen Leuten, die „de fi folten opheron (opfern) ze dem altêr (Altar) — in de wînhûs opheront"[5], ist denn auch nicht zu verwundern, dafs sich Gott nicht um sie kümmert. „Uñ den ergaz (die vergafs) got", heifst es in einer Predigt bei Grieshaber, „de fi ie wurden geborn."[6]

So sehr nun auch die Prediger einem jeden, namentlich „einem armen dürftigen — einen zaher (Tropfen) wînes daz ez sîn siechez herze gelabe"[7] gönnen, so raten sie doch zur Vorsicht beim Trinken, da „der wîn mannes herze aller schierste (schnellstens) überwindet."[8] Geiler gibt die Zeichen an, woran man erkenne, dafs man nicht mehr trinken dürfe: „Und ein zeichē dz einer genuog getruncken hott ift, weñ jm der wein gerottet bitter werden. Itē weñ einer den otem (Atem) am glafz nym̄ (nicht mehr) fohen (anhalten) mag, ift ouch eins. Defzglichen weñ einer trinckt, das jm die ougen gerottent überlouffen fo er das glafsz noch am mul hott, ift das dritt. Und dz vierd ift, was einer trinckt bitz nüt me (nichts mehr) im glafsz blibt."[9] Besonders soll man sich auch hüten, noch spät

---

[1] Berthold, ed. F. Pfeiffer. Bd. I. S. 430.
[2] H. Leyser, *Deutsche Predigten des XIII. und XIV. Jahrhundertes.* S. 42.
[3] Berthold, ed. F. Pfeiffer. Bd. I. S. 409.
[4] H. Leyser, *Deutsche Predigten des XIII. und XIV. Jahrhundertes.* S. 42.
[5] F. K. Grieshaber a. a. O. Abt. I. S. 76.
[6] Ebendas.
[7] Berthold, ed. F. Pfeiffer. Bd. I. S. 431.
[8] Ebendas. Bd. I. S. 245.
[9] Geyler von Keyferfzberg, *Poftill.* teyl I. S. XXVI. Pred. Am II. Sonentag noch dem Achten der drey künig.

am Abend zu trinken, was „kein vernünfftiger menfch" thue. „Aber ein voller kruog, der felb wartet noch dem nachteffen eines fchlofftruncks, fo es um̄ die nün ur anhyn würt, uñ dornoch eines nochfchlofftruncks, fo es eyleff, oder zwoelff fchlecht."[1] Ebenso wenig darf man sich durch andere verführen lassen, welche „die sünde raeten (raten): wol dan — zuo dem trinken!"[2], da es viel besser sei, „feinem leichnam entziehen alles das im wol thuot — an trincken."[3] Wiederholt wird in dieser Beziehung auf das Vorbild der Mutter Maria und ihres Sohnes hingewiesen. Als sie diesen gebären sollte, „hatt fye kein ftatt in dē würtfzhufz"[4], sondern nahm lieber ihre Zuflucht zu einem Stalle, und von dem zwölfjährigen Jesus hören wir: „Nit kert er in das würtzhufz —, do man leckery iñ tribt unnd trinkt, aber in das hufz feins vatters, das ift, in den tēpel."[5]

Trotz allem dem aber wurden die „trinkestuben"[6], denen ein „privmaister" oder „cauponarius"[7] vorstand, vielfach besucht, zumal derselbe alles that, sein Haus weithin kenntlich zu machen. „Weñ (denn) fo mā ein reyff für ein hufz ufzfteckt, fo ift es ein zeichē das mā wyn do fchenck —. Man fteckt ein ftrowswüfch für ein hufz, und das betütet, das man byer do fchenckt im keyler"[8] (Keller). Berthold klagt denn auch, dafs diese Zeichen nicht unbeachtet blieben, sondern viele verlockten. „Dā soltent ir gar gerne ze pre-

---

[1] Ebendas. teyl III. S. XXXXV. Pred. An dem Anderen fonnentag noch Trinitatis.
[2] Berthold, ed. F. Pfeiffer. Bd. I. S. 213.
[3] Joannis Taulery *Predig Uff fant Barblentag*. S. CXXXVI.
[4] Geyler von Keyferfzberg, *Poftill*. teyl I. S. X. Pred. An dem heyligen wynachttag.
[5] Ebendas. teyl II. S. LXXX. Pred. Am Montag noch Letare.
[6] Fritsche Closener's Strafsburgische Chronik, ed. Strobel in d. *Bibliothek des liter. Vereins in Stuttgart*, 1843. Bd. I. S. 102, vgl. Geyler von Keyferfzberg, *Poftill*. teyl III. S. CI. Pred. Am Zweyundzwentzigften fonnen. tag noch Trinitatis.
[7] H. Hoffmann, *Fundgruben für Geschichte deutscher Sprache und Litteratur*. Tl. I. S. 361. b.
[8] Geyler von Keyferfzberg, *Poftill*. teyl II. S. XXVII. Pred. Am Frytag noch Innocauit. Ebendas. teyl II. S. LXVIII. Pred. Am Donderftag noch Oculi.

Die Ernährung. 61

digen gân und ze messe und dâ man gote dienet. — Sô gât ir gerner — zem wîne"[1], wirft er seinen Zuhörern vor.[2] Namentlich die kirchlichen Feste wurden vielfach zum Trinken gemifsbraucht. „So wir zu kirmeffe warn. fo vare wir mer dar duorch wol — trinken. — Des ful wir uns abe tun"[3], lesen wir in einer Predigt bei Leyser, und eine elsässische Predigt enthält die Ermahnung: „Ihr sullent sant Martin loben nit mit den starken trünken in dem winhuse: alse eteliche lüte wänent man sülle sant Martin loben mit vaste trünkende."[4] Selbst die Frauen und Kinder waren bisweilen dem Trunke ergeben. „Daz was etewenne (früher) grôziu zuht an frouwen", versichert Berthold, „daz sie maezic — an trinken wâren. Daz ist nû gar unde gar (ganz und gar) ein gewonheit worden: biz der man daz swert vertrinket, sô hât sie den snüerrinc (Schnürring für das Kopfband) unde daz houbettuoch (Kopftuch) vertrunken"[5], und an einer andren Stelle sagt er höhnend: „Einz daz einen becher kûme ze rehte (recht) erheben mac, daz wil nû ze dem wîne sitzen unde wil dâ schallen (lärmen) unde sneren (schwatzen) unde trunken werden."[6] Freilich darf man sich über diese Unsitte nicht wundern, wenn man des Spruches gedenkt: „Sollich hyrten, follich genfz"[7], „mali religiosi, mali laici."[8] Gingen doch die Geistlichen ihren Gemeinden mit dem schlechtesten Beispiel voran. „Die dorffpfaffen die thuonds, das es bald ufz fey. das man zuom wein kom"[9], äufsert Geiler einmal, und in einer andren Predigt

---

[1] Berthold, ed. F. Pfeiffer. Bd. II. S. 203.
[2] Auch Luther hat das Laster der Trunkenheit bei seinen „vollen, tollen" Deutschen noch oftmals auf das schärfste gestraft, vgl. seine *Tischreden* IV. § 127. Ebenso schrieb 1551 Matthäus Friderich, Pfarrher zu Görentz, „*Widder den Sauffteuffel.* Item, *Ein Sendbrieff des Hellischen Sathans, an die Zutrincker.*"
[3] H. Leyser, *Deutsche Predigten des XIII. u. XIV. Jahrhundertes.* S. 119.
[4] H. Rinn a. a. O. S. 18.
[5] Berthold, ed. F. Pfeiffer. Bd. I. S. 431.
[6] Ebendas. Bd. I. S. 469.
[7] Geyler von Keyferfzberg, *Poftill.* teyl I. S. XXXI. Pred. Am Sonnentag Septuagefima. Ebendas. teyl III. S. LIIII. Pred. An dem Fyerdten fonnentag noch Trinitatis.
[8] Berthold, ed. F. Pfeiffer. Bd. I. S. 394.
[9] Geyler von Keyferfzberg, *Poftill.* teyl II. S. CXVII. Pred. Am Sonnentag Palmarum.

erklärt er: „Da fteet einer am morgē uff die Cantzel und verkündet die tag, dar nach bringet er ein langen zedel uñ verkündet die todten, unnd weret weifz wie lang, da verkündet man die banbrieff, den blunder, und alfo geet die ftund hin weg, fo leüt (läutet) man, da ift es ufz. Nach imbifz da kart (Karten spielen) man da geet mā zuom wein, alfo geet es."[1] Selbst die höhere Geistlichkeit bildete keine Ausnahme von dieser Regel. Denn so nachdrücklich auch „sanctus Paulus" von dem „bischofe" fordert: „Her (er) ensal (soll) aber nicht — trunken werden von wîne"[2], so mufs doch Geiler von den Kirchenfürsten zugestehen: „Es ligt doch an dem tag — als ein baur an der fonnen, was die regenten für ein weifzen (Weise) füren. die Proebft, Pfarrer, Bifchoff — nyman (niemand) kan uns erfüllen fo vil fauffens — unnd man ficht das nüt guts in inen ift."[3]

---

[1] Derselbe, *Die geiftlich fpinnerin*. Die Ander Predig.
[2] F. Pfeiffer, *Deutsche Mystiker des 14. Jahrhunderts*. Bd. I. S. 226.
[3] Geiler võ Keiferfperg, *Die Emeis*. S. XX.

II. Kapitel.
Die Kleidung.

Die bisher besprochene Ernährung hat bekanntlich nicht nur für die Erhaltung des Körpers, sondern auch für die Erzeugung der demselben nötigen Wärme zu sorgen. Von der letzteren gehen indessen, zumal in unserem Klima, beträchtliche Mengen verloren, und diesem Verlust suchen wir durch die Kleidung mehr oder weniger entgegen zu wirken. Die unmittelbarste Bekleidung aber bilden die allgemeinen Bedeckungen des Körpers, und so sei hier zunächst von der Pflege der Haut während des Mittelalters die Rede. Als wichtigster Faktor galten in dieser Beziehung die Bäder. Schon die alten Germanen tauchten ihre Kinder in frischkaltes Wasser[1], und auch der Hausherr selbst nahm nach dem Aufstehen ein Bad, meistens warm, wie die Völker des Nordens es lieben.[2] Fast noch gröfserer Beliebtheit aber erfreuten sich die Bäder im Mittelalter. Zunächst badete schon eine jede Mutter ihr Kind. Als Geiler einmal die Beschäftigungen der Frauen aufzählt, nennt er darunter auch „kind baden, feugen un feuermache."[3] Nicht minder pflegten die Er-

---

[1] W. Wackernagel, *Kleinere Schriften*. Bd. I. S. 25.
[2] Statim e somno, quem plerumque in diem extrahunt, lavantur, saepius calida, ut apud quos plurimum hiems occupat. Tacitus, *de Germ*. cap. XXII.
[3] Geyler von Keyferfperg, *Her d' küng ich diente gern*. S. LXXVIII. Pred. An dem XVII. Sontag nach der Dreifaltigkeit.

wachsenen um der Reinlichkeit willen häufige Bäder zu nehmen. Geiler erwähnt die Fuſsbäder, indem er gelegentlich sagt: „Wenn einer ein Fuſswasser hat, das ein wenig heiſs ist, und er will einen Fuſs vorsichtig hineinsetzen, so brennt es ihn, und er wähnt, er könne es nicht ertragen. Wenn er aber tapferlich beide Füſse darein setzt, so empfindet er es kaum."[1] Aber auch der ganze Körper wurde fleiſsig dem Wasser ausgesetzt. Von einem Könige, der einen Gefangenen vor sich bringen lieſs, hören wir: „Der chunig gebot — man brahte ime den man guot, — daz man in padote (badete) und ſcare" (schöre).[2] Ebenso vergleicht Geiler in einer Predigt das häufige Waschen der Juden mit dem Baden seiner Zeit, das man selbst vor dem Genuſs des Abendmahls ausführe: „Als wir deñ in gewonheit haben, das wir vor (zuvor) in das bad gon, ſo wir morndes (morgen) wellen das heilig ſacrament entpfohen (empfangen). und meynen, weñ mir nit buodent, ſo wer es allesſammen nüt als man dañ der dorechten (thöricht) leut vil uff erdtrich findet. Jo ſprechend ſye. Mein muemlin, oder beſzlin hott es ouch gethon, und hott mich das geheiſſen und gelert."[3] Daſs das Baden zu den notwendigsten Lebensbedürfnissen gehörte, geht auch aus einer Predigt des Peregrinus über die Hochzeit zu Kana hervor. Derselbe erklärt hier, die Männer müſsten ihre Weiber in dem Maſse lieben, daſs sie ihnen alles Nötige so gut wie sich selber gewährten. „Allein ich fürchte", fährt er fort, „daſs es manche gibt, die ihren Weibern gar keine Freiheit lassen, sondern alles vor ihnen verschlieſsen, so daſs sie — oft nicht so viel haben, um nur ein Bad zu bezahlen."[4] Nicht baden dürfen, war daher auch eine der kirchlichen Strafen für gröbere Vergehen. Pabst Klemens I. hatte für einen jeden, der eine Todsünde begangen, „nach Strenge des Rechten" als Buſse festgesetzt: „Zu dem ſibenden, ſo dorfft er in diſer zyt in kein bad

---

[1] Geiler bei R. Cruel a. a. O. S. 551.
[2] H. Hoffmann, *Fundgruben für Geschichte deutscher Sprache und Litteratur.* Tl. II. S. 59.
[3] Geyler von Keyſerſzberg, *Poſtill.* teyl I. S. XXV. Pred. Am II. Sönentag noch dem Achten der drey künig.
[4] Bruder Peregrinus bei R. Cruel a. a. O. S. 338.

gon."[1] Da die Armen nicht immer die Mittel besafsen, ein Bad zu nehmen, so pflegte der Reiche zum Heil seiner Seele wohl ein „sêlbat"[2] zu stiften. Ein solches Seelenbad war entweder ein einzelnes am Todestage des Stifters zu gewährendes, oder eine fortgesetzt bestehende Anstalt.[3] Doch gab es auch aufserdem „battſtubē"[4] genug, zu deren Besuch der Badelustige durch Trompetenstofs eingeladen ward. Bei der Auslegung der Bergpredigt kommt Geiler nämlich auf das Almosengeben der Pharisäer zu sprechen und sagt: „Sye lieſſent vor anhyn trūmetē (trompeten) und buſunē (posaunen), als mā hye zuor battſtubē blofet."[5]

In dem Bade selbst wurde man, soweit dies ein öffentliches war, von dem „bader"[6] mit seinem „badevolke"[7] bedient, wogegen auf Ritterburgen Jungfrauen dem Badenden Handreichung thaten.[8] Ehe derselbe in das Bad stieg, entkleidete er sich soweit, dafs er nur einen „questen",[9] d. h. eine Art von Schürze, um die Hüfte behielt. Daher äufsert Geiler: „Zuo Baden — leret man dē menſchen erkoennen, was hind' jm ſtecket."[10] Im allgemeinen galt es nicht für zuträglich, lange im Wasser zu verweilen, wie denn

---

[1] Geiler gnät von keiſerſzbergk, *Chriſtenlich bilgerſchafft zuom ewigē vatterlād*. S. CII. Die Nund Eygenſchaft Von den Hendſchuen des Ablos.

[2] J. A. Schmeller, *Bayerisches Wörterbuch*. Stuttgart u. Tübingen 1827 bis 1837. Bd. III, 226.

[3] W. Müller u. F. Zarncke, *Mittelhochdeutsches Wörterbuch*. Bd. I. S. 77—78.

[4] Geyler von Keyferſzberg, *Poſtill*. teyl II. S. XII. Pred. Am Freytag vor Inuocauit.

[5] Ebendas.

[6] Geyler von Keyferſzberg, *Poſtill*. teyl II. S. XXXVI. Pred. Am Zynſtag noch Reminiſcere. — *Frauendienst u. Frauenbuch* v. Ulrich v. Lichtenstein, mit Anmerkungen von Th. v. Karajan, ed. Lachmann. Berlin 1841. 227, 6.

[7] Seifried Helbling, ed. Th. v. Karajan in *Haupts Zeitschr*. B. 4. 3, 26.

[8] Wolfr. v. Eschenbach, *Parzival*, in Wolframs Werken, ed. K. Lachmann. 167, 26.

[9] Ebendas. 116, 4. Geyler von Keyferſzberg, *Poſtill*. teyl II. S. XXXVII. Pred. Am Zinftag noch Reminiſcere.

[10] Ebendas. teyl III. S. LXXXVIII. Pred. Am Sibentzehenden ſonnentag noch Trinitatis.

gleichfalls Geiler den Rat gibt: „man fol meidē dick vil oder lang ze baden."[1] Sobald man aber herausgestiegen war, wurde ein „badelachen"[2] (Badelaken) zum Trocknen dargereicht. Mancher legte sich dann zu Bette,[3] „unze (bis) daz er wol erswitze",[4] die meisten aber liefsen sich gehörig „twahen und strichen", d. i. mit Besen schlagen, recken, drücken und reiben. Freilich mufs Geiler Klage führen, dafs viele Bader dies Massieren zu oberflächlich besorgten: „Es ift — wie um die in einē bad, da farē fie mit d' hād ueber eins un waffer daruff un darvō, nit mer dan mā bald vil ufzreib."[5] Da die Bäder zugleich Versammlungsorte waren, so ist es erklärlich, dafs sich viele dazu besonders zierten und schmückten, wie denn ein Prediger klagt: „Wenn aber wir follend zuom baden faren, fo ift angft unnd not, eb wir uns gerüftent."[6]

Zu solchem Schmucke gehörte unter anderem das Schminken des Gesichtes, das, so nachteilig es auch auf die Haut wirken mochte, doch eine aufserordentlich weite Verbreitung besafs.[7] Vor allem wurden die gern am Stadtgraben spazierenden Buhldirnen daran erkannt. Berthold äufsert einmal, dafs es zweierlei Jäger des Teufels in der Christenheit gebe: „Der (derer) heizent ein die gemâlten unde die geverweten (gefärbten). Daz sint alle die boesen hiute, die ûf dem graben gênt, die dem tiuvel alle tage manic tûsent sêle antwurtent (überantworten), ie diu (jede) sêle umb einen helbelinc (halber Pfennig) oder einen pfenninc."[8] Dem entsprechend wird in

---

[1] Johānes Geiler vō Keyfzerfperg, *Der feelen Paradifz*, cap. VI. Von warer keüfcheit. S. XXXX.
[2] Wolfr. v. Eschenbach, *Parzival*, in Wolframs Werken, ed. K. Lachmann. 167, 21.
[3] Ebendas. 168, 1.
[4] *Arzneib.* J. Diemer. 143.
[5] Geiler vō Keiferfperg, *Die Emeis.* S. XXVIII.
[6] Derselbe, *Poftill.* teyl I. S. XXVIII. Pred. Am IIII. Sōnentag noch dem Achten der heiligen dry künig tag; vgl. ebendas. teyl III. S. C. Pred. Am Einundzwentzigften fonnentag noch Trinitatis.
[7] Deutschland hatte den Gebrauch der Schminke mit den romanischen Ländern gemein, vgl. Raumer, *Geschichte der Hohenstaufen.* VI, 569, Jac. Burckhardt, *Kultur der Renaissance.* S. 368 ff.
[8] Berthold, ed. F. Pfeiffer. Bd. I. S. 207.

einem Passionsspiele auch die Sünderin Maria Magdalena als geschminkt dargestellt.[1] Aber nicht nur öffentliche Mädchen, sondern auch Frauen von Stand und Ehre waren dem Schminken aus Eitelkeit und Hochmut ergeben. Von einem solchen „armen hôhvertelîn" lesen wir bei Berthold: „Sô verwet (färbt) daz sich"[2], und eine Predigthandschrift der Züricher Stadtbibliothek enthält die Bemerkung: „Hübische frowen spulgent (pflegen) sich zeverwene (zu färben). mit wizer varwe unde mit rotir varwe."[3] Den vornehmen Frauen thaten es wieder die Bäuerinnen nach,[4] so dafs auch bei diesen „gevelschet vrouwen varwe"[5] oder „geribene schoene"[6] vorkam. Überhaupt galt es für eine weibliche Person als so selbstverständlich, sich zu schminken, dafs öfter die Dichter, wo sie die Schönheit einer solchen rühmen wollen, ausdrücklich betonen, das Weifs und Rot der Wangen sei nicht künstlich, sondern natürlich,[7] das Weib sei „selpvar"[8] (ungeschminkt). Sogar unter den Männern wurden hier und da „malnarrē"[9] gefunden, wie dies Geiler in einer Predigt über den betreffenden Abschnitt aus Brant's Narrenschiff anführt. Nach ihm liefsen dieselben sich nicht nur das Kinn ganz sauber rasieren, sondern es heifst auch weiter von ihnen: „Item — fie laffen fich — bifzweilen malen — nemmen koeftlichen geruch (Parfum) zu jhn, beftreichen fich mit rofzwaffer (Rosenwasser), falben fich mit koeftlichem unnd wolfchmeckendem (wohlriechend) Balfam."[10]

---

[1] *Passionsspiel der Carm. Burana.* S. 96 ff.
[2] Berthold, ed. F. Pfeiffer. Bd. I. S. 83.
[3] C 76/290 (14. Jhdt.), Bl. 8b. bei W. Wackernagel, *Kleinere Schriften.* Bd. I. S. 161.
[4] Heinrich v. d. Gemeinen Leben. 328.
[5] *Nibelungenlied.* 1594.
[6] Winsbeke, ed. M. Haupt. Leipzig 1845. 26, 3.
[7] *Die Eneide* v. Heinrich v. Veldeke, ed. Myller. 146, 26 ff.
[8] *Gedichte* Walthers v. d. Vogelweide, ed. Lachmann. 96, 15. Seifried Helbling, ed. Th. v. Karajan in *Haupts Zeitschr.* B. 4. I, 1145.
[9] Keiferfpergs *narenfchiff.* Strafzburg 1520. S. XXVII.
[10] Johan Geyler, *Welt Spiegel, oder Narren Schiff, darin aller Staendt fchandt und lafter, uppiges leben, grobe Narrechte fitten, und der Weltlauff, gleich als in einem Spiegel gefehen und geftrafft werden: alles auff Sebaftian Brands Reimen gerichtet — aufz dem Latein inn das recht hoch Teutfch gebracht Durch Nicolaum Hoeniger von Tauber Koenigshoffen.* Basel 1574. S. 13.

Selbstverständlich treten unsere Prediger einem solchen Unwesen einmütig entgegen. Berthold deutet den Aussatz einmal bildlich und sagt dabei: „Sô sint etelîche ûzsetzic an dem velle (Haut). Daz sint, die niht genüeget an der varwe und an dem antlütze, daz in (ihnen) der almehtige got hât verlihen: sie wellen sich selben baz (besser) machen und schoener, danne (als) sie got gemachet hât, und nement her und verwent sich und velschent die varwe und daz antlütze daz got selbe machete. Pfî, unflât!"[1] Zugleich hält er den sich Schminkenden die Drohung entgegen: „Ir verwerinne, pfî! schemest dû dich des antlützes, daz dir der almehtige got gegeben hât, des schoenen antlützes, sô schamet er sich dîn ouch iemer und iemer in sînem rîche êweclîche unde wirfet dich an den grunt der hellen, dâ dîn eht (doch) niemer mêr rât wirt, zuo froun Iesabêln unde zuo hern Lucifer,[2] der sich ouch hoeher wolte hân gemachet dan (als) in got geschuof."[3] Wie hier, so wird auch sonst oft auf das abschreckende Vorbild der Königin Isebel hingewiesen, die „die liut mit gemahter schoeni an sich zoh"[4]: „Dir geschiht als Iesabêln: des tages dô sie sich geverwet hete, dô nam sie ein lesterlîchez ende und einen schemelîchen (schmählich) tôt unde fuor des selben tages in die stinkenden helle, dâ ir (ihrer) niemer mêr rât wirt, unde die hunde laften (leckten) ir bluot des selben tages."[5] An die jungen Priester aber richtet Berthold die Aufforderung: „Ir jungen priester, die geverweten unde die gemâlten[6], die sult ir alle von den liuten tuon."[7] Während indessen der Franziskaner von Regensburg das Schminken mit den ewigen Strafen bedroht, geifselt der mehr praktisch gerichtete Geiler die Thorheit, die Haut durch äufsere Mittel verbessern zu wollen. Als Beleg hierfür erzählt er: „Welcher geftalt vor zeiten ein weibs perfon zu Strafzburg gewefen

---

[1] Berthold, ed. F. Pfeiffer. Bd. II. S. 119, vgl. Bd. I. S. 115 u. S. 367. Suchenwirth XL, 45 ff.
[2] 2 Cor. 11, 14: αὐτὸς γὰρ ὁ σατανᾶς μετασχηματίζεται εἰς ἄγγελον φωτός.
[3] Berthold, ed. F. Pfeiffer. Bd. I. S. 115.
[4] Predigt aus der Sammlung Albrechts des Kolben (geschrieben 1387) vormals im Besitze Grieshabers. Bl. 88a.
[5] Berthold, ed. F. Pfeiffer. Bd. I. S. 367, vgl. Bd. I. S. 115.
[6] Ebendas. Bd. I. S. 115.
[7] Ebendas. Bd. II. S. 119.

Die Kleidung. 69

ift, die hat von wegen alters, viel runtzeln im angeficht, diefelbig liefz von jhrem runtzelechten angeficht, die haut daruon fchinden und hinweg etzen, damit fie der runtzeln ab kaeme, unnd fie jungfarb und fchoen erfcheinete, aber was gefchahe je mehr fie fich liefz artznen (Arzneien geben) und aufzbutzen, je hefzlicher fie von tag zu tag ward."[1]

Aber nicht nur was die Haut-, sondern auch was die Haarpflege anbetrifft, dringen unsere Prediger durchaus auf Natürlichkeit, insofern damit auch dem Leibe am besten gedient sei. Bereits Berthold beklagt sich über „die frouwen, die ez dâ sô noetlîchen (dringend) machent mit dem hâre"[2] und „dâ die zît mit ûztragen"[3] (hinbringen) und „daz jâr wol halbez dâr an legen"[4], zumal sie wichtigeres darüber versäumen. Denn, so hält er ihnen vor: „Swenne (wenn) ir etewaz anderz soltet tuon in iuwern hûse, daz iuwerm wirte (Ehemann) nôt waere oder iu selben oder iuwern kinden oder iuwerm gaste, sô gêt ir mit iuwerm hâr umbe — unde dâ mite traget ir die wîle (Zeit) uz unde den tac unde die wochen unde daz lange jâr."[5] Über die Art und Weise, wie dieselben das Haar verkünstelten, hören wir gleichfalls bei Berthold: „Diu ander ûzsetzikeit diu ist an der leien hâre, die ir hâr windent unde snüerent oder die ez anders machent oder verwent danne ez in (ihnen) der almehtige got gegeben hât."[6] Ähnlich äufsert sich auch Geiler über die Verunstaltung des Haares: „Die dritte Schell ift das Haar zieren, gael (gelb), kraufzlecht (gelockt) und lang machen, auch froembdes haar der abgeftorbnen unter jhres vermifchen, und daffelbig zum fchawfpiegel auffmutzen. Es ziehen die weiber jetzund daher —, unnd hencken das Haar dahinden hinab bifz auff die huefft —. Pfu der fchand und unzucht",[7] und gleich darauf wiederholt er: „Was foll ich von dem geferbten, gefchmierten, gebleichten und kraufzlechten Haar fagen, das kraufzlecht Haar und

---

[1] Johan Geyler, *Welt Spiegel, oder Narren Schiff*. S. 13.
[2] Berthold, ed. F. Pfeiffer. Bd. I. S. 114.
[3] Ebendas. Bd. I. S. 253.
[4] Ebendas. Bd. I. S. 114.
[5] Ebendas. Bd. I. S. 415.
[6] Ebendas. Bd. I. S. 114.
[7] Johan Geyler, *Welt Spiegel, oder Narren Schiff*. S. 13.

ein gebrochen (hochmütig?) finn, feind gewiffe zeichen der leichtfertigkeit: Das gael geferbt Haar aber bedeutet nichts anders, daň die zukuenfftige hellifche flaṁen."¹ Namentlich weist er darauf hin, wie widernatürlich es sei, falsches Haar zu tragen: „O weib horche, erfchrecket dich folches nicht, das du froembdt Haar eines geftorbnen weibs ubernacht auff dem kopff behalteft? — Dañ welches weib ift alfo kuen, das fie einer abgeftorbnen frawen leib oder etliche glieder bey jhr am beth hette, fuerwar es wuerde nicht bald eine gefunden werden."² Zu besonderer Warnung spricht er dann weiter den Wunsch aus: „Ich wolt das allen weibern ergienge, die fich mit froembdem Haar fchmuckten, wie vor zeiten einer zu Parifz begegnet ift, die hat fich auch auff dz fchoenfte gefchmuckt mit froembdem Haar, als fie aber ohn alle gefahr bey einem Affen fueruber gieng, erwuefcht fie der Aff, und riffz jhr den fchleier ab dem kopff unnd nachmals auch das auffgebuefft (aufgekräuselt) Haar, unnd ward fie alfo vor jederman zu fchanden, ward jhres entlehneten Haars beraubt, welches ohn zweiffel aufz fonderlicher anfchickung Gottes gefchehen ift."³ Ein geistlicher Redner bei Leyser aber erinnert die Frauen an die Mahnung der Apostel: „So merke waz fent Paulus fpricht den wibes namen. Non in vefte preciofa aut intorto crine⁴. et petrus. Mulierum non fit extrinfecus capillatura."⁵

Wie bei den Weibern, so gab es auch unter den Männern solche, die durch eine auffallende und unnatürliche Haartracht ihre Eitelkeit zu befriedigen suchten. Schon bei den alten Deutschen hatte etwas Ähnliches stattgefunden. Denn da bei diesen dem Edlen die blonde, dem Freien die rötliche, dem Unfreien die schwarze Haarfarbe zuzukommen schien, so mufste, was etwa die Natur versagt hatte, die Kunst ersetzen, und es waren besonders bereitete Seifen in Gebrauch

---

[1] Ebendas. S. 13—14.
[2] Ebendas. S. 13.
[3] Ebendas.
[4] 1 Tim. 2, 9: ὡσαύτως καὶ γυναῖκας ἐν καταστολῇ κοσμίῳ μετὰ αἰδοῦς καὶ σωφροσύνης κοσμεῖν ἑαυτάς, μὴ ἐν πλέγμασιν καὶ χρυσῷ ἢ μαργαρίταις ἢ ἱματισμῷ πολυτελεῖ.
[5] 1 Petr. 3, 3: ὧν (sc. τῶν γυναικῶν) ἔστω οὐχ ὁ ἔξωθεν ἐμπλοκῆς τριχῶν καὶ περιθέσεως χρυσίων ἢ ἐνδύσεως ἱματίων κόσμος.

um dem Haar die erwünschte Farbe zu geben.[1] Aber auch noch zu Bertholds Zeiten „gilweten" (gelb färben) Männer ihr Haar, und aufserdem trugen manche dasselbe lang, wie es Frauensitte ist. Berthold findet dies weibisch und redet daher einen solchen Mann mit „Adelheid" an. „Sô tragent sumelîche (einige) man", das sind seine Worte, „hâr sam (wie) die frouwen lanc. Ir herren, merket mir daz gar eben: alle die als (ebenso) langez hâr tragent als diu wîp, daz sie rehte wîbes herzen tragent als diu wîp und an deheiner (kein) stat einen man verstên (vertreten) mügent. Pfî dich, Adelheit, mit dînem langen hâre, daz dû niht enweist (weifst) wie übel ez dir stêt unde wie lesterlîchen!"[2] Nicht minder hat auch Geiler in betreff der Haartracht über die „Mutz-, Zier- unnd Gemalt Narren"[3] unter dem starken Geschlechte zu klagen. In einem einleitenden Gedichte, das er anführt, hören wir von diesen:

> „Mit fchwebel (Schwefel), Hartz, bueffen (kräuseln) das har,
> Darinn fchleget man Eyerklar (Eiweifs)
> Das es im Schueffelkorb werd kraufz,
> Der hengt den kopff zum Fenfter aufz.
> Der bleicht es an der Sonn und Feuwr —
> Pfuch fchand der Teutfchen Nation,
> Das die Natur verdeckt wil hon"[4] (haben).

Noch mehr Sorgfalt aber als auf das Haupthaar verwandten manche Männer auf die Pflege des Bartes. „Dife", so charakterisiert Geiler dieselben, „dieweil fonft weder weifzheit noch einige tugend in jhnen ift, fuchen fie ein befondere ehre unnd hoffart durch die fuertreffenlicheit des Barts."[5] Daher mufsten denn die „bartfcherer"[6] oder „Balbierer"[7] die mannigfachsten Künste ersinnen, um den Bart

---

[1] Plinius, *hist. natur.* lib. XXVIII. cap. 51 (191): Prodest et sapo, Gallorum hoc inventum rutilandis capillis. fit ex sebo et cinere, optumus fagino et carpineo, duobus modis, spissus ac liquidus, uterque apud Germanos majore in usu viris quam feminis; Amm. Marc. XXVII, 2; Martial XIV, 25.
[2] Berthold, ed. F. Pfeiffer. Bd. I. S. 114.
[3] Johan Geyler, *Welt Spiegel, oder Narren Schiff.* S. 12.
[4] Ebendas. S. 11.
[5] Ebendas. S. 12.
[6] Geyler von Keyferfzberg, *Poftill.* teyl II. S. CV. Pred. Am Zynftag noch Judica.
[7] Derselbe, *Welt Spiegel, oder Narren Schiff.* S. 117.

zum Teil in der seltsamsten Weise zu formen. Schon ihn ganz zu rasieren, findet Geiler unnatürlich. Als er „die ander Schell der Spiegel Narren" bespricht, sagt er: „Es werden etliche gefunden, die laffen gar kein haar wachfen, fonder laffen das angeficht unnd das kienn gantz fauber fchaeren damit man kein har fihet"[1], und an einer andren Stelle tadelt er: „Etlich ziehen gar keine Baert, als die Carteufer und Ciftertier Moenchē thun: Auch die Bilger fo in ferre Landt ziehen."[2] Nicht viel anders verhalten sich nach ihm die, die nur zwei Spitzen oder ein kleines Löckchen von ihrem Bart stehen lassen: „Letftlich fein noch mehr Bart Narren, die ziehen ihre Baert auff Tuerckifche manier, fchier gantz abgefchorē, allein zwo fpitzen neben heraufz gehen, oder fonft nur ein klein loecklin haar."[3] Als Grund hiervon gibt er Eitelkeit an, da die betreffenden keinen kräftigen Bartwuchs besitzen und diesen Mangel zu verheimlichen suchen: „Wo her meynft du das all neüw fittē entfpringē, glaub mir allein ufz üppigkeit, als mit den halbē baertē, fo einer nichts kan herfür bringē fcheinlichs, dz man uff in fehe, thuond fie eins uñ machen halbe baertlin, loeck. Etwan (früher) truog mā gantz baert, aber yetzzundt tragen fie nur halb baert, uñ ettwā nebēs nur ein cleins loecklin, das ift ein gewifz zeichen das fie narren feind."[4] Andere wieder, so berichtet gleichfalls Geiler, „zogen geftumpfete und feltzame Baert, auff gut Spanifch oder Italiaenifch"[5], oder sie trugen gar nur auf einer Seite Bart, während sie auf der andren sich scheren liefsen.[6] Aber auch in das entgegengesetzte Extrem verfiel man, indem man das Barthaar unbeschränkt wachsen liefs: „Hergegen aber werden gefunden die ziehen gantz lange unnd zopffechte Baert, welches fie allein darum thun, damit man fie defto ehe fuer alte maenner und ftattliche perfonen anfehen folle."[7] Aus dem allen scheint hervorzugehen, dafs Geiler einen nicht allzu langen Vollbart für das angemessenste hielt.

---

[1] Ebendas. S. 13.
[2] Ebendas. S. 12.
[3] Ebendas. S. 12—13.
[4] Geyler vō Keyferfperg, *Von den fyben fchwertern, das erft fchwert.*
[5] Derselbe, *Welt Spiegel, oder Narren Schiff.* S. 12.
[6] Geiler bei H. Rinn a. a. O. S. 16. Anm. 2.
[7] Derselbe, *Welt Spiegel, oder Narren Schiff.* S. 12.

Während nun aber die Prediger alles Unnatürliche und Gekünstelte in der Haartracht bei den Laien verwerfen, gestehen sie den Geistlichen ohne weiteres „die aller groeffeften platten"[1] und kurz geschorenes Haar zu. Geiler beschreibt die Haartracht der Pfarrer und Klosterbrüder mit den Worten: „Wenn (denn) dorumb feind wir pfaffen und münch befchoren, uñ hond blattē, das ift rafura, die felb ift blofz ob (über) fich gegen dem himel. Defzglichen fo ift uns das hor unden abgefchnitten, und ift kurtz gegen der erden, das ift tonfura, unnd das, das do zwüfchen ift zerring umb (ringsum) har (her) das ift der krantz. corona facerdotalis, corona rafilis."[2] Die Eigentümlichkeit dieser Einrichtung wird auf göttlichen Befehl zurückgeführt, welchen einst ein Engel St. Petro überbrachte. „Do erfchein der heilige engel", so berichtet eine Predigt bei Leyser, „fente Petro in einis phaffen bilde mit umme (ringsum) gefchorneme hare mit einer platten. und fprach zu ime. alfe du mich nu fiheft gefchorn alfo foltuo dich fcheren. und nach dir fo fuln fich alle die fchern. die zu gotis dinefte gewihet fuoln werden. Sente peter tet do als ime got gebotin hatte. und fchar fich al uomme (ringsum) und fchar eine platte. — Alfo ift iz (es) her kuomen daz fich phaffen und muoniche (Mönche) und alle die zu gotis dinefte getermenet (bestimmt) fint mit der fchere zeichen muozen von den leien. wane (weil) fie vor gotis ougen uz gefcheiden fint und michil (viel) herer fint danne (als) iene die gotis wort nine (nicht) kuonnen[3] (kennen). Eben aber weil die Tonsur Gottes Gebot ist, tadelt Berthold es bitter, dafs einzelne Geistliche eine Abneigung dagegen besitzen. „Dû schamest dich der blatten und des kurzen hâres", fragt er einen solchen, „und schamest dich der kirchen niht daz diu giltet?"[4] (Einkünfte bringt). Freilich sagt Tauler einmal richtig: „Mein cappe noch mein blatte —, dz alles macht mich nit heilig",[5] dennoch aber

---

[1] Derselbe, *Poftill.* teyl III. S. LXVI. Pred. An dem Neünden fonnentag noch Trinitatis.
[2] Ebendas.
[3] H. Leyser, *Deutsche Predigten des XIII. u. XIV. Jahrhundertes.* S. 85—86.
[4] Berthold, ed. F. Pfeiffer. Bd. II. S. 119.
[5] Joannis Taulery *Predig Uff unfer lieben frawen geburt.* S. CXLVI.

galt es als unrecht, wenn zumal junge Geistliche die kirchliche Sitte verletzten. Daher denn die Aufforderung, die uns bei Berthold begegnet: „Ir sult sehen an der pfaffen hâr oder der schuoler (Studierter), die dâ wîhe hânt enpfangen. Die lâzent ir hâr wahsen (wachsen) wider reht (Recht) durch hôhvart unde durch lôsheit"[1] (Leichtfertigkeit).

Wie bei der Haartracht, so pflegte sich auch bei der Kleidung die Eitelkeit zum Nachteil der Gesundheit vielfach geltend zu machen. Was zunächst die Kopfbedeckung anlangt, so bestand dieselbe bei den Männern meistens aus einer „kappe"[2] (Mütze) oder einem „huote."[3] Erstere war bisweilen aus Zobel-[4] oder Fuchspelz[5] gefertigt, letzterer aus „filtz",[6] aus „sîde"[7] oder „ufz ſtro gemacht."[8] Erschien der Filz besonders „zottecht",[9] so liebten alte Leute, „das ſie wiſz lynē hüblin uff hant (haben) under den hueten, — das inen die hüt nit wee tügē, ſo ſie ruch (rauh) und hoert (hart) ſin."[10] Aber nicht nur dem Stoff, sondern auch der Form nach waren die Hüte verschieden, denn neben dem „kuglechten oder ſinwelen (rund) uñ ſchiblechten (kreisförmig) huot"[11] wird „daz spitze hüetelîn",[12] sowie der mit breiter[13] Krempe versehene „schatehuot"[14] (Schattenhut)

---

[1] Berthold, ed. F. Pfeiffer. Bd. I. S. 114.
[2] Geyler von Keyſerſzberg, Poſtill. teyl II. S. XXXVII. Pred. Am Zinſtag noch Reminiſcere. Ebendas. teyl III. S. XXXX. Pred. An dem Erſten ſonnentag noch Trinitatis.
[3] Derselbe, Chriſtenlich bilgerſchafft zuom ewigē vatterlād. fruchtbarlich angzeigt in glychnuſz uñ eigēſchafft eines wegfertigē bilgers, der mit flyſz uñ ylēt ſuocht ſin zitlich heymuot. Basel 1512. S. LIX. Derselbe, Poſtill. teyl III. S. XXXX. Pred. An dem Erſten ſonnentag noch Trinitatis.
[4] Der Nibelunge not nach Lachmanns Ausgabe. 893, 3.
[5] Iwein v. Hartmann v. Aue, ed. Benecke u. Lachmann. 240.
[6] Johañs geiler gnāt von keiſerſzbergk, Chriſtenlich bilgerſchafft. S. LXII.
[7] Ebendas. S. LXIIII.
[8] Ebendas. S. LXII.
[9] Ebendas.
[10] Ebendas. S. LXXI.
[11] Ebendas. S. LXI.
[12] Konrad v. Würzburg, goldene Schmiede, ed. W. Grimm. Berlin 1840. 1418. Johan Geyler, Welt Spiegel, oder Narren Schiff. S. 14.
[13] Derselbe, Chriſtenlich bilgerſchafft. S. LIX.
[14] F. J. Mone, Anzeiger f. Kunde der teutſchen Vorzeit. VII, 593. IV, 96.

erwähnt. Berthold klagt, dafs die „huotmacher"[1] oft durch unbrauchbare Arbeit ihre Kunden betrügen. „Sô enmac (mag nicht), also redet er einen solchen an, „ein man einen guoten huot vinden vor dînem valsche (Betrügerei), im gê (gehe) der regen ze tal in den buosem."[2] Aufser den Mützen und Hüten waren auch „kuogelen"[3] in Gebrauch, d. h. Kapuzen, die sich am Rock oder Mantel befanden und über den Kopf gezogen werden konnten. Der Ritter aber trug, sobald er in den Kampf zog, zu seinem Schutze „einen helm"[4] oder „îsenhuot."[5] Erwähnt doch Berthold, „einen helm, den man einem ritter ûf bindet, sô er an den strît sol; dâ von wirt er vil deste küener unde deste manhafter."[6] Übrigens pflegte man „den huot — oder daz keppelîn oder swaz man ûf dem houbte hâte"[7], als Zeichen der Ehrfurcht vor „einem kuonik (König) oder einem andern herren"[8] „abzuozîhen",[9] und das gleiche geschah „vor dem altere — chrifti. und vor im felben",[10] wenn ihn der Priester in der Hostie vorübertrug.[11]

Mannigfacher als die Kopfbekleidung der Männer war diejenige der Frauen. Schon kleine Mädchen, welche kaum vier Jahre alt waren, aber auch erwachsene Jungfrauen hatten einen aus künstlichen Blumen hergestellten Kopfputz, das sogenannte „schapel"[12] oder „scheppel"[13] im Haar. Statt direkt auf letzteres konnten die Blumen auch auf ein Haarband oder auf einen mit Edelsteinen ver-

---

[1] Johañs geiler gnāt von keiferſzbergk, *Chriſtenlich bilgerſchafft.* S. LXII.
[2] Berthold, ed. F. Pfeiffer. Bd. I. S. 146.
[3] H. Leyser, *Deutsche Predigten des XIII. u. XIV. Jahrhundertes.* S. 45.
[4] Berthold, ed. F. Pfeiffer. Bd. I. S· 300.
[5] *Erec* v. Hartmann v. Aue, ed. M. Haupt. Leipzig 1839. 3230.
[6] Berthold, ed. F. Pfeiffer. Bd. I. S. 300.
[7] Ebendas. Bd. I. S. 457.
[8] H. Leyser, *Deutſche Predigten des XIII. u. XIV. Jahrhundertes.* S. 45.
[9] Geyler von Keyferſzberg, *Poſtill.* teyl II. S. XXXVII. Pred. Am Zinſtag noch Reminiſcere.
[10] H. Leyser, *Deutsche Predigten des XIII. u. XIV. Jahrhundertes.* S. 45.
[11] Berthold, ed. F. Pfeiffer. Bd. I. S. 457 u. Bd. II. S. 257.
[12] Peter Suchenwirts *Werke*, ed. Al. Primisser. Wien 1827. IV, 118.
[13] Bert old, ed. F. Pfeiffer. Bd. I. S. 416.

zierten Goldreif gesetzt sein.[1] Die „schapel" hatten eine so grofse Verbreitung, dafs sich eigene Handwerker, die „schappeler", mit der Anfertigung derselben abgaben.[2] Berthold hat nicht viel mit diesen im Sinne, sondern sagt von ihnen: „Sô sint etelîche hantwerkliute die mit ir hantwerke niemer mügent behalten werden: die sint aller der werlte (Welt) unnütze, unde dâ von wirt ir ouch niemer rât mit ir arbeit mitalle. Als — die dâ — diu schapel machent — unde swaz sô getâner hantwerke sint, diu der werlte mêr schade sint danne (als) guot."[3] Während indessen die Jungfrauen sich mit einem „krenzlein oder hârpant"[4] (Haarband) von Blumen schmückten, setzten verheiratete Frauen „geftrickte haar hauben oder frawen hauben"[5] auf, an denen sich allerlei „gebende"[6], meist von gelber[7] oder roter[8] Farbe, befand. In der Regel waren diese Hauben aus Seide gefertigt.[9] Im Freien aber trugen die Frauen „paretlin[10] (kleine Barette) uñ huetlin"[11], „deren etlich gantz buerftig und haarechtig[12], etlich hoch unnd fpitzig[13], etlich kurtz unnd neben auffgeftuetzt"[14] waren. Als besonders „waeher (kunstreich) hüete"[15] wird auch der „pfâwenhüete",[16] die aus Pfauenfedern gemacht waren,

---

[1] *Der aventiure krone* v. Heinrich v. Türlin nach der *Wiener Handschrift*. 101, b. *Liederbuch* der Clara Hätzlerin, ed. C. Haltaus. Quedlinburg u. Leipzig 1840. II, 25, 27.
[2] Berthold, ed. Kling. S. 311.
[3] Derselbe, ed. F. Pfeiffer. Bd. I. S. 562.
[4] *Vocabularius* 1482. Bl. 201, b.
[5] Johan Geyler, *Welt Spiegel, oder Narren Schiff*. S. 14, vgl. Berthold, ed. F. Pfeiffer. Bd. I. S. 396.
[6] Ebendas. Bd. I. S. 397 u. S. 415.
[7] Ebendas. Bd. I. S. 319 u. S. 415; Bd. II. S. 119. S. 158 u. S. 252.
[8] F. K. Grieshaber a. a. O. Abt. 2. S. 69.
[9] J. Diemer, *Deutsche Gedichte des XI. und XII. Jahrhunderts*. Wien 1849. 161, 15: „Si want in eine sîdîne hûben daz hâr."
[10] Johan Geyler, *Welt Spicgel, oder Narren Schiff*. S. 14.
[11] Ebendas. S. 13.
[12] Ebendas. S. 15.
[13] Ebendas.
[14] Ebendas. S. 14. Berthold, ed. F. Pfeiffer. Bd. I. S. 83.
[15] Ebendas. Bd. I. S. 396.
[16] Ebendas. Bd. II. S. 119. *Liedersaal*, ed. Lassberg. St. Gallen u. Konstanz 1846. I, 410. *Wigalois* v. Wirnt v. Gravenberg, ed. G. Fr. Benecke. Berlin 1819. 2418. 8910.

gedacht. Überhaupt gab es der Frauenhüte so viele, „das" nach Geiler „nicht mueglich ift, fie all zu erzehlen."[1] Von dem Hute hing endlich noch ein längerer oder kürzerer[2] „sleiger"[3] herab, der meist gelb gefärbt[4] und durchsichtig[5] war, indem er aus einem feinen Gewebe bestand.[6] Die Schleier waren ziemlich häufig, da die Sitte verbot, anders als „gefchleyert da her zuo geen."[7]

Wie die Kopfbedeckung bei beiden Geschlechtern eine verschiedene war, so auch die Kleidung des Rumpfes und der Extremitäten. Nur die auf „blôzem lîp"[8] getragenen und deshalb auch „lichemede"[9] (Leibhemden) genannten „hemede"[10] (Hemden) bildeten eine Ausnahme hiervon. Sie bestanden meist aus Leinen[11], dessen Gewinnung und Bereitung schon im deutschen Altertum bekannt war. Pflegte man doch damals Flachs in solchem Umfang zu bauen, dafs, als einst die Heruler vor den Longobarden flohen, erstere ein blühendes Flachsfeld für Wasser ansahen und durch dasselbe hindurchschwimmen wollten.[12] Der Flachs wurde von den altdeutschen Frauen

---

[1] Johan Geyler, *Welt Spiegel, oder Narren Schiff*. S. 14.
[2] Ebendas.
[3] Berthold, ed. F. Pfeiffer. Bd. I. S. 414 u. Bd. II. S. 132. Geyler vō Keyferfperg, *Von den fyben fchwertern, das erft fchwert*. Derselbe, *Poftill*. teyl I. S. XXVIII. Pred. Am IIII. Sōnentag noch dem Achten der heiligen dry künig tag.
[4] Berthold, ed. F. Pfeiffer. Bd. I. S. 114—115 u. S. 397. Bd. II. S. 119.
[5] *Frauendienst u. Frauenbuch* v. Ulrich v. Lichtenstein mit Anmerkungen v. Th. v. Karajan, ed. Lachmann. 258, 14: „Mîn slôgir (Schleier) dact mîn antlütz gar, dar durch ich doch vil wol gesach."
[6] W. Müller u. F. Zarncke, *Mittelhochdeutsches Wörterbuch*. Bd. II. Abt. 2. S. 415.
[7] Geyler vō Keyferfperg, *Von den fyben fchwertern, das erft fchwert*.
[8] Wolfr. v. Eschenbach, *Parzival*, in Wolframs Werken, ed. K. Lachmann. 101, 10.
[9] H. Hoffmann, *Fundgruben für Geschichte deutscher Sprache und Litteratur*. Tl. I. S. 343.
[10] F. Pfeiffer, *Deutsche Mystiker des 14. Jahrhunderts*. Bd. II. S. 29. Joannis Taulery *Predig Uff fontag nach der heilgē dry künig tag*. S. XIII.
[11] Doch werden auch seidene Hemden erwähnt: „Er fuort von guoten siden an ein hemde wiz alsam ein snê", *Frauendienst u. Frauenbuch* v. Ulrich v. Lichtenstein, ed. Lachmann. 181, 3; „Man leget ir ein hemdel an von siden blanc", *Lohengrin*, ed. J. Görres. Heidelberg 1813. 60.
[12] Haupts *Zeitschr*. 6, 257 f.

gesponnen[1] und gewebt[2], und ähnlich verhielt es sich auch noch während des Mittelalters. Denn wir hören nicht nur bei Geiler, dafs die Frauen „vor d' kūckel (Rocken) fitzen —, die fpindel umb draen"[3] und „flachs und woll fpinnen"[4], sondern dies erscheint auch so sehr als natürlich und charakteristisch für sie, dafs Berthold kurzweg sagt: „Man (Männer) suln strîten unde frouwen suln spinnen."[5] In gleicher Weise „hafpelten"[6] und „webten"[7] dieselben, obgleich neben ihnen auch besondere „weber"[8] vorkommen. Als vorzüglich feines Gewebe wird „niederlendisch und probendisch (aus Brabant) gespinst"[9] angeführt und ebenso „fyner wyffer (weifs) zarter fcherter"[10] (Glanzleinewand), den der Reiche gern trug, „uff dz es jm weych anlaeg, uñ jm nit fchnattē (Striemen) in die hut (Haut) truck."[11] Für ein „pênitencienleben"[12] dagegen galt es, „hêrîne (aus Haaren gemacht) hemede tragen",[13] wie denn von den Niniviten erzählt wird: „fye ļeytent (legten) zwilchne (aus Zwilch gemacht) feck od' fchaentze an, uñ thettēt alfo groffe penitentz."[14] An den Hemden befanden sich übrigens „ermel"[15], und oben wurden dieselben durch eine „hembdt fchnur"[16] zusammengehalten.

---

[1] W. Wackernagel, *Kleinere Schriften*. Bd. I. S. 21 f.
[2] Ebendas. S. 21 f. u. S. 41.
[3] Johannes Geiler von Keyferfperg, *Die geiftlich fpinnerin, die fybendt Predig*.
[4] Ebendas., Titel.
[5] Berthold, ed. F. Pfeiffer. Bd. I. S. 325, vgl. Bd. I. S. 356.
[6] Johannes Geiler von Keyferfperg, *Die geiftlich fpinnerin, die fybendt Predig*.
[7] Ebendas.
[8] Berthold, ed. F. Pfeiffer. Bd. I. S. 404 u. Bd. II. S. 27.
[9] Geiler bei H. Rinn a. a. O. S. 14.
[10] Derselbe, *Poftill*. teyl III. S. XXXX. Pred. An dem Erften fonnentag noch Trinitatis.
[11] Ebendas.
[12] F. Pfeiffer, *Deutsche Mystiker des 14. Jahrhunderts*. Bd. II. S. 29. Joannis Taulery Predig Uff fontag nach der heilgē dry künig tag. S. XIIII.
[13] Ebendas.
[14] Geyler von Keyferfzberg, *Poftill*. teyl II. S. XX. Pred. Am Mitwoch noch Inuocauit.
[15] *Frauendienst u. Frauenbuch* v. Ulrich v. Lichtenstein, ed. Lachmann. 160, 28: „Drîzic vrowen ermel guot an kleiniu hemd."
[16] Johan Geyler, *Welt Spiegel, oder Narren Schiff*. S. 31.

Die über der Leibwäsche getragenen „kleider"[1] des Mannes wurden von dem „snîder"[2] (Schneider) angefertigt, der freilich seines Amtes nicht immer in Treue waltete. Denn Berthold mufs einem solchen vorhalten: „Soltû (sollst du) einem sînen rok machen, dû machest in im ungetriuwelîche unde verstilst dâ von, daz er im deste unnützer wirt an der wîte und an der lenge."[3] Arme Männer pflegten ihre Kleider auch wohl alt bei dem „manteler" (Trödler) oder „hederer" (der mit alten Kleidern handelt) zu kaufen, der sich gleichfalls hin und wieder Betrügereien erlaubte.[4] „We dir manteler!", ruft deshalb Berthold in einer Predigt aus, „Du machest einen alten hadern (Lumpen), der ful[5] ist und ungenaeme (unbrauchbar), unde da mite man billicher eine want (Wand) verstiesze (verstopfte), wan es zu anders iht (nicht) nütze si; daz vernadelt (vernäht) er und machet es dicke mit sterke und git (gibt) ez einem armen knehte ze koufe. Der hat vil lihte (vielleicht) ein halbez jar dar umbe gedienet und als erz angeleit (angelegt), so wert ez niht vier wochen, e (ehe) daz er aber (abermals) ein anderz muoz koufen".[6] Von der so erworbenen Männerkleidung sind zunächst die „röcke"[7] zu nennen, welche schon die alten Deutschen, öfter buntgestreift und mit farbigem Saum geschmückt[8], trugen. Der gewöhnliche Rock, der „wandel rock"[9], war mit „ermeln"[10] versehen, reichte bis auf die Kniee[11] oder Füfse[12] und wurde

---

[1] Derselbe, *Postill.* teyl II. S. IIII. Pred. An der Effchermitwoch.
[2] Berthold, ed. F. Pfeiffer. Bd. II. S. 27. Geyler von Keyferfzberg, *Postill.* teyl II. S. IX. Pred. Am Donderftag vor Inuocauit.
[3] Berthold, ed. F. Pfeiffer. Bd. I. S. 479. — [4] Ebendas. Bd. I. S. 86.
[5] Joannis Taulery Predig Uff eins heiligen Marters tag. S. CCXXVII.
[6] Berthold bei H. Rinn a. a. O. S. 12—13, vgl. R. Cruel a. a. O. S. 496.
[7] F. Pfeiffer, *Deutsche Mystiker des 14. Jahrhunderts.* Bd. I. S. 239.
[8] Tacitus, *Histor.* lib. V. cap. 23, wo von Batavern die Rede ist, heisst es: Et simul aptae lintres sagulis versicoloribus haud indecore pro velis juvabantur. Später kommt auch bei Burgunden oder Westgoten vestis versicolor vor, Sid. Apoll. ep. IV, 20.
[9] Geyler von Keyferfzberg, *Postill.* teyl I. S. XXVIII. Pred. Am IIII. Sönentag noch dem Achtenden der heiligen dry künig tag.
[10] F. Pfeiffer, *Deutsche Mystiker des 14. Jahrhunderts.* Bd. I. S. 239.
[11] Ebendas.
[12] H. Hoffmann a. a. O. Tl. II. S. 53: „einen roc er ime scuof, der gieng ime an den fuoz, mit phellole bestalt."

z. B. bei der Fahrt zum Bade getragen.[1] Wer „die gezierde an dem gewande"[2] liebte, legte dagegen „den guoten rock"[3] an, welcher tausend Nähte und Ausschnitte[4] hatte, und selbst von Kindern hören wir, dafs man ihnen solche „fchoeniu roechliu. un ander gezierde diu die welte anhoeret gab."[5] Als besonders üppige Kleider werden auch „zerfchnitten und zerftochen wammifter"[6] angeführt, an denen Geiler tadelt: „fie feind da vornen alfo weit offen, das man (den) mannen — in bufen fehen kan."[7]

Was den Stoff, aus dem die Röcke gefertigt waren, betrifft, so unterscheidet Berthold „sîdîn gewant oder wullînz oder linînz oder belzîn gewant."[8] Am meisten wurde „wolle"[9] getragen, die, nachdem sie gesponnen[10] und gefärbt[11] war, zu „tuoch"[12] verwebt ward, wobei es abermals an allerlei Fälschung nicht fehlte. Ermahnt doch Berthold die Gewandwirker: „Dâ mite (sc. mit den Kleiderstoffen) sult ir in (sc. den Leuten) dienen, daz irz in getriuweliche machet, niht halbez verstelt (stehlt) noch ander untriuwe dar zuo tuot, hâr under wollen mischen noch zerdenen ûzer einander. Sô einer wil waenen, er habe ein guot tuoch, sô hâst dû ez zerzogen, daz ez deste langer sî, unde machest ein guot tuoch ze einem îteln (eitel) hadern"[13] (Lumpen). Da Wolle und Tuch leicht von Motten zerfressen werden, so hören wir sagen: „Weñ (denn) die kleider wend (wellend, wóllen) wir im Mertzen ufzhencken, (aus-

---

[1] Geyler von Keyferfzberg, *Poftill.* teyl I. S. XXVIII. Pred. Am IIII. Sönentag noch dem Achtenden der heiligen dry künig tag.
[2] F. K. Grieshaber a. a. O. Abt. 2. S. 69.
[3] Ebendas.
[4] R. Cruel a. a. O. S. 496.
[5] F. K. Grieshaber a. a. O. Abt. 1. S. 70—71.
[6] Johan Geyler, *Welt Spiegel, oder Narren Schiff.* S. 14.
[7] Ebendas., vgl. Geiler bei H. Rinn a. a. O. S. 17. Derselbe, *Die geiftlich fpinnerin, Die Sybend Predig.*
[8] Berthold, ed. F. Pfeiffer. Bd. I. S. 146 u. S. 118.
[9] Ebendas. Bd. I. S. 87. Bd. II. S. 272.
[10] Ebendas. Bd. I. S. 87.
[11] Ebendas. Bd. II. S. 272.
[12] Ebendas. Bd. I. S. 146. Bd. II. S. 119. Joannis Taulery Predig Uff eins heiligen Marters tag. S. CCXXVII.
[13] Berthold, ed. F. Pfeiffer. Bd. I. S. 146.

hängen), und erfchüttelen, uñ den lufft wol hyndurch loffen gon wider die fchaben."[1] Diese Vorsicht war bei den Röcken aus Seide, deren sich die Männer gleichfalls bedienten, nicht nötig. Als ein besonders kostbarer Seidenstoff galt „baldekîn"[2], der aus „Baldac" (Bagdad) herstammte, moiréartig gewebt und mit Goldfäden verziert war. Nicht geringeres Ansehen aber genossen Röcke, die aus Purpur[3], Seidensammet oder Dammast hergestellt waren. Geiler beschreibt den Reichen im Evangelium[4] folgendermafsen: „Es ift gewefzen ein rycher menfch, und d' was bekleidet mit purpur, famet oder dāmaft, uñ mit wiffem fcherter (Glanzleinewand). Das ift, ufzwēdig hat er an ein purpur kleid dz do allein dē küñigen zuoftot (zusteht). Loffz es ein famētē rock fein, fo verftoft du es defterbas (desto besser). Der felb fammeten rock was innwēdig gefütert mit fynem wyffen zarten fcherter.[5] Endlich wurden auch Pelze von den Männern als Röcke getragen, wie dies schon bei den alten Germanen der Fall war. Denn diese benutzten nicht nur die Haut des Renntieres oder des Pferdes[6] zum Wams, sondern kleideten sich auch in Pelze[7], wie denn Pelzröcke beispielsweise die gotische Kriegertracht bildeten.[8] Aber auch noch im Mittelalter waren Pelzröcke häufiger, als jetzt. Berthold redet von „trügenheit an belzen und an kürsen (Kürschnerwaren). Sô setzet der einen alten balc (Balg) für einen niuwen, unde maniger hande (Art) trügenheit, die nieman als (so) wol weiz als dû (sc. Kürschner!) unde dîn herre der tiuvel."[9] An einer

---

[1] Geyler von Keyferfzberg, *Poftill.* teyl III. S. LXXX. Pred. Am Fünfftzehenden fonnentag noch Trinitatis.

[2] Berthold, ed. F. Pfeiffer. Bd. I. S. 457.

[3] Ebendas. — [4] Luc. 16, 19 ff.

[5] Geyler von Keyferfzberg, *Poftill.* teyl III. S. XXXX. Pred. An dem Erften fonnentag noch Trinitatis.

[6] Paul. Diac. I, 5. Das Renntier lebte damals noch in Deutschland, Caes., *de bell. gall.* VI, 26; Plinius, *hist. natur.* VIII, 15.

[7] Gerunt (Germani) et ferarum pelles, proximi ripae negligenter, ulterioris exquisitius, ut quibus nullus per commercia cultus. Eligunt feras et detracta velamina spargunt maculis pellibusque belluarum, quas exterior Oceanus atque ignotum mare gignit, Tacit$_u$s, *de Germ.* 17.

[8] Pellita Getarum curia, Claudianus *de bello Getico* 481. Pellitorum turba satellitum, Sidon. *Apoll. ep.* I, 2.

[9] Berthold, ed. F. Pfeiffer. Bd. I. S. 147.

anderen Stelle fordert er auf, vor der Hostie niederzuknieen, selbst wenn man in Pelz oder anderes köstliches Gewand gekleidet sei: "Wunderlîchen (überaus) balde in daz hor (kotiger Boden), ob ez dir joch (auch) über den fuoz gêt, ob dû belz oder baldeken oder purpur oder bunt (Bundwerk) an trüegest."[1] Auch sonst erwähnt er öfter "belzînes gewant"[2], und bei Geiler lesen wir, dafs die Kranken sich in eine Art von Schlafrock aus Pelz einhüllten. Er tadelt nämlich, dafs dieselben dem Arzt nicht gehorchen: "So er fie heiffet fchwitzē, fitzen fie in dē bett auff oder ziehē fonft herumb in dem nacht beltz."[3]

Über dem Rock aus Tuch, aus Seide oder Pelz, von dessen Seite "ein wotfack (Tasche), oder wetfcher (Hängetasche), unnd ein feürgezeügk dorin"[4] herabhing, wurde das "oberste kleit"[5], die "fuggenige"[6], getragen, und über diese warf man zum Schutz gegen Wind und Wetter den "mantel."[7] Letzterer war so weit, dafs er zwei Personen zur Bedeckung dienen konnte[8] und durfte bei der Zurüstung zum Bade nicht fehlen.[9] Auch Kinder waren oft schon mit "fchoenen fuggenigen"[10] und "fchoenen menteln"[11] versehen, welche ihnen die Eltern zum Geschenk gemacht hatten.

Während aber Rock, "suggenîe"[12] und Mantel vor allem den Rumpf bedeckten, waren die Beine der Männer schon von alten Zeiten her mit Hosen bekleidet. Bereits Tacitus schreibt sie, wenn auch nicht völlig bestimmt, unsern Ahnvätern zu[13], durchaus deutlich

---

[1] Berthold, ed. F. Pfeiffer. Bd. I. S. 457. — [2] Ebendas. Bd. I. S. 118.
[3] Johan Geyler, *Welt Spiegel, oder Narren Schiff*. S. 139.
[4] Derselbe, *Poftill*. teyl I. S. XXVIII. Pred. Am IIII. Sōnentag noch dem Achtenden der heiligen dry künig tag.
[5] F. Pfeiffer, *Deutsche Mystiker des 14. Jahrhunderts*. Bd. I. S. 239.
[6] F. K. Grieshaber a. a. O. Abt. 1. S. 70.
[7] F. Pfeiffer, *Deutsche Mystiker des 14. Jahrhunderts*. Bd. I. S. 240. Johan Geyler, *Welt Spiegel, oder Narren Schiff*. S. 14.
[8] F. Pfeiffer, *Deutsche Mystiker des 14. Jahrhunderts*. Bd. I. S. 239.
[9] Geyler von Keyferſzberg, *Poftill*. teyl I. S. XXVIII. Pred. Am IIII. Sōnentag noch dem Achtenden der heiligen dry künig tag.
[10] F. K. Grieshaber a. a. O. Abt. I. S. 70—71. — [11] Ebendas.
[12] "Roc unde suggenîe truoc Pâris der küniclîchen wât" (Kleidung), *Der trojanische Krieg* v. Konrad v. Würzburg. S. 21. b.
[13] Locupletissimi veste distinguuntur, non fluitante, sicut Sarmatae ac Parthi, sed stricta et singulos artus exprimente, Tacitus, *de Germ*. cap. XVII.

aber sind sie in den Abbildungen auf den Ehrensäulen und Triumphbogen Roms zu erkennen[1]. Aber auch Berthold erwähnt dieselben, als er sich einmal über die Juden spottend ergeht: „Frâget mir einen jüden, wâ (wo) got sî unde waz er tuo, sô sprichet er: ‚er sitzet ûf dem himel unde gênt (gehen) im diu bein her abe ûf die erden'. Owê, lieber got, sô müestest dû zwô lange hosen hân (haben) nâch dér rede."[2] Ebenso spricht Geiler von solchen, die mit ihren „hoſen geſehē ſein wellend"[3] (wollen) und dieselben deshalb „zerhauwen und zerſtuecklet"[4] machen lassen. Diese Gecken geraten wohl bisweilen mit den Schustern in Streit, „welche ſo ſie einem ein new par Schuh anlegen, achten ſie gar nicht ob er koeſtliche oder haeſzliche hoſen an hab, ſonder ſudlen mit jren beſchmuetzten und bechechtigen (pechig) henden darueber, uñ ſehen allein dahin, dz die Schuh glat anligen."[5]

Auſser dieser den Männern gemeinsamen Kleidung gab es für einzelne Stände noch eine besondere Tracht. So trugen die Ritter schwarze Hemden und darüber ihren „harnaichſe"[6] (Harnisch), welcher freilich nicht als hoffähig galt. Denn „in harnasche" darf man nicht „ze hove"[7] kommen, heiſst es einmal, und ebenso wenig war es in den Städten erlaubt, „daz harnasch anlegen" und „in wâpenkleit komen."[8] Über den Harnisch wurde ein groſser Rock angezogen, der denselben bedeckte. Während aber dies die ältere Rittertracht war, begann dieselbe sich zu Geilers Zeit zu verfeinern. Letzterer tritt gegen diese Neuerung auf, und zwar so anschaulich, daſs wir ihn selbst reden lassen: „In eim kryeg", sagt er, „do ſoll man kempffen und fechten. und noch dem ſyg, do ſoll man erſt die eer (Ehre) jnnemen. und nit ſoll man die eer jnnemen on den ſyg. dañ es wer hochfart (Hoffart). Das iſt wider die lumpen reüter, die yetzt in kryeg ryten in zerhowenen (mit Ausschnitten versehen)

---

[1] W. Wackernagel, *Kleinere Schriften*. Bd. I. S. 41. Anm. 2.
[2] Berthold, ed. F. Pfeiffer. Bd. I. S. 401—402.
[3] Geyler võ Keyſerſperg, *Von den ſyben ſchwertern, das erſt ſchwert*.
[4] Derselbe, *Welt Spiegel, oder Narren Schiff*. S. 15. — [5] Ebendas. S. 204.
[6] F. K. Grieshaber a. a. O. Abt. 2. S. 100.
[7] *Willehalm* v. Wolfr. v. Eschenbach nach K. Lachmann. 127, 17. 23.
[8] Ebendas. 168, 15. 19.

roecken uñ wāmeſten, dorumb dz man den harneſch und die wyſſen hembder do durch ſehen moeg. Das iſt ein affenſpil, und iſt narren werck, gredenwerch (Prahlwerk). do mitt fechten wir yetzendan (jetzt). Das iſt ettweñ (früher) nit geſin. Denn bey meinen zeyten, denckt (erinnerlich sein) mir wol, das die reüter ſchwartze hembder antruogent, und groſſze roeck, die den harneſch mochtē bedecken, und dürffen die ſach dēnocht dapffer angriffen. Die ſchwartzen roſtigen reüter ſeind die beſſten. die moegen ettwas ſchaffen. uff die halt ich ettwas, aber uff die anderen gar nüt[1] (nicht).

Wie die Ritter, so waren auch die Priester und Mönche durch eine eigentümliche Tracht ausgezeichnet. „Ich hab entpfangen", erklärt Tauler, „von gottes gnaden meinen orden, und von der heiligen chriſtenheit mein kappen, und diſe kleider unnd mein prieſterſchafft, zuo ſein ein lerer und beicht zuo hoeren."[2] Die Kleider der Geistlichen und Ordensbrüder werden näher als „kutten"[3] bezeichnet, und selbst dem Pabst wird eiue solche Kutte beigelegt. Sagt doch gleichfalls Tauler von denen, „ſo groſz von innen ſelbſt haltē in irem ſynn[4]: Diſe ſeind nach (noch) alle und' des feindes (Teufels) hādē, uñ hettē ſy auch des Babſts kutten an."[5] Überhaupt soll man nach unseren Rednern die Ordenstracht nicht als einen Vorzug ansehen, der ohne weiteres zum Himmel verhelfe. Schon eine Predigt bei Leyser äuſsert in dieser Beziehung: „Enwenet (wähnet) niht daz kap oder rok helfe ane (ohne) gute werk"[6], und Tauler wiederholt: „Nun thuo und hab alle die kutten und kappē an, die du wilt, da thuoſt deñ das, das du von recht thuon ſolt, es hilfft dich nit."[7] Eben deshalb aber war es doppelt unrecht, mit der geistlichen Tracht noch Hoffart treiben zu wollen. Und doch muſs Geiler gegen die Priester und Prälaten ganzer Länder die Klage erheben: „Es werden auch unter diſer Schellen (sc. der Gemalten Narren) begriffen (welches doch zu erbarmen iſt,) die

---

[1] Geyler von Keyſerſzberg, Poſtill. teyl IV. S. XIIII XV. Pred. An des groſſzen ſanct Jacobs tag.
[2] Joannis Taulery Predig Uff ſant Matthei Apoſtel uñ Euāgeliſt. S. CLVI.
[3] Derselbe, Die ander predig Uff den Eſchermitwoch. S. CLXXVII.
[4] Ebendas. — [5] Ebendas.
[6] H. Leyser, Deutsche Predigten des XIII. u. XIV. Jahrhunderts. S. 129.
[7] Joannis Taulery, Predig Am X. Sontag nach Trinitatis. S. XCVII.

Die Kleidung. 85

Priefter und Prelaten, fuernemlich aber in Franckreich und Italia, die tragen alfo lange kutten unnd roeck, das fie eigene knecht darzu haben, die jhn die zipffel hinden nach tragen.[1]

Was das „gewant"[2] der Frauen betrifft, so bestand dasselbe schon zur Zeit des Tacitus aus einem Rocke, welcher dem der Männer im ganzen ähnelte.[3] Nur war derselbe öfter statt aus Wolle aus Leinen gefertigt und mit einem purpurfarbigen Saume versehen; auch besafs er keine Ärmel, wie die Röcke der Männer.[4] So mit Leinewand angethan, werden uns schon die weissagenden Frauen der Cimbern geschildert.[5] Bei strengerer Kälte trug das weibliche Geschlecht aber auch Röcke von Pelzwerk[6], wobei geringerer Pelz durch Besatz mit feinerem ausgeschmückt ward. Wenigstens war dies im Binnenlande der Fall, bis wohin kein Putz von römischer Herkunft einzudringen pflegte[7]. In gleicher Weise werden aber auch noch im Mittelalter als die „kleider"[8] der Frauen „roecke"[9] oder „röckelîn"[10] angeführt. „Hatt d' man fein frowe

---

[1] Johan Geyler, *Welt Spiegel, oder Narren Schiff*. S. 15.
[2] Berthold, ed. F. Pfeiffer. Bd. I. S. 118, S. 396—397 u. S. 414.
[3] Cadurci, Caleti, Ruteni, Bituriges ultimique hominum existimati Morini, immo vero Galliae universae vela texunt, jam quidem et transrhenani hostes, nec pulchriorem aliam vestem eorum feminae novere, Plinius, *hist. natur.* lib. XVIIII. cap. 1. (2).
[4] Nec alius feminis quam viris habitus, nisi quod feminae saepius lineis amictibus velantur, eosque purpura variant, partemque vestitus superioris in manicas non extendunt, nudae brachia ac lacertos, Tacitus, *de Germ.* cap. XVII.
[5] W. Wackernagel, *Kleinere Schriften*. Bd. I. S. 41.
[6] In der Anm. [4] citierten Stelle fährt Tacitus, nachdem er von den Pelzen gesprochen hat, unmittelbar darauf fort: nec alius feminis quam viris habitus.
[7] Gerunt et ferarum pelles, proximi ripae negligenter, ulteriores exquisitius, ut quibus nullus per commercia cultus, Tacitus, *de Germ.* cap. XVII. Wenn es dann weiter (s. Anm. [7], S. 81) heifst, dafs sie Pelzwerk „mit Flecken und Häuten von Tieren, die der äufserste Ocean und ein unbekanntes Meer erzeugt, besetzen", so mögen dies auch Fischhäute gewesen sein. Letztere kommen als Kleiderfutter, respektive mond- und sternförmig auf Pelz angebrachter Besatz noch im Nibelungenliede 354, sowie bei Wolfram, *Parzival* 570, 2 und Wirnt v. Gravenberg, *Wigalois*, ed. G. Fr. Benecke, S. 441 f. vor.
[8] Berthold, ed. F. Pfeiffer. Bd. I. S. 396. Geyler von Keyferfzberg, *Poftill.* teyl II. S. IIII. Pred. über das Euangelium an der Effchermitwoch.
[9] Derselbe, *Der hafz im pfeffer, die zehēt eygēfchafft des haefzlins*.
[10] Berthold, ed. F. Pfeiffer. Bd. I. S. 118, S. 396—397 u. S. 414.

lieb, fo koufft er ir vil roeck"[1], lesen wir in einer Predigt bei
Geiler. Dieselben bestanden aus Leinen[2], aus „tuoch"[3], aus Sammet[4]
oder Seide[5] und wurden in den verschiedensten Farben hergestellt.
Berthold erinnert die Frauen einmal: „Ju (euch) hât der almehtige
got die wal verlân (überlassen) an den kleidern, wellet ir brûn,
wellet ir sie rôt, blâ (blau), wîz, grüene, gel (gelb), swarz."[6] Doch
waren gelbe Röcke am meisten geschätzt. Denn es läfzt nicht nur
Berthold über ein hoffärtiges Weib die Äufserung fallen: „Sô gilwet
(gelb färben) daz sîn gewant"[7], sondern eine Predigt bei Grieshaber
gibt als „dc guote gewant" der Frauen auch „dc gelwe roeckeli.
uñ die gelwon flûchon"[8] (Faltenkleid) an. Die Frauenröcke waren
mit „ermelehen"[9] (Ärmel) versehen und wurden in den Klöstern
oben bald geschlossen, bald offen getragen. Geiler schildert dies
in ziemlich ergötzlicher Weise: „Was fchüret dir meer die brend?",
so fragt er eine Nonne und antwortet darauf: „floech, leüfz, meüfz
uñ wenteln (kriechendes Getier), uñ ander unfafel (Ungeziefer). Die
floech die beyffen dich, befunder in den cloeftern, fo muoft du in den
cleidern ligen fo kanft du dich nit geweré (wehren), d' rock ift oben
zuo. Aber wo man difcipliné (Geifselung) gibt, da foellē fie obē
offen fein, dz man fich hindē entbloeffen kan."[10] Vornehme Frauen

---

[1] Geyler von Keyferfzberg, *Poftill.* teyl II. S. XC. Pred. Am Donderftag noch Letare.

[2] Berthold, ed. F. Pfeiffer. Bd. I. S. 146. *Frauendienst und Frauenbuch* v. Ulrich v. Lichtenstein, ed. Lachmann. 343, 22.

[3] Berthold, ed. F. Pfeiffer. Bd. I. S. 414.

[4] Johannes Geiler von Keyferfperg, *Die geiftlich fpinnerin, die fybendt Predig.* „Si truoc von brûnem samît an roc und mantel," Gottfried v. Strafsburg, *Tristan und Isolde*, nach der Ausgabe von Fr. H. v. d. Hagen in Gottfrieds Werken, 10904.

[5] Ein sehr beliebter Seidenstoff, meistens mit eingewebtem Golde, war „phellel", vgl. H. Leyser, *Deutsche Predigten des XIII. u. XIV. Jahrhunderts.* S. 78: „Zu einem male fahen fie ir fpilgenozin gen in phellelins cleidern." Die Eneide v. Heinrich v. Veldeke, ed. Myller. 787: „Einer rîchen vrouwen gewant. ez was ein phellil dalmatica."

[6] Berthold, ed. F. Pfeiffer. Bd. I. S. 396. — [7] Ebendas. Bd. I. S. 83.

[8] F. K. Grieshaber a. a. O. Abt. 2. S. 69.

[9] Berthold, ed. F. Pfeiffer. Bd. I. S. 416.

[10] Geyler vonn Keyferfperg, *Der hafz im pfeffer, die zehēt eygēfchafft des haefzlins.*

aber trugen „ufzgefchnittē cleider"[1], die aus verschiedenfarbigen Stücken zusammengesetzt waren[2] und einen „soum"[3] und eine Schleppe besafsen. Wenigstens beklagt sich Geiler über die „langen zottechten kleider, welche die weiber auff der erden hinden hernach fchloeppen."[4]

Die Röcke wurden durch einen vom „Goldtfchmidt"[5] verfertigten und oft sehr kostbareñ[6] „gürtel"[7] zusammengehalten, der nach Berthold zum weiblichen Gewande gehörte.[8] Einzelne trugen denselben hoch, wie denn derselbe Berthold berichtet: „Sô rücket daz den gürtel hoeher"[9]; bei einem anderen Autor aber lesen wir, dafs manche Taille damit so eng geschnürt war, dafs keine Ameise eine schlankere aufweisen konnte.[10]

Über den Rock legte man wie bei den Männern die „suckenîe"[11] und über diese den „mantel"[12] an. So erklärt sich, dafs Berthold einer Frau einmal zuruft: „Dû hâst dich behüllet mit fremeder waete (Kleidung). Wan (denn) sie hât dîn wirt (Ehemann) armen liuten abe gebrochen (geraubt) mit unrehtem (unrecht) gewinne und soltestû ez ze rehte (Recht) gelten (erstatten) und wider geben, dû müezest âne (ohne) mantel vor mir sitzen. Ich spriche mêr. Dû müezest âne suggenîe sitzen.[13] Während „die suggenîe mit einem borten (Borte) umbegebin"[14] (umgeben) war, pflegte man den Mantel gern von glänzender Farbe zu wählen. „Und ir frouwen", fragt Berthold,

---

[1] Geiler von Keyferfperg, *Die geiftlich fpinnerin, die fybendt Predig.*
[2] Berthold, ed. F. Pfeiffer. Bd. I. S. 396 u. S. 118.
Ebendas. Bd. I. S. 414.
[4] Johan Geyler, *Welt Spiegel, oder Narren Schiff.* S. 15.
[5] Ebendas. S. 14. — [6] Ebendas.
[7] Berthold, ed. F. Pfeiffer. Bd. I. S. 396. — [8] Ebendas. Bd. I. S. 146.
[9] Ebendas. Bd. I. S. 83.
[10] Wolfr. v. Eschenbach, *Parzival*, in Wolframs Werken, ed. K. Lachmann. 410, 4: „Irn gesâht nie âmeizen diu bezzers gelenkes pflac, dan si was dâ der gürtel lac."
[11] *Martina* v. Hugo v. Langenstein nach der Handschrift der Baseler Bibliothek. 18 c: „Got hâte der wandils (Fehler) frîen (frei) eine suggenîen ubir den roc gesniten, als man ob rockin tragen sol."
[12] Ebendas. 20. c: „mantel, suggenîe, roc, hemede wîz."
[13] Berthold, ed. F. Pfeiffer. Bd. II. S. 132.
[14] *Martina* v. Hugo v. Langenstein. 22. a.

„wederz (welches von beiden) waere iu (euch) lieber: der iu einen guoten niuwen (neu) mantel gaebe, der schoene liehte (licht) varwe haete, oder einen alten hadern (Lumpen), den man mit einer spineln (Spindel) zerschuten (zerfetzen) möhte?"[1] Ebenso gibt eine Predigt bei Grieshaber über den weiblichen Farbengeschmack bei den Mänteln an: „Da tragent fi dannoch vil (sehr) gerne dc guote gewant. — diu frowe — den rôten mantel. uñ dc rôte gebende"[2] (Band). Besonders schön war der „brutmantel"[3] (Brautmantel), zumal bei den Reichen. Diese hatten überhaupt so viele Mäntel, dafs Geiler eins der „richen wyber" den Ausspruch thun läfst: „Unnd fo hab ich fouil — mentel — einer ift mechelfch (aus Mecheln), der ander von d' rofen (rosenfarbig?), der dritt lampertifch (lombardisch), der fyerd fyn. (fein) rouchfar (rauchfarbig) bruckfch (aus Brügge), d' fünfft weiffz ich wohaer."[4] Da öfter von „belzinem gewande"[5] bei Frauen die Rede ist, so haben wir auch hier wohl vor allem an einen mit Pelz „verbraemeten"[6] oder gefütterten Mantel zu denken. Selbst ins Kloster brachte man den jungen Mädchen gern „ein zarts weichs beltzlin"[7] dieser Art, auch wenn „ein grobes"[8] genügte.

Statt der Mäntel dienten aber auch Tücher zum Schutz gegen die Kälte. Denn Berthold klagt nicht nur, dafs die Frauen, statt besseres zu thun, „mit tüechelehen (kleines Tuch) umbe gênt"[9], sondern es werden auch gröfsere „tuochlachen"[10], welche weibliche Personen trugen, erwähnt. Mochten aber die Tücher einen Umfang haben, welchen sie wollten, auf jeden Fall gab man den gelben den Vorzug. Sagt doch Berthold in Bezug auf die „tüecheline"[11]

---

[1] Berthold, ed. F. Pfeiffer. Bd. I. S. 383.
[2] F. K. Grieshaber a. a. O. Abt. 2. S. 69.
[3] W. Wackernagel, *Altdeutsche Predigten und Gebete*. S. 101.
[4] Geyler von Keyferfzberg, *Poftill*. teyl III. S. LXXXI. Pred. Am Fünfftzehenden fonnetag noch Trinitatis.
[5] Berthold, ed. F. Pfeiffer. Bd. I. S. 118.
[6] Geyler von Keyferfzberg, *Poftill*. teyl II. S. XXXVIII. Pred. Am Mitwoch noch Reminifcere. — [7] Derselbe, *Der hafz im pfeffer, die neünd eygēfchaft des haefzlins*. — [8] Ebendas.
[9] Berthold, ed. F. Pfeiffer. Bd. I. S. 397. Derselbe bei H. Rinn a. a. O. S. 16. — [10] Derselbe. Bd. II. S. 181. — [11] Derselbe. Bd. I. S. 253.

den Frauen: „Daz gilwet (gelb färben) ir hin, daz gilwet ir her"[1], und an einer anderen Stelle kommt er in Übereinstimmung hiermit auf die „frouwen mit ir (ihren) gelwen (gelb) tuochlachen"[2] zu sprechen.

„Zuo dem gewande gehoerten"[3] ferner Handschuhe, welche beide Geschlechter trugen. Dieselben wurden aus Überbleibseln von Tuch oder Leder durch den Schneider verfertigt, wie dies aus einer Stelle bei Geiler hervorgeht. „Zum erſtē", sagt derselbe, „So macht mā die hēdschuo uſz kleinen ſtücklin, bletzlin (Flicken), und ſpetlin (abgerissenes Stück), die do ſint über bliben von dē tuoch oder leder. Sie werdē gemacht uſz den ſpetlin von dem überblibnē tuoch, ſo man ſchnyder (Schneider) hett. So überbliben cleine ſtücklin ſo ſpricht eins, das iſt ebē recht zuo zweyen hendſchuoē. Alſo thuont gewonlichen die alten erberē (ehrbar) lüt die do nit vil krammantzē (Possen) machen das ſy vehen (aus Pelz bestehend) hendſchuo haben. Nein, iñ (ihnen) ſyn guot duochin (aus Tuch bestehend) ſchlecht (schlicht) erbere hendſchuo gnuog, die inen warm geben."[4] Die Handschuhe waren meistenteils Fingerhandschuhe, die man nur schwierig und mit gekrümmten Fingern überhaupt nicht anziehen konnte. Auch hierfür dient eine Bemerkung Geilers zum Beleg: „Einer het gar bald dē rock, dē mātel angeleit (angelegt), uñ dē kugelhuot (Kapuze) angeſtreüfft. Aber die hētſchuo anzuoziehen gat langſam zuo, ouch wie man ſy mit den ryemlinē (kleiner Riemen) herumb gebind, und zuo dem dritten wie man die finger ſtreck und die hend, weñ (denn) dye weil (so lange) du die hend zuo heſt (hast), und die finger krümſt, ſo kanſt du die hentſchuo nit dar an bringen."[5] Die hier erwähnten Riemen, mit denen man statt mit Knöpfen die Handschuhe ſchloſs, werden auch sonst angeführt. „Zuo dem andern", lesen wir bei Geiler, „muoſtu ſy mit ryemlinē her umb die hant binden anders (sonst) ſy fielē dir ab."[6] Die Handschuhe hatten zunächst den Zweck, „diu hant" gegen

---

[1] Berthold, ed. F. Pfeiffer. Bd. I. S. 253 u. S. 415. — [2] Derselbe. Bd. II. S. 181. — [3] Derselbe. Bd. I. S. 146.
[4] Johañs geiler gnāt von keiſerſzbergk, *Christenlich bilgerſchafft.* S. CIII. — [5] Ebendas. S. CIX. — [6] Ebendas.

Kälte¹ und Nässe² zu „bedechen"³ (bedecken). Daher heifst es von „den zarten bilgern" und „frouwen": „wenn die follen wandlē, fo kummē fie nit ufz on hendfchuo."⁴ Die Männer dagegen bedurften solches Schutzes nur wenig und hielten daher nicht viel auf die Handschuhe, ohne sie indessen zu verachten: „Ein dapfferer bilger het nit groffe not geleit (gelegt) an dye hētfchuo er achtet ir nit faft (sehr), uñ doch veracht er fy ouch nit, fo die hufzfrow fpricht nit vergyfz der hentfchuo, Ee (eher) fpricht er ich frag nit vil darnach, doch gib fy her fy fint ouch guot ob es regnē würd das ich fy an thet, vergyft er fy aber gar oder verlürt fy uff dē weg fo lyt (liegt) ym nit als (so) vil darā als het er dē mātel oder dē huot verlorn."⁵ Aufserdem aber dienten die Handschuhe dazu, die Hand vor allerlei Unbilden und äufseren Verletzungen zu schützen.⁶ Daher sagt Geiler: „Weñ einer ein hürde (Flechtwerk) dorn houwē (hauen) wil, fo thuot er hendfchuo an die iñ befchirmē dz iñ die doern nit alfo vaft (sehr) ftechē noch verferē"⁷ (verletzen). Ja von „fulem gefinde" hören wir: „weñ fy numē (nur) ein für (Feuer) fchüren, und einē haffen in offen fetzen, fo thuont fy hendfchuo an die hend, das iñ (ihnen) die gabel nit bloterē (Blasen) in die hend mach, und wiffen kum wie fy es follen angryffē, das inē nit wee (weh) gefchee."⁸ Diesen gegenüber wird auf diejenigen rühmend hingewiesen, die „fich wyfzlich (weislich) und dapfferlich in die arbeit richten, das inen etwan (bisweilen) die hend von arbeit hertter werden deñ (als) die hendfchuo fint."⁹ Namentlich die Landleute können in dieser Beziehung als Muster dienen: „Das ficht man wol an den buren die do dapfferlich arbeiten, die hont ir hend vol knorren, blotteren (Blasen) und fchwielen, das gyt (gibt) iñ (ihnen) aber nüt zuo fchaffen, fie gedencken an kein hēdfchuo."¹⁰ Wie die Hände mit Handschuhen, so wurden die Füfse,

---

[1] Johañs geiler gnāt von keiferfzbergk, *Chriftenlich bilgerfchafft*. S. CIII. — [2] Ebendas. S. CX.
[3] F. K. Grieshaber a. a. O. Abt. 1. S. 158.
[4] Johañs geiler gnāt von keiferfzbergk, *Chriftenlich bilgerfchafft*. S. CII. — [5] Ebendas. S. CX. — [6] Ebendas. S. CV. — [7] Ebendas. — [8] Ebendas. S. CVI. — [9] Ebendas.
[10] Ebendas. S. CVI—CVII.

und zwar der Männer[1] und Frauen[2] mit „schuhen"[3] bekleidet. Doch gab es auch solche, die nicht „gefchuohet", sondern „barfuoz ûf die erden trâten."[4] Wenn man aber Schuhwerk trug, so hatte der „gerwer"[5] (Gerber) für das Leder und der „schuoster"[6] für die Bearbeitung desselben zu sorgen. Letzterer hiefs auch „schuohwürke"[7] oder „fchuohmacher"[8], insofern das „schuochwerc würken"[9] (verfertigen) oder „fchuoch machen[10]" seine Aufgabe war; ebenso war der Name „schuochsuter"[11] (Schuhnäher) für ihn in Gebrauch. Geiler stellt an Gerber und Schuster folgende Anforderungen: „Item ein antwercks man, ein gerwer, der fol luogen (zusehen) das er das leder wol bereit und recht gerw. Und der fchuomacher der es koufft (kaufen), fol es dornoch truwlich (treulich) bereiten und verarbeiten, und fchuoh dorufz machen, und fein gelt dorumb nemen, was billich ift. unnd fol luogen das er den gerwer nit befchyffz (betrügen) der jm das leder hatt geborget."[12] Trotz dieser Mahnung aber kam nicht selten vor, was Berthold einem Schuhmacher vorwirft: „Solt dû einem sîne schuohe machen, dû machest sie im ungetriuweliche"[13] (ungetreulich). Worin diese „trügenheit an schuohen"[14] bestand, erfahren wir gleichfalls bei ihm, indem er einmal ausruft: „Du schuohwürke (Schuhmacher), du brennest[15] die

---

[1] Geyler von Keyferfzberg, *Poftill*. teyl II. S. IIII. Pred. über das Euangelium an der Effchermitwoch. — [2] Nithart H. S. 211.
[3] F. Pfeiffer, *Deutsche Mystiker des 14. Jahrhunderts*. Bd. I. S. 238. Geyler von Keyferfzberg, *Poftill*. teyl II. S. IIII. Pred. über das Euangelium an der Effchermitwoch.
[4] Berthold, ed. F. Pfeiffer. Bd. I. S. 304.
[5] Geyler von Keyferfzberg, *Poftill*. teyl III. S. LXXXII. Pred. Am Fünfftzehenden fonnetag noch Trinitatis.
[6] Berthold, ed. F. Pfeiffer. Bd. II. S. 27 u. S. 115.
[7] Derselbe bei H. Rinn a. a. O. S. 12.
[8] Geyler von Keyferfzberg, *Poftill*. teyl II. S. IX. Pred. Am Donderftag vor Inuocauit.
[9] Berthold, ed. F. Pfeiffer. Bd. II. S. 28.
[10] Joannis Taulery Predig Am X. Sontag nach Trinitatis. S. XCV.
[11] Berthold, ed. F. Pfeiffer. Bd. I. S. 112 u. S. 404.
[12] Geyler von Keyferfzberg, *Poftill*. teyl III. S. LXXXII. Pred. Am Fünfftzehenden fonnetag noch Trinitatis.
[13] Berthold, ed. F. Pfeiffer. Bd. I. S. 478—479. — [14] Ebendas. Bd. I. S. 146.
[15] R. Cruel a. a. O. S. 496.

solen und ouch die flecken (Stück Leder), unde sprichest: „seht wie dicke! so sie hart sint; so er sie danne tragen wirt, so geht er kume eine wochen dar uffe (darauf). Du trügener! du triugest menigen (mancher) armen menschen; wan (denn) die richen getarst (getraue mich) du niht effen"[1] (zum Narren halten). Dieselbe Art des Betruges wird auch an einer anderen Stelle erwähnt, die uns zugleich über weitere Fälschungen seitens der Schuster belehrt. Es heifst hier von denselben: „Der ist ungetriuwe an sînem antwerke, der gît (gibt) zwêne (zwei) hundîne (aus Hundsleder gemacht) schuohe für zwêne bokîne (aus Bocksleder gemacht); sô gît der boese für guote schuohe, ungerwetez leder fûlez für guotez unde zaehez, dünne soln, gebrennet daz sie herte sîn für dicke. Dû trügener unde dû velscher maniges (mancher) armen menschen!"[2]

Die Schuhe waren, um sie befestigen zu können, „gerinckelt"[3], d. h. mit Schnallen versehen. Doch hatte man, damit „d' fchuoch fteyff anbleyb uñ nit abfall"[4], auch „riemen"[5], die zusammengeschnürt wurden. „Weñ einer einen bundtfchuoch (Schuh, der zugebunden wird) an hat", sagt Geiler, „fo ift es gnuog, hat er aber einē riemē darūb fo beleybt er im defter bafz (besser) an. Aber der riem fol im nichts on den fchuoch, der fchuoch wer im gnuog on den riemen"[6]. An den Schuhen befanden sich aufserdem Absätze, welche eitle Personen besonders hoch machen liefsen, „damit fie defto lenger und ftattlicher herein tretten, und ein groeffer anfehen moegen haben"[7]. Einfacherer Art waren die „holtzfchuh"[8], obgleich selbst Fürsten damit im Rate und bei Hofe erschienen. Geiler berichtet hierüber: „Das ift gewonheit an der fürften hoeff, das die felben zuo rot, oder zuo hoff ryten als fye feind, mitt holtzfchuohen, pantoffeln, oder fameten fchuben (langes und weites Überkleid), was fye denn anhabenn unnd wie fye gond, unnd legen fich nitt anders

---

[1] Berthold bei H. Rinn a. a. O. S. 12. — [2] Derselbe. Bd. I. S. 86.
[3] Geyler von Keyferfzberg, *Poftill.* teyl II. S. LXXVIII. Pred. Am Sonnentag Oculi.
[4] Derselbe, *Der hafz im pfeffer, die zehēt eygēfchafft des haefzlins.*
[5] Helmbrecht, ed. M. Haupt in seiner Zeitschrift. Bd. IV. 1081: „Dem knehte gap er fchuoh mit riemen."
[6] Geyler vonn Keyferfperg, *Der hafz im pfeffer, die zehēt eygēfchafft des haefzlins.* — [7] Derselbe, *Welt Spiegel, oder Narren Schiff.* S. 15. — [8] Ebendas.

an, fonder als fye feind, alfo ftygent fye uff das roffz, unnd ryttent alfo zuo hoff."[1] Mit den Holzschuhen auf gleicher Stufe standen die „bottfchuohe"[2], eine Art gröberen Fufszeugs, in das man Stroh einlegte, damit der Fufs um so besser warm bleibe. Daher das Sprichwort, dessen Geiler Erwähnung thut: „Ein fpill (Spindel) im fack, und das meytlin (Mägdlein) im hufz, und ftrow in bottfchuohen, moegen fich nit verbergen. Ein fpill fticht allwegen durch den fack haerufz uñ mag nit verborgen bliben. Das ftrow des glichen. dann es raget oben zuo den fchuohenn haerufz. Unnd noch minder mag verborgen bliben das meytlin. wenn (denn) es leyt (legt) fich ee (eher) in das fenfter, und fprech guck, ee (ehe) es verborgen wolt fein."[3]

Aufser den Schuhen waren endlich noch „ftiffel"[4] in Gebrauch, wie denn Geiler von „dieben" redet, „die an dē ftiffel kratzen uñ ettweñ (manchmal) XXX od' XL guldin loffend hynab fallen."[5] Als etwas Neues führt derselbe „Cordowanifche (von Leder aus Cordova) ftiffel" an: „Defzgleichen macht man Cordowanifche ftiffel auff dz aller koeftlicheft, welche vor difer zeit in Teutfchlandt nicht gebreuchlich fein gewefen, aber jetzundt tregt man die felbigen nicht allein gantz hefftig, fonder man legt auch noch pantoffel darueber an, in geftalt eines halben rings."[6]

Weist schon diese Bemerkung Geilers auf eine gewisse Neigung zur Putzsucht hin, so hören wir auch sonst, dafs namentlich die Frauen derselben ergeben waren. Der genannte Prediger weifs dies auch psychologisch erklärlich zu machen. „Sye habent die

---

[1] Geyler von Keyferfzberg, *Poftill.* teyl I. S. XXVIII. Pred. Am IIII. Sönentag noch dem Achtenden der heiligen dry künig tag. — [2] Ebendas. teyl III. S. LXI. Pred. An dem Achtenden fonnentag noch Trinitatis. — [3] Ebendas.
[4] Ebendas. teyl III. S. LXIIII. Pred. Am Neünden fonnentag noch Trinitatis. Wolfr. v. Efchenbach, *Parzival* in Wolframs Werken, ed. K. Lachmann. 63, 15: „Zwên stivâl über blôziu bein."
[5] Geyler von Keyferfzberg, *Poftill.* teyl III. S. LXIIII. Pred. Am Neünden fonnentag noch Trinitatis.
[6] Derselbe, *Welt Spiegel, oder Narren Schiff.* S. 15. *Der trojanische Krieg* v. Konrad v. Würzburg nach Myller. B. 3. S. 1. d: „Ein kurdiwaener waehen schuoch nâch lobelîchen sachen mac niemer wol gemachen, hât er niht alen unde borst."

ftercke nitt," so sagt er von ihnen, „das fye moegent rennen und den ftein ftoffen. So ift das gefchlecht von natur ouch nitt fo wifz (weise), noch gemeynem gefatz, das fye rot (Rat) und gericht moegent befitzen. Dorumb fo fuochent fye eer in ir kleydung, unnd feind verbraemet und ufzgeftrichen"[1] (aufgeputzt). Auch Berthold läfst über diesen Punkt eine ähnliche Meinung laut werden: „Und ir frouwen, ir gêt mit der aller groesten tôrheit umbe, diu von tôrheit ie wart mit îteler hôhvart. Und ir gêt mit tüechelînen (Tüchlein) umbe (um): daz zwicket (fälteln) ir hin, daz zwicket ir her, daz gilwet (gelb färben) ir hin, daz gilwet ir her, unde leget allen iuwern (euern) flîz dar an und iuwer wîle (Zeit). — Die herren die hôhvertent doch mit etesweme (etwas) nützes, mit schoenen rossen unde mit bürgen (Burgen) unde mit liuten unde mit bederben (bieder) dingen, und die verliesent (verlieren) ir sêle doch mit nützen dingen."[2] Als Zweck, den die Frauen bei ihrer Putzsucht verfolgen, gibt Geiler an: „fye mutzen fich uff (aufputzen) und zieren fich, das fye den mañen wolgefallen."[3] Freilich wird dieser Zweck nach Berthold nicht immer erreicht. „Sô waenet ir allez," erklärt er den Frauen, „ir gevallet uns mannen deste baz (besser). Seht, sô haben (halten für) wir iuch (euch) niur (nur) deste tôrehter und haben iuch für toerinne, als ir ouch sînt"[4] (seid). Selbst wenn der Mann es mit der Treue nicht allzugenau nehme und gern nach anderen Frauen blicke, werde der schöne Putz der Gattin ihn nicht zur Pflicht zurückführen: „Ist aber er ein nascher (Ehebrecher), sô hilfet ez niht allez dîn krenzelkrispen (Kränzlein kräuseln) und allez dîn krespelkrispen (Locken kräuseln) niht und allez dîn gilwen (gelb färben) niht, daz dû iemer (je) maht (magst) getuon."[5]

Natürlich liefsen eitle Frauen keine Gelegenheit vorübergehen, sich mit ihren kostbaren Kleidern zu zeigen. Als eine solche Gelegenheit bot sich zunächst der Besuch des Gottesdienstes und des

---

[1] Geyler von Keyferfzberg, *Poftill.* teyl II. S. XXXVIII. Pred. Am Mitwoch noch Reminifcere.
[2] Berthold, ed. F. Pfeiffer. Bd. I. S. 253.
[3] Geyler von Keyferfzberg, *Poftill.* teyl III. S. LXVIII f. Pred. Am Neünden fonnentag noch Trinitatis.
[4] Berthold, ed. F. Pfeiffer. Bd. II. S. 181. — [5] Derselbe. Bd. I. S. 414.

Opfers in der Kirche dar. „Ir frouwen", so sagt Berthold hiervon, „ir machet ez ouch gar ze noetlîchen (dringend) mit iuwerm (eurem) gewande, mit gelwen sleigern, mit gebende, sô mit röckelînen, sô mit dem gange ze der kirchen zuo dem opfer etc. Ir habet ouch vil maniger hande (Art) hôhvart, der ir wol gerietet"[1] (entrietet). Auch Geiler bestätigt, dafs die Frauen im gröfsten Staate in das Gotteshaus kommen, wo sie nur Störung erregen: „So kompt die frow do haer gon, und ift fein uffgemutzt (aufgeputzt) uñ uffgebüpplet (wie eine Zierpuppe gekleidet), uff die loffeft du neben haer deine ougen fchieffen, und nymst war und luogeft wer fye fyge, und das dich nit angot, uñ alfo würftu zertreglet"[2] (zerstreut). Namentlich verliebte Jungfrauen stehen in leichter modischer Kleidung in der Kirche, ob sie darüber auch halb zu Tode frieren sollten: „Was unglücks aber die habē die mit d' fchamlichē (derer man sich schämen soll) lieb gefangē find —, wie fie ftond in d' kirchē mit ufzgefchnittē cleidern, glattē fchuohē, uñ erfrieren fie moechtē maletzig (aussätzig) werdē und zittern in den ufzgefchnitten cleidern als ob fie dz fieber od' d' rit[3] (Schüttelfrost) fchit (schüttelt). — da hat fie angft und not wie fie fich uffmuftere"[4] (sehen lasse). Wie beim Gottesdienste, so suchten die Frauen auch bei Kindtaufen durch ihren kostbaren Anzug sich bemerkbar zu machen. Geiler teilt hierüber mit: „Wo fye uff ein wefterlege (Bekleidung des Täuflings mit dem Taufkleide) kümen, do — fuochent fye eer in ir kleydung, unnd feind verbraemet und ufzgeftrichen (aufgeputzt), und hoch am tifch, unnd luogent das fye uffs lotterbettly (Sopha) küment."[5] Insbesondere aber waren die Bäder der Ort, an welchem sie neue Moden kennen lernten und den Wunsch in sich aufnahmen, etwas Ähnliches zu besitzen. „Alls üwere frawen ettwañ (manchmal) thuond", lesen wir bei Geiler

---

[1] Berthold, ed. F. Pfeiffer. Bd. I. S. 396—397. Bd. II. S. 252.

[2] Geyler von Keyferfzberg, Poftill. teyl II. S. VII. Pred. Am Donderftag vor Inuocauit.

[3] J. Grimm leitet das althochdeutsche rito, Fieber, von ritan, reiten, rütteln, schütteln ab.

[4] Johannes Geiler von Keyferfperg, Die geiftlich fpinnerin, die fybendt Predig.

[5] Derselbe, Poftill. teyl II. S. XXXVIII. Pred. Am Mitwoch noch Reminifcere.

hierüber, „die ir zuom baden fchicken frum, und kummen grofz buebin widerum, und hond zuom baden gefehen froembde kleidung, unnd wenn fye heym kummen, fo bringen fye ettwas nüwes widerumb, un bekleident fich als die Schwaebinen."[1] Wie die Elsässerinnen die schwäbische Kleidertracht, so mochten andere Frauen andere Trachten nachäffen. Denn auch „die von Oberlant, dort her von Zürich" bekleideten sich wieder anders, „danne (als) die von Niderlande, von Sahsen (Sachsen) —. Man bekennet (erkennt) sie gar wol vor einander die von Sahsenlande unde die von dem Bodensêwe (Bodensee), von dem obern lande, unde sint ouch an den siten ungelîche und an den kleidern"[2].

Eine solche Modesucht aber war um so verwerflicher, als die Ehefrau ihren Gatten dadurch oft in übergrofse Unkosten stürzte: „Wan (denn) hiute siht sie eteswaz niuwez, daz ein toerinne umbe sich oder an hât; sâ (so) zehant (auf der Stelle) geruowet ir herze niemer, sie müeze ein semelîchez (eben solches) hân. Unde solte ir man iemer (für immer) ein gelter (Schuldner) darumbe sîn, sô wolte sie sîn niht enbern."[3] Daher richtet Berthold an die Frauen die Aufforderung: „Ir sullet ouch den mannen ir guot niht unnützelîchen âne (los) werden, niht geben umbe gelwez gebende noch umbe übermaezege sleiger. Ez ist nû dar zuo komen, daz iuwer (euer) etelîchiu, der (deren) man kûme zehen pfunde wert (was zehn Pfund wert ist) hât, diu wil einen sleiger hân, der waere einer graevinne rîlich (reichlich) genuoc, Daz ist ze nihte (zu nichts). Dar umbe gibest dû vil lihte (vielleicht) dînes wirtes (Ehemannes) guotes, daz er vil lihte harte (schwer) in einem andern lande hât erloufen"[4] (durch Laufen erringen). Ja, was noch schlimmer war, die Gattin scheute sich nicht, was sie nicht gutwillig von ihrem Manne erlangen konnte,

---

[1] Geyler von Keyferfzberg, *Poftill.* teyl III. S. C. Pred. Am Einundzwentzigften fonnentag noch Trinitatis. Noch im Jahre 1685 fordert ein Strafsburger Erlafs alle die, welche in den Stand der Ehe treten wollen, auf, sich jeglicher Kleidung, Hauben und Kappen, welche nach der schwäbischen und andern dergleichen Moden gemacht sind, zu enthalten. Heitz, *Zunftwesen.* S. 95 bei A. Birlinger, *Alemannia.* Bd. I. S. 91.
[2] Berthold, ed. F. Pfeiffer. Bd. I. S. 250—251.
[3] Ebendas. Bd. I. S. 319—320, vgl. Bd. I. S. 346. — [4] Ebendas. Bd. I. S. 319.

demselben für ihren Putz zu entwenden: „Als (weil) sie der bereiten (zur Hand seiend) pfenninge niht versteln (stehlen) mac, sô stilt sie daz korn unde daz mel unde daz fleisch. Unde swaz (was) er eht (eben) in das hûs koufet, daz in wol drîe schillinge stêt (zu stehen kommt), daz gît (gibt) sie kûme umbe zwêne, unde dannoch vil lîhte (vielleicht) naeher (billiger). Daz trîbet sie alsô durch daz jâr, unz (bis) daz er ze einem armen manne wirt."[1] Freilich machten es oft die Männer nicht besser, als die Frauen, indem sie kostbare Kleider durch Betrug oder Wucher für dieselben erwarben: „Diu dritte ûzsetzikeit (Aussätzigkeit, Sünde) ist diu aller wirste (schlimmste). — Daz ist: ob sie daz gewant mit unrehte (Unrecht) gewunnen haben, mit wuocher oder mit fürkoufe (Vorwegkauf) oder mit dingesgeben (auf Borg geben) oder mit satzunge (Pfand) oder mit trügenheit an koufe, an sînem antwerke oder mit diupheit (Diebstahl) oder mit roube oder mit swelhem (irgend welchem) unrehtem gewinne oder mit unrehtem gerihte"[2] (Gerichte).

Soviel Unerlaubtes aber auch mit der Putzsucht verbunden war, so hatte dieselbe doch eine grofse Verbreitung und erbte zugleich von Geschlecht zu Geschlecht fort, da die Frauen ihre Töchter und Enkelinnen immer von neuem wieder darin unterwiesen. „Unde alse (wenn) sie als (so) alt werdent", berichtet Berthold von den Müttern, „daz sie niht mêr gehôhverten (Hoffart treiben) mügent, dannoch (auch da noch) sint sie sô sêre verworren (verwickelt) in den strik der hôhverte (Hoffart), daz sie sich dannoch niht drûz gerihten (zurecht finden) mügent; unde swaz sie mit in selber tâten, daz tuont sie danne ir töhterlînen und ir diehterîden (Enkelinnen). Die zepfelnt (putzen) sie unde swenzelnt (zieren) sie ûf, sô sie dannoch kûme vier jâr alt sint, unde hebent sie danne mit in an unde trîbent daz unz (bis) daz ez sich verstêt übels unde guotes. Und ob ez halt sleht (schlicht) wolte sîn, sô hât ez sîn ane (Grofsmutter) unde sîn muoter bêde (beide) lîhte (leicht) in der hôhvart gewonheit brâht (gebracht) mit swenzeln (putzen), mit ermelehen (Ärmeln) unde mit scheppelehen (Kopfschmuck), daz ez ûz der gewonheit niht enkumt (kommt) unde sîn danne an im

---

[1] Berthold, ed. F. Pfeiffer. Bd. I. S. 319. — [2] Ebendas. Bd. I. S. 118.

selber zwirunt (zweimal) alse (so) vil machet, sô mit fürspangen (das Gewand vorn zusammenhaltende Spange), sô mit vingerlînen"[1] (Fingerring).

Wie schon hier der Putz der Frauen im einzelnen angeführt wird, so ermüden unsere Prediger auch im übrigen nicht, alle die verschiedenen Thorheiten der weiblichen Mode zu schildern. Bereits Berthold sagt von einem hoffärtigen Weibe: „Unde sô ez niht mê (mehr) mac fürbringen (vollbringen) ze hôhverte (Hoffart), — sô krümbet daz den huot ûf"[2], und an einer andern Stelle beklagt er sich über die Eitelkeit der Frauen, welche sie „mit waehen (kunstvoll) hüeten" und „mit hûben"[3] (Haube) vollbringen. Ebenso kommt Geiler auf die „ſpitzigen huet"[4] derselben zu sprechen, und ein ander Mal meint er: „Welches doch inmaſſen (über die Maſsen) ein groſſe geylheit und unzucht iſt, das die weiber ohn alle ſcham paretlin (kleine Barette) mit ohren tragen."[5] Auch mit den gelben Bändern an den Hüten muſs viel Staat getrieben worden sein, da bei Berthold öfter Ermahnungen wie diese wiederkehren: „Ir frouwen mit dem gelwen gebende, lât (laſst) iur hôchvart in der kirchen"[6], oder: „Und ir frouwen mit den gelwen gebenden, — erbarmet iuch über iuwer eigen sêle mit der wâren riuwe"[7] (Reue). Er erklärt zugleich, daſs nur Personen, welche sich keines guten Rufes erfreuen, gelbe Bänder tragen sollen: „Sam (wie) die jüdinne und als (wie) die ûf dem graben gênt (sc. öffentliche Dirnen) und als pfeffinne (Beischläferin eines Pfaffen): anders nieman sol gelwez gebende tragen."[8]

Nicht minder als die Bänder dienten die Schleier an den Hüten dazu, der „hôhvart und îtelen êre"[9] zu fröhnen. So sagt Berthold den Frauen, die gerne bewundert sein wollen: „Dâ kêret (wendet) ir allen iuwern (euer) flîz an, — mit iuwern sleigern"[10], und näher erklärt er, daſs es die gelben Schleier waren, mit denen sie be-

---

[1] Berthold, ed. F. Pfeiffer. Bd. I. S. 416. — [2] Ebendas. Bd. I. S. 83. —
[3] Ebendas. Bd. I. S. 396.
[4] Johan Geyler, Welt Spiegel, oder Narren Schiff. S. 15. — [5] Ebendas. S. 14.
[6] Berthold, ed. F. Pfeiffer. Bd. II. S. 252.
[7] Ebendas. Bd. II. S. 158. — [8] Ebendas. Bd. I. S. 115, vgl. Bd. I. S. 415.
[9] Ebendas. Bd. I. S. 414. — [10] Ebendas.

sonders hoffierten. Denn er redet nicht nur von Frauen, „die ez dâ sô noetlîchen (dringend) machent — mit den sleigern, die sie gilwent"[1] (gelb färben), sondern hält denselben auch direkt mit fast dem gleichen Ausdrucke vor: „Ir frouwen, ir machet ez ouch gar ze noetlîchen (dringend) — mit gelwen (gelb) sleigern."[2] Aber auch Geiler weifs von der Hoffart der Frauen, die sie mit Schleiern treiben, zu berichten: „Erzeygen fich mit werckē mit neüwē findē mit etwas neüws das nyeman in d' ftatt hat wed' (als) fie, da wil man gefehē fein mit ufferlichen zeichē, fchleyer, — dz du alfo gefchleyert da her geeft, dz nyemant mer in d' gantzē ftatt hat wed' (als) du."[3] Diese Sucht nach Neuem führte zu der wunderlichsten Art, die Schleier zu tragen. „Die weiber ziehen in jhren fchleiern daher", lesen wir gleichfalls bei Geiler, „unnd haben fie auffgefprintzt (aufspreizen) neben mit zwo ecken oder fpitzen, gleich einē Ochfenkopff, mit den hornern, uñ laffen den fchleier kaum zwen zwerch finger (Querfinger) vō dem kien hangen, zwitzern (zittern) alfo daher, gleich als wañ jhn (ihnen) das kien in einem haffenring (Hafenring) hienge. Defzgleichen tragen fie auch gaele (gelb) fchleier, fo gleich den hellifchen flammen fein, die felben ftreichen unnd ftercken fie zum offtermal, damit fie den huren fpiegel (Vorbild) defto bafz (besser) moegen zieren und heraufz fchmucken."[4]

Aber auch die Röcke der Frauen waren auf das kostbarste und eitelste hergerichtet. „Und ir frouwen", ruft Berthold aus, „ir machet ez gar ze noetlîche (dringend) mit iuwerm (euer) gewande, mit iuwern röckelînen: diu naewet (nähet) ir sô maniger leie unde sô tôrlîche, daz ir iuch (euch) möhtet schamen in iuwerm herzen."[5] Eben dieser kunstvollen Arbeit wegen reichte oft die eigene Geschicklichkeit nicht aus, sondern es mufsten Schneiderinnen gegen teuren Lohn dabei zu Hilfe genommen werden. Daher sagt Berthold von den „röckelînen" der Frauen: „Dâ gît (gibt) ir (ihrer) etelîchiu (manche) alse vil umbe (um), als sie daz tuoch kostet, der

---

[1] Berthold, ed. F. Pfeiffer. Bd. I. S. 114—115.
[2] Ebendas. Bd. I. S. 396—397.
[3] Geyler vō Keyferfperg, *Von den fyben fchwertern, das erft fchwert*.
[4] Derselbe, *Welt Spiegel, oder Narren Schiff.* S. 14.
[5] Berthold, ed. F. Pfeiffer. Bd. I. S. 118, vgl. Bd. I. S. 396—397.

nüewerin"[1] (Nähterin), und bei einer anderen Gelegenheit wiederholt er: „Drîer leie ûzsetzikeit (Aussätzigkeit, Sünde) ist an dem gewande, an wüllînem gewande, an belzînem gewande und an lînînem gewande. — Diu ein ist, ob ez hôhverteclîche (hoffärtig) gesniten ist, als — ir frouwen nû (jetzt) pfleget. Ir gebet nû mêr von einem gewande ze lône, danne (als) ir daz gewant koufet."[2] Die Kleider wurden nämlich aus verschiedenfarbigen Stücken zusammengesetzt, die noch dazu bisweilen der Gestalt gewisser Tiere ähnelten: „Man muoz (mufs) ez iu (euch) ze flecken (Stück) zersnîden, hie daz rôte in daz wîze (weifs), dâ daz gelwe (gelb) in daz grüene; sô daz gewunden, sô daz gestreichet (gestreift); sô daz gickelvêch (buntscheckig), sô daz witschenbrûn (stark braun); sô hie den lewen (Löwe), dort den arn"[3] (Adler), oder, wie es mit einem Anflug von Spott ein ander Mal heifst: „hie (hier) den lewen, dâ den hirz (Hirsch), dâ den tôren und hie den affen."[4] Auch schildartige Aufsätze auf den Schultern wurden gerne getragen und nicht minder Spitzen oder sonstige Verzierungen am Saum: „Sô schilte ûf die ahseln (Achsel), sô geriselt (verziert), sô gerickelt (gehäkelt) al (ganz) umbe den soum."[5] Selbst die Mauern des Klosters vermochten eine solche Putzsucht nicht immer fern zu halten, denn Geiler ermahnt die Nonnen, „erber (ehrbar) cleid' zuo tragē, nit gefeltlet (in Falten gelegt), nit wedel (Schleppe) daran, als in den unreformiertē cloeſtern."[6] Die hier erwähnten Schleppen sind demselben auch sonst ein besonderer Dorn im Auge, denn er beklagt sich über „die weiber mit jhrer langen kleidung, ſo ſie im koht und erdtreich hernach ſchleppen, —: ſie empfahen (fangen) die floehe auff mit jhren langen ſchlumpechten (schlumpig) kleidern, unnd machen andern leuten ein ſtaub, das man nicht daruor (davor) geſehen mag."[7] Noch mehr aber ist er über die „wunderbarlichē und Seltzamen kleider" entrüstet, die „da vornen alſo weit offen ſeind, das man — den frawen in buſen ſehen kan, den bruſtkernen, het

---

[1] Berthold, ed. F. Pfeiffer. Bd. I. S. 414, vgl. Bd. I. S. 396.
[2] Ebendas. Bd. 1. S. 118. — [3] Ebendas. Bd. I. S. 396. — [4] Ebendas. Bd I. S. 118. — [5] Ebendas. Bd. I. S. 414.
[6] Geyler vonn Keyſerſperg, *Der haſz im pfeffer, die zehēt eygēſchafft des haefzlins.* — [7] Derselbe, *Welt Spiegel, oder Narren Schiff.* S. 15.

fchier (fast) gefagt den bruft hurenfpiegel (Hurenvorbild) gefehen mag."[1]

Mit dem Kleide mufste auch der Gürtel im Einklange stehen, und so wurde auch mit diesem ein aufserordentlicher Aufwand getrieben. Als Berthold den Frauen einmal zum Vorwurfe macht: „Und alsô ist sîn alsô vil, daz sîn nieman (niemand) ze ende komen mac, daz ir durch hôhvart (Hoffart) erdenket. Hiute erdenket ir einz, morgen erdenket ir ein anderz"[2], führt er auch die „gürtel" an, die nicht schön genug für sie hergestellt werden könnten. Noch bestimmter aber erklärt Geiler über den mit denselben getriebenen Luxus: „Hergegen (hingegen) was fol ich fagen von der groffen ftinckenden hoffart der weiber, das manche gefunden wirt, die henckt (hängen) mehr an ein einigen (einzig) guertel, weder (als) fie fonft an haab unnd gut vermag (Vermögen haben), und wendt manche ein groeffern koften mit Samet, feidē, goldt, filber und andern dingen mehr, an ein folchē guertel, das der Goldtfchmidt nachmals, den Guertel nicht fuer den macherlohn neme."[3] Er fügt hinzu, dafs ein solcher Gürtel „etwañ (manchmal) viertzig oder fuenfftzig gulden wehrt ift"[4], und kann sich daher des Ausrufes nicht enthalten: „Pfui der groffen ftinckendē Hoffart in dem weiblichen gefchlecht, das man an ftatt der demut hoffart ubet."[5]

Gleiche Hoffart wurde nach Berthold von den Frauen auch mit den Tüchern vollführt. „Swenne (wenn) ir gote dienen soltet", hält er ihnen vor, „und iuwern (euer) salter (Psalter) lesen soltet, oder ander iuwer gebet soltet sprechen, so gêt ir mit iuwern tüechelinen umbe (um), wie ir iuwer hôhvart (Hoffart) volbringet."[6] Demselben Gedanken gibt er noch einmal in etwas anderer Form Ausdruck: „Ir gêt niwan (nur) mit tüechelehe (kleines Tuch) umbe (um) unde mit löbelehe (kleine Lobeserhebung), daz man iuch (euch) eht (doch) lobe: ‚jâ herre, wie schoene! wart aber ie (je) sô schoenes iht (etwas)'?"[7] Insbesondere wurden gelbe Tücher zum Putze be-

---

[1] Johan Geyler, *Welt Spiegel, oder Narren Schiff*. S. 14.
[2] Berthold, ed. F. Pfeiffer. Bd. I. S. 396.
[3] Johan Geyler, *Welt Spiegel, oder Narren Schiff*. S. 14. — [4] Ebendas.
[5] Ebendas. — [6] Berthold bei H. Rinn a. a. O. S. 16. — [7] Berthold, ed. F. Pfeiffer. Bd. I. S. 397.

nutzt, wenn man sich damit nach Berthold auch dem ewigen Verderben preisgab: „Ir tiuvel (Teufel), hôchvart (Hoffart) hât iuch (euch) alle zuo der helle (Hölle) brâht (gebracht) und alsô bringet sie alle tage ein michel (grofs) teil dar, und aller meiste iuwer (euer) frouwen, mit ir (ihren) gelwen (gelb) tuochlachen (Tuch). Dâ gêt ir mite (mit), rehte (recht) sam (als ob) ir mit dem tiuvele gestriten habent (habt). Vî unflât, ir frouwen lât (lafst) iuwer unflât dâ heime, wir haben an den tiuveln unflât genuoc (genug) hie. Ir verdienet mit iuwern gelwen tuochlach, daz ir vil lîhte (vielleicht) niemer mêr bekêret mugent (mögt) werden. Pfî gelwer tôt (Leichnam), wan (denn) rehte alsô gêt ir als ein gelwer tôt und als ein gelwer jude."[1] Neben gelben legten Frauen auch gern gefältelte Tücher um, wie dies gleichfalls aus einer bereits einmal citierten Stelle bei Berthold erhellt: „Und ir frouwen, ir gêt mit der aller groesten tôrheit umbe (um), diu von tôrheit ie (je) wart mit îteler (eitel) hôhvart (Hoffart). Und ir gêt mit tüechelînen (Tüchlein) umbe: daz zwicket (fälteln) ir hin, daz zwicket ir her, daz gilwet (gelb färben) ir hin, daz gilwet ir her, unde leget allen iuwern flîz (Fleifs) dar an und iuwer wîle"[2] (Zeit).

Endlich wurden auch die Füfse von den Frauen vielfach herausgeputzt, wie denn Geiler erklärt: „Die fechft Schell der Seltzam Narren ift die fuefz — ziehren und auffmutzen"[3] (aufputzen). Über die Art und Weise, in der dies ausgeführt ward, gibt derselbe Autor unter anderem an: „Darnach gefchicht es durch hohe holtzfchuh"[4], während Berthold auf zu enge, die Füfse drückende Schuhe hinzuweisen scheint: „Juch (euch) genüeget der hôhvart (Hoffart) umbe diu houbetlöcher (Öffnung des Kleides für den Kopf) niht, ir müezet ouch die füeze sunderlîche (besondere) martel (Pein) dâ ze helle (Hölle) lân (lassen) bekorn"[5] (kosten). Hielten manche

---

[1] Berthold, ed. F. Pfeiffer. Bd. II. S. 181, vgl. Bd. I. S. 415.
[2] Derselbe. Bd. I. S. 253.
[3] Johan Geyler, *Welt Spiegel, oder Narren Schiff*. S. 15.
[4] Ebendas.
[5] Berthold, ed. F. Pfeiffer. Bd. I. S. 414, vgl. Sebastian Brandts *Narrenfchiff* 78, 19: „Wer lidet das in druck sin schuoch, der gehoert wol in das narrenbuoch."

Frauen sorgfältig darauf, „dz die Schuh glat anligen"[1], so liebten andere aufser „glattē fchuohē"[2] auch modische Schnabelschuhe[3] und ebenso „zerftochen unnd zerfchnitten fchuh"[4], von denen nach Geiler „die Schufter alle tag ein newen (neu) fund unnd lift erdencken, damit fie die fchuh defto bafz (besser) moegen vertreiben."[5]

In kaum geringerem Mafse, als die Frauen trieben auch die Männer Hoffart mit den Kleidern. Schon bei festlichen Gelegenheiten pflegten sie sich gerne zu zieren, wie es denn in einer Predigt bei Leyser heifst: „Queme ein kuonik oder ein ander grozer herre zu uns — ein igelich man — tete felbe an fine beften cleidere."[6] Aber auch sonst hören wir, dafs, wie die Frauen sich aufputzen und schmücken, „das fye den mañen wolgefallen", so „die mann hand (haben) grofz forg das fye den metzen wolgefallen."[7] Selbst Tauler, der das äufsere Leben nur selten in den Kreis seiner Betrachtungen zieht, kommt mehr als einmal auf die Eitelkeit der Männer zu sprechen. „Und jn (ihnen) ift wol", sagt er, „mit den creaturen, da haben fy lieb und gnad zuo, — und fuochen daran luft uñ gnuegd die jn (ihnen) werden mag, und reitzen fich felber darzuo, mit allen weifen, — mit kleidern"[8], und an einer anderen Stelle wiederholt er: „Da fy alfo fuochen ir raft und ruow (Ruhe), und ir gnuegde aufzwendig gottes, — es fey kleyder, es fey fpeifz."[9] Namentlich jüngere Männer legten grofsen Wert auf die Kleidung, wie dies gleichfalls aus einer Äufserung Taulers erhellt: „Ich fprich von weltlichen hertzen, die iren luft nemmen volkummentlich an zeitlichen dingen, die gott nicht zuogehoeren, es feyen ir kleyder, oder

---

[1] Johan Geyler, *Welt Spiegel, oder Narren Schiff.* S. 204.
[2] Derselbe, *Die geiftlich fpinnerin, die fybendt Predig.*
[3] R. Cruel a. a. O. S. 496, vgl. Nithart H. S. 211: „mit ir schuohen spitzenlich."
[4] Johan Geyler, *Welt Spiegel, oder Narren Schiff.* S. 15. — [5] Ebenda
[6] H. Leyser, *Deutsche Predigten des XIV. Jahrhunderts.* S. 40.
[7] Geyler von Keyferfzberg, *Poftill.* teyl III. S. LXVIII—LXIX. Pred. Am Neünden fonnentag noch Trinitatis.
[8] Joannis Taulery *Predig Am III. Sontag nach Trinitatis.* S. LXXVII. — [9] Derselbe, *Predig Uff unfer lieben frawen himelfart.* S. CXLII, vgl. Derselbe, *Predig An der heilgen dry künig abent.* S. VI. und *Predig Am XV. Sontag nach Trinitatis.* S. CIX.

ir kleinet (Kleinod). Uñ fo jn difz gefagt wirt, fo zürnen fy und findē falfche glofen, und fprechē alfo, Sy feien iung, fy mueffen fich ergetzen, fy thuon es darum̄ das fy gott defter bafz (beffer) und leychter gedienen mügen, das ift ein faul lügen."[1]

Im einzelnen wird zunächst über die auffallende Kopftracht des männlichen Geschlechts geklagt. Geiler erklärt es für eine grobe Unsitte und Unzucht, dafs „die maenner geftrickte haar hauben oder frawen hauben aufffetzen."[2] Ebenso tadelt er an ihnen die „loecherechten huet, — als die gauckels lüt tragen"[3], und auch die Hüte mit der schmalen Krempe, welche gegen das Wetter nicht schützen und nur Aufsehen machen sollen, sind ihm zuwider: „Das fehen wir wol", sagt er, „an eynem wifen dapfferen bilger, das er het eynē huot, der alfo breyt ift, das er im die fchultern bedeckt aber die narrechten bilger, als die iung herrē und edel lüt die hant (haben) huetlin dye fint kum dryer finger breyt."[4] Wie hier die Edelleute, so werden an einer andren Stelle die höheren Geistlichen als solche genannt, welche mit ihren Hüten „kramantzē (Possen) machen."[5] Denn sie tragen nicht nur „fyden fchnuer" an denselben, während den Aposteln eine einfache „fackfchnuor" genügte[6], sondern wir erfahren auch weiter von ihnen: „Die ept und cardinel machē fo vil wunders an die hüt, dye müffen fyden und weich fin, uñ ift der hoffart yetzunt kein end."[7]

Selbst die gewöhnlichen Pfarrer und Mönche liefsen es an Eitelkeit nicht fehlen, indem sie durch kostbare Röcke und Kutten sich hervorzuthun suchten. So rügt Geiler die Ordensbrüder des heiligen Bernhard: „Nym die Bernarder erfür, die foltē noch ir regel kranck, fchlecht kleider tragen, aber nun ift es do zuo kommen, das fie lündifch (aus Lüttich?) uñ mechelfch (aus Mecheln) tuoch tragen, und wellen nume (nicht mehr) münch, funder thuomherren (Domherren) fin."[8] Aber auch die Männer, welche dem Laienstande angehörten, liebten es, „den gantzen leib mit wunderbarlichē und

---

[1] Joannis Taulery *Predig Am XIX. Sontag nach Trinitatis.* S. CXX.
[2] Johan Geyler, *Welt Spiegel, oder Narren Schiff.* S. 14.
[3] Derselbe, *Chriftenlich bilgerfchafft.* S. LIX. — [4] Ebendas.
[5] Ebendas. S. LXIV. — [6] Ebendas. — [7] Ebendas.
[8] Ebendas. S. XLII.

Seltzamen kleidern anzulegen und zu zieren."¹ Als solche seltsamen Kleider führt Geiler „gefaltene roeck und Maentel auff taufenderley farben und gleich geftalt (gestaltet) dē Ungerifche fchauben"² (langes und weites Überkleid) an. „Dañ es doerfft einer", so fährt er fort, „nicht weit ziehē froembde kleider zu befchawē fonder er funde in einer jeden geringen Statt allerley Nationen kleidunge. Als da fein Ungerifche, Boehemifche, Saechfifche, Fraenckifche, Italiaenifche, Frantzoefifche, Hifpanifche, etc. Defzgleichen fein auch die fo kurtze Kocherfpergifche Maentelin und wapen roecklin antragen, das fie nicht allein den hindern nicht gedecken, fonder viel minder den nabel."³

Meinten schon unsere Prediger von derartigen Röcken und Mänteln: „Dife fchandkleidung folt man keins wegs leidē noch dulden"⁴, so urteilen sie ähnlich auch über die wunderbare Weise, in der manche Männer ihre Beine und Füfse bekleideten. Als Geiler einmal Beispiele von solchen anführt, die mit äufserlichen Dingen gern gesehen sein wollen, erwähnt er auch: „Defzgleychen d' mit fein hofen, d' ander mit andern dingen."⁵ In dem Weltspiegel oder Narrenschiff aber bemerkt er bestimmter: „Die fechft Schell der Seltzam Narren ift die fuefz und fchinbein ziehren und auffmutzen, Als namlich zerhauwen und zerftuecklete hofen tragen, alfo das die hofen zu machē doppel mehr koftē, dañ der zeug fo darzu kompt."⁶ Auf gleicher Stufe hiermit stehen ihm die „zerftochen unnd zerfchnitten fchuh fo man an allen orten naehet"⁷, ganz besonders aber bedauert er, dafs er sogar von den Kaplänen aussagen mufs: „Sye hond fchuoh an feind nitt gerinckelt (mit Schnallen versehen). Habent fye fchubē (langes und weites Überkleid) an, fo feind fye gefchürtzet hynden und vornen, das man jn (ihnen) dran (sc. an die Schuhe) fycht, und kūmen glich als die wefcherin. das fol nitt fein."⁸

---

¹ Johan Geyler, *Welt Spiegel, oder Narren Schiff.* S. 14. — ² Ebendas. — ³ Ebendas. — ⁴ Ebendas.
⁵ Geyler vö Keyferfperg, *Von den fyben fchwertern, das erft fchwert.*
⁶ Derselbe, *Welt Spiegel, oder Narren Schiff.* S. 15. — ⁷ Ebendas.
⁸ Geyler von Keyferfzberg, *Poftill.* teyl II. S. LXXVIII. Pred. Am Sonnentag Oculi.

Wir hier, so ziehen unsere Prediger auch sonst gegen eine solche Üppigkeit in der Kleidung der beiden Geschlechter nachdrücklich zu Felde. Was zunächst die Frauen anbetrifft, so will Berthold zwar keineswegs, dafs sie nur schlechte und verächtliche Kleider anlegen. „Dû solt ouch niht guotiu (gute) kleider tragen", sagt er einem Ehemann in Bezug auf seine Gattin, „unde sie diu boesen unde diu smaehen"[1] (schmählich). Allein anderseits hören wir tadeln, dafs man schon die jungen Mädchen im Kloster durch zarte Pelze verwöhne: „Nun fprich ich, du köpft (sc. in ein Kloster) uñ bringft deinē kind ein zarts weichs beltzlin uñ fprichft, den fol mā meinē kind gebē, fo ift fie villeycht ein ftarcke iunge tochter, uñ trueg ebē als (so) wol einē grobñ beltz als einē zartē, uñ ift fein nit nottürfftig, deñ fo fol mā it (zurück) in (ihn) nemen, uñ in einer and'n gebē die fein nottürfftig ift."[2] Erst recht aber wird erwachsenen Frauen eine jede Verweichlichung durch prunkende Kleider zum Vorwurf gemacht. „Wê, dû rehte (rechte) toerinne!"[3], ruft Berthold über ein der Putzsucht ergebenes Weib aus, und denen, die mit buntfarbigen, insbesondere gelben, Stoffen hofieren, hält er die Drohung entgegen: „Pfi, ir verwerinne (Färberin) und ir gilwerinne (die gelb trägt), wie gerne ir zuo dem himelrîche möhtet komen! Ir sît (seid) aber gar fremede geste dâ ze dem himelrîche, wan (denn) ir habet gotes verloukent (verleugnet), unde dâ von verloukent er iuwer (euer) ouch."[4] Während aber Berthold vornehmlich mit strengem Ernste die Frauen ermahnt, nimmt Geiler wiederholt zum Spotte seine Zuflucht, um dieselben von ihrer Putzsucht zurückzubringen. „Es ift ein gemein Sprichwort", äufsert er, „das man uber frifch fleifch kein gaelen (gelb) pfeffer machet, fonder uber das fchmeckend (riechend) und ftinckend: Alfo ift es auch mit alten runtzelechten weibern, die da gaele fchleier tragen, die fehen heraufz, als ein geraucht (geräuchert) ftuck fleifch ausz einer gaelen brueen"[5] (Brühe). Doch schlägt auch Berthold bis-

---

[1] Berthold, ed. F. Pfeiffer. Bd. I. S. 329.
[2] Geyler vonn Keyferfperg, *Der hafz im pfeffer, die neünd eygēfchaft des haefzlins.*
[3] Berthold, ed. F. Pfeiffer. Bd. I. S. 320. — [4] Ebendas. Bd. I. S. 228.
[5] Johan Geyler, *Welt Spiegel, oder Narren Schiff.* S. 14.

weilen einen ähnlichen Ton an, wie er denn von einer Frau, die sich mit gelben Bändern ziert, meint, „daz sie ein taetelîn (kleiner Fehler) an dem lîbe hât, eintweder die gelsuht (Gelbsucht) oder ein anderz daz im glîche ist: dû weist wol waz ich dâ meine. Ez ist ein mâlflecke, den sie mit dem gelwen gebende vertiligen wil: man muoz éinen unflât mit dem andern verdecken."[1]

Lieber jedoch erteilt er den Ehemännern gegen die Putzsucht ihrer Frauen den Rat: „Ir man (Männer) möhtet ez eht (doch) wol understên (unternehmen) unde möhtet ez in (ihnen) wol frümeclîche (gehörig) wern (wehren), des êrsten mit guoter rede."[2] Als aber der Mann ihm entgegnet: „Owê, bruoder Berhtolt! — Ich hân (habe) sîn (darum) die mînen (die meine) gar dicke (oft) gebeten güetlîche und übellîche (im Guten und Bösen), sie woltez nie gelâzen (unterassen). Nû (nun) fürhte ich des (das) unde zerte (zerrte) ich ir einz, daz sie mir hin nâch (hinterher) niwan (nur) deste groezern schaden tuo (thue) und ein zwirunt (zweifach) als (so) guot gebende koufe"[3], da erfafst unseren Prediger heiliger Zorn, und er fordert den Mann auf: „Sich (sieh), dâ solt dû reht (recht) ein herze gevâhen (fassen). Nû bist doch ein man unde treist (trägst) ein swert —. Gevâhe (fasse) einen muot und ein herze unde zerre irz (ihrs) abe (ab von) dem houbte! unde kleben vier hâr oder zeheniu (zehne) dran, sô wirf ez allez in daz fiwer (Feuer). Daz tuost dû niendert (durchaus nicht) drîstunt (dreimal) oder vierstunt (viermal) ê (ehe) danne sie sich sîn (dessen) geloube (entschlage). Der man sol der frouwen (Frau) meister sîn und ir hêrscher."[4]

Aber nicht nur bei den Frauen, sondern auch bei den Männern gilt in Bezug auf die Kleidung, was Tauler einmal ausspricht, dafs „man den zweiteil (die Hälfte) nit bedoerfft."[5] In einer Predigt bei Leyser ist die Bemerkung enthalten, die Kleidung sei dem Menschen nach dem Sündenfall gegeben, schon deshalb dürfe kein Aufwand damit geschehen: „Die cleidere wuorden gegeben den erften luoten nach der funde zu einem zeichene. daz fi gebrochen haten gotes

---

[1] Berthold, ed. F. Pfeiffer. Bd. I. S. 415. — [2] Ebendas. — [3] Ebendas. Bd. I. S. 415—416. — [4] Ebendas. Bd. I. S. 416.
[5] Joannis Taulery *Predig Am XX. Sontag nach Trinitatis*. S. CXXIIII.

wort. Daz felbe zeichen der fuonde. menfche. wiltu (willst du) nu vernuowen (erneuern) und vorwandelen an ein zeichen der hoverticheit und diner ytelcheit."[1] In Übereinstimmung hiermit fordert Geiler: „Darumb ein yettlicher frommer man, er fey in der welt, oder in einē orden, der foll fich fchnoedes gewandes gebrauchē"[2], und bei einer andern Gelegenheit sagt er: „Aber wenn der diener gottes, ein warer kriftner (christlicher) menfch, hat — kleid zuo der bedeckūg uñ das er nit erfrier, daran fol jn billichen wol benuegē."[3] In dieser Beziehung können die Stoiker ein rühmliches Vorbild abgeben, denn „alle Stoici feind dar uff gangē, das fie alle ding blofz was d' natur not was, uff dz aller genoweft gebraucht habē."[4] Auch der Einwand, dafs gute Kleider länger halten und daher den schlechten vorzuziehen seien, wird von Geiler verworfen: „So fprechē etliche, was fchadet es, dz wir guot tuoch zuo unfren kleidrē brauchen, das deñocht nit vaft (sehr) koftlich ift, es weret gar vil lenger, wed' (als) ob es fchnoed uñ alfo gar nachgültig (von geringem Werte) wer, mā muofz ouch den nutz etwen (bisweilen) anfehen, an woelchem wir aller nechft (billigst) moegen zuo kōmen. Ich antwurt dir, das ift ein falfche meinung, eüwer kleidung fol alfo fein das fy diene zuo der reinigkeit des hertzen uñ uffenthaltūg (Erhaltung) des leibes, aber nit nach anmuot oder boefzer ftreflicher gewonheit, unnd nütz des feckels gerichtet."[5] Nur wenn jemand krank sei oder an irgend einem Gebrechen leide, seien „weiche kleider die im eben anmuetig uñ nach feinē gefallē gemacht find"[6], zu gestatten: „Muofz aber einer folche ding nützē nach heifchung feiner kranckheit, oder gebreften (Fehler), das ift nit fünd, fo die notdurfft der kranckheit, oder begierd der gefuntheit und nitt die fanfftheit des leibes gefuochet wirt."[7] Als die Glieder, denen besonders Abhärtung bei den Männern not thut, hören wir den Kopf und die Füfse anführen:

---

[1] H. Leyser, *Deutsche Predigten des XIII. und XIV. Jahrhunderts*. S. 41.
[2] Geiler vō Keyfzerfperg, *Der feelen Paradifz*. cap. VI. Von warer keüfcheit. S. XXXIX.
[3] Ebendas. cap. VII. Von warem abbruch. S. XXXXII.
[4] Geiler vō Keylerfperg, *Von den fyben fcheiden, das fechft fchwert*.
[5] Derselbe, *Der feelen Paradifz*. cap. VI. Von warer keüfcheit. S. XXXIX.
[6] Ebendas. cap. VI. Von warer keüfcheit. S. XXXX. — [7] Ebendas.

„Wer aber die fuefz mit lindē fchuohen uñ folē zart haltet in d' iugent, uñ fo hüpfche kappē gewont zuo tragē, folche zartheit feind gaucklereyen, und fie wenē deñ fie moegen ir (ihrer) nit emberen (entbehren). Sie woellē im winter erfrierē, moegē im fummer nit mer on (ohne) folē gon, uñ machen ein bolwerck um̄ dz haupt als woltē fie in dz eyfzland farē, es ift nichts dapffers da in allē dingē."[1]

Wenn aber die Verweichlichung schon eines jeden Mannes unwürdig sei, so haben sich Priester und Mönche ganz besonders davor zu hüten: „Darumb fprich ich, alle geyftliche perfonen, in welchem ftat (Stand) oder orden fy find die foellent ir fach der kleidung halben fetzen uff ruhi (rauhe) und blofze notdurfft."[2] Geiler gibt zugleich den Grund an, warum die Stifter der Orden für die Mitglieder derselben möglichst einfache Kleidung festgesetzt haben: „Meinend ir das die heiligen vaetter, unnd ftiffter der oerden vergebens und on fach (Ursache) mitt follichem grofzen fleifz fürfehen habēd das geiftliche leüt in den klofteren follen tragen nachgültige (von geringem Werte) fchwache grobe und ruhe (rauhe) kleider, unnd der (derer) nitt me (mehr), denn (als) fo vil als not ift zuo der bedeckūg und befchirmung des übrigen froftes. Deñ weiche zarte und hübfche kleider ingeberen üppikeit des gemuetes, uñ feygkeit des fleifches, vor ab in iungen unerftorbnen (der Welt nicht abgeftorben) menfchen."[3]

Wie die Kleider, so waren auch die Betten nicht selten der Art, dafs sie den Leib nur verwöhnten und daher auf die Gesundheit nachteilig wirkten. In der Regel hatte ein „bette berihtet (bereitet) alsô wol als ein bette beste sol"[4], eine Unterlage von weichen Federbetten, welche „phlumît"[5] oder „matraz"[6] genannt ward, und über diese wurde ein „kulter"[7] gebreitet. Ein solcher „kulter" war eine Art von Steppdecke und, wenn er prachtvoll

---

[1] Geiler võ Keyferfperg, *Von den fyben fcheiden, das fechft fchwert.* — [2] Derselbe, *Der feelen Paradifz.* cap. VI. Von warer keüfcheit. S. XXXIX. — [3] Ebendas.
[4] *Iwein* v. Hartmann v. Aue, ed. Benecke u. Lachmann. 53.
[5] Wolfr. v. Eschenbach, *Parzival*, in Wolframs Werken, ed. K. Lachmann. 552.
[6] *Engelhard* v. Konrad v. Würzburg, ed. M. Haupt. Leipzig 1844. 3111.
[7] *Iwein* v. Hartmann v. Aue, ed. Benecke u. Lachmann. 59.

sein sollte, auf der unteren Seite mit Seide, auf der oberen mit Atlas, Samt oder einem anderen kostbaren Stoffe überzogen. Über den „kulter" kam das „lylach"[1] (Leinenlaken) zu liegen, das gewaschen werden konnte[2], und auf dieses folgte ein „ôrküsse"[3] (Kopfkissen) und eine Decke aus Federn oder aus Pelzwerk. Für letzteres wurde gerne Hermelin[4] oder Zobel[5] gewählt.

Geiler fordert nun keineswegs, dafs man solche Betten abschaffe und sein Lager etwa auf blofsem Holz oder einem Steine aufschlage. Vielmehr war nach ihm nur für den, der eine Todsünde büfste, als Strafe von seiten der Kirche festgesetzt: „Zu dē fechſten, folt er uff keinē federē noch ſtrouw (Stroh) lygen, funder allein uff bloſſer erd uff einē bret oder uff einē ſtein."[6] Ebenso wenig erklärt er sich mit den schmutzigen schlechten Betten, wie sie in den Wirtshäusern üblich waren, einverstanden. Denn er beklagt den reisenden Kaufmann, „dz er muoſſz menge (manche) boefze ellende herberg haben uñ vil übel zeyt, uñ muoſſz offt nacht in den herbergē in winckelen od' lufzigen (lausig) wueſten bettē ligen, — und dennocht dz thür (teuer) genuog bezalen."[7] Allein anderseits ist er auch mit dem Luxus, den man mit Betten trieb, durchaus nicht einverstanden. Sagt er doch, als er den Überflufs, welchen die Reichen besafsen, bespricht: „So lyt (liegt) das bett do, fo lyt das dort, fo lygen do zwey, oder dry bett uff einander. So ift das niderlendifch, und difz probendifch (aus Brabant), und ift des teüffels gefpenft (Gespinst). — Do ift angft unnd not, wie es alleffammen reynlich geordnet werd, fyn (fein) gezyert, und gebutzt, und vil hafpelyen (Haspelei), do mit federwot (Federbettzeug) umbzuogon, die bett ufz zuo fchütten, und ein bett in das ander zuomachen, dornoch die

---

[1] Geyler von Keyferſzberg, *Poſtill.* teyl III. S. V. Pred. An dem heyligen Oftertag.
[2] Berthold, ed. F. Pfeiffer. Bd. I. S. 304.
[3] *Die Warnung*, ed. M. Haupt in seiner Zeitschr. Bd. 1. 2957.
[4] Ebendas. 2953.
[5] *Der Nibelunge not* nach Lachmanns Ausgabe. 1763.
[6] Johañs geiler gnāt von keiferſzbergk, *Chriſtenlich bilgerfchafft.* S. CII. — [7] Derselbe, *Poſtill.* teyl III. S. LXV. Pred. An dem Neünden fonnentag noch Trinitatis.

zuokleyben (kleben). — Sehend ir, domit vertriben wir die edlen zeyt, in deren wir uns foltend richten zuo gott dem herren."[1] Vor allen Dingen aber verwirft er eine jede Verweichlichung mit dem nächtlichen Lager, denn, nachdem er das üppige Leben des reichen Mannes im Evangelium[2] angeführt hat, fährt er fort: „Uñ d' weycheit uñ zartheit gond (gehen) auch wir noch. Dañ weñ die kellerin (Köchin) uns das bett fol machē, fo muoffz fye gar eben luogē (zusehen), dz fye das und' (untere) lylach (Leinenlaken) rechts leg, dz die naet (Naht) gegen dē bett fey, uñ das ober lylach laetz (legt sie) mit d' naet gegen der küten, od' fergen (Decke aus Sarsche, einem halbwollenen Stoff). uff das uns die naet nit fchnattē (Striemen) hynin ī die hut trucke (drücke). ift alles vō d' goeuch (Narr) wegē. Difzer zartheit, weycheit uñ feigkeit, godt (geht) yedermā noch, geiftlich uñ weltlich, ich uñ meins glychē fuochent uns felbs, uñ nit gott. deñ noch dem als wir leüt feind, noch dem thoenen wir."[3]

Zu der Bekleidung im weitesten Sinne dürfen wir endlich noch die Wohnung rechnen, und so fassen wir auch diese ins Auge, zumal sich sehr bestimmte hygienische Vorschriften in betreff derselben vorfinden. Die Herrichtung des „hufes"[4], das der „haufzwirt"[5] bauen liefs, war in erster Linie den „mureren"[6] (Maurern) anvertraut. Sie legten zunächst das „pfulment"[7] (Fundament), und zwar auf „veften grund"[8], denn „swer (wer irgend) ein hûs zimbert (zimmert) ûf guote gruntvesten, daz stêt eht (eben) veste vor winde und vor regen: swer danne ûf sant zimbert, den hât der wint und der regen schiere (bald) undergraben, wan (denn) diu gruntveste ist boese ûf dem sande."[9] Über dem Fundament wurden sodann die

---

[1] Geyler von Keyferfzberg, *Poftill*. teyl III. S. LXXXI. Pred. Am Fünfftzehenden fonnentag noch Trinitatis. — [2] Luc. 16, 19 ff.

[3] Geyler von Keyferfzberg, *Poftill*. teyl III. S. XXXX. Pred. An dem Erften fonnentag noch Trinitatis.

[4] W. Wackernagel, *Altdeutsche Predigten und Gebete*. S. 23. H. Leyser. *Deutsche Predigten des XIII. und XIV. Jahrhunderts*. S. 90. Joannnis Taulery, *Predig Uff den heiligen pfingftag*. S. LIIII.

[5] Joannis Taulery, *Predig Uff fant marien Magdalenen tag*. S. CCIX.

[6] Geyler von Keyferfzberg, *Poftill*. teyl II. S. XLIX. Pred. Am Frytag noch Reminifcere. — [7] Ebendas.

[8] Joannis Taulery *Predig Am III. Sontag nach Trinitatis*. S. LXXII.

[9] Berthold, ed. F. Pfeiffer. Bd. II. S. 63, vgl. Bd. II. S. 19.

„mûren"[1] (Mauern) und „wend"[2] aufgeführt, die, obwohl die „steinmetzen"[3] das „gesteine"[4] sorgfältig beschlugen und die Maurer einen jeden Stein verwarfen, der sich nicht „recht rymē noch fchicken wolt und entweders zuo kurtz, oder zuo lang, oder zuo eckecht was"[5] (war), doch „erzitterten, weñ ein wagen für das haufz an hin fuor."[6] Allerdings suchten die Steinmetzen, die in Accord arbeiteten, mit ihrer Arbeit möglichst schnell zu Ende zu kommen, so dafs Berthold dieselben ermahnen mufs: „Ist ez fürgrif (Accordarbeit), sô solt dû niht deste balder dâ von îlen, daz dû sîn schiere (bald) abe kumest unde daz ez über ein jâr oder über zwei dernider valle."[7] In den Wänden waren Thüren[8] und Fenster[9] angebracht, welche letzteren mit Glasscheiben[10] versehen waren. Über dem Gemäuer aber erhob sich „das gefperr (Sparrwerk) obnan im tach"[11], das von den „zimberliuten"[12] vermittelst „axtslac und nebeger"[13] (Nagelbohrer) „gezimmert"[14] wurde, und, war das Dach gedeckt, so

---

[1] Berthold, ed. F. Pfeiffer. Bd. I. S. 215 u. S. 357. Bd. II. S. 166 u. S. 238.
[2] Geyler von Keyferfzberg, *Poftill.* teyl III. S. XCIX. Pred. Am Einundzwentzigften fonnentag noch Trinitatis.
[3] Berthold, ed. F. Pfeiffer. Bd. I. S. 147.
[4] Ebendas. Bd. II. S. 35, vgl. *Spec. eccles.* 161: „Die steine muozen gequädert werden, dâ nâch an das bûs geleit."
[5] Geyler von Keyferfzberg, *Poftill.* teyl II. S. XLIX. Pred. Am Frytag noch Reminifcere.
[6] Derselbe, *Der hafz im pfeffer, die zehēt eygefchafft des haefzlins.*
[7] Berthold, ed. F. Pfeiffer. Bd. I. S. 147.
[8] Geyler von Keyferfzberg, *Poftill.* teyl III. S. LXVII. Pred. An dem Neünden fonnentag noch Trinitatis. Berthold, ed. Pfeiffer. Bd. II. S. 35.
[9] F. K. Grieshaber a. a. O. Abt. 2. S. 136, vgl. *Iwein* v. Hartmann v. Aue, ed. Benecke u. Lachmann. 228: „Durch ein venster sach er."
[10] W. Wackernagel, *Deutsche Glasmalerei.* S. 13 ff., vgl. Wolfr. v. Eschenbach, *Parzival,* in Wolframs Werken, ed. K. Lachmann. 553, 5: „Vil venster, dâ vor glas und glasevenster."
[11] Geyler von Keyferfzberg, *Poftill.* teyl III. S. CII. Pred. Am Zweyundzwantzigften fonnentag noch Trinitatis.
[12] W. Wackernagel, *Altdeutsche Predigten und Gebete.* S. 48. Berthold, ed. F. Pfeiffer. Bd. I. S. 147. F. Pfeiffer, *Deutsche Mystiker des 14. Jahrhunderts.* Bd. I. S. 263. Bd. II. S. 27.
[13] Berthold, ed. F. Pfeiffer. Bd. II. S. 35.
[14] Ebendas. Bd. II. S. 28. H. Leyser, *Deutsche Predigten des XIII. und XIV. Jahrhunderts.* S. 82.

Die Kleidung. 113

legte man „rynnen, od' kaeneren"[1] (Gossen) an, um „das waſſer, das do herab troff vō den dechren — weñ es regnet zuoſamen zuo ſamlen."[2] Auf diese Weise enthielt ein „wîtez unde langez hûs"[3] nicht nur „keyler"[4] (Keller), „kuchin"[5] (Küche), „thale"[6] (Diele) und „bün"[7] (Boden), auf welcher letzteren man Früchte lagerte[8], sondern auch verschiedene „kamern"[9], die entweder als Schlafraum[10], oder als „gewandkamer"[11] dienten, vor allen Dingen aber zahlreiche „ſtubē"[12], von denen das „guldin ſtübelin" zum Essen benutzt ward.[13] Da es im Winter weder an „reüffen", noch an „tyeffen kaltē ſchnee"[14] fehlte, so wollte man natürlich „ein warm ſtuben haben"[15], und daher waren „oefen"[16], um sich zu „wermē"[17], in den Zimmern aufgestellt. An den Öfen befanden sich „ofen thürlin", „wā (denn) ſo d' flam zuo dē ofen uſzſchlecht (ausschlägt) ſo thuo mā nur dz ofen thürlin zuo ſo erloeſchet dz feür ſelber, mā darff es nit loeſchen."[18]

---

[1] Geyler von Keyſerſzberg, Poſtill. teyl II. S. XXVI. Pred. Am Frytag noch Inuocauit. — [2] Ebendas.
[3] Berthold, ed. F. Pfeiffer. Bd. I. S. 295.
[4] Geyler von Keyſerſzberg, Poſtill. teyl II. S. III. Pred. über das Euangelium an der Eſchermitwoch.
[5] Derselbe, Der haſz im pfeffer, die zehēt eygēſchafft des haeſzlins.
[6] H. Leyser, Deutsche Predigten des XIII. und XIV. Jahrhundertes. S. 40.
[7] Geyler von Keyſerſzberg, Poſtill. teyl III. S. LXXXI. Pred. Am Fünfftzehenden ſonnentag noch Trinitatis. — [8] Ebendas.
[9] Geyler von Keyſerſperg, Der haſz im pfeffer, die dreyzehēd eygēſchafft des haeſzlins.
[10] Berthold, ed. F. Pfeiffer. Bd. I. S. 121. Geyler von Keyſerſzberg, Poſtill. teyl II. S. LXXVIII. Pred. Am Sonnentag Oculi.
[11] Derselbe, Der haſz im pfeffer, die neünd eygeſchaft des haeſzlins.
[12] Derselbe, Poſtill. teyl I. S. X. Pred. An dem heyligen wynachttag.
[13] Ebendas. teyl. III. S. LXXXVIII. Pred. Am Sibentzehenden ſonnentag noch Trinitatis.
[14] Joannis Taulery Predig An V. ſontag nach der dry künig achtet. S. XIX.
[15] Geyler von Keyſerſzberg, Poſtill. teyl II. S. IIII. Pred. über das Euangelium an der Eſchermitwoch. — [16] Ebendas. teyl II. S. CV. Pred. Am Zynſtag noch Judica. teyl III. S. LXIIII. Pred. Am Neünden ſonnentag noch Trinitatis.
[17] Geyler von Keyſerſperg, Der haſz im pfeffer, die dreyzehēd eygēſchafft des haeſzlins. — [18] Ebendas., die zehēt eygēſchafft des haeſzlins.

II. Kapitel.

Aber nicht nur für die Behaglichkeit, sondern auch für den Schmuck des Hauses pflegte man Sorge zu tragen. Wie schon die alten Deutschen die Wände mit einer Art von Malerei und farbigen Zeichnung verzierten[1], so war das gleiche auch noch im Mittelalter Gebrauch. Berthold deutet dies an, wenn er auf die Schrecken des Fegefeuers mit den Worten hinweist: „Unser fiur daz ist gegen dem vegefiure als dâ ein fiur an einer want gemâlet stêt."[2] Ebenso sagt Tauler, indem er den Luxus seiner Zeitgenossen hervorhebt: „Und bawen groffe heüfer, und malē die mit affenheit (Thorheit), und daryn ziehen fy wunder und irer finnen luft."[3] Aufserdem, dafs man die Wände bemalte, liebte man auch, Papierbilder an dieselben oder an die Thüren zu kleben. Von einem solchen Papierbilde ist bei Geiler die Rede: „Kanstu weder schreiben noch lesen, so nim ein gemolten brief für dich, doran Maria die muter gots und Elisabeth gemolt seind. Du kaufest einen umb ein pfenning."[4] Wie schon aus dieser Stelle erhellt, war der Gegenstand der Malerei meist der biblischen oder Kirchengeschichte entnommen. Namentlich die Heiligen wurden gern, und zwar ein jeder mit einem charakteristischen Kennzeichen abgebildet: so der heilige Michael mit einer Wage in der Hand, St. Jakob mit den „muschelen", „sanct Johans under dem krütz", Johannes der Täufer „mit eim kemeltier (Kamel) kleid und mit eim lemblin."[5] Derartige Darstellungen waren so häufig, dafs sie als Belehrungsmittel für die gelten konnten, welche nicht zu lesen verstanden. Schon in Wackernagels altdeutschen Predigten heifst es einmal: Die Schrift, welche den mit dem Lesen Unbekannten gegeben ist, „daz ist die gemelze (Gemälde) —, daz man da malet von den heiligen"[6], und Geiler wiederholt: „Wer aber nitt lesen kan, derfelb — gang dorafter (da nach) umb, unnd fehe, wo es an den wenden gemolet ift. wann (denn) die gemaeld, die felben feind dein buecher, die du lefen unnd verfton kanft."[7]

---

[1] Quaedam loca diligentius inlinunt terra, ita pura ac splendente, ut picturam ac lineamenta colorum imitetur, Tacitus, *de Germ.* cap. XVI.

[2] Berthold, ed. F. Pfeiffer. Bd. II. [S. 11, vgl. Bd. I. S. 127 u. F. Pfeiffer, *Deutsche Mystiker des 14. Jahrhunderts*. Bd. I. S. 16.

[3] Joannis Taulery *Predig Uff unfers herren fronlichnamstag*. S. LXIX.

[4] H. Rinn a. a. O. S. 13. — [5] Ebendas. — [6] Ebendas.— [7] Geyler von Keyferfzberg, *Poftill*. teyl III. S. XXX. Pred. An dem heyligen Pfingftag.

Ein Zeichen ganz besonderen Glanzes aber war es, wenn man die Wände mit „rückelachen"[1], d. i. Teppichen zwischen dem Rücken und der Wand bekleidete. Es scheint, sie wurden an Speeren befestigt und mit diesen ringsherum im Zimmer aufgestellt.[2] Von solchen Teppichen heifst es in einer Predigt bei Leyser: „Die ummehenge (Umhänge) ziren daz huos"[3] (Haus), und kurz vorher lesen wir bei dem nämlichen Autor, dafs, wenn ein König erschiene, „ein igelich (jeglicher) menfche — bedeckete daz ertriche (Erdreich) mit rofen und mit bluomen duorch den guoten ruoch (Geruch). er behinge die wende mit ruckelachen."[4]

Weist schon dies auf einen gewissen Luxus in den Wohnungen hin, so scheinen sich namentlich die „bürge"[5] (Burgen) der Ritter dadurch ausgezeichnet zu haben. Bei dem Bau derselben mufsten arme Leute Hand- und Spanndienste leisten, so dafs Berthold erklärt: „Alsô sint ouch (auch) zweier hande (Arten) ûzsetzikeit an den hiusern, an der gewaltesaere (Gewalthaber) hiusern, ûf den bürgen: — Diu êrste ist, daz sie arme liute twingent (zwingen), die müezent steine füeren, die holz, die ir êhalten (Dienstboten) dar lîhen, die selbe dâ würkent mit ir eigener zerunge, und muoz allez daz dâ heime lân (lassen) stân (stehen), des im not waere."[6] Ja, diese Bedrückung mufs sehr häufig gewesen sein, da derselbe Autor mehr als einmal darauf zurückkommt. „Ir herren", so sagt er in einer anderen Predigt, „daz gêt iuch (euch) aber an, ir ritter, daz ir als (so) gerne hiuser bûwet (baut) mit armer liute schaden. Der muoz iu (euch) eine woche helfen, der einen tac, ie dar nâch und iuch (euch) guot dunket; der mit sîme (seinem) vihe und mit im selben, unde der mit sîme knehte (Knechte), und erwürget etewenne

---

[1] F. J. Mone, *Anzeiger f. Kunde der teutschen Vorzeit*, VII, 590.
[2] Vgl. Wolfr. v. Eschenbach, *Parzival* in Wolframs Werken, ed. K. Lachmann. 60, 7: „Die wende gar behangen mit spern al umbevangen" (umfangen).
[3] H. Leyser, *Deutsche Predigten des XIV. Jahrhundertes*. S. 41.
[4] Ebendas. S. 40.
[5] Berthold, ed. F. Pfeiffer. Bd. II. S. 4. Bd. I. S. 215. H. Leyser, *Deutsche Predigten des XIV. Jahrhundertes*. S. 82.
[6] Berthold, ed. F. Pfeiffer. Bd. II. S. 120.

(bisweilen) sîn vihe an iuwern (euren) hiusern, daz der acker allez daz jâr deste (desto) wirser (übler) wirt gebûwen"[1] (gebaut).

Gewöhnlich waren die Burgen auf hohen Bergen gelegen, und es führten zwei Wege, ein Fußweg und ein Fahrweg, zu denselben hinauf. Berthold bemerkt hierüber: „Jr seht wol daz, ûf die grôzen bürge (Burgen) ûf den hôhen bergen dâ gênt (gehen) ûf etelîche ouch (auch) zwêne (zwei) wege ûf: der (derer) gât (geht) einer für sich die rihte (Richte) und ist aber etewâ smal und enge. Sô ist der ander breit und wît (weit) und gêt aber verre (fern) hin umb (um) an dem berge und er get doch hinz (bis) ûf die burc: der heizet der wagenwec, wan (denn) in gênt (gehen) die wegene (Wagen). — Und swer (wer) den pfat wil gân (gehen), der ist vil sneller ûf die burc danne (als) der den wagenwec gêt. Er ist aber herter ze gân, wan (denn) dâ ist der berc hôher. Sô ist der wagenwec gemechlîcher und aber lancsam."[2]

„Strenge buorge"[3] hatten ein „burgetor"[4], das ein „torwarte oder portenaere"[5] (Pförtner) bewachte, und, waren dieselben mit verschiedenen Thürmen, Mauern und Gräben versehen, so redete man von einem Kastell. „Jz (es) wizzet wol mine herren", so heifst es in einer Predigt bei Wackernagel, „da man ain chaftel erziugen (schaffen) fol. da muret man umbe (um) ain uil uefte mure. unt tribet da innerhalbe uf ainen uil ueften tuorn (Thurm). die mure befetzet man mit den wahtaeren (Wächtern). den tuorn behaehet (behängt) man mit den fchilten. unt mit gefchuotze. unt mit ander flaht (Schlacht) gewaefen (Waffen). unt daz diu mure unt der tuorn defte baz (mehr) bewart fi. fo grebet man darumbe (darum) einen uil tiefen graben".[6] Ähnlich äufsert sich Geiler in seiner Postille: „Das caftell hatt ein mur mit einem hohen thurn. Weñ (denn) nüt anders ift ein caftell, weder (als) ein mur mit eim (einem) thurn. oder ein thurn der umbgeben ift mit einer muren."[7]

---

[1] Berthold, ed. F. Pfeiffer. Bd. I. S. 122. — [2] Ebendas. Bd. II. S. 154—155.
[3] H. Leyser, *Deutsche Predigten des XIV. Jahrhundertes*. S. 68.
[4] W. Wackernagel, *Altdeutsche Predigten und Gebete*. S. 26.
[5] *Iwein* v. Hartmann v. Aue, ed. Benecke u. Lachmann. 227. 240.
[6] W. Wackernagel, *Altdeutsche Predigten und Gebete*. S. 41.
[7] Geyler von Keyferfzberg, *Poftill*. teyl IV. S. XVII. Pred. An unfer lieben Frawen Himelfart tag.

Unten im Thurm befand sich das Gefängnis, in das man die Gefangenen „warf und in stöcke legen hiez."[1] Es scheint, als ob man ziemlich schnell solche Freiheits- oder ähnliche Strafen verhängte, denn Geiler beklagt sich: „So bald einer eim (einem) rars (Rats) herren, eim Ammeifter[2], drytzehener (Mitglied des Kollegiums von dreizehn), oder fünfftzehener (Mitglied des Kollegiums von fünfzehn) übel redt, ftracks würfft man jn in ein turn, uñ (und) fellet das urteil wider jn, das mā (man) jn under die fchindbruckē (Schindbrücke) fol werffen, er muoffz waffer trincken. Und befchicht (geschieht) jm gnod (Gnade), fo verbütet mā jm das läd"[3] (Land). Zugleich gibt derselbe Prediger den Unterschied zwischen den deutschen und lombardischen Gefängnissen an. „Es woren nitt gefencknifz", so sagt er von den Gefangenhäusern zur Zeit Johannis des Täufers, „als wir in tütfchē läden gefencknifz haben, do man einē in ein tuorn würfft, uñ darnach niemās zuo jm kūmen mag, funder worent (waren) vergetterte kercker, das man eins mocht dodurch fehen, uñ mit jm reden, uñ zuo uñ von gon weñ man wolt. Als noch hüt bytag man folliche kercker hatt in Lombardy, und man ouch des mols (damals) zuo Rom gehebt hett, do dañ vil heiliger marterer gefangen gelegen feind, die gemartert feind wordē."[4]

Wurden die Häuser von den Bürgern und die Burgen von den Rittern bewohnt, so pflegten die Könige in einer „phalinze"[5] (Palast) zu residieren. Namentlich letztere mögen so „luftige wonūgen"[6] gewesen sein, dafs Tauler davon sagt: „So vil und fo mancherley ift des wunders — an gezimmer uñ gebeüwe, und vil mancherley, d' man den zweiteil (die Hälfte) nit bedoerfft."[7] Solch „ein fchloffz"[8],

---

[1] Berthold, ed. F. Pfeiffer. Bd. II. S. 91. — [2] Die höchste Würde in Strafsburg; vgl. Fritsche Closeners *Strassburgische Chronik*, ed. Strobel, in d. *Bibliothek des liter. Vereins in Stuttgart*. 1843. Bd. I. S. 101: „Si (sc. die Strafsburger) sazten ouch IIII meister nach der alten gewonheit, und einen ammanmeister, der ein houbet (Haupt) solte sin der antwerke."

[3] Geyler von Keyferfzberg, *Poftill.* teyl II. S. XV. Pred. Am Sonnentag noch Inuocauit.

[4] Ebendas. teyl I. S. IIII—V. Pred. Am dritten Sonnentag des Aduents.

[5] W. Wackernagel, *Altdeutsche Predigten und Gebete*. S. 6.

[6] Joannis Taulery *Predig Uff eins heiligen Marters tag*. S. CCXXVI.

[7] Derselbe, *Predig Am XX. Sontag nach Trinitatis*. S. CXXIIII.

[8] Berthold, ed. F. Pfeiffer. Bd. II. S. 4.

das auch caftrum genannt ward — „nam improprie, heiffet caftrū, ein fchloffz"[1] — war nämlich nicht nur mit zahlreichen Waffen geschmückt, sondern es waren auch grofse Wasserbassins und Springbrunnen darin angebracht. Lesen wir doch bei Geiler: „Defzgleichen machen fie fchier ein halb Zeughaufz daraufz (sc. aus den „Lufthaewfern"), haben hin unnd wider an den Wenden viel langer Spiefz, Hacken, Buechsen und fchwerter hangen, alles allein zum bracht (Pracht) unnd hoffart. Darnach haben fie auch eygen Badtftuben, Weyher, See, Fifchtroeg unnd fpringendt Brunnen in der Kuchen (Küche) oder im Saal, unnd in fumma was fie nur erdencken moegen, fo zu wolluft dienet, das bringen fie ohn alles dauren (Bedauern) zu wegen, unnd hencken alles darann fo jhn (ihnen) jmmer mueglich ift."[2] Während aber der Palast die Winterwohnung der Könige war, bezogen dieselben im Sommer gern leichte Zelte oder Pavillons auf dem Lande. Von Bedeutung hierfür ist folgende Stelle aus einer Predigt bei Leyfer: „Die kuonige haben den fitten daz fi gerne gen uoz irm (ihrem) palafe und fint in den paluonen (papilio, Pavillon). als daz graz fchone ift und di bluomen und aller hande cruot und wuorze (Wurzeln) richhende (riechend) fin, in dem velde und in dem walde."[3]

Bildeten Häuser, Burgen und Paläste die Wohnung der Laien, so gab es für die Mönche und Nonnen „klôster"[4], wie denn Berthold „frouwen clôster und mannes clôster"[5] erwähnt. Sie waren „in einem islīchen (jeglichen) bistuome, in ieglīcher gegende"[6] zu finden und so reichlich dotiert, dafs Geiler ermahnt, über den Mönchen die Armen nicht zu vergessen: „Nitt heiffz ich dich das ftoffen (stopfen) in uns pfaffen uñ münch, od' kloefter, od' kirchē buwen (bauen), uñ die armē menfchē lon (lassen) verderbē, die do feind lebēdige ftein, die man uffbuwē (aufbauen) folt, als uns gott gebottē hat."[7] Gewöhnlich befand sich bei dem Kloster ein „klôster-

---

[1] Geyler von Keyferfzberg, *Poftill.* teyl III. S. XXXXIIII. Pred. An dem Anderen fonnentag noch Trinitatis. — [2] Derselbe, *Welt Spiegel, oder Narren Schiff.* S. 53. — [3] H. Leyser, *Deutsche Predigten des XIV. Jahrhundertes.* S. 36.
[4] Berthold, ed. F. Pfeiffer. Bd. II. S. 239. — [5] Derselbe, ed. Kling. S. 229. — [6] Derselbe, ed. F. Pfeiffer. Bd. II. S. 239.
[7] Geyler von Keyferfzberg, *Poftill.* teyl II. S. IIII. Pred. über das Euangelium an der Effchermitwoch.

hof"[1], um den ein „krûzeganc"[2] (Kreuzgang) herumlief, und im Inneren waren "zellen"[3] für die Bewohner eingerichtet. In diesen Zellen stellten die Nonnen soviel Hausrat auf, dafs Geiler verlangt: „Sie follē haben ein gemeyn (gemeinsam) gewandkamer, nit dz ein yegliche ir zel (Zelle) vol hufzrats hab uñ dariñ fitz als ein lufz im grind."[4] Ähnlich wie die Zellen der Mönche waren auch die Hütten, in denen die Einsiedler ihr Leben verbrachten, eingerichtet. So erzählt Hermann von Fritslar von St. Antonius, der nach St. Paulus der erste Einsiedler war: „Dô machte her (er) ein hûsichîn (Häuschen) verre (fern) von den lûten (Leuten), und grup ein grap in sîner zellen, alse (als) der klûsenêr (Klausner) gewonheit ist, daz si gedenken sullen alle tage daz si sterben sullen."[5]

Von allen diesen Wohnungen wird nun in hygienischer Beziehung gefordert, dafs sie in ihren sämtlichen Teilen gut und gehörig gebaut seien. „Ein guot hufz", sagt Geiler, „dz do ein guot hufz heiffzet, do fol nitt allein die ftub guot fein, funder ouch der off (Ofen), die fenfter, und dz tach, der keyller (Keller), uñ das pfülmēt (Fundament) und alles das zuo einem guoten hufz gehoert. Denn weñ ein hufz guot ift, uñ aber ein boefen keyller od' offen hatt, fo fpricht man. Es wer ein guot hufz, wenn der keyller und der off guot wer. Zuom aller mynften (mindestens) ift genuog zuo eim boefen hufz, dz nūmen (nur) ein ftuck boefz fey."[6] Weiterhin soll Reinlichkeit in demselben herrschen. Deshalb sind „winkel und vinftere löcher"[7] zu tadeln, und es soll nicht erst bei festlichen Gelegenheiten geschehen, was eine Predigt bei Leyser angibt: „Queme (käme) ein kuonik (König) oder ein ander grozer herre zu uns —. ein igelich (jeglicher) menfche machete fin huos (Haus) fchone (schön) und reine und ftrieche abe daz fpynebeth (Spinnewebe) und daz hor (Schmutz)

---

[1] *Marienlegenden.* Stuttgart 1846. 17, 1.
[2] F. Pfeiffer, *Deutsche Mystiker des 14. Jahrhunderts.* Bd. I. S. 239
[3] Ebendas. Bd. I. S. 100.
[4] Geyler von Keyferfperg, *Der hafz im pfeffer, die neünd eygēfchaft des haefzlins.*
[5] F. Pfeiffer, *Deutsche Mystiker des 14. Jahrhunderts.* Bd. I. S. 60.
[6] Geyler von Keyferfzberg, *Poftill.* teyl II. S. XI. Pred. Am Freytag vor Inuocauit.
[7] Berthold, ed. F. Pfeiffer. Bd. II. S. 77.

von der thale (Diele). area. caf (Kaff, Getreidehülse). und fteyne und ftoub (Staub) daz tete er hin"[1] (weg). Sehr ausführlich aber äufsert sich über die Hygiene der Wohnung Gottschalk Hollen, einer der Hauptvertreter des rationalistischen Nützlichkeitsprinzipes unter den Homileten des 15. Jahrhunderts. In einem seiner Sermones super epistolas dominicas sagt er: Ein Haus baut man zu verschiedenen Zwecken, um sich gegen die Witterung zu schützen und um Leben und Gesundheit zu erhalten. Damit dieser Zweck erreicht werde, hat man aber mancherlei zu beobachten. So mufs man sein Haus nicht in Thälern, sondern der besseren Luft wegen auf frei gelegenen Höhen erbauen, und ebenso darf reines Trinkwasser in der Nähe desselben nicht fehlen. Thüren und Fenster sollen nach Norden gerichtet sein, weil der Nordwind gesunder als der feuchte Südwind ist. Gemüse- und Obstgärten um das Haus sind empfehlenswert, weil sich damit nicht nur Gelegenheit zu Spaziergängen bietet, sondern durch ihren Anblick auch die Seele erheitert wird. Endlich mufs man auch auf die Nachbarschaft achten und um des Geräusches willen nicht an die öffentliche Strafse oder neben eine Mühle oder Schmiede bauen. Andrerseits ist man aber auch dem Nachbarn gewisse Rücksichten schuldig; denn viele sündigen, indem sie denselben den Platz wegnehmen und ihnen das Licht und die Luft verbauen.[2]

---

[1] H. Leyser, *Deutsche Predigten des XIV. Jahrhundertes.* S. 40.
[2] R. Cruel a. a. O. S. 507.

III. Kapitel.
Die Prostitution und Unsittlichkeit.

Bei unseren bisherigen Erörterungen haben wir bereits mehrfach gezeigt, wie sehr unsere Prediger den Luxus, sei es im Essen und Trinken, sei es in der Kleidung, verwerfen. Ein wichtiger Grund hierfür ist ihnen unter anderem auch die Erfahrung, dafs jede Art der Üppigkeit einen starken Anlafs zur Sinnlichkeit gibt und so leicht sexuelle Excesse herbeiführt. In der That liefs die Sittlichkeit des nicht selten üppigen Mittelalters denn auch recht viel zu wünschen übrig, wie dies sofort erhellen wird, wenn wir zunächst auf das Prostitutionswesen näher eingehen. Demselben dienten besondere „huorenn hüfer"[1], auch „offene hiuser"[2], „frawen hüfer"[3] oder „offne frawēhüfer"[4] genannt. Es scheint, als ob sie meist in der Nähe des Stadtgrabens lagen, da Berthold die Prostituierten als die „boesen hiute ûf dem graben"[5] oder „die boesen hiute, die

---

[1] Geyler von Keyferfzberg, *Poſtill.* teyl I. S. XXIIII. Pred. Am II. Sōnentag noch dem Achten der drey künig tag. Derselbe, *Der haſz im pfeffer, die neünd eygēſchaft des haeſzlins.*

[2] Berthold, ed. F. Pfeiffer. Bd. I. S. 327. Bd. II. S. 190.

[3] Geyler von Keyferfzberg, *Poſtill.* teyl III. S. XXXXVII. Pred. An dem Anderen fonnentag noch Trinitatis. Ebendas. teyl IV. S. XXII. Pred. An des heyligen apoſtel fanct Mattheus tag.

[4] Derselbe, *Der haſz im pfeffer, die dreyzehēd eygēſchafft des haeſzlins.*

[5] Berthold, ed. F. Pfeiffer. Bd. II. S. 110.

ûf dem graben gênt"[1] (gehen), bezeichnet. Doch gab es sicher auch anderswo „Huren winckel"[2] und „plaetze do man fpyl macht von huorenwerck."[3] Auf die verschiedenste Weise suchten „die gemeynē dirnē"[4] hierhin die Männer zu locken, wie wir denn von einer solchen, Namens Maria, lesen: „Die felbe was ockert (eben) ein gemeine wip allen den die ir bofheit mit ir wolden triben. und die iz (es) ungerne taten die notiegete fie dar zu."[5] Dies Nötigen geschah, indem sich die Mädchen nicht nur auf das schönste schminkten[6] und mit Bändern behingen[7], sondern auch sonst in einer Weise putzten, dafs sie den vornehmen Frauen nicht im geringsten nachstanden. Interessant ist in dieser Beziehung eine Äufserung des Grafen Eberhard von Württemberg, welche Geiler mitteilt: „Zwuefchen edlen wybren und huoren, do ift kein underfcheid d' kleyder halb, hort ich eineftvon groff Eberhartē von Wuertemberg. Entweders unfzer frawē (fprach er) habend es gelert von den huoren, od' aber die huorē habē es gelert võ unfzeren frawē. deñ fye gond (gehen) gleich."[8] Aber auch sonst gab es Anziehendes in den öffentlichen Häusern genug, denn es wurde dort geschmaust und gespielt, gesprungen und getanzt. Geiler bezeichnet ein Frauenhaus als ein solches, „do man leckery iñ tribt unnd fpilt"[9], und ein andermal sagt er, indem er das Verhalten des Volkes bei den Kirchweihen tadelt: „Sollich plitzenn (blitzen, sich schnell bewegen), gumpen (tanzen) unnd füllenn gehoert in die huorenn hüfer."[10]

Unter diesen Umständen ist es begreiflich, dafs gar viele „den huoren noch lieffen"[11] und „Huren winckel fuchten"[12] und dafs

---

[1] Berthold, ed. F. Pfeiffer. Bd. I. S. 207, S. 231 u. S. 415.
[2] Johan Geyler, *Welt Spiegel, oder Narren Schiff*. S. 44.
[3] Derselbe, *Poftill.* teyl I. S. XXII. Pred. Am erften Sonnentag noch dem Achten der heiligen dry künig tag.
[4] Ebendas. teyl IV. S. XXII. Pred. An des heyligen apoftel fanct Mattheus tag.
[5] H. Leyser, *Deutsche Predigten des XIV. Jahrhundertes.* S. 102.
[6] Berthold, ed. F. Pfeiffer. Bd. I. S. 207. — [7] Derselbe. Bd. I. S. 415.
[8] Geyler von Keyferfzberg, *Poftill.* teyl IV. S. XXII. Pred. An des heyligen apoftel fanct Mattheus tag.
[9] Ebendas. teyl II. S. LXXX. Pred. Am Montag noch Letare.
[10] Ebendas. teyl I. S. XXIIII. Pred. Am II. Sōnentag noch dem Achten der drey künig tag. — [11] Ebendas. teyl III. S. LXVIII. Pred. Am Neünden fonnentag noch Trinitatis. — [12] Derselbe, *Welt Spiegel, oder Narren Schiff.* S. 44.

Berthold von den puellis publicis sagen konnte: „Ir tiuvele, daz sint ouch eine iuwer (eurer) diener, die liebesten eine, die ir habt, wan (denn) sie gebent iu (euch) etelîches tages fünf sêle oder zehen oder zweinzic."[1] Ja, er redet von solchen, die „in einem offenen hûse sitzent, dâ hundert zuo in (ihnen) gênt"[2] (gehen), oder „die dem tiuvel alle tage manic tûsent sêle antwurtent (überantworten), ie diu (jede) sêle umb einen helbelinc (halber Pfennig) oder einen pfenninc."[3] Zu denjenigen, welche die Bordelle aufsuchten, gehörten sogar nicht selten die Priester und Mönche. Wenigstens bestimmte die Stadt Nördlingen im Jahre 1472, dafs die Geistlichen jene Häuser bei Tage betreten und nur nicht die Nacht in denselben zubringen durften.[4] Eine besondere Versuchung, in die Bordelle zu gehen, mochte auch in dem geringen Lohne liegen, den die öffentlichen Dirnen für ihr Gewerbe empfingen. Als ein derartiger Lohn wurde schon erst „ein helbelinc oder ein pfenninc" angeführt. Berthold erwähnt die gleiche Summe noch oft[5], oder er klagt, dafs die Prostituierten „ie die (jede) sêle ze hallern (Heller) gebent."[6]

Es bedarf wohl kaum der Erwähnung, dafs unsere Prediger, wie auch späterhin Luther[7], diese Verbreitung und öffentliche Duldung der Unzucht mit allen Kräften bekämpfen. Die feilen Dirnen werden als „buebiñen"[8] von ihnen gebrandmarkt. „Vî, unflât!"[9], so rufen sie über dieselben aus, oder sie erinnern sie an das Schriftwort: „Maledictus qui accipit munera ut percuciat animam innocentum —. ‚Verfluochet sîn die pfenninge darumbe nement, daz sie einem andern menschen sîn sêle ermordent'."[10] Sie charakterisieren sie ferner als „jegerinne des leidigen tiuvels"[11], als „des tiuvels vorboten und

---

[1] Berthold, ed. F. Pfeiffer. Bd. II. S. 148—149.
[2] Derselbe. Bd. I. S. 327. — [3] Derselbe. Bd. I. S. 207.
[4] Hüllmann, *Städtewesen des Mittelalters*. Bd. IV. S. 262.
[5] Berthold, ed. F. Pfeiffer. Bd. I. S. 207. Bd. II. S. 219.
[6] Derselbe. Bd. II. S. 110.
[7] Luther zog schon 1520 in seinem *Sermon von guten Werken* und in seiner *Schrift an den christlichen Adel deutscher Nation* gegen die Prostitution zu Felde.
[8] Geyler von Keyferfperg, *Der hafz im pfeffer, die dreyzehed eygefchafft des haefzlins.* — [9] Berthold, ed. F. Pfeiffer. Bd. II. S. 219. —
[10] Ebendas. — [11] Ebendas. Bd. I. S. 207. Bd. II. S. 110.

des tiuvels korder"[1] (Lockspeise) und nennen sie „diu gemeinen fröuwelîn, sie heizent aber niht fröuwelîn, wan (denn) sie habent frouwennamen verlorn und wir heizen sie die boesen hiute ûf dem graben, wan sie nement ouch gote etelîches tages vil sêle und gebent sie dem tiuvele, daz ir niemer mêr rât wirt."[2] Berthold macht namentlich noch darauf aufmerksam, dafs sie auch ihren eigenen Leib durch ihr Gewerbe zu Grunde richten. „Wê dînem lîbe unde dîner sêle!"[3], so hält er ihnen vor, und um ihres wüsten Treibens willen meint er von ihnen: „Nû seht ir wol, daz sie niemer guoten tac gelebent, als billich ist."[4] So sind sie denn nach fünf oder zehn Jahren kaum noch einem Menschen ähnlich: „Daz trîbent sie fünf oder zehen jâr, und alle die wîle und (die ganze Zeit, dafs) sie einem menschen gelîch ist."[5]

Auch von der Prostitution abgesehen, war der aufsereheliche Verkehr der beiden Geschlechter sehr häufig. Berthold bezeichnet denselben als „unê (Konkubinat), dâ ein lediger man ein ledigez wîp hât"[6], oder er sagt davon: „Ez heizet daz unkiusche, daz die nescher unde die nescherin naschent von einem ze dem andern, als daz vihe"[7], wie dies oft bei Ledigen der Fall sei. War doch die angeborene, von allen Zeugen gerühmte Keuschheit der alten Germanen[8] längst verloren gegangen und an deren Stelle eine weit verbreitete sittliche Laxheit getreten. Berthold weifs nicht oft genug zu klagen, in wie grofse Kreise die Unzucht eingedrungen sei. „Diu ander sünde ist eht (eben) unkiusche", üufsert er. „Dâ mit vert vil nâhe (beinahe) alliu diu werlt (Welt) zuo der hellen"[9]

---

[1] Berthold, ed. F. Pfeiffer. Bd. II. S. 110. — [2] Ebendas. Bd. II. S. 148. — [3] Ebendas. Bd. I. S. 207. — [4] Ebendas. Bd. I. S. 231. — [5] Ebendas. Bd. II. S. 149. — [6] Ebendas. Bd. II. S. 69. — [7] Ebendas. Bd. I. S. 106.

[8] Qui diutiffime impuberes permanserunt, maximam inter suos ferunt laudem: hoc ali staturam, ali hoc vires nervosque confirmari putant. Intra annum vero vicesimum feminae notitiam habuisse, in turpissimis habent rebus, Caesar, de bell. gall. lib. VI. cap. 21. Quamquam severa illic matrimonia: nec ullam morum partem magis laudaveris, Tacitus, de Germ. cap. XVIII. Nemo enim illic vitia ridet: nec, conrumpere et conrumpi, saeculum vocatur, Ibid. cap. XIX. Sera juvenum Venus; eoque inexhausta pubertas. nec virgines festinantur; eadem juventa, similis proceritas. pares validaeque miscentur, ac robora parentum liberi referunt, Ibid. cap. XX.

[9] Berthold, ed. F. Pfeiffer. Bd. I. S. 82.

(Hölle); „wan (denn) der (derer) ist sô vil die mit der unê eht umbegênt (umgehen) unde dem fleische sînen willen lânt!"[1] (lassen) „und ist halt als (so) gewonlich diu selbe sünde und als gemeine worden, daz ir (ihrer) nû nieman ahtet (achtet) und niht danne ein gespötte ist."[2] „Der selben untugende ist alse (so) vil worden", wiederholt er, „daz man drûffe niht ahten (achten) wil unde daz der (derer) gar lützel (wenig) ist, die sich ir (ihrer) schamen wellent"[3] (wollen), oder er erklärt, „daz man lützel (nicht) iendert (irgend) dehein (ein) hûs vindet, daz vor den selben sünden gar reine sî."[4]

Wie leicht begreiflich, waren es vor allem die jungen Leute, welche sich der Unzucht ergaben. Berthold bemerkt hierüber: „Unde dâ von habent die tiuvel den jungen liuten den stric geleit (gelegt) der unkiusche, wan (denn) in (ihnen) verlocket daz herze dar nâch und in stêt der muot nâch deheiner (keiner) sünde sô sêre sô (als) nâch der unkiusche"[5], ja, er redet die Jugend an: „Nû seht, ir jungen liute, dâ ist kein sünde iuwer (eurer) natûre sô gelîch. — Seht alsô sît (seid) ir, jungen liute, heizer natûre, als ouch (auch) diu selbe sünde."[6] Sehr anschaulich schildert Geiler, wie viel Mühe es die jungen Männer sich kosten lassen, um zu ihrem Ziele zu gelangen: „Deñ will der unkufch fleifchlich luft überkumen, er muoffz umblouffen uñ grofz arbeit dorum haben, ee es jm würt. Er muoffz dē meytlin (Mägdlein) zuom dickren (öfteren) mol mit der luten (Laute) hoffyeren im winter fo es fchnyhet uñ vaft (sehr) kalt ift jn moecht frieren das er zankleppert, uñ gerotet jm ebē als fchier nit als es jm gerottet, würt jm ettweñ (bisweilen) kum zuofehen. Ich will gefchwigen des unglicks dz fye haben umb das hertz, küffent dē ring zuonacht an d' thuorē, uñ fchloffent nüt, uñ moegen nüt effen."[7] Hören wir hier von einem folchen, der einem Mädchen nachftellt, fo ift an einer anderen Stelle von jungen Gefellen die Rede, welche „gedencken, wie fye die und die fraw überkemen"[8]

---

[1] Berthold, ed. F. Pfeiffer. Bd. I. S. 469. — [2] Ebendas. Bd. I. S. 82. — [3] Ebendas. Bd. I. S. 105. — [4] Ebendas. Bd. I. S. 469. — [5] Ebendas. Bd. I. S. 480. — [6] Ebendas. Bd. II. S. 139.
[7] Geyler von Keyferfzberg, Poftill. teyl III. S. LXV. Pred. An dem Neünden fonnentag noch Trinitatis. — [8] Ebendas. teyl III. S. LXVII. Pred. An dem Neünden fonnentag noch Trinitatis.

III. Kapitel.

und, sobald sie dieselbe gewonnen haben, enttäuscht von ihr sind: „Ihr fehen wol, menger (mancher) waenet, er wer felig, moecht jm nůmen (nur) die fraw werdē. Er fchetzt es grofs, wann fye ift jm nit gegenwürtig. Dorumb fo loufft er ir noch und hatt vil unglücks umb das hertz, ee er fye überkumpt. Und weñ er ir ein halb jor ettwenn (bisweilen) nochgelouffen ift, und hat den ring an der thueren zuo nacht kuffet, uñ hatt ir hoffiert mit der luten (Laute), und das noch groffer arbeit angft und not, jm hinden noch (hinterher) fchon gelingt, das fye jm würt, fo fpricht er. Ift es nit me (mehr) dañ (als) das? Alfo ift es nitt halber alfo vil, als es was, ee er fye überkam."[1]

Von den jungen Männern, „die einer megede (Jungfrau) ir magettuom (Jungfernfchaft) dâ nement"[2], werden vor allem die Knechte genannt. Berthold sagt von der „mortlîchen (mörderischen) axt" der Unkeuschheit: „Dâ wirt gar vil — knehte und junger liute mit ermordet in den êwigen tôt."[3] Nicht besser als um die Knechte war es auch um die jungen, oft nur halb erwachsenen Söhne des Hauses bestellt. „Wan (denn) daz aller êrste ûz der schaln (Schale) sliufet (schlüpft), daz bewillet sich (zeigt sich willig) nû mit der selben sünde: — die knehte unde die süne — sint alles nescher."[4] Insbesondere ermahnt Berthold die Mütter, ihre Töchter vor den jungen Studenten zu hüten: „Wan diu schüelerlîn wartent vil eben wanne ir ûz gêt, daz sie iuwer (euer) kint verrâten."[5] Überhaupt scheint es wenig Männer gegeben zu haben, die noch unbefleckt in die Ehe eintraten: „Wan ez verdienet maniger der jugende mit sînem genesche und sô er zuo der ê (Ehe) kumt, daz in sîn hûsfrouwe niemer alse wertlichen (achtungswert) gehandelt hât, als er gerne saehe; wan sie kom im reineclichen zuo, sô hât er sich dicke (oft) verunreinet, sô hie, sô dâ, und waenet daz er gote und sîner reinen hûsfrouwen als (so) genaeme sî als er sîn niht tuot."[6] Ja,

---

[1] Geyler von Keyferfzberg, *Poftill*. teyl III. S. XXVI. Pred. An dem heyligen Pfingftag.
[2] Berthold, ed. F. Pfeiffer. Bd. I. S. 205.
[3] Ebendas. Bd. II. S. 69. — [4] Ebendas. Bd. I. S. 82.
[5] Ebendas. Bd. I. S. 470.
[6] Ebendas. Bd. II. S. 141.

Berthold ist der Ansicht: „Die jungen liute die hebent alle mit der unê (Konkubinat) an zuo dem êrsten. Und der (derer) ist vil und vil, wunder und wunder, ir tiuvele, die alle zem êrsten in iuwern (euren) dienest vallent mit der selben sünde und iemer mêr (immerfort) dar innen blîbent."[1] Vielfach wurde auch noch kurz vor der Verheiratung der eheliche Verkehr anticipiert, wovon Geiler sagt: „So man will ein Ee machen, ſo beruofft man die guotten fründ haerzuo, und die nochburen. und der pfaff im dorff muoſſz auch dobey ſein. — Aber vor der kirchen würt erſt beſtaetiget die Ee, durch das jnſegnē des prieſters. Und aber ee die Ee gemacht würt, ſo ligent ſye ettweñ (bisweilen) zuoſamen, das iſt vor nnd ee ſye zuo kirchen mit einander gangen ſeind. Unnd das ſolt nitt ſein. wenn (denn) do haer kumpt, das es ſo ſelten wolgerotet."[2] Zum Teil lag die Urſache hiervon darin, daſs es früher der kirchlichen Einsegnung nicht bedurfte, damit eine Ehe gültig sei, sondern daſs bestimmte symbolische Handlungen dazu genügten.[3]

Aber auch „ein alter stecke (Stecken), ein alter schedel" wurde oft genug noch „mit unkiusche gevâhen"[4] (gefangen). Berthold sagt von der letzteren: „Nû seht, welch ein schelklich (bösartig) strik unde schedelich er iu (euch) jungen liuten ist! wan (denn) er ist sunderlîche der jungen liute. Ist nû iendert dekein (irgend ein) alter schedel, der sich in den selben strik beſtrûchet (verstrauchelt) hât mit altmüeden beinen, der ist ſô gar der tiuvel geſpöte und wirt ſô gar ze laster unde ze schanden, nû des êrsten an der sêle und an dem jungesten suontage (Sühnetag) an lîbe und an sêle."[5] Ebenso warnt Geiler die Eltern um ihrer Töchter willen noch mehr, als vor den jungen Knechten vor den alten Reitern und Schälken: „Und wenn üwere (eure) knecht mit uch (euch) an die predigen (Predigt) gond (gehen), ſo ſtellent ſye vor üwer (euer)

---

[1] Berthold, ed. F. Pfeiffer. Bd. II. S. 151.
[2] Geyler von Keyſerſzberg, *Poſtill.* teyl III. S. XCVI. Pred. Am Zwentzigſten ſonnetag noch Trinitatis.
[3] W. Wackernagel, *Kleinere Schriften.* Bd. I. S. 32—33.
[4] Berthold, ed. F. Pfeiffer. Bd. I. S. 416.
[5] Ebendas. Bd. I. S. 413.

angeficht, das fye nit moegent von uch (euch) wychen, und geftattent jnen nit, das fye widerumb heym gond. denn fye gond leckeryen (Unsittlichkeiten) noch, und gefchenden uch üwere toechter wie iung fye feind, die wil (während) ir predigen hoeren. Befunder (besonders) thuond das ettwenn (bisweilen) die alten rüter uñ fchelck, die XL jor alt feind. wann fye feind frevel (frech) und onfchamhafftig, und dovon ift den felben alten fchelcken minder zuo getruwen (trauen), dann (als) einem iungen der do XVI oder XVIII jor alt ift. Solliche buoben folt man fchwemmen. Seyen (seid) gewarnet. ich kan uch nit me fagen, dañ ich red ufz keim (keinem) bocks horn."[1] Derselbe Geiler gibt auch an, wie eine ehrbare Frau sich verhalten soll, wenn ein älterer Mann ihr unsittliche Anträge macht: „Redt ein witziger man mit einer frawē umb dz kappē gelt (Mantelgeld), fie fpricht ftracks zuo im (ift fie achter froṁ) Alter narr lafz mich darvon."[2] Insbesondere wird über die Unkeuschheit der Witwer Klage geführt, „die dâ naschent sam (wie) daz vihe, sô sîn gemechede (Ehegemahl) stirbet. — Wan (denn) ez erbîtet (wartet) etelicher (mancher) kûme hinz (bis) ir drîzigester (dreifsigster Tag nach dem Tode) vergêt oder vil lîhte (vielleicht) ir sibender: sô gêt er ie sâ einer zuo der andern."[3]

Schon oft aufgefallen ist die Unbefangenheit und Schonungslosigkeit, mit der die Prediger die sittlichen Mängel des eigenen Standes darlegen. Tauler bemerkt, dafs die Klausner und Klosterleute ihre Gedanken so oft in der Welt umherschweifen lassen und auf diese Weise sich leicht einem unmoralischen Wandel ergeben: „Aber wie wol dz etlich mēfchē ingefchloffen feind in klaufen uñ in kloeftern, fo ift doch ir hertz und ir gemuet fo weit ufzgefpreit (zerstreut), und umbfchweiffend in die welt, und in die manigfeltikeyt zergengklicher fachē, und herwiderūb findt mā etlich die an eym (einem) offen iarmarckt geend (da doch allerhand kauffmāfchafft uñ vil manigfeltigkeit ift) uñ dannocht ir hertz uñ fynn fo gar in-

---

[1] Geyler von Keyferfzberg, Poftill. teyl III. S. XXXI. Pred. An dem heyligen Pfingftag.
[2] Derselbe, Von den fyben fchwertern, das fybent fchwert.
[3] Berthold, ed. F. Pfeiffer. Bd. II. S. 188.

gefchloffen uñ verhuet feind, dz nit ein kleins ding von allem difem gewerb fy ires inwēdigē frydes entfetzet, noch jn (ihnen) etwas fchaden mag, unnd dife heyffent vil billicher kloefterleüt, der (deren) hertz uñ muot alfo gar in got vereiniget ift, dañ (als) ihene, die mit iren fynnē uñ gedanchē fo gar zerftroeüwet feind, das fy nit ein ave maria lang ir hertz bey einand' behabē moegē, wie wol fy die kloftermurē umfchlieffent."[1] Die Folge dieses Wohlgefallens an weltlichen Dingen ist, was Geiler hervorhebt, dafs eine jede Ehrbarkeit bei den Mönchen verloren gegangen sei: Klosterleute „und Münch, das feind eerliche nāmen. Man kan fye nit eerlicher nennē. — Nonnus heiffzt ein Münch. Aber yetzendan feind es fchandtliche nammen, als wir meynen. Von keiner erberkeit wiffen wir mee (mehr). dozuo ift es kumen."[2] Inwiefern aber die Ehrbarkeit in den Mönchskreisen aufgehört habe, darüber spricht derselbe Prediger sich mit dem gröfsten Freimute aus: „Die mañ cloefter, die ir offen heiffē, es feīd nit cloefter, es feīd huorhüfer."[3]

Nicht besser als um die Mönche war es um die Priester in sittlicher Beziehung bestellt. Schon Pseudo-Albertus, ein Prediger des vierzehnten Jahrhunderts, klagt über das überhandnehmende moralische Verderben des Klerus.[4] Ebenso sagt Geiler von dem Schwerte der Unkeuschheit: „Es fchlecht (schlägt) — priefter, geiftlich perfonē, uñ underthon, fchont nyemāts."[5] So verbreitet war diese Sünde unter dem geistlichen Stande, dafs er über die Pfarrer urteilt: „Wer kein metz hatt, der ift yetzt from gehaltē, er fey ioch wie geytig (habgierig) er woell."[6] Ja, nach ihm ist der moralische Zustand der Pfaffen oft schlimmer als derjenige ihrer Gemeindeglieder: „Gemeynlich feind fye groeffer buobē weder (als) ire underthon in beyden ftaetē (Ständen). Was der gemeyn man ftrycht, das huffent fye. Hat der gemeyn man ein huor, fo hatt ein folicher

---

[1] Joannis Taulery, *Predig Uff die kirchwyhe*. S. CCXL.
[2] Geyler von Keyferfzberg, *Poftill*. teyl IV. S. XXI. Pred. An des heyligen apoftel fanct Mattheus tag. — [3] Derselbe, *Die Emeis*. S. XV.
[4] R. Cruel a. a. O. S. 435.
[5] Geyler vō Keyferfperg, *Von den fyben fchwertern, das fybent fchwert*.
[6] Derselbe, *Poftill*. teyl IV. S. XXIIII. Pred. An des heyligen apoftel fanct Mattheus tag.

wol drey oder fyer."[1] Demselben Gedanken begegnen wir auch bei Tauler mit etwas anderen Worten: „Du folt des ficher fein dz fy dafz nit hilfft noch behuet dz fy priefter find, wañ die priefterfchafft macht fy nit beffer noch heiliger (ach nein) —. Aber dein leben mag wol beffer fein dann ir leben."[2] Dabei war es besonders bedauerlich, dafs, während der Laie um seiner Unsittlichkeit willen vom Abendmahl ausgeschlossen ward, dem Priester das gleiche Verhalten völlig ungestraft hinging: „Ein leyg, der got (geht) numen (nur) ein mol im jor zuo dem facrament, und das verbütet man jm, umb der metzen willen. und fein oberer, der priefter, hatt alle tag meffz, god alle tag (alfo zuoreden) zuom facrament, unnd hatt nit allein eine, funder zwo oder drey metzen, uñ do wider redt nyeman, weder bischoff noch bader (Pater), noch feine amptleüt."[3] Geiler gibt auch den Grund an, warum die Amtleute zu der Unkeuschheit des Geistlichen schweigen: „Worumb? Dorumb. Der richter hett villichter felbs ein metz zuo hufz fitzen, die er zücht. Der procurator hatt auch eine. Und der Fifcal auch eine, uñ der büttel, der den armen anzücht (beschuldigt), auch eine, und feind all buoben, und wellend (wollen) einen kleinen buoben ftroffen."[4] Überhaupt waren die bischöflichen Hofhaltungen ganz besonders ein Sitz ausschweifenden Lebens, und die gelehrten Baccalaureen, wie die Bischöfe selbst, gingen hier mit verwerflichem Beispiel voran. „Man fchickt uns" Geistlichen, so äufsert wiederum Geiler, „den wein in den keller, und dz korn in denn kaften —, Darüb das wir unfers dinges foellen warten, gottes dienft volbringen uñ was uns zuoftott (zusteht) nit gibt mã es uns, das wir drey oder fier huoren an dem barren haben zeziehen, als da thuon die ftoltzen Baccalarien an den bifchoffs hoeffen, uñ feind die bifchoff mit dem felben volck umbhengt, als ein Jacobs bruoder mit muofchlen, das fol nüt."[5]

In der Regel lebten die Priester mit ihren Zuhälterinnen

---

[1] Geyler von Keyferfzberg, *Poftill*. teyl II. S. XXXVI. Pred. Am Zynftag noch Reminifcere.
[2] Joannis Taulery *Predig Uff unfers herren fronleichnamstag*. S. CCIIII.
[3] Geyler von Keyferfzberg, *Poftill*. teyl III. S. LIIII. Pred. An dem Fyerdten fonnentag noch Trinitatis. — [4] Ebendas.
[5] Geiler võ Keiferfperg, *Die Emeis*. S. IX.

geradezu in wilder Ehe und zeugten Kinder mit ihnen. Der um 1245 verstorbene Cäsarius von Heisterbach bezeugt dies, wenn er von einem Mönche erzählt, dafs er sein Kloster verliefs, ein Pfarramt antrat und eine Konkubine ins Haus nahm, „wie es bei vielen Sitte ist."[1] Ein andermal redet er von „den Konkubinen der Priester, wie sie leider heut zu Tage viele ohne Scheu bei sich halten."[2] Bezeichnend ist auch, was er über die Gewohnheit der ehrbaren Frauen in einem gewissen Kirchspiel mitteilt. Sobald der Pfarrer desselben sonntags die Kanzel bestieg, nötigten sie, um ihn zu beschämen, seine Konkubine mit erheuchelter Ehrfurcht, vor ihnen zu stehen, damit er sie sehe.[3] Nicht weniger offen spricht Berthold von den Pfäffinnen oder Weibern der Pfaffen und von den Kindern, welche die letzteren von diesen besitzen. Als er einmal predigt, dafs die Beichtväter verschwiegen sein sollen, läfst er einen Hörer einwerfen: „Bruoder Berhtolt, ich hân (habe) gehört, daz etelîche pfaffen die bîhte (Beichte) sagen ir (ihren) wîben"[4] (Weibern). Er setzt aber gleich hinzu: „Des geloube ich niht" und urteilt über einen solchen, der es dennoch thäte: „man solte in vermûren, daz er niemer mensche noch tageslieht (Tageslicht) gesaehe."[5] In einer anderen Predigt verbietet er: Du sollst nicht zur Ehe nehmen deines Paten Kind, der dich aus der Taufe gehoben hat, es sei Laie oder Priester, woran er in dramatischer Weise folgenden Dialog anknüpft: „Bruoder Berhtolt, nû fürhte ich mir." Jâ wes fürhtest dû nû? „Dâ hân (habe) ich des pfaffen kint, der mîn pfarrer dâ ist." Hât er dich eht (eben) niht getoufet noch erhaben (gehoben) ûz dem toufe? „Nein er! wan (denn) er was dannoch niendert (damals noch nicht) ûf der pfarre." Sô gesegen dir sie got! dînes pfarrers kint maht (magst) dû wol nemen, ez sî sîn sun (Sohn) oder sîn tohter."[6] Hierher gehören auch die Anklagen, welche in polemischen Auslassungen von Ordensleuten besonders gegen die Dorfpfarrer erhoben werden, dafs sie in wilder Ehe lebten und nur für ihre Konkubinen und Kinder sorgten.[7] Ein nicht weiter

---

[1] R. Cruel a. a. O. S. 269. — [2] Ebendas. — [3] Ebendas. S. 270.
[4] Berthold, ed. F. Pfeiffer. Bd. I. S. 351. — [5] Ebendas.
[6] Ebendas. Bd. I. S. 313—314.
[7] R. Cruel a. a. O. S. 645.

bekannter Landpriester der Diöcese Meifsen verteidigt sich und seine Genossen freilich gegen diesen Vorwurf, indem er in seiner *Epistola de miseria curatorum* vom Jahre 1439 schreibt: „Dies und alle anderen üblen Folgen hat der Pfarrer der willkürlichen Aufhebung der Priesterehe zu verdanken, und doch gestatten die Bischöfe allerwärts das Konkubinat gegen eine bestimmte Abgabe und sanktionieren es gleichsam, indem sie diese Steuer auch von denen erheben, welche ihre eigne Schwester oder Mutter zur Haushälterin haben."[1] Scheute sich ausnahmsweise ein Priester, eine Konkubine in seiner Pfarre zu haben, so mietete er sie wohl bei anderen Leuten ein. Daher versichert Berthold einem Hauseigentümer: „Ist dîn hûs mit rehte (Recht) gewunnen, dennoch mac dîn hûs ûzsetzic (aussätzig) sîn, daz ist aber aller meiste armer liute hiuser, die wizzentlich unrehtez volc hânt (haben) in ir (ihren) hiusern, als die einem pfaffen sîn wîp behaltent durch ein wênic nutzes."[2]

Trotzdem die Priester meistens im Konkubinat lebten, suchten sie dennoch hier und da junge Frauen zu verführen. Geiler deutet dies an, wenn er von den Beichtvätern, den Leutpriestern und Pfarrern sagt: „Es feind etwan die iungen frawē die alte mañ hōd, zuo denē gond (gehen) die felbē vaetter gern heim in die heüfer, fagē uñ ratē inē, uñ fchreybē in (ihnen) ein buechlin."[3] Ähnliches thaten auch wohl die höheren Geistlichen, und so konnte es vorkommen, dafs „ein oberer ein eebrecher ftrofft, unnd er felbs ein eebrecher ift."[4] Sogar von Kohabitation mit geweihten Nonnen und von Blutschande ist bei Priestern einmal die Rede. In einer Predigt bei Wackernagel heifst es hierüber: „Alfo ift es ouch umb den priefter. Swie (wie) blind fwie hofroht (bucklicht). und fwie krumb

---

[1] R. Cruel a. a. O. S. 646. Auch bei den lutherischen Geistlichen kehren bei den ersten kursächsischen Kirchenvisitationen im Jahre 1528 immer und immer die bekannten Köchinnen wieder; vgl. Burkhardt, *Geschichte der sächsischen Kirchen- und Schulvisitationen.* Leipzig 1879.

[2] Berthold, ed. F. Pfeiffer. Bd. II. S. 120.

[3] Geyler von Keyferfperg, *Der hafz im pfeffer, die zwoelft eygēfchaft des haefzlins.*

[4] Derselbe, *Poftill.* teyl III. S. LII. Pred. Am Fyerdten fonnentag noch Trinitatis.

(verkehrt) er fi an finem leben mit den fünden. fo ift doch fin ampt fchoen. und luter (lauter). und raine. — Und daz wiffe ain ieglich mentfch. daz ain priefter bi ainer gewihten nunnen waer gelegen. oder bi finer fwefter, oder bi finer muoter. der mentfch fol den priefter nit bitten ze fingenn. Singt aber der priefter des tages meffe. So folt du daz geloben (glauben) daz er riuw habe. und folt fin meffe als (so) gern hoeren. als ob fant peter da fungi."[1] Unter diesen Umständen ist es begreiflich, dafs eine Leysersche Predigt die Geistlichen nicht Hirten, sondern Wölfe der Christenheit nennt:. „Die vuorften (Fürsten). pebifte. cardinale. bifcholue. apte. probifte erzpriftere. pherrere. und aller hande prelaten. geiftlich und werltlich. di die criftenheit folden bewarn und hirten foldin fin ober die fchaf unfers herrin ihesu crifti. die fin wolue."[2] Dementsprechend redet auch Berthold davon, „swie (wie) vil priester ze helle (Hölle) sî —. Man vindet ouch bischove dâ und ebbete und prôbeste, die vindet man alle ze helle"[3], wogegen Geiler hervorhebt, dafs es doch auch noch rühmliche Ausnahmen unter den Geistlichen gebe: „Darumb, daz éin pfaff unrecht thut, darumb seind si nit alle schelk. Noch seind sie es nicht allesamen, darumb so lug, was du urteilest, man findet noch vil frummer obern."[4] Die grofse Masse freilich hält auch er für sittlich verkommen, indem er zugleich angibt, wer die Schuld an diesem traurigen Zustande trage. Es sind die Laien, insbesondere die adligen Kirchenpatrone, welche keine besseren Pfarrer haben wollen: „Weñ efel, ftalbuoben, kutzenftricher (die den Huren nachstreichen), unerber leüt, lecker (sittenlose Menschen) unnd buben, follich leycht volck dinget man yetz, uñ findent gar bald ein (einen) conductor der fye dingt. denen frogt man noch. Aber die erbern dingt man nit. weñ (denn) nieman frogt vō d' leer, deñ allein, ift er ein guot gefel, uñ ein guotter boffz (Bube)? Do werdēt deñ Byfchoeff ufz, uñ Cardinel, uñ werdent jnen dorzuo die aller feiffeften

---

[1] W. Wackernagel, *Altdeutsche Predigten und Gebete.* S. 80—81; vgl. Berthold, ed. F. Pfeiffer. Bd. I. S. 531.
[2] H. Leyser, *Deutsche Predigten des XIV. Jahrhundertes.* S. 109.
[3] Berthold, ed. F. Pfeiffer. Bd. II. S. 41—42.
[4] Geiler bei H. Rinn a. a. O. S. 11.

pfruondē. Deñ die pfruondē habē zuoverlyhē als die edlē, die felbē ftellēt yetz noch folliche leychtē leütē. Ey fprechent fye, er kan wol predigē, uñ die facramentē darreichē, was darff es wytters? So doch ein follicher bafz (recht wohl) kan im brett (Schachbrett) fpylē, uñ den habich bereittē, uñ birffzē uñ beitzē. Difze pfaffen dingt mā. Alfo gots yetz in d' welt. Mā darff aber dē pfaffē die fchuld nitt geben. dann ir leigen wellen (wollt) follich pfaffen haben."[1] Was insbesondere den Pabst, die Kardinäle und Bischöfe anlangt, so werden ihre Stellen durch nichts anderes als durch Kauf und Bestechung gewonnen: „Do ift kein vernunfft nitt, weder in dem Bobft, noch in den Cardinaelen, noch in den Bifchoeffen. Wie kumpt es fprichft du? Es kumpt alfo, und ift dovon. Wenn (denn) das Bobftumb ſunnd Bifchtumb, uñ die pfruenden, und der plunder, dz würt yetzendan (jetzt) ufzgeteilt durch Simon, das ift durch Simony. Dann Petrus ift fifchen gangen. Nit teilet mans ufz noch wyfzheit, dz man frog, ob ein obrer gelert oder ungelert fey, frum oder unfrum, oder ob er wyfz fey. Nein überal nit, nit ein tropffen. Sunder allein noch Simony. Wann (denn) denen, die die felben beftechen, denen werdent die pfruondē, die werdenn dem volck fürgefetzet. und alfo dem noch macht man yetzendan Baebft, Cardinael, und Bifchoeff."[2]

Aufser der Unsittlichkeit, wie sie sich in dem aufserehelichen Verkehr der beiden Geschlechter kund gab, ist noch von einer besonderen Art von Unkeuschheit bei den Männern die Rede. Geiler gedenkt derselben mit den Worten: „Die dritt Schell ift, ein luft haben auff bloffe haut fzugreiffen, nemlich den Weibern oder Jungfrawē an die Brueftle zugreiffen. Dann es feiu etliche darauff gantz geneigt, das fie meinē, fie koennen mit keiner redē, fie mueffen jr an die Brueftle greiffen, dafz ift dann ein groffe geilheit."[3] Berthold aber spielt auf die Betastung der weiblichen Genitalien an, indem er unter den verschiedenen Gelüsten des Fleisches anführt: „Daz vierde daz schentlich küssen. Daz fünfte diu schentlich begrifunge

---

[1] Geyler von Keyferfzberg, *Poftill*. teyl I. S. XXX—XXXI. Pred. Am Sönentag Septuagefima.
[2] Ebendas. teyl III. S. LII. Pred. Am Fyerdten fonnentag noch Trinitatis.
[3] Johan Geyler, *Welt Spiegel, oder Narren Schiff*. S. 186.

der lider"[1] (Glieder). Über die Männer, die sich auf diese Weise verfehlen, urteilt er entrüstet: „Und eteliche tuont sô getâniu dinc, daz sie niemer dehein (irgend ein) reinez dinc. solten an grîfen, weder wîn noch brôt noch becher noch schüzzeln nóch den galgen: sie waeren des halt niht wert, daz sie den narten (Trog) solten an grîfen, dar ûz diu swîn ezzent, noch deheine krêatiure, die diu werlt (Welt) ie gewan."[2] Auch die Onanie überhaupt, wie die gegenseitige Onanie im besonderen wird bei Geiler erwähnt: „Die ander Schell ift, ein Wolluft fuchen inn dem greiffen feiner oder eines andern heimliche glieder —. So einer nothhalben fich oder ein andern in folchen gliedern angreifft, ift es kein fuendt, fo man aber folches Wollufts halben thut, ift es ein groffe fuendt."[3] Noch bestimmter spricht sich derselbe Prediger an einer anderen Stelle hierüber aus, wo er einem jungen Manne empfiehlt, nicht morgens nach dem Erwachen noch lange im Bette zu verweilen, „wañ fo er bleybt ligen, uñ dē teufel gerat den bratē hin uñ her wendē, begebē fich zuom dickern (öftern) mal fchwaerer fünden, die da alfo gehandelt werdē, on mañ od' frawē bey inē felbs, weder (als) fo fie die mit den wercken funft volbraechtē."[4] An dem gleichen Orte wird nicht nur auf die Onanie, sondern auch auf die Päderastie und Sodomiterei, welche letztere mit dem Scheiterhaufen bestraft ward, hingewiesen. Über die mancherlei Weisen, der Lüste zu pflegen, erfahren wir hier: „es fey mit eygen freündt fchenden, — es fey mit der ungenanten unkeüfcheit, darumb man die leüt verbrent, oder fich fchamlich fchantlich felbs anrueren, die gemecht im oder andern, dz da nützer gefchwigē ift dañ (als) geredt, woelche unkeüfchheit d' teüfel felbs haffet, uñ darab fpeüwet (speiet) und fpricht, pfey pfey."[5] Die „ungenannte Unkeuschheit" der Sodomiterei findet als besonders verabscheuungswürdig auch bei Berthold Erwähnung: „Maledictus qui dormit cum omni iumento. — Pfi, schantflecke, bistû iendert (irgendwo) hie, vil wunderlichen balde in starke

---

[1] Berthold, ed. F. Pfeiffer. Bd. II. S. 140.
[2] Ebendas. Bd. I. S. 207.
[3] Johan Geyler, *Welt Spiegel, oder Narren Schiff.* S. 185.
[4] Derselbe, *Von den fyben fchwertern, das fybent fchwert.* — [5] Ebendas.

buoze oder an den grunt der helle, wan (denn) diu helle ist mit dir geschendet. Vî, verfluochter man, der mit der selben sünde umbe gât, — verfluochter kneht —: die sint alle verfluochet, sie sin gelêret oder ungelêret, arm oder rîch, die sint verfluochet vor dem der sîn muoter hât. Wan diu selbe unkiusche ist noch groezer, danne (als) der sîn muoter hât. „Bruoder Berhtolt, wir enwizzen (wissen nicht) waz dû meinest." Sich, daz ist mir daz aller liebeste. Nû seht in iuwer herze, ob ir ie kein dinc getaetet an der heimelîche, des ir iuch hie noch dort vor schanden getorstent (getraut zu) bîhten (beichten): ein schalkhaft herze verstêt mich wol."[1]

Nicht weniger als die Männer waren auch die Frauen der Unzucht ergeben. Ein Teil derselben ließ sich durch „zuotrîberinnen"[2] (Zutreiberin) oder „trüllerinnen"[3] (Kupplerin) für die Männer gewinnen. Es ist besonders Bertholt, der diese „trüllerinnen" immer wieder erwähnt. Er nennt sie „des tiuvels jagehunt (Jagdhund) und des tiuvels wahtelbein"[4] (Lockpfeife) und sagt von ihnen: „Die andern jeger, die ouch (auch) under den frouwen sint, die verjagent ouch dem almehtigen gote manige sêle, daz ir (ihrer) niemer rât wirt. Daz sint die trüllerinne unde die trîberinne (Treiberin), die manige reine sêle verjagent ûz (aus) der hulde unsers herren; wan (denn) die behielten sich iemer wol unde reine âne (ohne) die selben trîben. Daz der tiuvel inner zehen jâren niemer mac zuo bringen (zu stande bringen), daz füeget sie inner vier wochen etewenne (bisweilen) oder etewenne in zwein oder ê (eher). Jr bürger, ir soltet sie ûz der stat slahen (schlagen), wan ir habet êrbaere hûsfrouwen. Unde tuot ir des niht, sô müget ir wol leidigen schric (Schreck) dâ von geleben"[5] (erleben). Ähnlich äußert er sich in einer anderen Predigt, wo er den Frauen vorhält: „Als ir frouwen, ir habent (habt) einerleie râtgeben, die heizent trüllerin: die verrâtent iu (euch) sêle und êre: wan daz der tiuvel in vier jâren oder in sehs (sechs) jâren niht geschaffen mac noch gerâten (raten), daz râtent si in vier wochen oder lîhte (leicht) ê; und man solte die

---

[1] Berthold, ed. F. Pfeiffer. Bd. II. S. 218—219. — [2] Ebendas. Bd. I. S. 25. — [3] Ebendas. Bd. I. S. 67. — [4] Ebendas. Bd. II. S. 219. — [5] Ebendas. Bd. I. S. 208.

selben râtgeben mit hunden ûz der stat hetzen."[1] Mit etwas veränderter Wendung hören wir wieder von solchen berichten, die den Teufeln unter den Frauen besonders wert sind: „Daz sint die niht genüeget an ir selbe genesche (ihrem eigenen Gelüste), sie wellent (wollen) dannoch umbe gân (umgehen) mit fremeden genesche. Pfî, ir tiuvele, die sint iu gar liep als die trüllerinne, des tiuvels jagehunde die dem tiuvele mêr sêlen antwurtent (überantworten), dan (als) ir eines sêle, wan sie verrâtent dem sîn tohter, dem sîn swester, dem sîn nifteln (Nichte), dem sîn hûsfrouwen, dem sîn dierne. Vî, Jûdasen swester, verrâterin an maniger sêle, sich (sieh), dîn marter wirt groezer dâ ze helle danne (als) der (derjenigen, welche) die sünde tuont"[2] (thun). Auch über den Lohn, der den Kupplerinnen zu teil ward, erhalten wir bei Berthold Auskunft, wenn er von ihnen sagt: „Wan sie wellent (wollen) niht würken (arbeiten) noch anderz schaffen wan (als) verrâten und warsagen und zoubern und liegen und triegen. — „Waz welt ir mir geben: ich lêre iuch daz iu der man holt wirt." Sô sprichet sie zuo dem man: „Welt ir mir zwêne (zwei) schuohe koufen? Ich gewinne iu die oder die." Man gît (gibt) ir zwêne schuohe."[3] „Sie kâmen den almehtigen got sô wolveil an niht die sêle, die dû im alsô verkoufest umbe zwêne schuohe oder lîhte etewenne (bisweilen) kûme umbe zwêne pfenninge oder gar umbe sus"[4] (umsonst). Besonders waren es die Witwen, die gerne Kuppelei trieben, wie gleichfalls Berthold berichtet: „Die dritten witewen den (denen) wirt der lôn weder oben ûf dem himele noch hie niden noch der êliute (Eheleute) lôn noch dehein (irgend ein) lôn, danne (als) an dem grunde der hellen bî Judas. Daz sint die trüllerinne unde die antragerinne, der nieman mêr ze keiner bôsheit geruochet (Neigung hat). — Jr bürger und ir edeln liute, ir sult in (ihnen) iuwer (euer) hûs verbieten und ouch die stat und ouch daz lant sol man in verbieten."[5]

Bei vielen Frauen und Mädchen bedurfte es freilich der Kupplerinnen gar nicht, da wir von ihnen hören: „Aber die mann doerffen nit me (mehr) werben umb die frawen. Die iungen meytlin (Mädchen)

---

[1] Berthold, ed. F. Pfeiffer. Bd. I. S. 6. — [2] Ebendas. Bd. II. S. 189. —
[3] Ebendas. — [4] Ebendas. Bd. I. S. 336. — [5] Ebendas. Bd. I. S. 335.

luogen yetz felber wo, und wie fye die mañ verderben. und ift ein arm ellend ding worden."[1] Namentlich suchten sie die Mönche und Pfaffen in ihre Netze zu ziehen, so sehr auch gerade diese Sünde mit hohen Kirchenstrafen bedroht war. Beteuert doch Bertholt: „Ir frouwen, die bî gewîhten priestern ligent, daz ist ouch der wirsten (schlimmsten) mortexte einiu, die der morder (sc. der Teufel) iendert (irgend) hât."[2] „Dâ hüete sich alliu diu werlt (Welt) vor. Ez sî ein man, der orden in einem klôster habe, unde lît (liegt) ein frouwe bî dem unkiuscheklîche, diu ist sâ (sogleich) zehant (auf der Stelle) in dem hoehsten banne, den got in himel und ûf erden hât, ob sie halt nieman niemer ze banne getuot. — Ir sult sie fliehen unde schiuhen (scheuen) als liep iu (euch) himelrîche ist. Swer (wer irgend) sie hûset oder hovet oder schirmet, der wirt in der selben schulde begriffen."[3] Trotzdem aber wird von den jungen Mädchen berichtet: „Die iungen toechteren, uñ die iungen meytlin gedencken, wie fye ettwann münch, unnd pfaffen haerumb bringen"[4], und den Frauen macht Geiler zum bitteren Vorwurf: „Das man aber inn den kloefterenn zuo erften meffen (Kirchweih), oder funft zuo anderen zeitten follich buobenteding uffrichtet, unnd das die frowen in die kloefter gond (gehen), unnd mitt den münchen uff unnd ab hupffent, und in die zellenn und winckel dorafter (danach) fchlieffent (schlüpfen), das ift einn offentlicher mifzbruch, unnd fol nitt geftattet werden. denn kein frow fol in kein münch klofter nit gon. es ift luter buobenteding. Menge fromme frow got in ein klofter, und aber got ein huor wider herufz. Doran feind fchuldig ir mann, die do eweren (euren) wyberen follichs geftatten."[5]

Aber auch auf andere als Mönche und Priester pflegten es die Mädchen abzusehen. Daher legten sie sich gerne in das Fenster,

---

[1] Geyler von Keyferfzberg, *Poftill.* teyl III. S. LXVII. Pred. An dem Neünden fonnentag noch Trinitatis.
[2] Berthold, ed. F. Pfeiffer. Bd. II. S. 69; vgl. Bd. II. S. 109 u. S. 256.
[3] Ebendas. Bd. I. S. 130.
[4] Geyler von Keyferfzberg, *Poftill.* teyl III. S. LXVII. Pred. An dem Neünden fonnentag noch Trinitatis.
[5] Ebendas. teyl I. S. XXIIII. Pred. Am II. Sönentag noch dem Achten der drey künig tag.

um von den jungen Männern gesehen zu werden[1], oder man „uant (fand) fi" aus dem gleichen Grunde „an der gazzen unt an der ſtrazze ſpilent"[2], oder sie putzten sich mit Schminke und Kränzen, damit man sähe, daſs sie feil wären und sich den Männern ergäben: „Die andern meide vî!", sagt Berthold hiervon, „die sint dem tiuvele gar und gar vil lieber danne (als) die êrsten. Daz sint alle die ir magetuom (Jungfernschaft) veile tragent ze unê und ze unstaete (Unstätigkeit) und sich an pflanzent (schmücken) sô mit varwen, sô (wie) mit schappeln (Kopfputz von Blumen) gên (zum) tanzen, daz man sehe daz sie veile sî, als der ein ros (Roſs) verkoufen welle, der stôzet (steckt) im ein zil (Augenziel, Zeichen) ûf, ein loup (Laub) oder etewaz und stricket (bindet) im den zagel (Schwanz) ûf: sô sihet man daz ez veile ist."[3] Von solchen Mädchen, auch wenn sie nicht zu Falle kommen, heiſst es dann weiter: „Die alsô ir magetuom veile tragent ân (ohne) ê (Ehe) darumbe daz vil manne umbe sie werben, swie (wiewohl) sie ein maget sî an dem fleische, wirt sie alsô funden, ir wirt niht der meide (Mädchen) lôn noch der witewen lôn noch der êliute (Eheleute) lôn. Ir wirt der lôn daz ir sêle niemer mêre rât wirt, bezzert sie ez gote niht anders, wan (denn) buoze (Buſse) ist ze allen zîten ûz genomen."[4] Für gewöhnlich aber wurden „gar vil diernen" so durch Unkeuschheit „ermordet in den êwigen tôt."[5] Denn wir erfahren von gar manchen, „die den magettuom verliesent (verlieren) — âne (ohne) ê[6] (Ehe), und Berthold geht noch weiter, wenn er versichert: „Die dierne — unde die töhter sint alles — nescherin"[7] (Anhängerin fleischlicher Gelüste). Nicht selten werden auch die Witwen um ihres unsittlichen Verhaltens willen getadelt. Denn obgleich Berthold dieselben mehr als einmal erinnert: „Ju (euch) witewen hât der almehtige got ouch geboten daz ir kiusche sît. Swie (obgleich) ir den magettuom verlorn habet zer ê oder zer unê, sô müget ir

---

[1] Geyler von Keyſerſzberg, Poſtill. teyl III. S. LXI. Pred. An dem Achtenden ſonnentag noch Trinitatis.
[2] W. Wackernagel, Altdeutsche Predigten und Gebete. S. 42.
[3] Berthold, ed. F. Pfeiffer. Bd. II. S. 187—188.
[4] Ebendas. Bd. II. S. 188. — [5] Ebendas. Bd. II. S. 69.
[6] Ebendas. Bd. II. S. 100. — [7] Ebendas. Bd. I. S. 82.

daz himelrîche wol gewinnen mit der kiusche (Keuschheit), daz ir iemer mêre kiusche blîbet mit dem leben der kiuschekeit"[1], so wurde doch von vielen dies Gebot nicht beachtet. „Daz sint die witewen, die dâ naschent sam (wie) daz vihe, sô sîn gemechede (Ehegemahl) stirbet."[2] Von diesen sagt Berthold, indem er sie mit den Witwen vergleicht, welche die Zeit statt mit Arbeiten mit Schwatzen verbringen: „Ez sî frouwe oder man die alsô lebent mit ir (ihrem) witewentuome, die sint dem tiuvele michel (viel) lieber dan (als) aber die êrsten."[3]

Noch öfter als die Witwen werden die Nonnen als solche genannt, welche sich einer Übertretung des Keuschheitsgebotes schuldig machen. Allerdings war es eine schwere Sünde, „geiſtliche perſonen zuo ſchwechē"[4] oder „bî geistlîchen liuten ze ligen, die gote gemehelt (vermählt) sind."[5] Es wird auch ausdrücklich erklärt: „In dem hôhen banne vervarnt — alle di bî nunnen ligent, die orden habent in kloestern, die sint alle in dem hôhen banne und alle die sie beschirment, die kument (kommen) alle in den vierden frîthof."[6] Ja, zu besonderer Einschärfung heiſst es noch einmal: „Die bî nunnen ligent, die orden habent in klôstern. Die sint ze hant (auf der Stelle) in dem hôhen banne, daz niemer kein hoeher ban werden mac."[7] Nichtsdestoweniger aber fanden die Nonnen oft genug Gelegenheit zu verbotenem Umgang, eine Gelegenheit, die sie nur zu gerne ergriffen. War es doch schon ein Zeichen ihres unkeuschen Sinnes, was Geiler über die von ihnen beliebten Jesusknaben berichtet: „Kein moler kan kein Jesus knabē yetzt molen, on ein zeſerlin (kleines männliches Glied). Es muoſz ein zeſerlin habē (alſo ſprechē unſzer begynē[8] (Laienschwestern) uñ

---

[1] Berthold, ed. F. Pfeiffer. Bd. I. S. 476.
[2] Ebendas. Bd. II. S. 188. — [3] Ebendas.
[4] Geyler võ Keyſerſperg, Von den ſyben ſchwertern, das ſybent ſchwert.
[5] Berthold, ed. F. Pfeiffer. Bd. II. S. 141.
[6] Ebendas. Bd. II. S. 35; vgl. Bd. I. S. 130 u. S. 206.
[7] Ebendas. Bd. II. S. 69; vgl. Bd. I. S. 531.
[8] Die Vereine der Beghinen verdankten ihre Entstehung dem ausgezeichneten Volksprediger Lambert le Beghe zu Lüttich im 12. Jahrhundert; die Schwesterschaften vermehrten sich aufserordentlich im 13. Jahrhundert, als viele von der Kirche wie vom Kloster sich unbefriedigt fühlten oder wegen Armut die Einkleidung nicht erlangten.

nonnen). Uñ weñ man ein Jeſus knabē in die nonnenkloeſter gibt, hat es kein zeſerlin, ſo ſol es nüt."¹ Von den unreinen Gedanken aber war nur noch ein Schritt zu unreinen Werken, und so hören wir denn, Nonna heiſse eine Nonne auf deutsch, dieser ehrliche Name sei indessen zu einem unehrenhaften geworden.² Denn was oben über die Mannesklöster gesagt ward, wird auch von den Nonnenklöstern versichert: „Die frauwencloeſter, die nit reformiertt ſeind, — es ſeid nit cloeſter, es ſeid huorhüſer."³ Namentlich über die armen Edelfräulein, die sich in ein Kloster begeben hatten, berichtet Geiler unwillig: „Menger (mancher) armer edelman, d' do hat dry od' vier toechter, Ey ſprich er, ich hab yegkliche nit ſo rylich (reichlich) mit eeſtür (Aussteuer) in die ee zuoverſorgen, als ſich wol zimpt meinem geſchlecht. Sol ich ſye denn einem hantwercksgeſellen gebē, ſo iſt es meinen geſchlecht ein groſz ſchand. uñ alſo wilt du ſie dañ geiſtlich machē, uñ ſtoſſeſt ſye in die kloeſter hyn uñ haer umb end (und) umb. do werdent ſye deñ zuo huoren, uñ machent kind', das ſelb iſt deñ deinē geſchlecht kein ſchand."⁴

Unter den erwähnten Verhältnissen trat natürlich sowohl bei weltlichen als bei geistlichen Frauen leicht Gravidität ein, und dieser suchte man öfter auf künstlichem Wege ein Ende zu machen. Namentlich bei Berthold ist von Fruchtabtreiben die Rede, das, wie es scheint, ziemlich häufig ausgeführt wurde. Anleitung dazu pflegten die Kupplerinnen zu geben, da von einer solchen gesagt wird: „Sô lêret sie die kint verliesen"⁵ (verderben). Auf ihren Rat nahmen schwangere Mädchen einen nicht näher bezeichneten Trank ein, so daſs als besonders groſse Sünderinnen angeführt werden, „die kint verliesent, die ir kint verderbent in ir (ihren) lîben (Leibern) oder sust ein tranc trinkent, daz sie niemer kint tragende werdent und wellent (wollen) ir gelust hân (haben) mit mannen und

---

[1] Geyler von Keyſerſzberg, *Poſtill.* teyl IV. S. XXII. Pred. An des heyligen apoſtel ſanct Mattheus tag.
[2] Ebendas. teyl IV. S. XXI. Pred. An des heyligen apoſtel ſanct Mattheus tag.
[3] Geiler võ Keiſerſperg, *Die Emeis.* S. XV.
[4] Derselbe, *Poſtill.* teyl III. S. LXIIII. Pred. Am Neünden ſonnentag noch Trinitatis.
[5] Berthold, ed. F. Pfeiffer. Bd. II. S. 189.

der arbeit niht haben mit den kinden — an wie maniger sêle bistû schuldic, owê, wie dich dîn herre (sc. der Teufel) kroenet am grunde der helle."[1] Statt innerlicher wurden auch wohl äuſserliche Mittel, um den Abortus herbeizuführen, gebraucht: „Daz râtet allez der tiuvel, ê (ehe) daz kint lebendic wirt. Sô ez danne lebende wirt, sô kêret er dannoch allen sînen flîz (Fleiſs) dar an, und schündet (treibt an) und raet, wie diu muoter daz kint verderben müge in ir (ihrem) lîbe, dankes oder undankes. Er raetet ir eht (eben), daz sie tanze oder daz sie ringe oder hüpfe und ungewar (unvorsichtig) trete oder valle, oder daz sie sich harte über ein kisten neige. — Ir frouwen, schônet ouch iuwer selbe gar flîziclîche vor springen und vor schimpfe (Spiel) und vor tanzen. Daz ist iu halt ze andern zîten guot."[2] Wurde trotz dieser Maſsregeln das Kind bis zur Reife getragen, so scheuten einzelne sich nicht, ihre Hand an das Neugeborene zu legen und so eine Todsünde auf sich zu laden. Denn die „mörderin, die ir eigeniu kint mordent", werden zu denen gezählt, welche durch Fasten, durch Wachen und Kasteien nie genug büſsen können.[3] Selbst die böseste Natter, die giftigste Spinne und die unreinste Wölfin sind bessere Mütter als diese. „Mörderin dîns eigen kindes", so fragt Berthold, „wie stêt ez umbe dîne buoze? Pfî! aspis, aller natern boeste unde wirste (schlimmste), diu tuot ditz niht daz dû tuost. Under ahtleie (achterlei) spinnen diu grüene spinne, aller spinnen wirste, diu mordet ir kint niht als dû. Pfî dich, daz ie dehein (irgend ein) touf (Taufe) ûf dich kam! Wiltû der sünden unflât trîben unde der arbeit niht lîden mit den kinden? — Nû gêt ein rehter (rechter) wolf, der von unreinekeit stinket, der gêt in den tôt durch sînes kindes willen! unde daz ein getoufter mensche ein mörderin wirt irs eigen kindes, daz wizze, daz dir nôt ist der gnâden unsers herren an der buoze"[4] (Buſse).

Aber auch sonst wollten manche Frauen wohl die Wollust genieſsen, aber sich mit Kindern nicht abmühen. Daher redet Berthold von solchen, die „sich lâzent (lassen) betasten mit der hende", wobei er drohend hinzufügt: „Owê, daz ie dehein touf ûf dich kam,

---

[1] Berthold, ed. F. Pfeiffer. Bd. II. S. 109. — [2] Ebendas. Bd. II. S. 56—57. — [3] Ebendas. Bd. I. S. 67. — [4] Ebendas. Bd. I. S. 71.

dû schantflecke aller dirre (dieser) werlte, wâ (wo) dû dâ sitzest vor mînen ougen!"¹ Geiler aber bemerkt, als er „die ander Schell der boefen Weiber" befpricht: „Darnach fein etliche alfo auff Geilheit geneigt, das fie jhre begirden mit wunderbarlichen inftrumenten erfuellen, oder fich den unvernuennftigen Thieren underlegen, damit fie allein nur jhr unkeufchheit unnd unerfettigkeit volftrecken."² Von diesen Frauen meint er: „Ein Weib wenn fie die fcham von jhr leget, unnd den fchemel under den Banck ftoffet, fo ift es fchon umb fie gefchehen, unnd ift kein Ehrbarkeit mehr inn jhr."³ Berthold aber ruft über die, welche so in unnatürlicher Weise ihren Geschlechtstrieb befriedigen, aus: „Vî, verfluochte frouwe, — verfluochte dierne"⁴, und zugleich äufsert er über die Sünde, welche dieselben begehen: „Diu — ist sô unreine, daz ich dâ von niht reden tar (wage). Ich hân dâ von niht ze reden, wan sie ist noch griulîcher verfluochet danne (als) die andern alle samt."⁵ Alle, die sich so weit vergäfsen, beteuert er, würden ihrer Strafe nicht entgehen, möchten sie auch mit noch so unschuldiger Miene während der Predigt vor ihm sitzen: „Und sitzent etelîche dâ vor mir, sam (als ob) sie niht wazzer trüeben kunnen und waz sie an der heimelîche tuont daz weiz nieman baz (besser), danne (als) sie und ir herre der tiuvel, wan (denn) dir ist dâ nieman mêr sô nâhen"⁶ (nahe).

Wie aber „di juncvrowen meitlîche, di witewen witewelîche", so sollten „di êlîchen êliche kûscheit"⁷ (Keuschheit) bewahren. Trotzdem kam Unkeuschheit auch im Ehestande vor, den übrigens Geiler „einen herteren ftat (Stand) dä cartheüfer ordē"⁸ nennt, indem er gesteht: „So ich ein erwelē folt und' den zweyen, wölt ich ee (eher) ein Cartheüfer werden, weder (als) ein êeman."⁹ Über die Unsittlichkeit Verheirateter berichtet derselbe: „Aber was wuoftes der unkeüfcheit anhanget, davon ift beffer hübfcher und züchtiger gefchwigen den geredt. Nitt allein bey denē, die

---
¹ Berthold, ed. F. Pfeiffer. Bd. I. S. 205.
² Johan Geyler, *Welt Spiegel, oder Narren Schiff*. S. 235. — ³ Ebendas.
⁴ Berthold, ed. F. Pfeiffer. Bd. II. S. 219.
⁵ Ebendas. Bd. II. S. 218. — ⁶ Ebendas.
⁷ F. Pfeiffer, *Deutsche Mystiker des 14. Jahrhunderts*. Bd. I. S. 117.
⁸ Geyler võ Keyferfperg, *Von den fyben fchwertern, das fybent fchwert*.
⁹ Ebendas.

dem felben lafter allenthalben nach lauffen, wie die unvernünfftigen fchwein, mer ouch begibtt fich defz gleichen vil in eelichem ftat."[1] Schon das galt als Unrecht, nahe Verwandte zu heiraten. In Bezug hierauf wurden vier Sippen unterschieden, von denen die erste die Geschwister, die zweite die Geschwisterkinder, die dritte deren Kinder und die vierte die Enkel von Geschwisterkindern umfafste. Innerhalb dieser Sippen durfte nicht geehelicht werden, wie denn Berthold erklärt: „Der êrste mensche, den dir got verboten hât zer ê (Ehe) —, daz ist fleischlîchiu sippe. Der an der vierden sippe ist dîn mâc (Verwandter), oder naeher. Ist er dir beidenthalp an der vierden sippe, sô soltû in mîden (meiden): wan (denn) dû maht (kannst) ze rehte (zu Recht) keine ê mit im gehaben. — Ist ez aber einhalp ze der vierden sippe und anderhalp ze der fünften, sô sol man sie niht scheiden."[2] Aufserdem durfte man auch diejenigen nicht heiraten, die mit irgend einem Gliede der ersten bis vierten Sippe vermählt gewesen waren. Denn „der ander mensche, den dû zer ê mîden solt", so fährt Berthold fort, „der heizet geswaegerlîche sippe. Daz ist der mensche, der dînen mâc (Verwandter) oder dîne maeginne (Verwandte) hât gehabet zer ê oder zer unê, der dîn fleischlîchiu sippe was als (so) nâhen, daz dû in selbe mîden solt."[3] Da die Patenschaft als geistliches Sippeteil galt, geistliche Verwandtschaft aber für ebenso nahe als leibliche angesehen wurde, so war es auch nicht gestattet, ein Patenkind oder einen von dessen verwitweten Eltern zur Ehe zu nehmen. Daher sagt Berthold: „Der dritte mensche, den dû zer ê niht haben solt, daz ist dîn geistlich sippeteil (Verwandtschaft). Daz eine ist: dû solt mîden zer ê den menschen, den dû ûzer (aus) touf (Taufe) erhaben (gehoben) hâst. Der ander: des kint dû erhaben hâst. Den dû erhaben hâst daz ist dîn tote (Taufpate); des kint dû erhaben hâst der ist dîn gevater: die soltû bêde (beide) mîden."[4] Trotz dieser kirchlichen Verbote aber war das Sippebrechen eine ziemlich gewöhnliche Erscheinung: „Sie hât sô gar obernhant

---

[1] Geiler vō Keyfzerfperg, *Der feelen Paradifz*, cap. VI. *Von warer keüfcheit.* S. XXXVIII.
[2] Berthold, ed. F. Pfeiffer. Bd. I. S. 311—312.
[3] Ebendas. Bd. I. S. 312. — [4] Ebendas. Bd. I. S. 313.

(überhand) genomen diu selbe sünde", versichert Berthold, „daz sippebrechen unde gevaterschaft all ein ist. „Jâ" sprichet er, „ez ist ein wazzersippe" (Verwandtschaft durch das Taufwasser), unde trîbet sîn gespötte. Daz ist allez von der gewonheit."[1]

Im übrigen aber wird ausdrücklich versichert: „Ein fraw nemmen, und zuo der ee griffen, ift nit unrecht. wañ (denn) es ift der fiben facrament eins."[2] Hat doch bereits Jesus die Hochzeit zu Kana besucht, um dadurch zu zeigen, „das Eelicher ftat ein eerlicher ftat ift, unnd dozuo das man durch eelichen ftat mag kummen in ewige faeligkeit."[3] Ebensowenig ist die Kohabitation Verehelichter als Sünde anzusehen. Berthold äufsert hierüber: „Ez ist ein schemelîchez dinc, dâ frouwen unde man ir geslehte mite mêrent, daz einveltige liute ofte dar umbe angest habent, daz sie eine houbetsünde getuon"[4], er fügt aber gleich hinzu: „Ist eht (nur) daz sie ez ze rehte tuon, als ez got geboten hât und als in dem paradîse gesetzet wart, sô ist ez niht sünde."[5] In Übereinstimmung damit steht, was er an einer anderen Stelle sagt: „Swer (wer immer) dâ sprichet, ez müge dehein (kein) êman bî sîner hûsfrouwen geligen (liegen) âne (ohne) houbetsünde, der ist reht ein arger ketzer."[6] Den Verehelichten hat vielmehr Gott Abstinenz nicht geboten.[7] Denn „daz andern liuten sô sünde ist daz ez tôtsünde heizet, daz ist disen liuten keiner slahte (keinerlei) sünde."[8] „Dâ tuont dise liute in der heiligen ê drîzic jâr, vierzic jâr, fünfzic jâr, sehzic, alse lange sô sie lebent, rehte daz selbe daz ouch dû tuost, unde die gevarnt (fahren) niemer zer helle drumbe, sie enirre (beirre) danne ander sünde"[9], so hält Berthold einem unkeuschen Ledigen vor. Ja, der eheliche Umgang ist nicht nur ein erlaubtes, sondern sogar ein verdienstliches Werk. „Ich bekoenn wol", so sagt

---

[1] Berthold, ed. F. Pfeiffer. Bd. I. S. 82.
[2] Geyler von Keyferfzberg, Poftill. teyl III. S. XXXXVI. Pred. An dem Anderen fonnentag noch Trinitatis.
[3] Ebendas. teyl I. S. XXIIII. Pred. Am II. Sõnentag noch dem Achten der drey künig tag.
[4] Berthold, ed. F. Pfeiffer. Bd. I. S. 306. — [5] Ebendas.
[6] Ebendas. Bd. I. S. 406. — [7] Ebendas. Bd. I. S. 476.
[8] Ebendas. Bd. I. S. 305. — [9] Ebendas. Bd. I. S. 307.

Geiler, „weñ folliche eeliche werck gefchehen, als fye gefchehē follend, uñ in rechter meynūg, fo feind es verdienftliche werck. Sprichft du. Was meynung fol ich doriñ haben? Ein kurtze antwurt. Das fol dein meynung fein, dz du welleft kindlin dovō haben."[1] Die Kindererzeugung wird auch sonst als Zweck der Ehe angegeben. Schon Berthold legt den Verheirateten die Mahnung ans Herz: „Zuo dem andern mâle daz ir iuch niemer zesamen legent wan durch kinde willen."[2] Ähnlich spricht auch Eckhart sich aus: „Nû merkent unde sehent mit vlîze: daz nû der mensche iemer mê (fort) juncvrowe wêre, sô enkême (käme nicht) niemer enkeine fruht von me."[3] Er bemerkt freilich zugleich: „Êlîche liute die bringent des jâres lützel (nicht) mê denne éine fruht", allein damit ist das Gebot der Schrift: „Seid fruchtbar und mehret euch"[5] reichlich erfüllt. Zielt aber die Ehe vor allem auf Geschlechtsvermehrung ab, so sind auch die Eheleute verbunden, einer dem andern die eheliche Pflicht zu erfüllen. Deshalb erklärt Geiler: „Die ander meynung, die du doriñ habē folt, ift, dz du luogen (sehen) folt das du gehorfam feyeft deinem gemahel, du fraw deinem mañ, uñ haerwiderumb du man deiner hufzfrawen, ye eins dem andren. denn weñ ich hye von eim (einem) rede, fo meyn ich das ander auch. es gilt glich do. — Dein gemahel wil das vō dir gehebt haben, dorumb fo luog unnd bifz (sei) jm gehorfam, befunder fo du gefchickt bift."[6] Gleich darauf aber äufsert er ganz ähnlich noch einmal: „Uñ wie ich hye fag von den frawē dz der leichnam (Leib) der frawē feye des mañs, alfo haerwiderūb ift auch d' leichnā des mañs d' frawē. Dorūb fo bift du deiner frawē eben als (so) wol verbundē uñ fchuldig gehorfam zuofein, fo fye echter dz vō dir begert, als fye dir verbūdē uñ pflichtig ift gehorfam zuofein fo du das von ir begereft, weder minder noch me. es gilt do gleich."[7]

---

[1] Geyler von Keyferfzberg, *Poftill.* teyl III. S. XXXXVII. Pred. An dem Anderen fonnentag noch Trinitatis.
[2] Berthold, ed. F. Pfeiffer. Bd. II. S. 191.
[3] F. Pfeiffer, *Deutsche Myftiker des 14. Jahrhunderts.* Bd. II. S. 43.
[4] Ebendas.
[5] 1. Mos. 2, 28.
[6] Geyler von Keyferfzberg, *Poftill.* teyl III. S. XXXXVII. Pred. An dem Anderen fonnentag noch Trinitatis. — [7] Ebendas.

Wenn nun aber auch Verheiratete sich einander nicht entziehen sollen, so dürfen sie doch auch nicht wie diejenigen handeln, welche in der Ehe „zuom dickrē (öfteren) mol leckerifcher (lüsterner), buebifcher und huerifcher lebē, weder (als) man fpulget (pflegt) zuo thuon im frawen hufz."[1] Ein derartiges Leben verurteilt Geiler mit den Worten: „Aber der mifzhandel der do gefchicht in der ee, den lüften und glüften genuog wellen fein, unnd dem noch gon wie dich die fynnlicheit tribt und bewegt, das ift unrecht."[2] Vielmehr sollen auch die Verheirateten Zucht und Mafs in der Ehe halten.[3] Denn „die dan (alsdann) ir liep (Liebe) lânt (lassen) erwilden (verwildern) und enwizzen (nicht wissen) wie sie vor liebe sullen gebâren (sich gebaren): alsô liep (lieb) sint die an einander, daz sie weder zuht noch mâze kunnen (kennen), schône (schön), herre, schône, wan (denn) swer (wer immer) der liebe alsô nâch volgen wil als der einem rosse den zoum (Zaum) ûf laet (los läfst): ez tregt in etewenne (bisweilen) dâ er lîp und sêle verliuset"[4] (verliert). Berthold weist namentlich noch die Ansicht derjenigen zurück, die da glauben, mit ihrer Frau in dieser Beziehung nach Belieben schalten zu können: „Bruoder Berhtolt, nû sprichest dû, diu frouwe sülle dem man undertaenic sîn: sol ich danne niht tuon mit mîner hûsfrouwen daz mich guot dünket und als ich wil?" Niht, niht! als (so) liep dir himelrîche sî. Dîn mezzer ist ouch dîn eigen mezzer: dâ mite soltû doch ir die kelen niht abe snîden; wan (denn) sô haetest dû lîp unde sêle verlorn, swie (wie) gar (gänzlich) joch (auch) daz mezzer dîn eigen sî. Dû solt ouch den bachen (Schinken) an dem karfrîtage niht snîden (schneiden) und ezzen, und swie joch der bache dîn eigen sî und ob er dir halt vor dem munde laege. Swie (obgleich) dîn hûsfrouwe dîn eigen ist unde dû ir eigen, sô sult ir doch niht soliche unzuht mit einander haben, dar umbe ir verdampt werdet von dem himelrîche. Ob ir halt als liep einander sît, daz ir einander gezzen möhtet vor liebe, schôn (schön), herre,

---

[1] Geyler von Keyferfzberg, *Poſtill.* teyl III. S. XXXXVII. Pred. An dem Anderen fonnentag noch Trinitatis.

[2] Ebendas. teyl III. S. XXXXVI. Pred. An dem Anderen fonnentag noch Trinitatis. — [3] Berthold, ed. F. Pfeiffer. Bd. I. S. 476.

[4] Ebendas. Bd. II. S. 190.

schôn! jâ (fürwahr) sol iu (euch) got und iuwer sêle hundertstunt (hundertmal) lieber sîn."[1]

Was nun das „an dem bette zuht unde mâze haben"[2] im einzelnen betrifft, so sagt Berthold davon: „Dû solt dîn gemechede (Gemahl) mîden ze fünf zîten in dem jâre mit unkiuschen dingen; wan (denn) ir habet dannoch zîte rehte genuoc: ein langez jâr habet ir manige zît iuwer (euer) geslehte ze mêren, daz ir kinde gar genuoc gewinnet."[3] Er weist zugleich darauf hin, wie bevorzugt der Mensch in dieser Beziehung gewissen Tieren gegenüber sei, welche an eine bestimmte Brunstzeit gebunden sind: „Ir seht daz wol, daz keiner krêatûre got sô vil zît gelâzen hât ze sô getânen dingen. Ez ist halt vil krêatûre, diu niwan (nur) éin zît in dem jâre hât; sô hât iu got gar vil zît gelân (gelassen) in dem langen jâre, unde dâ von ist daz gar mügelich, daz ir die fünf zît mâze haltet unde maeziclîchen sît mit einander an dem bette. Diu êrste zît ist, wenne man gemeinlîchen vastet, in der goltvasten[4] unde die vierzic tage vor ôstern. Diu ander zît ist, als man gemeinlîchen diu kriuze treit (trägt) an sant Markes tage, unde die drîe tage vor pfingesten."[5] Aufser diesen geweihten Zeiten führt er noch die heilige Christnacht und die heilige Karfreitagsnacht als solche an, in denen die Eheleute Enthaltsamkeit üben sollen. Er setzt freilich gleich hinzu, dafs, wenn die Ehemänner auf ihrem Willen bestehen und, falls derselbe nicht erfüllt wird, damit drohen, zu anderen zu gehen, die Frauen dieselben, wenn auch traurigen Herzens, gewähren lassen mögen: „Ir frouwen, ich weiz wol, daz ir mir vil mêre volget danne (als die man. Wir vinden ofte, daz die frouwen kiuscher sint dann die man, wan (denn) die wellent (wollen) eht (nur) frî (frei) sîn mit allen dingen unde wellent ir willen hân mit ezzen unde mit trinken unde koment dâ mit in die frîheit, daz sie keiner zît wellent schônen. Frouwe, sô soltû imz benemen mit guoter rede, sô dû aller beste kanst oder maht (magst). Wirt aber er sô gar tiuvelheftic, daz er sprichet übel unde von dir wil hin zuo einer andern unde im daz gar ernst werde unde dû ez im niht erwern mügest:

---

[1] Berthold, ed. F. Pfeiffer. Bd. I. S. 326. — [2] Ebendas. Bd. I. S. 322.
[3] Ebendas. — [4] S. oben S. 54—55. — [5] Berthold, ed. F. Pfeiffer. Bd. I. S. 322.

ê (ehe) danne daz dû in zuo einer andern lâzest, sich, frouwe, sî ez danne an der heiligen kristnaht oder an der heiligen karfritagesnaht, sô tuo ez mit trûrigem herzen; wan sô bist dû unschuldic, ist eht (nur) dîn wille dâ bî niht."[1] Endlich wird in einer Predigt, welche Birlinger in seiner Alemannia mitteilt, auch die Zeit vor Weihnachten als eine solche bezeichnet, in der kirchlich gesinnte Eheleute keinen Umgang pflegen: „Und sullent (sollt) üch (euch) dise heilige zit, do wir inne sint (sc. des Advents) von dem schlafe wecken und sullent zuo mettin (Frühmesse) und zuo messen gerne gon und sullent dise heilige zit küscheklicher leben, denne ander zit, dar umb daz üch Got behuot vor dem ewigen ungemach und üch bringe zu den ewigen froüden."[2]

Wurden die angeführten Zeiten aus kirchlichen Gründen durch Enthaltsamkeit respektiert, so fordert Berthold dies in anderen Fällen um physischer Ursachen willen. Hierher gehört die Zeit, die er als dritte bezeichnet, und von welcher er sagt: „Unde diu dritte ist, sô die frouwen in kindelbette ligent. Die sehs wochen solt dû sie vermîden rehte gar: mit flîze sullet ir iuch die selben zît hüeten, ir man, vor den frouwen, reht als (so) liep iu (euch) sî alliu iuwer saelikeit lîbes unde sêlen. Ir sult zuo in (ihnen) eht (eben) niht gên unde sult sie eht âne (ohne) nôt lâzen, wan (denn) sie habent sus (sonst) nôt genuoc. Ir frouwen, ir sult sie von iu (euch) trîben; lât (laſst) sie niht ze lange für iuch sitzen, noch sô er eine sîte (auf der einen Seite) bî iu (euch) stêt, sô sult ir iuch niht vereinen und sult ez alsô füegen, daz ie (jederzeit) eteswer (irgend wer) bî iu (euch) sî, frouwen oder diern."[3] Diese Bestimmungen waren aus dem mosaischen Gesetze herübergenommen, da auch hier die Frau, die entbunden war, vierzig Tage hindurch als unrein galt und daher vom ehelichen Verkehr ausgeschlossen war.[4] Den Männern, die an dieses Verbot sich nicht kehren, gibt Berthold zu bedenken, daſs sie keine Freude an so erzeugten Kindern

---

[1] Berthold, ed. F. Pfeiffer. Bd. I. S. 324.
[2] A. Birlinger, *Alemannia*. Bd. I. S. 64.
[3] Berthold, ed. F. Pfeiffer. Bd. I. S. 322.
[4] 3. Mos. 12, 2—7; vgl. L. Kotelmann, *Die Geburtshülfe bei den alten Hebräern*. Marburg 1876. S. 39 ff.

erleben werden: „Alliu diu kint, diu in den zîten werdent enpfangen, dâ gesihst (siehst) dû selten iemer (jemals) lieben blic an; wan (denn) ez wirt entweder beheftet mit dem tiuvel (besessen) oder ez wirt ûzsetzic oder ez gewinnet die vallende suht (Fallsucht) oder ez wirt hogereht (bucklicht) oder blint oder krump oder ein stumme oder ein tôre (Idiot) oder ez gewinnet einen kopf als ein slegel"[1] (Schlägel, d. i. Wasserkopf).

Auch die Zeit, in der die Frauen hochschwanger waren, sollten die Männer sich in der Regel von denselben fern halten. Ermahnt doch Berthold die letzteren: „Unde sô die frouwen naehic (dem Ende nahe) sint mit der kinttrahte (Schwangerschaft) und als (so) grôz (dick) sint, sô sult ir ir (ihrer) gar mit flîze hüeten (Acht haben). Ich spriche niht, daz dirre (diese) zît ieglîchiu ein tôt-sünde sî: dû maht (magst) aber die zît gesehen, dû naemest ez für hundert marke, daz dû ez vermiten haetest;"[2] mit der letzteren Bemerkung spielt Berthold darauf an, dafs die Mutter in diesem Falle leicht Schaden nehme. Ähnliche Anschauungen vertritt auch Geiler über diesen Punkt. Auch er will die Kohabitation mit Schwangeren nur unter der Bedingung gestattet wissen, dafs weder sie, noch ihre Kinder Nachteil davon haben. Daher ermahnt er die Frau: Du sollst dem Manne nur alsdann gehorchen, „ſo du wiſſent-lichen weiſſeſt, das es weder dir, noch dem kind das du treyſt (trägst), ſchaden bringet. wenn (denn) uſſerthalb des zuoſatzes, ſo biſt du nit ſchuldig jm gehorſam zuo ſein."[3] Wolle derselbe in diesem Falle eine andere aufsuchen, so möge er immerhin damit eine Schuld auf sich laden, da Mutter und Kind um seinetwillen nicht leiden dürften: „Nuon ſpricheſt du, weñ ich jm das abſchlage, ſo godt (geht) er an galgē anderſchwo hyn. was ſeyſt (sagst) du do zuo? Ich antwurt und ſag das dozuo. Loſſz jn an das rad gon. denn es iſt waeger (besser) er gang an den galgen, weder (als) das er dich und das kindlin das du treyſt (trägst) verderbe."[4] In

---

[1] Berthold, ed. F. Pfeiffer. Bd. I. S. 323.
[2] Ebendas. Bd. I. S. 322.
[3] Geyler von Keyſerſzberg, *Poſtill.* teyl III. S. XXXXVII. Pred. An dem Anderen ſonnentag noch Trinitatis.
[4] Ebendas.

letzterer Beziehung ist unser Prediger der Ansicht, dass die vielen todtgeborenen Kinder nur von dem Verkehr der Männer mit schwangeren Frauen herrühren: „Wie vil meynſt du, das kindlin verderbt werden alſo muotwilligklich, die nit lebendig an die welt kumen? Das kumpt allein do haer, das die ſelben ſchaelck beywonung haben mit iren wybren ſo ſye mitt kinden gond. Nitt ſehen ſye an die geſchicklicheit, oder ungeſchicklicheit irer wyber. wenn do iſt kein ſchonen nit, numen (nur) allein das ſye irem muotwillen genuog ſeyen, gott geb es gerot wol, oder übel."[1]

Wie Gravidität, so sollte auch Krankheit der Frauen einen Grund abgeben, daſs die Ehemänner denselben nicht nahten. Darüber sagt Berthold: „Diu vierde zît ist ein zît, dâ der almehtige got gar griulîchen von redet. Daz ist, sô die frouwen kranc sint; sô sult ir des gar wol gehüeten, daz ir die mâze iht (nicht) mit in (ihnen) brechet alle die selben zît, unde waere halt, daz ir vier wochen ûz waeret gewesen. Ich spriche mêr: waeret ir halt zwei jâr von in (ihnen) gewesen, ir soltet ez wol gehüeten, daz ir sîn (dazu) in dér zît iemer keinen muot gewünnet."[2] Entsprechend wird denn auch den Frauen eingeschärft: „Und ir frouwen sult ez den mannen sagen, daz sie ir saelde (Heil) und ir sêle iht (nicht) verwirken an iu (euch). Zehant (auf der Stelle) als ir kranc sît, sult ir sîn (es) kunt tuon."[3] Ebenso sollen auch die Männer die Frauen unter diesen Umständen nicht zu überreden versuchen: „Ir man, ir sult ouch (auch) nihtes niht mêre dar nâch frâgen noch gereden. Wan (denn) sô iuwer hûsfrouwen gesprechent: „leget iuch hin dan baz (mehr von hinnen), mir tuot daz houbet (Kopf) wê", sô lât (laſst) sie âne (ohne) nôt, unde seht, daz ir sie iendert (durchaus nicht) rüeret."[4] Um seinen Zweck desto sicherer zu erreichen, weist Berthold auf die verachteten Juden hin, die in diesem Punkte als Vorbild dienen können. Denn sobald die Jüdin einen Knoten in ein Linnen einschlägt und dieses an ihrem Bette befestigt, weiſs der Mann, daſs sie krank ist und hält sich von

---

[1] Geyler von Keyſerſzberg, *Poſtill.* teyl III. S. XXXXVII. Pred. An dem Anderen ſonnentag noch Trinitatis.
[2] Berthold, ed. F. Pfeiffer. Bd. I. S. 322. — [3] Ebendas.
[4] Ebendas. Bd. I. S. 323.

ihr zurück: „Nû sît ir doch schoene liute und êrbaere liute unde seht wol, daz ein stinkender jüde, der uns an böcket (stinkt wie ein Bock), der schônet der selben zît gar wol unde halt mit gar grôzem flîze. Wan (denn) als (so oft als) diu jüdinne einen knopf gestricket an ein lînlachen (Leinenlaken) unde henket daz an ir bette: alle die wîle unde (so lange als) der jüde den knopf dâ siht hangen, alle die wîle sô fliuhet der jüde daz bette als den tiuvel. Unde dâ von sult ir der selben zît gar wol schônen unde hüeten."[1]

Trotz aller dieser Ermahnungen aber fand geschlechtlicher Verkehr von Ehemännern mit ihren Frauen auch zu verbotenen Zeiten statt. Insbesondere waren es die Landleute und überhaupt die Ungebildeten, die nach dieser Richtung hin fehlten. Inwiefern dies leicht geschehe, giebt Berthold an. Der erste Grund ist, dafs die Genannten selten die Predigt besuchen und daher nicht wissen, wie sie sich zu verhalten haben: „Unde geschiht aller meiste geuliuten (Landleuten) unde unverstendigen liuten. Edeln liuten unde bürgern in steten geschiht ez niht: wan (denn) daz sint gewizzende liute unde hoerent ofte messe unde predige unde wizzent wol, welher zît sie schônen suln. Sô hoerent die geuliute selten predige."[2] Der zweite Grund aber liegt darin, dafs die Landleute die ganze Woche hindurch bis in die Nacht hinein Arbeit haben und daher an Umgang mit ihren Frauen nicht denken können. Kommt nun ein Feiertag, so eilen sie alsbald zu denselben, ohne dabei auf die Zeit weiter Rücksicht zu nehmen: „Sie würkent (arbeiten) alle tage unze (bis) naht unde trîbent daz alle die wochen. Und als (so oft als) er ie des nahtes heim kumt, sô slaefet er als ein stein, daz er nihtes war nimet. Und als danne ein vîgertac (Feiertag) kumt und er geruowet (geruht), sô hât lihte (vielleicht) sîn hûsfrouwe ein hemedelîn (Hemdchen) an geleit (gelegt), sô erbîtet (wartet) er kûme (kaum), unz (bis) er enbîzet (etwas geniefst), und loufet er hin als ein hane (Hahn) und enhât (hat nicht) deheine (irgend eine) ahte (Acht) ûf die zît noch ûf die stunde. Unde dâ von sehent sie selten lieben blic an den kinden, die in dén zîten enpfangen werdent."[3]

---

[1] Berthold, ed. F. Pfeiffer. Bd. I. S. 323. — [2] Ebendas.
[3] Ebendas. Bd. I. S. 324.

Auf gleicher Stufe mit der Kohabitation zu unerlaubten Zeiten steht nach unseren Predigern der coitus a posteriori bestiarum modo. Berthold deutet auf denselben hin, indem er den heiligen Augustin anführt: „Ez sprichet aber der guote sant Augustînus: „dû maht (magst) mit dînem êwirte (Eheherrn) tuon, daz dir bezzer waere daz dû in einem offenen hûse saezest, dâ hundert zuo dir giengen."[1] Auch in Geilers Narrenschiff findet diese Art des Umganges Erwähnung. Während aber Augustin dabei die Frauen ins Auge fafst, ist bei Geiler von Ehemännern die Rede: „Die fechſt Schell, fchandtliche begirden und wolluſt mit feinem Weib begehn. Dann es fein etliche, die gehen mit jhren Weibern umb, gleich wie die unvernünfftige Thier mit einander umbgehn. Nemlich wenn fie etwann mit jren Weibern zu fchaffen haben, laſſen fie jnen fein gleich als wenn fie mit einer andern jhren muthwillen unnd wolluſt volbrechten. Welches dann fchier mehr iſt, weder (als) ein Ehebruch."[2] Bestimmter noch spricht er in seiner Postille sich aus: „Biſt du ein eeman, und haſt ein hufzfraw? Jo. Ey dorumb iſt dir nit geſtattet das du mit ir eeliche werck folt handlen, anders weder (als) menſchlich art erfordret. Sye iſt kein hündin nit. So biſt du kein hundt nit. Worum folt uch (euch) deñ geſtattet fein, dz ir hind' (hinter) einãder ligen als ein rüd (Hund) hind' einer wulpin (Wölfin), uñ als du ein buob biſt, uñ fye ein nerrin fein?"[3] Zugleich fordert er die Ehefrau auf, den Mann mit solchem Ansinnen von sich zu weisen: „Dañ will er ein hundt fein, fo gang er ein breckin (Hündin) an. weyfz jn zuom hencker."[4] Dem Manne aber hält er vor: „Sye iſt nit dorumb dein fraw, das du ein fuw (Sau) folt fein, und das ir miteinander follend (sollt) leben als aeber (Eber) und moren (Säue), pforen (Stiere) und kueg (Kühe), füwefch (säuisch) und vyhifch."[5]

Unkeusche Männer, die auf diese Weise abgewiesen waren, wandten sich zur Befriedigung ihrer Lüste leicht anderswohin. Freilich erinnert Berthold die Eheleute ausdrücklich: „Got hat iu

---

[1] Berthold, ed. F. Pfeiffer. Bd. I. S. 327.
[2] Johan Geyler, *Welt Spiegel, oder Narren Schiff*. S. 124—125.
[3] Derselbe, *Poſtill.* teyl III. S. XXXXVII. Pred. An dem Anderen fonnentag noch Trinitatis.
[4] Ebendas. — [5] Ebendas.

(euch) — geboten — daz dû dînen lip (Leib) nieman geben solt danne dînem gemechede (Gemahl), daz hât got geboten iu liuten mit der ê" [1] (Ehe), und auf die Frage: "Wie, bruoder Berhtolt, unde sol daz als (so) grôziu sünde sîn, der sîne ê brichet?" [2] erteilt er die Antwort: "Jâ, der groesten sünde einiu, die diu werlt (Welt) ie gewan, wan (denn) dir der almehtige got ein gemechede hât verlihen, mit dem dû lip unde sêle behalten (bewahren) solt unde daz dir als (so) hôhe (hoch) bevolhen ist, daz dû dînen lip nieman geben solt danne (als) dînem gemechede die wîle daz ez lebet, unde daz dû danne hin gêst unde legest dich zuo einer andern." [3] Wer also ehebrecherisch handele, der wälze sich in einer Pfütze, wie das Rind und das Pferd: "Dû êbrecher —, dû hâst dich gar ze tief in die sünde geneiget, als die sich dâ leiten (legten) in daz wazzer sam (wie) daz rint unde daz pfert." [4] Es gelte auch öfter von ihm: "Dû tuost — sünde unde schande in einem stalle, daz dû âne (ohne) sünde und âne schande wol möhtest tuon mit êren an einem schoenen bette." [5] Ja, der Ehebruch sei schlimmer, als wenn zwei Unverheiratete das Keuschheitsgebot mit einander übertreten: "Lît (liegt) ein lediger man bî einem ledigen wîbe, daz ist ein houbetsünde, dar umbe sie iemer müezent brinnen (brennen). Lît aber ein man bî einem andern wîbe, sô ist diu sünde groezer unde diu martel." [6]

Trotz allem dem aber wurde die Ehe sehr häufig gebrochen [7] und namentlich in den höheren Ständen die Heiligkeit derselben wenig geachtet. Auch blieb der Ehebruch meistenteils unbestraft, weil diejenigen, die das Strafamt zu üben hatten, sich selbst von Schuld nicht freisprechen konnten. „Es ift auch kein ftraff mer," klagt Geiler, „die übel werdēt nit geftrafft, die da ftraffen foellen feind felb wurmeffig (wurmstichig), die rats herren hond (haben) ·eygen metzē in den heüfzlin dar affter (hinten) in den winckeln fitzē, die fie ziehen, oder feind in anderen heüfern haufzherren, die

---

[1] Berthold, ed. F. Pfeiffer. Bd. I. S. 476, vgl. Bd. I. S. 320. Bd. II. S. 189. — [2] Ebendas. Bd. I. S. 205. — [3] Ebendas. Bd. I. S. 205—206.
[4] Ebendas. Bd. I. S. 41. — [5] Ebendas. Bd. I. S. 206.
[6] Ebendas. Bd. I. S. 128.
[7] Geyler von Keyferfzberg, *Poftill.* teyl III. S. LXVIII. Pred. Am Neünden fonnentag noch Trinitatis.

fie fpicken mit fpeck und fchmaltz, da fie ufz und yn geend (gehen), ift lauter ertzbueberey." [1] Fast noch mehr verwildert aber waren die Sitten der Edelleute. Geiler wirft denselben vor, dafs sie zwar auf äufserlichen Glanz ihres Standes halten, aber Raub und Ehebruch nicht für ehrlos ansehen: „Aber weñ fye roubē, od' ftelen, od' eim bid'man fein wyb od' tochter befchiffen (betrügen), dz deñ dē mueffig gon nochfolgt, — dz ift deñ erlich deinē gefchlecht." [2] Ja, manche derselben hielten sich neben ihrer Frau noch besondere „kebfzfrowen" [3] in ihrem Hause. Geiler berichtet darüber: „Die dritte Schell ift, ein offentliche Huren oder Schottel neben der Frawen im Haufz haben und halten. Es feindt etliche, die laffen fich nicht daran vernuegē (genügen), das fie die trew und ehr an jren frommen Weibern brechen, fonder halten noch ein Huren oder zwo darbey im Haufz, betrüben alfo jr fromme Ehefrauwen offentlich, ftecken jr ein dorn in die augen." [4] Abgesehen davon, dafs dies schon an sich höchst verwerflich sei, werde dadurch auch ein schlimmes Beispiel gegeben: „Uber das gibft du deinen Nachbawren boefe exempel, das fie auch dergleichen geren (begehren) zu thun", [5] und so ist es denn begreiflich, dafs von solchen gesagt wird: „Fuer war diefe werden ein boefes end nemen, unnd ob fie fchon mit ehren ab diefer Welt kommen (das doch gar felten gefchicht) fo wirdt fie doch Gott der Herr nach diefem leben mit dem ewigen Hellifchen Fewr ftraffen, das haben fie gewifz zu verfehen." [6]

Nicht viel besser, als um die Ehemänner war es auch um die Ehefrauen bestellt. Schon Berthold meint, dafs manche derselben ihren Mann für eine Metze Hafer aufgebe: „Ich hân (halte) ez dar für, dâ sitze etelîche (manche) vor mînen ougen, sie gaebe mir ir man umb eine metzen habern ûf." [7] Aber nicht genug hiermit, sie suchten auch andere Männer noch zu verführen, wobei sie eine

---

[1] Geyler võ Keyferfperg, *Von den fyben fchwertern, das fybent fchwert.*
[2] Derselbe, *Poftill.* teyl III. S. LXIIII. Pred. Am Neūnden fonnentag noch Trinitatis.
[3] Ebendas. teyl I. S. IIII. Pred. Am andren Sonnentag des Advents.
[4] Johan Geyler, *Welt Spiegel, oder Narren Schiff.* S. 122—123.
[5] Ebendas. S. 123. — [6] Ebendas.
[7] Berthold, ed. F. Pfeiffer. Bd. I. S. 335.

solche Kunst entwickelten, dafs das alte Wort immer wieder bewahrheitet wurde: „Die frouwen habent mannes herzen aller schierste (in aller kürzester Zeit) überkomen"[1] (überwunden). In ähnlichem Sinne spricht auch Geiler sich aus: „Die ander Schell der boefen Weiber ift, die unerfettigkeit der wolluft. Dann es fein etliche dermaffen auff die Geilheit und unkeufchheit geneigt, das wenn fie drey oder vier Maenner hett, moechten fie jr begirde unnd unerfettigkeit nicht erfuellen."[2] Als Beispiel der Art führt er Kleopatra an: „Aufz welcher zaal die Koenigin inn Egypten, mit namen Cleopatra ift gewefen, die begieng offentliche fchandt unnd unkeufcheit, mit einem jedlichen Kriegsknecht, der jhr nur ein wenig gefiel."[3] Ja, sie scheute sich nicht, ihren eigenen Sohn zum Manne zu nehmen: „Diefe war alfo der Geilheit ergeben, das fie jhren eigenen Sohn zum Mann name, von welchem fie auch nachmals ift getoedt worden, da fie dann jhr unerfettigkeit erfuellet hat."[4] Unter diesen Umständen ist auch nichts thörichter, als wenn manche Männer ihren Frauen noch Studenten, Pfarrer und Mönche ins Haus einladen und ihnen so Gelegenheit zum Ehebruch geben: „Die fuenfft Schell ift, fonderliche und heimliche freude feiner Frawen zubereiten. Dañ es fein etliche die laffen jr Weiber nicht zu offentlichen Gaftereyen oder Daentzen gehn, fonder wann fie jhr ein freudt woellen machen, lefen fie ein hauffen buerfchle zufammen, von Studenten, Pfaffen und Moenchen, und fuehren fie heim zu haufz, damit fie jhren Weibern ein muetle machen, auff das fie nicht daheim verfchmachen."[5] Über ein derartiges Verfahren urteilt Geiler mit Recht: „Solches ift ein Narrheit uber alle narrheit, und ift nichts anders, dann wenn einer Floehe in Beltz fetzet, die doch von jhnen felbs darein hupffen. Solche Narren bedencken auch nicht das gemein fprichwort, Wilt du haben dein Haufz fauber, fo huet dich vor Pfaffen und Dauben (Tauben). Derhalben follen folche Narren forg haben wenn fie fromme Weiber woellen behalten, das

---

[1] Berthold, ed. F. Pfeiffer. Bd. I. S. 246.
[2] Johan Geyler, *Welt Spiegel, oder Narren Schiff*. S. 235.
[3] Ebendas. — [4] Ebendas.
[5] Ebendas. S. 117—118.

fie jhnen nicht urfach geben zu Hurerey."[1] Trotz dieser Warnung aber geschah doch öfter, was gleichfalls Geiler berichtet: „Oder die frow ift worden mitt einem kind gon, diewyl der man nitt jnheimifch ift gefin, und kan dem man das nitt genuog ufzrechnen, es will ir ymerneder (immerfort) felen, unnd ift angft und not do."[2]

Besonders leicht wurden die Frauen bei Wallfahrten nach Rom, nach St. Jakob von Kompostella oder anderen heiligen Orten zum Ehebruche verleitet. Deshalb fordert Berthold, als er das „durch got varn kirchverte (Kirchgang) unde ze Rôme" befpricht: „Daz fol aber nieman tuon wan (als) die man"[3], und noch beftimmter erklärt er: „Ez ist deheiner (keiner) frouwen gesatzt, daz si hinz (bis) Rôme vare oder ze sant Jacôbe oder an kein stat, wan (als) dâ si hinz (gegen) naht (Nacht) als (so) sicher sî, als dâ heime in ir kamer. Si mac anders vil (sehr) wol mêr sünden heimbringen, danne (als) sie ûz fuor."[4] Als Beleg hierfür teilt er folgende Geschichte mit: „Wir lesen von einer diu fuor (fuhr) ze Rôme, diu lie (liefs) dâ, daz si dar brâhte und brâhte dannen (von dannen), daz si dar niht brâhte. Sie lie (liefs) ir magetuom (Jungfernfchaft) bî sant Pêters münster und wart eines kindes swanger."[5] Von einem noch schlimmeren Falle aber, der eine gewiffe Maria betrifft, weifs eine Leyserfche Predigt zu berichten: „Zu einem male in exaltacione fancte crucis inme herbefte zus heiligen cruocis meffe do vuor (fuhr) eine michele (grofse) vart uz deme felben lande (sc. Ägypten) ir betevart (Wallfahrt) zu iherufalem. uf daz fie daz heilige cruce anbetten. Do fi do fchiffeten und varn wolden. do quam fie (sc. ein wip die hiez maria) dar zu den fchiffen und bat fie, daz fi fie mit in (ihnen) liezen varn und daz fie daz lon an ir felben nemen. Sie gonde (gönnte) in (ihnen) allen irs libes wol. Da warn iunger luote genuoch in dem fchiffe und bat fie. den daz wole behagete die leider ouch bofes libes warn. die namen fie in daz fchif und begingen fo

---

[1] Johan Geyler, *Welt Spiegel, oder Narren Schiff*. S. 118.
[2] Geyler von Keyferfzberg, *Poftill*. teyl I. S. XXXIIII. Pred. Am Sōnentag Sexagefima.
[3] Berthold, ed. F. Pfeiffer. Bd. I. S. 356.
[4] Ebendas. Bd. II. S. 225, vgl. Bd. I. S. 356.
[5] Ebendas. Bd. ll. S. 225.

groze bofheit mit ir. daz daz wunder was. daz fie daz mere getragen mochte. daz der almechtige got finen flach niht ober fie alle liez ergen. Alfo vuor fie mit der bofheit und mit der unreinicheit daz nieman in dem fchiffe was der fich des mochte entfagen erne hette (er hätte nicht) fine bofheit mit ir. er were alt oder iung."[1]

Nicht viel anders, als den Ehebruch beurteilt Berthold es, wenn die Frauen die Rolle der Männer beim ehelichen Verkehr übernehmen. Er setzt freilich gleich hinzu, dafs er sich hierüber nicht näher aussprechen könne um der bösen Zungen willen, die ihn leicht in übles Gerede bringen möchten. „Dô unser herre", so lauten seine Worte, „des aller êrsten die ê (Ehe) satzte in dem paradîse mit Adâme unde mit Êven, dô satzte er, daz diu frouwe dem manne undertaenic waere unde der man der frouwen hêrscher waere. Nû sint die frouwen als (also) küene für (mehr als) die man worden, sam (als ob) sie mit dem tiuvel beheftet sîn, unde strîtent, als (als ob) in (ihnen) der tiuvel daz swert gesegent habe, sô (so oft als) sie an der heimelîche (Heimlichkeit, Beischlaf) sint, unde sitzent danne dâ vor mir, als (als ob) sie niht ein wazzer künnen betrüeben. Unde sô sie danne in die kamern koment, sô vehtent (fechten) sie unde kempfent, sam (als ob) sie mit dem tiuvel beheftet sîn. Pfî, dû verschamter (schamloser) unflât gote unde der werlte (Welt)! welich (welcher) der tiuvel heizet dich kempfen unde welich (welcher) der tiuvel hât dir den kampfkolben (Kampfkeule) erloubet? Man suln strîten unde frouwen suln spinnen."[2] Nach diesen Worten läfst er sich einwerfen: „Bruoder Berhtolt, ich enweiz niht, waz dû meinest", fährt dann aber gleich fort: „Sich (sieh), daz ist mir daz aller liebeste; got helfe mir, daz dû mich niht verstêst. Aaer ein schalkhaft herze verstêt mich wol. — Nû getar (wage) ich für baz (ferner) mê (mehr) niht sagen vor den boesen zungen. Unde doch wil ich ez iu (euch) baz bediuten (erklären). Ich meine, als (so oft als) frouwen mannes gewant an legent. Der dâ verstê, der verstê. Ein man sol ein man sîn, ein frouwe sol ein frouwe sîn."[3]

---

[1] H. Leyser, *Deutsche Predigten des XIV. Jahrhundertes.* S. 103.
[2] Berthold, ed. F. Pfeiffer. Bd. I. S. 325. — [3] Ebendas.

Welcher Art aber auch die von Männern oder Frauen begangene Unkeuschheit war, Berthold ermahnt dieselben immer von neuem wieder: „Sô hüetet iuch (euch) vor disen mordern, vor unkiusche, vor unrehter liebe des fleisches."[1] Wohl weifs er, dafs seine Predigt bei vielen nur Verachtung erregt, denn „swaz (was immer) man in (ihnen) gesagen mac, ich und ander prediger, daz ist niht (nichts) danne (als) ir gespötte",[2] dennoch aber läfst er nicht ab, eindringlich zu bitten: „Unde dar umbe, ir hêrschaft alle samt, durch den almehtigen got fliehet die unkiusche, wan sie der aller schedelichsten sünde einiu ist, die diu werlt (Welt) ie gewan oder iemer mêr gewinnen mac."[3] An anderen Stellen bezeichnet er dieselbe als „tôtsünde"[4], als „der siben houbetsünde einiu"[5] (eine), wie auch Hermann von Fritslar sie nennt[6], und sagt von ihr: „Und alse (so oft als) dû man oder dû frouwe niuwen (nur) ze éinem mâle zer unê (Konkubinat) mit einander sît, sô habet ir eine houbetsünde getân unde wirt iuwer (euer) beider niemer rât."[7] In einer Leyserschen Predigt aber wird die Unsittlichkeit für ein Übel erklärt und in dieser Beziehung neben den Hochmut gestellt: „Der menfche hat zvei uobel. daz eine ift des geiftes. daz ift der hohmut. daz andere ift des vleifches. daz ift die unkufcheit."[8] Zugleich hören wir von „einem unkuofcheren und einem ungetruowen man. der aller der fuonde nie keine vormiden wolde da in fin gemuote zu getruog. fwie (wie) unreine fi warin", dafs er „ein fuondich man iu der werlde (Welt). ein offen fuondere"[9] gewesen sei. In ähnlicher Weise brandmarkt auch Geiler die fleischliche Lust als „ein lafter"[10], als eine „katlach (Kotlache) — in ir zuo fudelē"[11], und so

---

[1] Berthold, ed. F. Pfeiffer. Bd. II. S. 69. — [2] Ebendas. Bd. I. S. 83
[3] Ebendas. Bd. I. S. 178, vgl. Bd. I. S. 82 u. S. 435.
[4] Ebendas. Bd. II. S. 263.
[5] Ebendas. Bd. I. S. 434, vgl. Bd. I. S. 526.
[6] F. Pfeiffer, *Deutsche Mystiker des 14. Jahrhunderts.* Bd. I. S. 117.
[7] Berthold, ed. F. Pfeiffer. Bd. I. S. 307.
[8] H. Leyser, *Deutfche Predigten des XIV. Jahrhundertes.* S. 46—47.
[9] Ebendas. S. 72.
[10] Geyler von Keyferfzberg, *Poftill.* teyl II. S. LI. Pred. Am Sambftag noch Reminifcere. Derselbe, *Von den fyben fcheiden, das fybet uñ letft lafter.*
[11] Derselbe, *Von den fyben fcheiden, das fybet uñ letft lafter.*

sehr er auch sonst davor warnt, über andere zu richten, so meint er doch: „So du fychſt (siehst) — zwey beyeinander am bett ligen das du die felben urteileſt als fünder, das verbüttet dir der herr hye nit."[1] Ja, Tauler verdammt aufser der leiblichen auch die geistige Unkeuschheit, die an unreinen Dingen Gefallen findet und noch schädlicher, als die erstere ist: „Zuo gleicher weifz als die ufzwendig unkeüfcheit hinweg traget die reinigkeit des leybs, alfo traget die inwēdige unkeüfcheit hyn weg die edlē lautrē reinigkeit des geiſts, uñ als (so) vil der geiſt edler iſt dañ (als) dz fleifch, alfo vyl iſt auch dyfe fünde fchedlicher dā (als) die andern fünd."[2]

Derselbe Tauler erklärt auch, dafs es der Teufel ist, der den Menschen zur Unkeuschheit treibt. „Er hat fein funderlich hund darzuo", so sagt er von Gott, „das iſt der boefz geiſt, der iaget den menfchen mit manicherhand unreinen anfechtungen. Er fchleicht an allen endē zuo, unnd iagt den menfchen mit feiner bekerüg, nun mit hoffart, nun mit geitigkeit (Habgier), nun mit unkeüfcheit, yetzundt funſt (so), yetzundt fo."[3] Überhaupt gehören die Unzüchtigen, wie sie die Teufel „hôhe (hoch) kroenen"[4] (verherrlichen), auch den Teufeln an: „Die ahten (achten) daz sint alle die mit unkiusche umbegênt (umgehen) zer unē (Konkubinat). Ir die tiuvel die nemet ouch (auch) ze iu (euch), wan (denn) der wil got über ein niht in sîn rîche. Wê, ir tiuvele, dâ wirt iu (euch) gar ein michel (grofses) her"[5] (Heer). Noch lieber aber sind dem Satan diejenigen, welche sich des Ehebruchs schuldig machen: „Ez sî man oder frouwe, daz sînen lîp (Leib) einem andern gît (giebt), die sint dem tiuvele lieber danne (als) die êrsten."[6] Selbst im Tode suchen die bösen Geister die Seele eines folchen an sich zu ziehen, so sehr auch die Engel sich bemühen, ihnen dieselbe zu entreifsen. In der That gelingt den ersteren ihr Vorhaben auch, so dafs

---

[1] Geyler von Keyferſzberg, *Poſtill.* teyl III. S. LIII. Pred. An dem Fyerdten fonnentag noch Trinitatis.
[2] Joannis Taulery *Predig An der heilgen dry künig abent.* S. VI.
[3] Derselbe, *Predig Uff unfers herren fronlichnamstag.* S. LXIIII.
[4] Berthold, ed. F. Pfeiffer. Bd. I. S. 206.
[5] Ebendas. Bd. I. S. 469, vgl. Bd. II. S. 151. — [6] Ebendas. Bd. II. S. 189.
[7] H. Leyser, *Deutsche Predigten des XIV. Jahrhundertes.* S. 65.

Berthold versichert, die Unzüchtigen fielen von den Wegen zum Himmel in die Hölle hinab: „Als dise nescher (der der Sinnlichkeit fröhnt) unde nescherinne, ez sî man oder frouwe, junc oder alt: alle die mit der unê umbe gênt und alsô naschent von einem zem andern als ein vihe, die gênt unde vallent von den wegen allen drin (sc. die ûz der heiligen kristenheit zem himelrîche gênt) hin abe in die helle, dâ ir (ihrer) niemer mêre rât wirt."[1] Dort wartet ihrer die Verdammnis am jüngsten Tage als dem Tage des Gerichtes: „Ir êbrecher und ir nescher unde nescherin, waz sprechet ir dar zuo? Ir sît an der vordersten schar, die man verdampt an dem jungesten tage an den grunt der hellen."[2] Indem Berthold daher noch einmal ermahnt, die Unkeuschheit zu fliehen, fügt er drohend hinzu: „Wellet ir des niht tuon, vil wunderlîchen balde — von der gnâde gotes in den lôn nâch den sünden zuo dem êwigen tôde, nû des êrsten an der sêle und an dem jungesten tage an lîbe und an sêle!"[3] Er gibt zugleich den Grund an, warum Gott diese Sünde vor allen anderen strafe: „Wande (denn) sie heizet aller untugende groeste unde sie hât ouch der almehtige got sît (seit) anegenge (Anfang) der werlte griulîcher gerochen danne (als) deheine (irgend eine) sünde."[4]

Indessen nicht nur im Jenseits, auch hier auf Erden finden Unkeuschheit und Ehebruch bereits ihren Lohn. Berthold erinnert in dieser Beziehung an das mancherlei Ungemach, welches Unkeusche zu erdulden haben: „Und die nescher unde nescherinne sint, die müezent manic ungemach lîden, daz dise ouch niht enlîdent, die kiusche unde staete (beständig) sint."[5] Wird doch der Ehebrecher von dem Manne der Frau, mit welcher er Ehebruch treibt, nicht selten erstochen; denn Berthold redet von Fällen, „dâ einer gerne sünde taete mit eins andern mannes êwîbe unde laet (läfst) ez durch got niht noch durch anders niemanne, wan (aufser) daz er fürhtet, werde ez ir wirt (Ehemann) innen daz er in ze tôde erstaeche."[6] Was hier befürchtet wird, mufs aber auch

---

[1] Berthold, ed. F. Pfeiffer. Bd. I. S. 309. — [2] Ebendas. Bd. I. S. 192.
[3] Ebendas. Bd. I. S. 435. — [4] Ebendas. Bd. I. S. 105.
[5] Ebendas. Bd. I. S. 231. — [6] Ebendas. Bd. I. S. 557.

öfter geschehen sein, da Geiler von dem unzüchtigen Leben bemerkt: „Ich wil geſchweygen das vil darumb erſtochen werden."[1] Büſsten so die Ehebrecher ihre Lust hier und da mit dem Tode, so gingen auch die Ehebrecherinnen nicht straflos aus. Zunächst befanden sie sich schon in steter Angst und Besorgnis, entdeckt zu werden: „Unde die êbrecherinne die müezent manigen schrecken nemen unde iezuo (jetzt) hin rücken unde danne her wider tücken (ducken) unde hin gücken unde her gücken unde her wider gücken, unde müezent danne sorgen umbe lîp (Leib) und umbe sêle."[2] Kam nämlich ihre Untreue ans Licht, so stand ihnen „der besem unde diu schaere"[3] bevor, denn in diesem Falle wurden sie „durch villen (stäupen) unde durch schern"[4] gestraft. Selbst die unschuldigen Bastarde hatten unter dem Unrecht ihrer Eltern zu leiden, wie denn Berthold erklärt: „Ez ist der groesten schaden einer, daz alliu diu kint diu von der sünde werden geborn von der unkiusche, diu müezent schaden haben, dâ vil unsaelden (Unheil) von kümt: êlôs (auſserhalb des Gesetzes stehend) und erbelôs (ohne Recht des Vererbens) und rehtelôs (rechtlos) müezent sie sîn maniger hôhen êren, beide geistlîcher unde werltlîcher êren. Er mac ze werltlîchen êren niemer als (so) vollekomen sîn als ob er ein êkint (eheliches Kind) waere. Sô mac er an geistlîchen êren niemer kein pfarrer werden ze rehte noch prêlâte. Und als (so) manic schade lît (liegt) an der sünde."[5] In ganz demselben Sinne äuſsert er in einer anderen Predigt: „Als (so) unreine ist diu unkiusche und als (so) vînt (feind) ist ir der almehtige got, daz er halt diu kint diu von der unêlîchen unkiusche koment niemer an die êre ze rehte laet (läſst) komen, dâ die êlîchen an sint. Sie sülnt (sollen) ze rehte niemer prêlaten werden in deheinen (irgend einem) konvente noch werltlîche rihter (Richter) noch geistlîche rihter noch pfarrer. Von des bâbstes wegen unde von sînem gewalte hân (habe) ich niht ze reden. Dû muost ein basthart sîn êlôs und erbelôs. Daz hât dîn vater unde dîn muoter geschaft, dô sie in den strik des tiuvels gerieten."[6]

---

[1] Geiler vö Keyſerſperg, *Von den ſyben ſcheiden, das ſybēt uñ letſt laſter.*
[2] Berthold, ed. F. Pfeiffer. Bd. I. S. 231.
[3] Ebendas. Bd. I. S. 557. — [4] Ebendas.
[5] Ebendas. Bd. I. S. 178. — [6] Ebendas. Bd. I. S. 413.

Aber auch sonst führt die Unkeuschheit grofsen Nachteil mit sich, insofern sie der Gesundheit schadet und die Lebensdauer verkürzt. Daher sagt Berthold: „Ir jungen liute, ir müget sie gerne fliehen, wan (denn) sie nimt iu (euch) der liebesten dinge zwei diu ir iendert (irgend) an iuwerm (eurem) lîbe habet: daz ist gesuntheit unde lancleben."[1] Geschlechtliche Ausschreitungen stehen aus diesem Grunde mit Unmäfsigkeit im Essen und Trinken auf einer Stufe: „Nû seht, ob ir iht (irgend etwas) bezzers unde liebers an iuwerm lîbe habt danne (als) gesuntheit unde lancleben? Ist ieman (jemand) hie der gerne alle zît gesunt sî unde lange lebe, der hüete sich vor disen zwein sünden. Der (derer) heizet einiu unmâze an ezzen und an trinken; diu ander unmâze des fleisches mit unkiuschen dingen. Dâ nimt man sô maniger hande (mancherlei) schaden von der ungesuntheit des lîbes, daz ez nieman (niemand) vollesagen kann."[2] Was die Schädigung der Gesundheit im einzelnen anlangt, so wird, wie „des fünders fele", so auch sein leibliches Auge „blint von der unküfche"[3], und aufserdem können Lähmung und Aussatz als Folgen derselben eintreten: „Sô wirt der blint, sô wirt der lam; dû maht (magst) halt ûzsetzic werden von unmâze der stinkenden sünde, diu toetelt (wie ein Toter riecht). Selbe taete, selbe habe (du thatest es selbst, nun habe es selbst). Daz dû dir selber gebriuwen (gebraut) habest, daz trink ouch selber."[4] In Einklang hiermit steht, was Geiler von dem unkeuschen Leben versichert: „Es bringt fchadē (fprich ich) dē leyb, uñ fchwecht in, wañ (denn) wie truckenheit (Trunkenheit) einē menfchē gantz entaederet (von Kraft bringt), dz er onmechtig fchwach würt, alfo machet difz lafter einē menfchē mit ein and' gantz fchwach und verderbt in das ein ellend ding ufz im würt, die augen trieffen im, wirt blind ee zeyt, ift gātz fchwach ziehent die lendē hernaher wie ein wolff uñ ift ein ellend geftalt umb fie. — Aber ein menfch der keüfchlich und reinigklich lebt, der ift allweg keck, frifch,

---

[1] Berthold, ed. F. Pfeiffer. Bd. I. S. 483, vgl. Bd. I. S. 178.
[2] Ebendas. Bd. I. S. 430.
[3] F. K. Grieshaber a. a. O. Abt. 2. S. 64.
[4] Berthold, ed. F. Pfeiffer. Bd. I. S. 435.

mufter (munter?) und wacker, und getrungen wie ein hüpfch rofz."[1] Dafs die Syphilis bei unseren Predigern noch nicht erwähnt wird, erklärt sich daraus, dafs dieselbe vereinzelt zwar schon im vierzehnten[2], dagegen epidemisch erst zu Ende des fünfzehnten Jahrhunderts in Europa auftrat.[3] Schädigen aber Excesse in Venere die Gesundheit, so verkürzen sie damit auch das Leben und setzen demselben bisweilen selbst ein baldiges Ziel. Wir lesen deshalb bei Berthold noch einmal: „Unde die sich aber dran (sc. an der unkiusche) flîzent (befleifsigen) an die übermâze, die gâhent (eilen) von der gesuntheit des lîbes unde von ir lanclebenne, alse (wie) sie sich versûmet (vergangen) habent an dem tôde des lîbes unde der sêle."[4] Freilich äufsert ein Hörer infolge dieser Bemerkung: „Wie, bruoder Berhtolt! nû hât sîn der gar vil getân unde lebet noch?" Bertholds Antwort aber lautet: „Jâ er haete sus (sonst) aber vil langer gelebet unde waere vil gesunder gewesen. Jâ (fürwahr) wurden etelîche gar alt. Ez wart Adam drîzic jâr alt unde niun hundert jâr alt; her Nôê (Noah) wart zwei unde fünfzic jâr alt unde niun hundert jâr alt; her Matusalan (Methusalah) niun unde sehzic jâr alt unde niun hundert jâr alt. Vor der sintfluot wart nie kein mensche geborn, daz under niun hundert jâren tôt gelaege wan (ausgenommen) drîu (drei) unde lesen des niht, sît (seit) dîu sünde sô gemeine wart diu unkiusche, daz sît (seitdem) ie dehein (irgend ein) mensche waere, daz drithalp hundert jâr alt wurde wan (ausgenommen) drîuzehen menschen. Diu selbe sünde ie seltener getân ie bezzer an lîbe und an sêle."[5] Oft vernichtet diese Sünde geradezu das Leben, wofür Berthold sich auf den weisen Salomon beruft: „Propter speciem mulieris multi perierunt, sprichet Salomôn: von unkiusche mit wîben (Weibern) ververt (stirbt) ir gar vil."[6]

---

[1] Geiler vō Keyferfperg, *Von den fyben fcheiden, das fybēt uñ letft lafter.*

[2] A. Corradi, Nuovi documenti per la storia delle malattie veneree in Italia dalla fine del quattrocento alla metà del cinquecento. *Annal. univ. di med. e chir.* Milano 1884. Vol. 269. pag. 289—386.

[3] H. Haeser, Geschichte der epidemischen Krankheiten. Jena 1865 S. 223. § 52.

[4] Berthold, ed. F. Pfeiffer. Bd. I. S. 434.

[5] Ebendas. Bd. I. S. 434—435. — [6] Ebendas. Bd. I. S. 434.

Unter so bewandten Umständen unterlassen unsere Prediger nicht guten Rat zu erteilen, wie man sich „die geiftliche gewere (Waffe) — der küfcheit"[1] erhalten soll, die, einmal verloren, nicht wiederkehre. „Wan (denn) hât man alle tugende verlorn, die mac man wider erkrigen; wer aber den magetum (Jungfrauschaft) ‚verlûset (verliert), den mag man numêre (nimmer) wider irkrigen."[2] Sie ermahnen in dieser Beziehung auf Jesum zu sehen und seinem makellosen Vorbilde zu folgen: „wir fuln haben — die kuofcheit die unf ihefus XPS gewifet hat der den kuofchen und den reinen licham (Leib) unphinc (empfing) in deme lichame der ewigen magt fente Marien. finer muoter."[3] Die hier erwähnte Mutter Maria wird gleichfalls als ein Muster der Keuschheit hingestellt, denn „unfer vrowe (Frau) fente marie — behielt irn reinen magetum"[4], so heifst es in einer Leyserschen Predigt von ihr. Deshalb konnte auch nur ein so keuscher Mann, wie der Evangelist St. Lukas, ihr Hüter sein: „Dirre (dieser) heilige was ein cappelân unser vrowen (Frau) und schreip (schrieb) sîn êwangelium ûz unser vrowen munde; und wêre her (er) nicht ein alsô kuische mensche gewest, di apofteln enheten (hätten nicht) in nie dar zu gesatzt, daz her ein huter wêre gewest unser vrowen."[5] Auch sonst wird die Keuschheit des heiligen Lukas gerühmt. „Sanctus Jeronimus schrîbit von ime", so berichtet Hermann von Fritslar, „daz her (er) ein reine jungvrowe was und lebite in dirre (dieser) zît vir und achzic jâr und ftarp heiliclîche und vur zu gote."[6] Nicht minder als Lukas ist der heilige Johannes im stande die Gläubigen zur Nachfolge in der Keuschheit zu reizen. Erfahren wir doch von ihm: „Diz ist der junger den Jêsus lip hate. Man vreget (fragt): war umme hete he in leber dan (als) einen anderen? Di êrsten sprechen: umme sîne jungfrowelîchen reinekeit, wan (denn) he ein juncvrowe was; wan der maitum (Jungfrauschaft) treit (trägt) di krône uber alle tugende."[7] Ähnliches, wie über

---

[1] H. Leyser, *Deutsche Predigten des XIV. Jahrhundertes*. S. 62.
[2] F. Pfeiffer, *Deutsche Mystiker des 14. Jahrhunderts*. Bd. I. S. 37.
[3] H. Leyser, *Deutsche Predigten des XIV. Jahrhundertes*. S. 30.
[4] Ebendas. S. 112.
[5] F. Pfeiffer, *Deutsche Mystiker des 14. Jahrhunderts*. Bd. I. S. 219.
[6] Ebendas. Bd. I. S. 221. — [7] Ebendas. Bd. I. S. 37.

St. Johannes, wird auch über den Apostel St. Andreas berichtet: „Her (er) ist ouch ein behuter meitlîcher (jungfräulicher) kûscheit, wanne (denn) her selber ein reine jungvrowe was. Diz bewîsete her an eime (einem) heiligen bischove wol, der dô ein reine kûsch man was, und hate sente Andrêas gelobet zu dinen und gekorn (erkoren) zu eime aposteln."[1] Aber auch nach den Tagen der Apostel und Evangelisten hat es Männer gegeben, welche die drei Klostergelübde, die Berthold einschärft, getreulich bewahrten und damit zur Nacheiferung ihres Verhaltens einluden. Richtet doch dieser an die Mönche die Aufforderung: „Daz dritte daz dû diu gesetzede (Gesetze) dînes ordens flîziclichen behaltest (hältst) und aller meiste driu dinc dar ûf allez geistlichez leben gruntvestet ist, daz ist kiusche und armuot und gehôrsam."[2] Hierher gehört der heilige Nikolaus, über den Hermann von Fritslar in seinem Heiligenleben bemerkt: „Zu deme funften mâle lobet man in umme sîne magetlîche kûscheit";[3] ebenso der Stifter des Dominikanerordens, St. Dominikus, von dem wir hören: „Her (er) was ouch selber ein juncvrowe"[4] und endlich der Provinzial dieses Ordens, Meister Eckhart, dessen Reden wiederholt von uns angezogen sind. Denn „meister Eckehart wart gefrâget, waz daz groeste guot wêre, daz im got ie getân hête. Er sprach: der sint driu. Daz êrste: mir sint genomen und abe gesniten fleischlîche begirde unde gelüste."[5] Hat ein jeder dieser Männer durch „lûtere (lautere) kuischeit" bewiesen, „daz her (er) sî ein ûzzerwelt jungere unses herren"[6], so hat es andererseits auch nicht an reinen Jungfrauen gefehlt, deren heiliger Wandel einen mächtigen Antrieb ihnen gleich zu werden darbot. Von diesen Jungfrauen lesen wir in einer Predigt bei Tauler: „Darnach volget die felig fchar der reynen keüfchen unbefleckten iunckfrowen an leib und an gemuet. O wie ein fchoen wunniglich ding das ift, in dem leyb funden werde unberuert als ein engel, wem Gott der eren gan (gönnt), das er in dem kleid gefunden wirt, das er felber und fein werde muotter fo

---

[1] F. Pfeiffer, *Deutsche Mystiker des 14. Jahrhunderts*. Bd. I. S. 9.
[2] Berthold, ed. F. Pfeiffer. Bd. II. S. 260.
[3] F. Pfeiffer, *Deutsche Mystiker des 14. Jahrhunderts*. Bd. I. S. 16.
[4] Ebendas. Bd. I. S. 173. — [5] Ebendas. Bd. II. S. 602.
[6] Ebendas. Bd. I. S. 250.

über all zierde truogen."[1] Auch in einer anderen Predigt werden solche keuschen Jungfrauen gerühmt, die den Engeln gleich kämen und ihnen besonders lieb wären: „wan (denn) di juncvrowen sint der engele swester, und di engele wonen gerne bî in"[2] (ihnen); denn, so versichert ein Prediger des dreizehnten Jahrhunderts, „er lebt engelifhen nicht mennifhlichen der finen leip chiufhlichen behaltaet. Diu chiufh volget got vorderlichen (vornehmlich) vor aller felicheit. Nu fecht (seht) wie groz der chiufh reincheit ift."[3]

Raten so unsere Geistlichen sich durch das Vorbild der Heiligen zur Keuschheit bestimmen zu lassen, so warnen sie dagegen vor unreinen Gedanken. Als Berthold einmal die verschiedenen Arten der Unkeuschheit, deren jede die Seele töte, mit Speeren vergleicht, führt er als den ersten Speer die fleischliche Lust an: „Daz êrste sper bezeichent eine untugent: daz heizent boese geluste des fleisches, sô dem menschen zem êrsten wol ist in sînem gemüete mit dem geluste der unkiusche."[4] Daher empfiehlt er der Jugend auf ihre Frage: „Wie, bruoder Berhtolt, wie suln wir jungen liute uns behüeten vor des tiuvels stricken, die er uns mit der unkiusche raetet?"[5] nicht am wenigsten auch die unzüchtigen Gedanken zu fliehen: „Dar zuo soltû (sollst du) dich selber beschirmen vor üppigen gedenken —: sô mahtû (magst du) dîne kiusche wol behalten. Wilt dû aber die gedenke lâzen fliegen frîlîche (frei) hin unde her, sô wirt dir der stric deste lîhter (leichter) an geleit"[6] (gelegt). Auch Geiler kennt die grofse Gefahr, die in einer ausschweifenden Phantasie liegt, und tadelt daher den, welcher sich derselben überläfst, mit den Worten: „Aber du thuoft eins und fpringeft wider in die kotlachen, dz ift, du bekümmereft dein hertz mitt unküfchen gedencken, gedenckeft an die aller fchnoedeften ort die an der frawen feind."[7] Berthold aber erklärt, dafs unkeusche

---

[1] Joannis Taulery *Predig Uff aller Heiligen tag.* S. CLIX.
[2] F. Pfeiffer, *Deutsche Mystiker des 14. Jahrhunderts.* Bd. I. S. 110.
[3] H. Leyser, *Deutsche Predigten des XIII. Jahrhundertes.* S. 12.
[4] Berthold, ed. F. Pfeiffer. Bd. II. S. 140.
[5] Ebendas. Bd. I. S. 481. — [6] Ebendas.
[7] Geyler von Keyferfzberg, *Poftill.* teyl III. S. LXXX. Pred. Am Fünfftzehenden fonnentag noch Trinitatis.

Gedanken ebenso gut, wie unkeusche Werke, eine Todsünde seien: "Alsô sint etelîche, die tuont kein unkiusche mit dem lîbe (Leibe), si gedenkent aber sô gelustlichen dar nâch, wie die liute tuon, und swenne (wenn irgend) der mensche mit geluste dâ mite umbe gêt sô ist ez ein tôtsünde."[1] Deshalb ermahnt denn Geiler in seinem Seelenparadiese die unreinen Gedanken wie eine giftige Schlange zu meiden: "Darumb ſol ein menſch von jugent uff zuo allen zeiten mit grofzer behuotſamkeit fein hertz verhueten vor aller fantefy, die jn moecht reitzen tzuo fleifchlichenn glüften, er fol die felbigen gedenck in feinē gemuet fchnelliglichen fliehē, wie er vō uſſen pflegt zefliehen einen vergifften fchlangē."[2] Er ist in dieser Beziehung mit dem Leben vertraut und gibt daher aus seiner seelsorgerischen Erfahrung heraus noch besonders den Rat: "Darumb ſo bald ein gedanck her falt uñ ynbrechē wil, fol ein menfch in ftracks ufz dem hertzē fchitten naemlich am morgē fo du erwacheft und ufzgefchlaffen haft, uñ die gedenckē d' unkeüfcheit komen und ynbrechen, ſolt du nyṁermer im beth bleybē ligen, beſunder iunge hitzige menfchē. Ich halt das ein menfch d' fich nit anders moecht erwoern folcher anfechtung dañ durch uffteen, und er dz merckt od' warnaem, dz deñ ein folicher menfch fchuldig fey uff zuo fteen bey einer todfünd, damit er fich erweren mag des gedancks uñ verwilligens."[3] Ebenso führt er den Müfsiggang als eine nicht seltene Ursache an, der Phantasie die Zügel schiefsen zu lassen und sich an wollüftigen Gedanken zn weiden: "Darzuo fol ein mēfch auch nit mueffig gon, fund' fol etwas uebē dz im die fantafey verfchlecht, dz er nitt daraffter (danach) mit den gedenckē ufzfchweift, als (so) weyt als die ftatt ift."[4]

Interessant ist die Stellung, welche Geiler nach dieser Richtung hin der bildenden Kunst gegenüber einnimmt. Er fordert die Maler und Bildhauer auf nicht einen jeden Körperteil offen und frei darzustellen, sondern dabei auf gute Sitte Rücksicht zu nehmen. "Was unfchaffens (Unanftändiges) am menfchen ift", so läfst er sich

---

[1] Berthold, ed. F. Pfeiffer. Bd. II. S. 263.
[2] Geiler vō Keyfzerfperg, *Der feelen Paradifz*. cap. VI. Von warer keüfcheit. S. XXXVII.
[3] Derselbe, *Von den fyben fchwertern, das fybent fchwert*. — [4] Ebendas.

in seiner Postille vernehmen, „das hat die natur an die ort gefetzet, das es alfo verborgen ift, das es an keinem andern ort moecht alfo verborgen fein. Sag mir eins, wo moechts die natur mer verborgen haben, dañ eben an denen orten do es verborgen ift? Nyenen (nirgends). Das ift wid' die bildfchnider, und wider die moler, und das voelcklin. Kein moler kan kein Jefus knabē yetzt molen, on ein zeferlin"[1] (kleines männliches Glied). Die älteren Meister, so fährt er fort, hätten eine weniger laxe Auffassung in diesem Punkte gehabt: „Das findeft du nyenen (nirgends) in den alten gemaelden, das es alfo gemolet ift. Sunder es ift alleffammen fein verborgē uñ verdeckt, alfo das man nüt unfchaffens ficht"[2] (sieht). Wie das Jesuskind, so wurden auch die frommen Frauen in unziemlicher Weise gemalt, so dafs sie mehr öffentlichen Mädchen als keuschen Heiligen glichen: „Unnd nit allein ift es des ftuckfzhalb, funder auch in andren gemaelden von andren heyligē. Sant Katherin, fant Barbara, fant Agnes, od' fant Margred molen fye yetz nit anders wed' (als) wie die edel wyber gond, uñ die gemeynē dirnē."[3] Durch solche Bilder werde ein junger Priester in der Kirche nicht zur Andacht gestimmt, sondern nur geschlechtlich erregt: „Soll ein junger priefter über altar gon uñ meffz machē, glaub mir, es bringt jm wenig andacht."[4] So kommt Geiler denn zu dem Schlusse: „Es fol nüt. Man folt follich bild erberlich molē uñ in d' geftalt, dz mā fich nit moecht dorā verhoenē (verderben), fund' andocht habē."[5] Er läfst auch den Einwurf nicht gelten, dafs die Kunst in dieser Beziehung Freiheit geniefse, sondern hat eine bestimmte Antwort hierauf: „Ey fprichft du, fol mā die kunft nit zeygē. Ich antwurt. Weñ du die küft zeygē wilt, fo zeyg fye jm frawē hufz. do mal folliche ding, es hoert nit hyeher."[6]

Wird von unseren Predigern schon vor unkeuschen Gedanken gewarnt, so verwerfen sie erst recht zweideutige Worte und Reden, wie sie namentlich in „boeser gesellschaft"[7] vorkommen. Daher sagt Berthold, indem er die verschiedenen Arten der Unkeuschheit

---

[1] Geyler von Keyferfzberg, *Poftill.* teyl IV. S. XXII. Pred. An des heyligen apoftel fanct Mattheus tag.

[2] Ebendas. — [3] Ebendas. — [4] Ebendas. — [5] Ebendas. — [6] Ebendas.

[7] Berthold, ed. F. Pfeiffer. Bd. I. S. 481.

wieder mit Speeren vergleicht: „Zem andern mâle daz ander sper heizet, der gerne schentlîche rede dâ von rett (redet), und der ez gerne hoeret reden."[1] In Übereinstimmung hiermit fordert Geiler: „Als von unzüchtigen fachē, fol man züchtigklich reden. Was die natur verborgen hat, dz fol ein menfch nit entdecken. So nun die natur fchamhafftige ding verborgen hat, warüb wolt denn ein menfch nit auch verborgenlich uñ mit fubtilen umbreden do von reden?"[2] Er rühmt von diesem Standpunkte aus die hebräische Sprache, die für unreine Dinge umschreibende Ausdrücke brauche. Als er nämlich auf den Evangelisten Matthäus zu sprechen kommt, bemerkt er von diesem: „Das ift der Mattheus, der do zuom aller erften gefchriben hatt fein euangelium, von d' menfcheit Chrifti Jefu unfers herren, in der aller hoechftē fproch, dz ift in hebreifch, welche fproch alfo geadlet ift, das fye nüt grobs noch unfchaffens (Unanständiges) in ir hat, dañ (als) allein das do ift mit umbreden."[3] Trotz dieser Mahnungen aber wurden unsaubere Reden sehr häufig im Munde geführt, und Berthold kann nicht hart genug tadeln, dafs dies sogar schon bei jungen Kindern der Fall sei: „Unde daz iezuo alrêrste ûzer (aus) der schaln sliufet (schlüpft), daz ist als (so) gar vol schalkeit, unde nennent unde redent daz man unde frouwen dâ tuont unde lachent dar zuo."[4] Über ein solches Kind ruft er aus, indem er zugleich den Eltern bittere Vorwürfe macht: „Pfî, dû armer loupfrosch! Einz daz kûme einen haven mac ûf geheben, daz wil uns ouch den selben unflât mêren der unkiusche. Sô etelîchez niwan (nur) aht jâr alt ist, sô nennet ez daz frouwen unde man tuont vil schalklîche. Des lachent danne vater unde muoter. Ir tuot in (ihnen) gar übele dran; wan (denn) swaz zem êrsten in den haven kümt, dâ smacket (schmeckt) er iemer mêr (immerfort) gerne nâch. Dar umbe soltet ir iuwer (euer) kint gar gezîte (frühzeitig) ziehen an kiusche, mit worten unde mit werken, an zühten (Zucht) und an siten. Pfî, dû armez würmelîn, wie gezîte (frühzeitig) dû des tiuvels stric nimest an dînen hals!"[5] Aber

---

[1] Berthold, ed. F. Pfeiffer. Bd. II. S. 140.
[2] Geyler von Keyferfzberg, *Poftill.* teyl IV. S. XXII. Pred. An des heyligen apoftel fanct Mattheus tag. — [3] Ebendas.
[4] Berthold, ed. F. Pfeiffer. Bd. I. S. 256. — [5] Ebendas. Bd. I. S. 483.

auch die Erwachsenen fanden an unkeuschen Worten nicht selten Gefallen, denn Berthold sagt, indem er die Unreinen mit den Tieflandsbewohnern vergleicht: „Pfî, dû rehter (rechter) niderlender, dû bist eht (eben) unkiusche mit den worten! wan (denn) ir (ihrer) ist gar vil, die mit den werken keine unkiusche getuon wellent (wollen): wan sie mügent ir niht getuon. Und als (so oft als) sie mit den werken niht unkiusche mügent (mögen) getuon, sô tuont sie sie mit den worten."[1] Namentlich mit den Frauen scheinen die Männer gerne unsittliche Reden geführt zu haben, so dafs Berthold nach dem Vorgange des heiligen Franciskus empfiehlt nur laut und kurz mit denselben zu sprechen: „Sant Francisce lêret uns, daz wir lûte (laut) und kurzlichen reden mit den frouwen, dâ kan nieman an vervaelen."[2] Weiblichen Personen aber rät er vor der Thür oder am Fenster nicht unkeusche Blicke oder schmeichlerische Reden mit den Männern zu wechseln: „Ir frouwen, ir sült (sollt) iuwer ougen (Augen) phlegen vil flîziclichen und sult iuwer tütteln (schmeicheln) dâ zuo der pforten und zuo den venstern mit den mannen lâzen sîn"[3] (sein). Geiler aber warnt beide Geschlechter noch besonders davor, obscöne Lieder zu singen, wenn man dieselben auch nur als fröhliche hinstellen wolle: „Itē leychtfertige lieder. Aber man wil ein erbere fach dar ufz machen, uñ nēnet es ein froelicheit. aber mich dückt dz hie zuo Strafzburg, huor (Hurerei) und froelich, funt termini convertibiles, hangt als an einander, folich gauckelweyfen uñ wueſte fchāpere (schandbare) wort, gond on zweyfel ufz den wueſten hertzen, als im ewāgelio ſteet Matthei XII. Ex abundātia cordis os loquitur. Vō überflufz des hertzen redt der mund."[4]

Einen weiteren Anlaſs zur Unsittlichkeit finden unsere Geistlichen in übermäfsigem Essen und Trinken. Schon Berthold sagt hiervon: „Unde dar umbe daz sîn (sc. der unkiusche) vil geschiht, daz ist dâ von, daz man den lîp nihtes (an nichts) wil lâzen gebresten (Mangel) haben. Ir armen liute, ich meine iuch niht, ich meine die

---

[1] Berthold, ed. F. Pfeiffer. Bd. I. S. 256.
[2] Ebendas. Bd. II. S. 262. — [3] Ebendas.
[4] Geyler vō Keyferſperg, *Von den fyben fchwertern, das fybent fchwert.*

ze allen zîten wollust wellent haben des lîbes. Swes er eins begert des muoz er iemer zwei haben, — mit ezzen unde mit trinkenne."[1] Durch übertriebenen Genufs von Speise und Trank wird nämlich starke Hitze und damit sinnliche Begierde erzeugt: „Unde dû wirdest unkiusche an dem lîbe, swenne dû dich überizzest und übertrinkest; wan dâ wehset (wächst) von grôziu hitze unde grôziu unkiusche."[2] Auch Geiler weifs dies und beruft sich dafür auf einen Ausspruch des heiligen Hieronymus und eines Lustspieldichters: „Weñ freſſen und ſuffen, und die geburtglider halten ſich der nachburſchafft, und ſeind einander nach (nahe) verwandt. als ſanctus Hieronymus ſpricht. uñ Comicus. Sine Cerere et Bacho friget Venus."[3] Er setzt allerdings gleich hinzu, dafs nicht der Weingenufs an sich etwas Unkeusches sei, aber die Unkeuschheit sei oft eine Folge desselben: „Nitt das die unkeüſcheit weſenlich im wein ſey, ſund' nachfolgent, deñ welcher menſch unmeſſiglichñ vil weines trincket, iſt ein zeichen das er nit keüſcheit haltett."[4] Daher ermahnt denn Nikolaus von Strafsburg in einer Predigt: „Alſô sön (sollen) wir alle ursache fliehen, wen (wollen) wir in lûterkeit blîben, und ouch under zîten (zuweilen) starken wîn und starken pfeffer, wenn (denn) es gît (gibt) mengem (manchem) menschen ursache ze vallende (fallen) der ez unordenlîche nimet nâch luste; dâ kumet ouch verlâzene (ausgelassene) gebêrde von und îteliu (eitele) wort und ein unwîse gnâdelôs herze."[5] Ebenso verlangt Geiler von dem, der durch fleischliche Lust versucht wird, „dz er — allen fleyſz ankere — mit abbruch hitziger gewürtzter ſpeyſz, und ſtarckē wein, und vor anderen dingen ſich huette, alſo dz er ſich meſſiklich (mäfsig) halt in eſſen, in trincken, in ſchlaffen, und in andern dingen als ferr (sofern) er ymer mag."[6]

Unter den „anderen Dingen", vor denen man sich gleichfalls

---

[1] Berthold, ed. F. Pfeiffer. Bd. I. S. 470.
[2] Ebendas. Bd. I. S. 191.
[3] Geyler von Keyſerſzberg, *Poſtill.* teyl II. S. LXXIX. Pred. Am Sonnentag noch Letare.
[4] Derselbe, *Der ſeelen Paradiſz.* cap. VI. Von warer keüſcheit. S. XXXXI.
[5] F. Pfeiffer, *Deutsche Mystiker des 14. Jahrhunderts.* Bd. I. S. 271.
[6] Geyler vō Keyſerſperg, *Von den ſyben ſchwertern, das ſybent ſchwert.*

hüten soll, will man Keuschheit bewahren, ist besonders üppige Kleidung zu nennen. Schon das Beispiel Johannis des Täufers weist darauf hin. Denn dieser, durch Reinheit des Herzens ausgezeichnet, nahm nicht nur die einfachste Nahrung zu sich, sondern trug auch ein rauhes, aus Kamelhaaren verfertigtes Kleid: „Her (er) hate ouch lûtere meitlîche (jungfräuliche) kûscheit glîch den engelin. Alsô sprichit daz êwangelium: „sîn rok was von kamêlis hâre und sîn ezzen was houschreckin und walthonic." Und in sulcher hertikeit sô wirt kuischeit behalden."[1] Andererseits gibt eine Leysersche Predigt die Hoffart der Weiber in der Kleidung als vornehmlichste Quelle ihrer Unkeuschheit an: „Mine lieben. Unfer herre gefchuof elych (ehelich) gehileich (Vermählung). erne (er nicht) gefchuf iz (es) duorch daz niht. daz daz wip unrechter dinge phlege mit unrechter hohvart. mit unmezlichen cleidern. und daz fi da mit ir felbes (ihren eigenen) man icht (nicht) verleite und andere man reize daz fi fie minnen (lieben). Da von cuomet (kommt) oberhuor (Ehebruch) manflacht (Totschlag). — Des folden die man allis ftuorin (steuern). leider duorch die libe die fie zun wiben und zun kinden habint. fo volgint fi in (ihnen) irs willens und verliefen (verlieren) daz ewige riche."[2] Übrigens sind rauhe Kleider ebensowenig, wie wachen, fasten, sich mit warmem oder kaltem Wasser waschen, unfehlbare Mittel gegen die sinnliche Lust. Daher empfiehlt Geiler in Fällen der Not noch „zuo got uff zuo fchreyen" und „die lieben heiligen, Als fant Anthonium anzuoruoffen": „Aber das nym̄ für hand fo du erflameſt uñ entzündt bift mit dē fchwert des teüfels der unkeüfcheit, dz all ander ertzneyen nit helffen woellē, haerin hembder antragen, wachen, faften, weder kalt noch warm waffer, alles nit helffen wil."[3]

Endlich wird denjenigen, die ihrer Begierde nicht Herr werden können, noch der Rat in die Ehe zu treten erteilt. „Wan (denn) swaz sie dâ tuont wider dîne (sc. gotes) hulde —", so versichert

---

[1] F. Pfeiffer, *Deutsche Mystiker des 14. Jahrhunderts*. Bd. I. S. 144.
[2] H. Leyser, *Deutsche Predigten des XIII. und XIV. Jahrhundertes.* S. XXX. (Einleitung.)
[3] Geyler vō Keyferſperg, *Von den fyben fchwertern, das fybent fchwert.*

Berthold, „daz möhten sie wol tuon âne (ohne) sünde mit der heiligen ê"[1] (Ehe). Daher denn die Aufforderung, die er an einen Unkeuschen richtet: „Unde dû nescher, balde zuo der ê, oder an den grunt des niderlandes!"[2] (sc. der Hölle) oder, wie er ein andermal sagt: „Die ir magetuom (Jungfrauschaft) niht wellent behalten hinz (bis) an ir tôt, sô verlieset (verliert) in doch mit der ê."[3] Insbesondere sind es die jungen Leute, denen er als bestes Mittel gegen Ausschweifungen zu heiraten empfiehlt: „Und darumbe, ir jungen liute, hüetet iuch vor der selben sünde (sc. der unkiusche). Welt ir niht kiusche sîn, sô kumt doch zuo der ê."[4] Ja er rät ihnen diesen Bund so bald als möglich zu schliefsen: „Unde wellet irs niht enbern, sô kêret balde zuo der ê unde lât (lafst) iuch den tiuvel als (so) gezîte (frühzeitig) niht vâhen (fangen) in sînem stricke der unkiusche."[5] Dieselbe Mahnung wiederholt er mit etwas anderer Wendung: „Unde dar umbe, ir jungen liute, vil wunderlîchen balde ze der heiligen ê, die bî der werlte (Welt) blîben wellent."[6]

Wie schon in diesen Worten angedeutet liegt, sollen dagegen geistliche Personen keine Ehe eingehen. Daher antwortet Berthold auf die Bemerkung einer solchen „Nû, bruoder Berhtolt, nû sô lange unde dû die heiligen ê sô vaste (stark) unde sô hôhe (hoch) lobest über ander orden: ich bin ein geistlîcher mensche, ich wil mich rehte (recht) ouch ze der ê gehaben" (halten): „Niht, niht! alse (so) liep iu (euch) himelrîche sî."[7] Er erklärt im besonderen, dafs keine Frau einen Priester oder Diakonen zum Manne nehmen dürfe: „Den vierden menschen, den dû zer ê mîden solt unde den dir got verboten hât —, daz ist der mensche, der dem almehtigen gote verbunden ist. Daz sint alle die priesterlîche wîhe enpfangen hânt (haben) unde diakene unde subdiakene: mit den (denen) mac niemer deheine (irgend eine) frouwe dekeine (irgend eine) ê gehaben."[8] Selbst mit denjenigen, die durch ein Verbrechen ihre priesterliche Weihe verwirkt oder die ihr Kloster heimlich verlassen haben, ist

---

[1] Berthold, ed. F. Pfeiffer. Bd. I. S. 192.
[2] Ebendas. Bd. I. S. 256. — [3] Ebendas. Bd. II. S. 141.
[4] Ebendas. Bd. II. S. 151—152, vgl. Bd. II. S. 69.
[5] Ebendas. Bd. I. S. 412. — [6] Ebendas. Bd. I. S. 307. — [7] Ebendas.
[8] Ebendas. Bd. I. S. 315.

die Ehe verboten, da der geistliche Charakter ein unzerstörbarer ist: „Obe er halt die wîhe verwirket mit brande oder mit roube oder mit manslaht (Totschlag) oder wirt er aptrünnic ûzer einem klôster, sô mac man doch keine ê mit im gehaben."[1] Ebensowenig wie mit Geistlichen soll man mit solchen, welche einem Kloster angehören, seien es Mönche, seien es Nonnen, in den Ehebund treten: „Und alle die orden hânt (haben) enpfangen in kloestern, sie sîn gewîhet oder ungewîhet, pfaffen oder leien, gelêret oder ungelêret, frouwen oder man, meide oder witwen, und alle die orden hânt enpfangen oder wîhe, als ich hie (hier) gesprochen hân (habe), die sint alle sament dem almehtigen gote verbunden vesteclîche (fest), daz eht (eben) niemer mêre dehein (irgend ein) mensche deheine (irgend eine) ê mit im gewinnen mac."[2]

Während aber Berthold die Ehe mit Geistlichen und Klosterleuten strenge untersagt, erteilt er Laien, die sich zu vermählen gedenken, noch einen besonderen Rat, von dem er freilich gleich bemerkt, daſs es nur ein Rat seinerseits und nicht Gottes Gebot sei. Dieser Rat geht dahin, daſs junge Mädchen keine alten Männer und überhaupt nur Gleichaltrige unter einander heiraten sollen: „Doch wil ich iu (euch) einez râten; ez hât aber iu got niht geboten, niwan (nur) daz ich ez iu râte mit guoten triuwen (Treue). Wan wir grôzen gebresten (Mangel) dâ von haben unde sehen unde hoeren, daz ir gar jungiu kint alten mannen gebet, dâ von râte ich iu, daz ir ein jungez dem andern gebet, und ein altez dem andern. Unde dar umbe, daz dir gelîch (gleich) sî an der jugent und an dem alter, — daz nim."[3] Bei groſsem Altersunterschiede gerate nämlich die Ehe selten wohl, da der Mann trotz aller Künste, die er anwende, doch ein alter Mann bleibe und die junge Frau leicht jungen Männern vor ihrem Gemahl den Vorzug gebe: „Swenne ein alter eine junge frouwen genimet, sô waere eht er sô gerne junc unde taete er dem lîbe gerne wol; sô ist er doch ein alter grîsinc (Graukopf). Sô kleidet er sich junclîche, sô ist er eht ein alter grîsinc. Sô

---

[1] Berthold, ed. F. Pfeiffer. Bd. I. S. 315.
[2] Ebendas. Bd. I. S. 315—316. — [3] Ebendas. Bd. I. S. 320.

badet er sich, sô ist eht er ein alter grîse (Greis). Sô heizet er im den bart nâhen (dicht) ûz der hiute (Haut) schern; sô schirt man im nâhen, sô ist eht er ein alter grîsinc. Unde sie gesiht vil lihte (vielleicht) etelichen, den sie gerner (lieber) siht danne (als) in. Unde dâ gar junge frouwen alte man nement, daz geraetet eht selten wol."[1]

---

[1] Berthold, ed. F. Pfeiffer. Bd. I. S. 320—321.

IV. Kapitel.
Die körperlichen Übungen.

Werden wir die bisher erwähnten Mittel, welche unsere Prediger gegen die Unkeuschheit empfehlen, durchaus als berechtigte anerkennen müssen, so können wir ihnen dagegen nicht beipflichten, dafs körperliche Übungen in jedem Falle die Sinnlichkeit fördern. Am ehesten dürfte dies noch bei dem Tanze zutreffen. Derselbe war altgermanische Sitte, denn als das frühste und keckste Spiel, das bei den alten Deutschen geübt ward, erscheint ein Tanz, welchen Jünglinge mit nackten Leibern zwischen nackten Schwertern und Lanzen aufführten.[1] Ist von einem derartigen Waffentanze auch im Mittelalter nicht mehr die Rede, so hören wir dagegen von Reigentänzen, zu denen sich Männer und Frauen mit einander verbanden. Wie der schon mehrfach erwähnte Augustinermönch Gottschalk Hollen berichtet, bildete man dabei einen Kreis, indem man die Arme ausstreckte und sich mit den Händen fest aneinander hielt; zugleich wurde dazu gesungen und gesprungen.[2] Geiler bezeichnet einen solchen Reigentanz, bei dem man sang, mit dem Namen „heygerleyfz"; er tadelt nämlich, dafs manche wähnen, sie könnten

---

[1] Genus spectaculorum unum atque in omni coetu idem. Nudi juvenes, quibus id ludicrum est, inter gladios se atque infestas frameas saltu jaciunt. Tacitus, *de Germ.* cap. XXIV.

[2] R. Cruel a. a. O. S. 625—626.

Gott und dem Reichtum zu gleicher Zeit dienen, „als do man ein heygerleyſz macht, und koennent gott ein handt byeten, unnd der rychtuomb die ander hand, unnd alſo umbhaer dantzen."[1] Ausführlicher kommt er auf den Reigentanz bei der Erklärung des Gleichnisses vom verlorenen Sohne zu sprechen. Nachdem er hier berichtet hat, der Vater desselben habe ein feistes Kalb zu schlachten befohlen, fährt er fort: „Und alſo noch dem befelh, do alle ding zuogerichtet ſeind wordē, do habent ſye angefangen eſſen und trincken und wol zuolebē, und ſeind (als man ſpricht) froelich geſin und guots dings, unnd habent dornoch gedantzt. Aber ſein elter ſuon was im feld duſſen (drauſsen) uff dem acker, do er am obent (Abend) heym kam, uñ nydnen (unten) vor dē huſz ſtuond, do hort er ſeitenſpil, dozuo ein geſeng uñ ein dantz, ich kans nitt baſſz (besser) tütſchen. Ein heygerleyſz, ein ſchübelecht (ringförmig) daentzlin, das iſt Corus, a corona, do man umbhaer got (geht) in rings wiſz (Weise), als die iungen knabenn und toechter ſpülgent (pflegen) zuothuon, uñ dozuo ſingent. Diſz tantzē was bey den alten ſaltatio coevorum"[2] (= coaevorum, Gleichaltriger).

Wie sehr der Tanz bei Jungen und Alten beliebt war, läſst sich gleichfalls aus einer Bemerkung Geilers ersehen. Als er einmal das Betragen einzelner in der Kirche und während der Predigt tadelt, erklärt er: „Darnach sind etliche, die sitzen und beratschlagen heimlich, wo sie nachmittags wollen zu Wein gehen, an welchem Orte man den besten Neuen oder Firnen schenke, item wo man einen Abendtanz oder sonst einen Hahnentanz werde anrichten."[3] So begaben sich die meisten denn auch lieber zum Tanze, als zur Predigt oder zur Messe, wie denn Berthold Klage führt: „Dâ soltent ir gar gerne ze predigen gân (gehen) und ze messe und dâ man gote dienet. — Sô gât (geht) ir gerner zem tanze, — der dâ hin, der sô hin, und gar ungerne dâ hin, dâz iu nütze und guot waere."[4] Selbst die Mönche und Nonnen waren groſse Freunde

---

[1] Geyler von Keyſerſzberg, Poſtill. teyl III. S. LXXX. Pred. Am Fünfftzehenden ſonnetag noch Trinitatis.
[2] Ebendas. teyl II. S. L. Pred. Am Sambſtag noch Reminiſcere.
[3] R. Cruel a. a. O. S. 628.
[4] Berthold, ed. F. Pfeiffer. Bd. II. S. 203.

des Tanzens. Wie wir bereits oben sahen, berichtet Geiler, „das die frowen in die kloefter gond (gehen), unnd mitt den münchen uff unnd ab hupffent"[1], und von den Nonnen bemerkt er, ihren Wankelmut scheltend: „Wie unfzer begynen[2], oder geifteren (geiftliche Frauen). Wenn es faftnacht ift, fo fprechend fye. wir mueffen yetzendan weltlich fein. uñ fohen (fangen) an zuoblitzen (sich schnell bewegen, springen), uñ gumpen (tanzen), hinden und vornan, wie ander leüt. Unnd wenn die Faft kumpt, fo fprechend fye, do ift die zeyt das wir geiftlich feyend. Und im Advent mueffen wir aber geiftlich fein. Dornoch fo kumpt die Wynachten, fo feind wir denn wider froelich. Es heiffet yetz guotts dings fein. unnd alfo meynent fye dennocht gar geiftlich fein. Jo fprechend fye, wie kan eins alfo ein munnaff fein, ein munck, und ein mumelthier"[3] (Murmeltier).

Über eine jede Art von Tanz brechen nun unsere Kanzelredner den Stab. Denn nicht nur, dafs Berthold „die tenzeler" den Sündern beizählt[4], auch Pseudo-Albertus rügt die Tanzsucht[5], und eine Predigt bei Leyser redet von „tanzen — und andern fuondlichen dinc."[6] Ja, ein elsässischer Prediger erklärt es für Thorheit, das Tanzen nicht als sündlich betrachten zu wollen: „Nu sint eteliche liute so tump (dumm), daz sie wenent, ob sie sich enthubent (enthoben) von irem antwerke, daz sie one sunde tanzen mügent und reigen."[7] Berthold hält namentlich noch dem Tanzenden vor, dafz er seine Seele verderbe: „Wan (denn) dû verliusest (verlierst) dîne sêle gar mit einem lîhten (leichten) dinge"[8], und an einer anderen Stelle sagt er, dafs der Tänzer sich in den Strick des Teufels begebe: „Unde wilt (dû) ouch zuo dem tanze unde zuo dem

---

[1] Geyler von Keyferfzberg, *Poftill.* teyl I. S. XXIIII. Pred. Am II. Sönentag noch dem Achten der drey künig tag.
[2] S. Anm. 8 auf S. 140.
[3] Geyler von Keyferfzberg, *Poftill.* teyl III. S. LXXX. Pred. Am Fünfftzehenden fonnentag noch Trinitatis.
[4] Berthold, ed. F. Pfeiffer. Bd. I. S. 20.
[5] R. Cruel a. a. O. S. 435.
[6] H. Leyser, *Deutsche Predigten des XIII. und XIV. Jahrhundertes.* S. XXXI (Einleitung).
[7] H. Rinn a. a. O. S. 19.
[8] Berthold, ed. F. Pfeiffer. Bd. I. S. 173.

heimgarten (Gesellschaft) unde wilt dâ vil gerüemen (heimlich sprechen) unde gelachen unde geweterblitzen (wetterleuchten, springen) unde gezwieren (verstohlen blicken) mit den ougen, sô mahtû (magst du) wol bestrûchen (straucheln) in den stric des tiuvels."[1] Insbesondere ist es Gottschalk Hollen, der das Tanzen als die gefährlichste Versuchung zur Sünde hinstellt. Der Reigentanz wird von ihm ein Zirkel genannt, in dessen Mittelpunkt sich der Teufel befinde; wer an demselben teilnehme, der sage sich damit von Gott los und ergebe sich dem Satan. Je höher man dabei springe, um so tiefer stürze man in die Hölle; je fester man sich an den Händen halte, um so fester werde man vom Teufel gefafst, und dieser Teufel heifse auf deutsch „Schickentanz".[2] Bestimmter noch wird der Tanz als Thorheit und besonders als Hoffart bezeichnet. So lesen wir in Grieshabers Sammlung, zu der Welt Thorheit gingen die, welche „zu tanze" gingen und „da man singet und springet."[3] Berthold aber ruft: „Pfî, hôhvertiger, mit dînem tanzenne! wie tiure (teuer) dir disiu tugent (sc. der dêmüetikeit) ist!"[4], und in einer lateinischen Predigt meint er: Damit man sich auszeichne vor anderen und gefalle, begehe man viele Sünden; „pro hoc ancillae et virgines chorizant."[5] Ja viele scheuen selbst Anstrengung beim Tanz nicht, nur um ihrer Eitelkeit willen: „Swenne dû verst (fährst) an einen tanz alle tage als ein hirzler (Hetzer) unde swenne dû alsô zwêne tage gehirzelst (gehetzt), unde soltest dû daz eine wochen trîben, dû woltest ê (eher) an einem galgen hangen. — Und alsô müget ir niemer dran geruowen (ruhen) an der sünde, diu dâ heizet hôhvart."[6]

So ist es denn begreiflich, dafs wiederum Berthold ausruft: „Pfî, tenzer unde tenzerinne!"[7] und dafs einer seiner Gesinnungsgenossen sagt: „We der werlt (Welt) von den fchanden die fie niht

---

[1] Berthold, ed. F. Pfeiffer. Bd. I. S. 481.
[2] R. Cruel a. a. O. S. 625—626. — [3] H. Rinn a. a. O. S. 19.
[4] Berthold, ed. F. Pfeiffer. Bd. I. S. 173.
[5] H. Leyser, *Deutsche Predigten des XIII. und XIV. Jahrhundertes.* S. XXXI (Einleitung).
[6] Berthold, ed. F. Pfeiffer. Bd. I. S. 176.
[7] Ebendas. Bd. I. S. 223.

bewart (vor denen sie sich nicht bewahrt). Owe tenzere."[1] Nach ihm soll man den Tanz fliehen, weil er etwas Unnützes ist: „Ez arbeitet manic mensche, daz ez sînen lîp gar sûr (sauer) an kümt, daz ez weder ze gote noch zer werlte (Welt) nütze wirt noch weder im noch anders ieman. Als dise — tenzer unde swelher leie arbeit ez ist, diu unnützbaer ist, die sol man fliehen unde sol die arbeit üeben diu nütze ist."[2] Ein jeder, der die Zeit so schlecht gebraucht, dafs er dieselbe vertanzt, wird bei dem Gerichte am jüngsten Tage schlecht bestehen: „Swer sîne zît verballet (mit Ballspielen verbringt) unde vertanzet —, der wirt jâmeric (jämmerlich) stên an der reitunge (Rechnung); oder swie dû sie anders anleist (anlegst) wan (als) ze rehter (rechter) nôtdurft."[3] Daher ermahnt denn auch Geiler, vom Tanze abzustehen, indem er zugleich angibt, wie man sich von demselben entwöhnen soll: „Nim̄ ein exempel. Dich gluft (gelüstet) zuom tantz zuogon, und meynſt, folteſtu nit dorzu gon, fo mueſteſt du ſterben. Dein vatter unnd muotter, oder dein man der will dich nitt mee loſſen gon zuom tantz. Oder du ſetzeſt dir felber für, du woelleſt nitt mee zuom tantz gon. Und wenn man pfiffet, oder tantzet, fo thuoſt dir felber gewalt an und gingeſt gern zuom tantz, aber du heſt tuget (Tugend) zuo ueben angefangen, und überwindeſt dich, und goſt nit. Das kumpt dich fur und hert an. Unnd alfo für und für goſt du zuo keinem tantz mee. Unnd ſo (je) lenger du on (ohne) tantzen biſt, fo minder dich tantzen anficht. Es got (geht) dir an der bafen hertz (d. i. wenig ans Herz), das du nit gon folt. Und alfo bekümmert es dich nit alfo vaft (sehr), als im anefang. Und kumpft zuom dritten dorzuo, dz es dich nit mee bekümmeret, unnd würft dem tantzen fo fygent (feind), wenn man ablos (Ablafs) gebe zuom tantzen, du kemeft nit dor an."[4]

Besonders ist der Tanz an Sonn- und Feiertagen zu meiden: „Der ouch an dem mântage und an dem diensttage tanzet — oder swelher leie sünde man dâ tuot, diu ist unserm herren gar herzec-

---

[1] H. Leyser, *Deutsche Predigten des XIV. Jahrhundertes.* S. 39.
[2] Berthold, ed. F. Pfeiffer. Bd. I. S. 561—562.
[3] Ebendas. Bd. I. S. 20.
[4] Geyler von Keyferſzberg, *Poſtill.* teyl III. S. XCIX. Pred. Am Einundzwanzigſten fonnentag noch Trinitatis.

lîchen leit. Sie ist im aber an dem suntage gar vil unde vil leider. Kümt aber eins heiligen tac ûf den suntac, sô ist ez im aber gar vil leider, und an dem ôstertage und an dem pfingesttage."¹ Der Einwand, dafs, wenn man diesem Verbote nachkomme, man an den Festtagen ja ohne Beschäftigung sei, hält nach Berthold nicht Stich: „Ir sult ouch dar umbe niht tanzen an dem ruowetage (Ruhetage) —, daz ir niht ze tuonne (thun) habet."² Freilich erwidern ihm seine Hörer: „Bruoder Berhtolt, rede waz dû wellest! wir mügen ungetanzet niht sîn"³, oder sie beklagen sich: „Wie, bruoder Berhtolt, dû wilt uns den wec gar enge machen! sullen wir nû nihtes (nichts) niht ze amte (Beschäftigung) hân, weder niendert (nirgend) varn (fahren) noch ander dinc tuon, weder tanzen noch spiln? sê, wie suln wir danne tuon daz wir den tac vertrîben?"⁴ Hierauf aber antwortet er, indem er auf einen bekannten Kirchenvater sich stützt: „Dar über sprichet sant Augustinus: ‚ez ist bezzer, daz man an dem vîgertage (Feiertage) z' acker gê, danne man tanze.' — Swer an dem suntage z' acker gêt, der tuot toetlîche sünde. Der tanzet, der tuot daz selbe. Der ackerganc ist aber nütze: sô ist daz tanzen nieman nütze."⁵

Nur für Hochzeiten läfst er auffallenderweise eine Ausnahme zu: Âne (aufser) ze brûtlöuften (Hochzeiten): dâ mac man alsô tânzen, daz ez âne (ohne) houbetsünde ist"⁶; er schwächt indessen dieses Zugeständnis gleich wieder ab, insofern er hinzusetzt: „Dû maht ouch alsô tanzen, daz dû toetlîche sünde tuost."⁷ Aus dem letzteren Grunde hält es der Verfasser einer Grieshaberschen Predigt für besser, auch bei einer Vermählungsfeier nicht zu tanzen. Denn als er die Hochzeit zu Kana, welche Jesus, seine Mutter Maria und die Apostel besuchten, bespricht, hebt er an derselben rühmend hervor: „Da waren niht toeber (Tobende) noch gîger (Geiger). noch tanzer. noch finger. noch fpil lüte als nu fint ze den brûtlouften"⁸ (Hochzeiten).

---

[1] Berthold, ed. F. Pfeiffer. Bd. I. S. 446. — [2] Ebendas. Bd. I. S. 268.
[3] Ebendas. Bd. I. S. 269. — [4] Ebendas. Bd. I. S. 268.
[5] Ebendas. Bd. I. S. 269. — [6] Ebendas. — [7] Ebendas.
[8] F. K. Grieshaber a. a. O. Abt. 2. S. 20.

Die hier erwähnten Spielleute, welche zum Tanze geigten und pfiffen, — sagte doch das Sprichwort: „Wer gern dantzt, dem ift guot pfiffen"[1] — waren meistens schlimme Gesellen, so dafs auch dies nur dazu beitrug, den Tanz in Verruf zu bringen. „Der zehende kôr" (Chor), so urteilt Berthold über sie, „ist eht gar von uns gevallen und aptrünnic worden. Daz sint die gumpelliute (Possenreifser), gîger (Geiger) unde tambûrer (Trommler), swie (wie immer) die geheizen sîn, alle die guot für êre nement. — Wan (denn) allez ir leben habent sie niwan (nur) nâch sünden unde nâch schanden gerihtet (gerichtet) unde schament sich deheiner (keiner) sünden noch schanden."[2] Er belegt dieselben denn auch mit teuflischen Namen: „Dû heizest nâch den tiuveln unde bist halt nâch in (ihnen) genennet. Dû heizest Lasterbalc (Lasterbalg): sô heizet dîn geselle Schandolf (Schandmensch). Sô heizet der Hagedorn (Weifsdorn), sô heizet der Hellefiwer (Höllenfeuer), sô heizet der Hagelstein (Hagelkorn)".[3] Dem entsprechend erklärten auch der Sachsen- und Schwabenspiegel die Geiger und Pfeifer für ehrlos, und die Kirche hatte sie zu wiederholten Malen mit dem Banne belegt.[4]

Besonders schlimm ist es, wenn sich Geistliche von solchen „gumpelliuten" (Possenreifser), sei es bei Hochzeiten, sei es auf Kirchweihen oder bei anderen Gelegenheiten, zum Tanze aufspielen lassen, da dies auf dem Mainzer Konzil noch besonders verboten war: „Unnd noch minder zimpt fich (sc. fuer pfaffen) zuo dantzen uff erften meffen (Kirchweih), ift verbotten in concilio maguntino provinciali. wenn (denn) es gefchicht nitt on fünd noch (nach) gemeynem louff (Lauf), als man dann yetzundan dantzt. Das umbher gon ift nitt fünd, aber das fich funft do begibt, das ift fünd. als ich dir dann vil do von fagen wolt."[5] Es wird daher als ein grofses

---

[1] Geyler von Keyferfzberg, *Poftill.* teyl II. S. XXXVI. Pred. Am Zynftag noch Reminifcere. Vgl. ebendas. teyl II. S. XCIX. Pred. Am Sonnentag Letare.

[2] Berthold, ed. F. Pfeiffer. Bd. I. S. 155.

[3] Ebendas. Bd. I. S. 155—156.

[4] H. Rinn a. a. O. S. 13. Anm. 4.

[5] Geyler von Keyferfzberg, *Poftill.* teyl I. S. XXIIII. Pred. Am II. Sönentag noch dem Achten der drey künig tag.

Unrecht bezeichnet, dafs 1524 bei einem Feste in Heidelberg sogar Bischöfe durch öffentliches Tanzen und Jubilieren Ärgernis erregten.[1] Wie man sieht, gab der Tanz gewifs öfter zu wilder Ausgelassenheit und zu unzüchtigen Schaustellungen Anlafs, so dafs wir verstehen, warum unsere Prediger denselben so entschieden verwerfen. Schwerer verständlich ist dagegen, weshalb sie auch alle sonstigen körperlichen Spiele und Übungen als verderblich hinstellen. Von denselben führt Geiler aufser dem Ringen und Springen insbesondere den Wettlauf, das Steinstofsen und das Stechen mit Speeren an. Als er einmal davon redet, wie die natürlichen Güter, die Jugend, Stärke und Schönheit, gemifsbraucht werden, sagt er: „Do mitt rennen, ftechen, oder fteinftoffen, ringen unnd fpringen — wir et cetera."[2] Aber auch vom „kegelriffz"[3] (Kegelschieben) oder „keglen fpiln"[4] ist sowohl bei ihm, als auch in Mones Anzeiger die Rede, und aufserdem nimmt er einen Vergleich vom Scheibenschiefsen her: „Wie die fchützen unglich feind, die vor eim (einem) reyn (Rasenhügel hinter dem Ziel) fitzent, und zuom zyl fchieffent. Einer fchüffzt etweñ ein gätzē fchritt under das blatt (die Scheibe). Der ander fchüffzt einer halbē ellen lang ob (über) dz blat. Der dritt fchüffzt ein fpannē doruon. Der fyerd fchüffzt in den zweck"[5] (Pflock in der Mitte der Schiefsscheibe). Der Natur der Sache nach waren die Frauen in der Regel von diesen Spielen ausgeschlossen.

---

[1] Janssen, *Geschichte des deutschen Volkes seit dem Ausgange des Mittelalters.* Bd. II. S. 338 ff.
[2] Geyler von Keyferfzberg, *Poftill.* teyl III. S. LXVI. Pred. An dem Neünden fonnentag noch Trinitatis.
[3] Ebendas. teyl I. S. XXII. Pred. Am erften Sonnentag noch dem Achten der heiligen dry künig tag.
[4] Mones *Anzeiger f. Kunde der deutschen Vorzeit.* 8, 514.
[5] Geyler von Keyferfzberg, *Poftill.* teyl II. S. XXXIX. Pred. Am Zynftag noch Reminifcere. Unter die septem probitates, welche edle Laien erlernen, und in denen namentlich fürstliche Kinder geübt sein mufsten, wird auch das sagittare gerechnet, Petri *Alf. Discipl. cleric.* 44 bei W. Wackernagel, *Kleinere Schriften.* Bd. I. S. 114. Ebenso reservierte sich im Jahre 1461 Peter Kraft von Ulm, als er seinen Eltern versprach, hinfort nicht mehr zu spielen, noch zu karten, noch ein andres Spiel zu thun, ausdrücklich die Erlaubnis, mit der Armbrust zu schiefsen, Jäger, *Ulms Mittelalter.* S. 543 ff.

„Sye habent die ftercke nitt, das fye moegent rennen und den ftein ftoffen"[1], so heifst es in der Geilerschen Postille von ihnen. Ebenso wenig waren alte Männer zum Springen oder ähnlichen Beschäftigungen tüchtig: „Sie mügent ze dem turnei (Turnier) niht guot gesîn (sein) — noch ze dem springen. Ir altez gebeine hât verspranget"[2] (ist nicht mehr elastisch). Jüngere Personen dagegen betrieben alle diese Künste sehr eifrig, wie denn beispielsweise von den Kegelbahnen gesagt wird: „An wellen (welchen) orten mā gemeynlich die knabē fpulget (pflegt) zefindē."[3] Sogar von dem Kaiser hören wir, er solle sich freuen und „der keglen spiln, als ime gesetzet ist."[4]

Trotzdem sieht Berthold in dergleichen nur ein Mittel des Teufels, die Seelen „mit hôhvart ze gevâhen"[5] (fangen), und auch Geiler meint, dafs es sich bei den körperlichen Übungen nur darum handle, zu „hoffyeren"[6] und „eer zuo erlangen."[7] Ja, er bezeichnet dieselben geradezu als einen Mifsbrauch der von Gott verliehenen Kräfte des Leibes.[8] Dieser einseitigen Auffassung steht indes die Anschauung eines etwas älteren Zeitgenossen Geilers, des Thomas Haselbach, entgegen. Auf die Frage, ob die Teilnahme an Spielen erlaubt sei, erwidert er, dafs diejenigen sündigen, welche um irgend einen Gewinn nach dem Ziele schiefsen oder werfen, wie denn jedes Spiel aus Gewinnsucht ohne Ausnahme Sünde sei.[9] Hingegen zur Erholung und körperlichen Stärkung dürfe man wohl allerlei leibliche Übungen und Kampfspiele vornehmen, mit Kugeln durch einen Ring oder nach einem Kegel werfen, wettlaufen, mit Pfeilen schiefsen, Ball spielen u. dgl.[10]

---

[1] Geyler von Keyferfzberg, *Poftill.* teyl II. S. XXXVIII. Pred. Am Mitwoch noch Reminifcere. — [2] Berthold, ed. F. Pfeiffer. Bd. I. S. 416.
[3] Geyler von Keyferfzberg, *Poftill.* teyl I. S. XXII. Pred. Am erften Sonnentag noch dem Achten der heiligen dry künig tag.
[4] Mone bei H. Rinn a. a. O. S. 20. Anm. 2.
[5] Berthold, ed. F. Pfeiffer. Bd. I. S. 416.
[6] Geyler von Keyferfzberg, *Poftill.* teyl III. S. LXVI. Pred. An dem Neünden fonnentag noch Trinitatis.
[7] Ebendas. teyl II. S. XXXVIII. Pred. Am Mitwoch noch Reminifcere.
[8] Ebendas. teyl III. S. LXVI. Pred. An dem Neünden fonnentag noch Trinitatis.
[9] Vgl. ebendas. teyl III. S. XXXIIII. Pred. An dem heyligen Pfingftag.
[10] R. Cruel a. a. O. S. 497.

IV. Kapitel.

Einer besonderen Erwähnung bedürfen hier noch die im Mittelalter so weit verbreiteten Turniere. Im allgemeinen gaben junge Leute nicht allzuviel auf dieselben: „Sie ahtent (achten) ûf gîtekeit (Habgier) niht, wan (denn) sie wizzent halt noch vil lützel (sehr wenig), waz grôziu sorge ist umbe (um) guot, noch ûf wolgezzen (gut essen) noch trinken (ez ensî danne selten), noch ûf turnei noch ûf grôze hôhvart."[1] Ebensowenig waren ältere Personen dazu geschickt.[2] Spannte doch das Turnieren so sehr alle Kräfte an, dafs Berthold davon sagt: „Her turneiesman, swenne ir zwêne tage geturnieret, sô liget ir den dritten tac stille: ir woltet ê (eher) über mer varn unde niemer mêr her wider komen, ê (ehe) danne daz irz eine wochen woltet trîben allez für sich hin nâch einander."[3] Daher sind denn Weiberturniere auch nur ganz vereinzelt als geschichtliche Wirklichkeit oder durch Gedichte bezeugt, die der Wirklichkeit nachschafften.[4] Männer in der Kraft der Jahre dagegen rannten gern mit ihren Rossen gegen einander, sei es um der Gunst der Frauen, sei es um der eigenen Ehre willen, sei es, um Geld und Gut zu gewinnen; denn die Gefangenen mufsten am nächsten Tage durch ein Lösegeld frei gekauft werden. Aus dem letzteren Umstande erklärt sich, dafs Berthold die Ritter ermahnt, der Gattin Gut nicht mit Turnieren oder sonstigem verwerflichen Thun durchzubringen: „Dû solt ir guot niht andern wîben geben noch verspiln noch vertrinken noch verschallen (verjubeln) mit turneien, noch gumpelvolke (Possenreifser) niht geben, die dâ sint des tiuvels blâsbelge, noch mit deheiner (irgend einer) unrehten wîse solt dû dîner hûsfrouwen ir guot niht unnützlîchen âne (ledig) werden."[5] Wer seine Habe in dieser oder ähnlicher Weise verschwende, bringe seiner Seele grofsen Schaden: „Waz dû vertopelst (durch Würfelspiel verlierst) oder ze unmuozen (Geschäftigkeit) verluoderst (mit lockerem Leben durchbringst) oder verhôhvertest mit tornei oder gibest andern wîben — sô wirt dîner sêle niemer rât."[6]

Aber auch im übrigen sind Turniere für das geistliche Leben

---

[1] Berthold, ed. F. Pfeiffer. Bd. I. S. 411.
[2] Ebendas. Bd. I. S. 416. — [3] Ebendas. Bd. I. S. 176.
[4] W. Wackernagel, *Kleinere Schriften*. Bd. I. S. 139—140.
[5] Berthold, ed. F. Pfeiffer. Bd. I. S. 319. — [6] Ebendas. Bd. I. S. 25.

von Nachteil, da sie vorzugsweise zur Befriedigung der Hoffart und Eitelkeit dienen. Daher begegnen wir in einer Leyserschen Predigt der Klage: „Owe turnierere. Owe alle ytelere (eitle Dinge Treibende). die gots gebot niht en halden"[1], und in einer lateinischen Kanzelrede wird von dem Hochmut gesagt: „Pro hoc milites torneamentis intendunt."[2] Zugleich hebt Berthold hervor, dafs das Turnieren etwas Unnützes sei, das man schon aus diesem Grunde vermeiden müsse: „Und ir torneier! alliu diu freude, die disiu werlt (Welt) ie gewan oder iemer mêr gewinnen mac, daz ist reht (recht) als ein gestüppe (etwas Unnützes) und ein üppikeit, als der wîse Salomôn dâ sprichet unde der guote sant Paulus."[3] So wird denn das Turnier, zumal wenn es an Sonn- oder Feiertagen stattfindet[4], geradezu als Sünde bezeichnet: „Der tot nimet ober hant. — turney und ander fuondliche dinc."[5] Selbst dazu zu raten ist schon ein entschiedenes Unrecht, denn es begeht eine Schuld, „swer (wer immer) die sünde raetet, ez sî diz oder daz, swelher eie (welcherlei) sünde ein mensche raetet, ob er die sünde selber tuot oder niht, unde raetet er einem menschen alsô die sünde: „wol dan — zuo dem roube oder zuo der manslaht (Blutvergiefsen) oder zuo dem turnei!"[6] Tauler meint noch, wie das nicht Schaden bringen solle, worin Gottes Ehre und Lob in keiner Weise gesucht werde: „Und huetēt üch (euch) vor — kurtzweyl werck, dariñ gottes lere unnd lob nichts fey. Anders ficher, ir veriagent und verlieret den heiligen geift mitt allen feinen gnadē. Nun fprechent ettlich. Nein herre, es fchadet nicht, ich mein es nicht in übel, noch in argem. Ich muofz mich ergetzē, und etwas kurtzweil haben. Ach lieber gott, wie mag das gefein, das dir das mittel nicht fchaden moecht, dariñ got in keinen weg gefunden wirt."[7]

---

[1] H. Leyser, *Deutsche Predigten des XIV. Jahrhundertes*. S. 39.
[2] Ebendas. S. XXXI. Anm. 43 (Einleitung).
[3] Berthold, ed. F. Pfeiffer. Bd. I. S. 224, vgl. Bd. I. S. 561—562.
[4] Ebendas. Bd. I. S. 446.
[5] H. Leyser, *Deutsche Predigten des XIII. und XIV. Jahrhundertes*. S. XXXI (Einleitung).
[6] Berthold, ed. F. Pfeiffer. Bd. I. S. 213.
[7] Joannis Taulery *Predig Uff den heiligen pfingftag*. S. LIIII.

V. Kapitel.

Die ärztliche Hilfe.

Mochte nun bei den körperlichen Übungen eine Verletzung oder sonst im Leben irgend eine Schädigung der Gesundheit vorkommen, so empfehlen unsere Prediger, ärztliche Hilfe zu suchen. Um dieselbe sachgemäfs leisten zu können, hatten die „artzate"[1] (Ärzte) gründliche Studien nötig. „Nû seht ir wol, der halt des lîbes arzet ist, im ist nôt grôzer wîsheit"[2], sagt Berthold hiervon, und Geiler wiederholt: „Zuo eim artzet gehoertt groſſe kunſt un groſſe trüw"[3] (Treue). Kunst und Weisheit aber erwarben die jungen Mediziner „uff den hohen ſchuolē"[4] oder „Univerſiteten"[5]. Von den älteren derselben werden Paris, Orleans, Montpellier, Salerno, Padua und Bologna genannt. So bemerkt Berthold von der dreifachen himmlischen Weisheit, in der er seine Hörer unterweisen will: „Si ist iu (euch) ouch nützer danne aller der meister kunst die ze Parîs sint oder ze Orlense oder ze Montpaselier oder ze Salerne oder ze Padowe oder ze Bonônie (Bologna), sie enkünnen danne die drîe wîsheit, die ich iuch hie lêren wil."[6] Geiler aber führt neben den

---

[1] W. Wackernagel, *Altdeutsche Predigten und Gebete*. S. 194.
[2] Berthold, ed. F. Peiffer. Bd. II. S. 115.
[3] Geiler võ Keiſerſperg, *Die Emeis*. S. XXV.
[4] Derselbe, *Poſtill.* teyl I. S. XXX. Pred. Am Sõnentag Septuageſima.
[5] Derselbe, *Welt Spiegel, oder Narren Schiff*. S. 127.
[6] Berthold, ed. F. Pfeiffer. Bd. I. S. 5.

älteren auch jüngere Universitäten an, wenn er von den Studenten oder „Staudierknechten"[1] sagt: „Darnach fein etliche, die ftehen oder ftudieren fo viel jar zu Bononien, Parifz, Cracaw, Wittenberg, Leypfig, Heydelberg, Thuebingen, Bafel unnd anderen viel mehr Univerfiteten oder hohen Schulen."[2] Unter den „doctores uff den hohen fchuolē"[3] waren die Pariser Lehrer ganz besonders berühmt. Daher äufsert Tauler über die geheimnisvolle Vereinigung der Seele mit Gott: „Uñ alle kunftreich meifter zuo Parifz mit aller irer behendikeit, kündē nit hierzuo kōmē, und woltē fy hie vō redē fy müften zuomal verftummen."[4] So sehr sie aber auch in gelehrten Büchern bewandert waren, so meint er doch, dafs diejenigen noch höher stehen, welche das Buch der Natur zu lesen vermögen: „Darumb lieben kinder, die meyfter von Parifz, lefen mitt fleifz die buecher und keren die bletter umb, das ift vaft (sehr) guot, aber dife menfchenn lefen das ware lebendig buoch dariñ es alles lebt. Wann fy keren die hymel uñ das erdtreich umb, und lefen dariñ die übertreflichen (vortrefflich) groffen wunder gottes."[5]

Über die Art und Weise, wie die jungen Studenten sich auf ihr Fach vorbereiteten, sagt Hermann von Fritslar: „Zu dem anderen mâle mac man kunste lerne von der schrift und von flîzegeme studierne."[6] Als ein Vorbild eifrigen Studierens wird der heilige Hieronymus von ihm genannt: „Sîn leben was sô herte, daz her (er) sô sêre studierte daz ime daz gebeine slotterte in sîner hût. — Her schrîbit von imme selber, daz man ime sîne zene sach durch sîne backen. Her las gar gerne di heidenischen kunste, und dô was alle sîn vlîz zu."[7] Geiler rät, beim Lesen der Schriften, die meist in „Lateinifcher fprach"[8] geschrieben waren, sich eine bestimmte Studienordnung zu machen: „Derhalben fo du wilt etwas ftudieren und behalten, fo mache dir ein rechte ordnung, und nimb

---

[1] Johan Geyler, *Welt Spiegel, oder Narren Schiff.* S. 127. — [2] Ebendas.
[3] Derselbe, *Poftill.* teyl I. S. XXX. Pred. Am Sōnentag Septuagefima.
[4] Joannis Taulery *Predig Am XX. Sontag nach Trinitatis.* S. CXXII.
[5] Derselbe, *Predig An Der kirchwyhe.* S. CXXXV.
[6] F. Pfeiffer, *Deutsche Mystiker des 14. Jahrhunderts.* Bd. I. S. 219.
[7] Ebendas. Bd. I. S. 210.
[8] Johan Geyler, *Welt Spiegel, oder Narren Schiff.* S. 202.

dir ein ding vor darüber bleib, bifz du daffelbig aufzwendig kanft, oder fonft verfteheft, als denn magft du etwas lehrnen."[1] Wer dagegen bald dieses, bald jenes treibe, handle thöricht und werde es zu nichts bringen: „Solche Narren thun, wie auff ein zeit einer thet, der was erftlich ein Student, uñ wolt in kurtzer zeit alle bücher aufz lernen, er fieng viel an, bracht aber keins zu endt, und da jn folches fchwer dunckt, liefz er von dem ftudieren, ward ein Kauffherr, da er folches auch ein zeit lang triebe, liefz er wider darvon und warde ein Bawr, und als er nicht Korn mehr het, dz er kunde fäen, ward er ein Landsknecht: da er aber in der fchlachtordnung ftunde, und fahe wie es zu gieng, fchluge er den Feindt mit den verfen, unnd wardt widerumb ein Staudierknecht, kame zu dem Catoni, unnd als er feine fchwere queftiones nicht kundt verftehen, namme er ein Weib, unnd da jhm folches auch nicht lang gefiel, zoge er von jr, und kame zu dem Ptolemeo, und als er diefen auch nicht kundt verftehen, wünfchet er das er ein Efel blieb, welches er auch blieben ift."[2] Aber auch aus anderen Gründen hatten manche bei ihren Studien keinen Erfolg. Geiler spielt auf Unfleifs an, wenn er einem Studierenden zuruft: „Defzgleichen du Staudirknecht, was rümpft du dich viel, wie du auff fo viel hohen Schulen feyeft geftanden, unnd aber weder tugent noch kunft heim zu haufz bringft, fonder kompft ein gröffer Efel heim, dann da du aufzzogeft?"[3]

Wer dagegen seine Zeit wohl benutzt hatte, pflegte nach Ablauf seiner Studien sich das Magisterium oder Doktorat zu erwerben. Geiler findet es angemessen, dafs dies geschehe: „Ich fprich zuom dritte, das es fich zimt dz einer beger den namen und gewalt d' meifterfchafft, das er ein meifter fey in den fyben freyen künften, od' ein doctor in der heyligē gefchrifft, od' ein doctor in der Artzny, od' ein doctor in keyferlichen od' baebftlichen rechten, welhen nāmen od' gewalt einer muoffz haer erlangē vom babft."[4] Allerdings brauche jemand, der nicht Doktor sei, deswegen nicht ungelehrter,

---

[1] Johan Geyler, *Welt Spiegel, oder Narren Schiff.* S. 126.
[2] Ebendas. S. 126—127. — [3] Ebendas. S. 127.
[4] Derselbe, *Poftill.* teyl II. S. XXXVIII. Pred. Am Mitwoch noch Reminifcere.

als ein Doktor zu sein, allein der Doktortitel verleihe mit Recht eine gewisse Autorität, da derjenige, der ihn führe, geprüft und bewährt gefunden worden sei: „Einer der nitt doctor ift, mag als (also) gelert fein als einer d' doctor ift, do ift kein underfcheyd. Aber fo man jn bewert unnd überhoert (als mā deñ fpülget (pflegt) zuothuon uff den hohē fchuolen) fo ftempfft (stempelt) man jn nūmen (nur). Uñ deñ fo man weiffz das er ein meifter ift, oder ein doctor ift, fo gloubt man jm noch me (mehr) deñ vor, und würt alfo fein leer verfanglicher und krefftiger. Wenn (denn) das magifteriū und das doctorat ift ein gezügnüffz von der fchuol, od' von der oberkeit, das er fich der gefchrifft gebrucht hatt. Weñ einer fpricht, ich habs von eim doctor gehoert, fo gibt er jm me glouben, deñ hett ers gehoert von eim andren der nit doctor wer. das ift der ftampff (Stempel) uff dem behemfch"[1] (eine Silbermünze).

So genossen denn auch die Doktoren der Medizin, wie die Doktoren überhaupt, kein geringes Ansehen. Berthold nennt dieselben „die hôhen meister"[2] und bezeichnet sie als solche, die nicht entbehrt werden können: „Die sehsten liute, die den sehsten kôr dâ erbent, die der almehtige got geordent hât in der heiligen kristenheit, daz sint alle die mit erzenîe umbe gênt. Der (derer) möhte man ouch deheine wîse (in keiner Weise) gerâten"[3] (entraten). Zum Beweise hierfür beruft er sich auf Anselm von Canterbury: „Wan ez sprichet der guote sant Anshelm von Kantelberc: — „dô Adam und Êve daz obez (Obst) âzen durch des slangen rât, dâ mite slikten (schlangen) sie alle die vergift und allez daz eiter, daz in dem slangen was, unde von der selben vergift dô wurden wir ze dem lîbe unde ze der sêle siech unde toetlich (sterblich); unde werte daz an uns, unz (bis) daz sich got über uns erbarmte. Dô erbarmte sich got über uns unde gab uns für ieglîchen siechtuom, der uns von dem slangen ûf erbete, eine erzenîe, die uns des lîbes siechtuom ze gesuntheite braehte, wan er den wurzen unde kriutern unde sâmen und edelm gesteine und worten die kraft

---

[1] Geyler von Keyferfzberg, *Poftill.* teyl II. S. XXXVIII—XXXIX. Pred. Am Mitwoch noch Reminifcere.

[2] Berthold, ed. F. Pfeiffer. Bd. I. S. 153.

[3] Ebendas. Bd. I. S. 152—153.

hât gegeben, dâ wir von gesunt werden sullen, der ez eht erkennet."[1] Als der erste, der mit der Wirkung der verschiedenen Heilmittel bekannt war, wird Adam angeführt: „Her Adam erkante ieglicher wurze kraft unde gesmac, und allen dingen gap er namen."[2] Derselbe war überhaupt, bevor er durch Eva zu Fall kam, auf allen Gebieten menschlichen Wissens und Könnens bewandert: „Der êrste mensche, Adâm, der hate alle kunste vor dem valle und hete alle hantwerg gekunt âne (ohne) lernen."[3] Nächst Adam werden die grofsen Ärzte des Altertums und des früheren Mittelalters rühmend erwähnt, so „meister Ypocras (Hippokrates) —, der meister was über alle meister die von erzenîe ie gelâsen, — her Galiênus unde her Constantînus unde her Avicennâ unde her Macer unde her Bartholomêus, — die wâren die aller hôhesten meister die von erzenîe ie gelâsen, unde habent alle künste erfunden und erdâht, diu von erzenîe ie wart erdâht."[4] Weniger hervorragend sind dagegen die meisten Heilkünstler, denen wir bei Pseudo-Albertus begegnen, denn neben Aristoteles, Avicenna und Konstantinus werden auch ein Johannitius, Terentius, Simplicius, Philaretus, Fortunatus und Titus von ihm genannt.[5] Auch noch zu Geilers Zeiten gab es treffliche Ärzte, so dafs sich die Familien gern eines Doktors als Angehörigen rühmten: „Ift nōmen (nur) ein ritter, oder ein doctor in eim gefchlecht, mā fpricht, das ift unfzer docterlin, das ift unfzer ritter."[6]

Bei dieser geachteten Stellung der Ärzte wird es verständlich, warum man die Juden vom ärztlichen Stande fernzuhalten suchte. Zwar waren manche derselben hochgebildete Männer, so dafs die Kirche einfachen Leuten verbot, sich mit ihnen in einen Streit über religiöse Fragen einzulassen. „Ir wellet (wollt) allez", sagt Berthold, „mit den jüden einen kriec haben; sô sît ir ungelêret, sô sint sie wol gelêret der schrift, und er hât alle zît wol bedâht, wie er dich überrede, daz dû iemer deste mêr swacher bist. Unde von den

---

[1] Berthold, ed. F. Pfeiffer. Bd. I. S. 153. — [2] Ebendas.
[3] F. Pfeiffer, *Deutsche Mystiker des 14. Jahrhunderts*. Bd. I. S. 15.
[4] Berthold, ed. F. Pfeiffer. Bd. I. S. 517.
[5] R. Cruel a. a. O. S. 432.
[6] Geyler von Keyferfzberg, *Poſtill*. teyl II. S. CV. Pred. Am Zynſtag noch Judica.

selben sachen ist ez verboten von der geschrift unde von dem bâbeste, daz dehein (kein) ungelêrt man mit den jüden reden sol, wan (denn) die gar ûz erwelten meister, die redent mit den jüden wol."[1] Trotzdem aber waren die Israeliten ausnahmslos der gröfsten Verachtung preisgegeben. Berthold nennt sie „die stinkenden jüden, die die liute an bokezen"[2] (wie ein Bock riechen), oder es ist von „eines stinkenden jüden valschem kallen"[3] (schwatzen) bei ihm die Rede. Eine Handschrift vom Jahre 1406 erwähnt „Juden, Heyden und andere Unchristen oder berüchtigte Leüte"[4], und der um 1425 lebende Dominikaner Johann Herolt aus Basel fordert in einer Predigt sogar, dafs man mit Juden zusammen weder esse, noch bade, ihnen keine Häuser vermiete und keine Geschenke von ihnen annehme. Sie sollen keine öffentlichen Ämter bekleiden, einen besonderen Anzug tragen, der sie von den Christen unterscheidet, während der Passionszeit nicht auf die Strafse kommen und am Charfreitage keine Thüren und Fenster offen halten. Christliche Arbeiter, die sich in Dienst bei ihnen begeben, sind exkommuniziert und werden nicht auf dem Kirchhofe, sondern auf dem Schindanger begraben."[5] Selbst die jüdischen Kinder waren ihren christlichen Altersgenossen bereits ein Gegenstand des Spottes, denn Berthold erwähnt den Fall, „dô man ein jüdelîn toufet, daz diu kint oder die schuoler her nement ein jüdelîn und sie sprechent, sie wellent (wollen) den juden toufen, und stôzent ez alsô in eime spotte und anders niht in ein wazzer."[6]

So erklärte die Kirche den jüdischen Ärzten denn ausdrücklich den Krieg. Als der bereits einmal genannte Johann Herolt in einer Predigt die Frage erörtert, wie sich die Christen gegen die Juden zu verhalten haben, fordert er auch, dafs dieselben bei Krankheiten keine Juden als Ärzte gebrauchen oder irgend welche Heil-

---

[1] Berthold, ed. F. Pfeiffer. Bd. I. S. 530.
[2] Ebendas. Bd. I. S. 270. — [3] Ebendas. Bd. I. S. 294.
[4] O. Rüdiger, *Die wiedergefundene Handschrift der Zunft der Bader in Hamburg in den Mitteilungen des Vereins für Hamburgische Geschichte.* 1885. S. 133.
[5] R. Cruel a. a. O. S. 484.
[6] Berthold, ed. F. Pfeiffer. Bd. II. S. 85.

mittel von ihnen annehmen.¹ Ebenso predigt Geiler einmal, dafs der Mensch „in intellectu fine errore" sein soll und setzt erläuternd hinzu: „Das ift, das du nit meyneft, dz — Juden zuom artzet nemmen, das du moegeft gefunt werden, nitt fünd fey, und derglichen. Das feind allefammen yrrungen."² Zugleich straft er diejenigen, welche in kirchlicher Indifferenz um dies Verbot sich nicht kümmern: „Dergleichen fein etliche, die lauffen zu den Henckmeffigen Juden, unnd bringen jhn (ihnen) den harn, und fragen fie umb rath. Welches doch hoch verbotten ift, das man kein Artzeney fol von den Juden gebrauchen, es fey den fach (Ursache), das man fonft kein Artzet mag gehaben."³ Trotzdem waren jüdische Ärzte nicht selten, und die Christen liefsen sich manches Mal von ihnen behandeln. Ja, da sie öfter durch Erfahrung und Gelehrsamkeit ausgezeichnet waren, begleiteten sie nicht nur die Kreuzfahrer auf ihren Zügen, sondern wurden selbst von einzelnen Päpsten, wie Leo X, Clemens VII und Paul III zu ihren Leibärzten ernannt.⁴

Ebenso bestimmt wie gegen jüdische Ärzte sprechen unsere Prediger sich gegen eine jede Art von Kurpfuschern aus. Zunächst tadelt Geiler schon, dafs die Priester, statt über ihren Büchern zu sitzen, sich mit dem Kurieren von Kranken abgeben: „Es fein darnach die Proebft, dechen (Dekane), uñ and'e die fich weltlicher fachē annemē uñ und'fton. Als der artzney."⁵ Als ersten Grund, warum dies nicht statthaft sei, führt er an, dafs die Geistlichen mit der Medizin nicht hinreichend vertraut sind und daher die Patienten leicht an Leben und Gesundheit schädigen: „Du fragft, was fchadens kumpt davon, wan ein priefter fich artzney an nymt. Ich fprich das vil fchaden davon kumpt. — Der erft fchad ift todfchlag, das die mefchē umbracht werdē, wan warūb zuo eim artzet gehoertt groffe kunft un groffe trüw (Treue). Er muofz gelert fein und trüw. Sag

---

[1] R. Cruel a. a. O. S. 484.
[2] Geyler von Keyferfzberg, *Poftill.* teyl III. S. XXXIIII. Pred. An dem heyligen Pfingftag.
[3] Derselbe, *Welt Spiegel, oder Narren Schiff.* S. 140.
[4] H. Häser, *Lehrbuch der Geschichte der Medizin und der epidemischen Krankheiten.* Jena 1875. Bd. I. S. 837.
[5] Geiler vō Keiferfperg, *Die Emeis.* S. XXV.

mir eins wa hat es der priefter gelert (gelernt), kein priefter hat kein zügnifz von keiner hohē fchuol, das er in d' kunft geftudiert hab. wer wolt es in gelert habē."[1] Der zweite Grund ift der Verftofs gegen die Regel, die Ungehörigkeit; denn ebenso wenig wie der Arzt ohne Dispens ein Priester sein kann, darf der Priester ärztliche Handlungen vornehmen: „Der ander fchad der da kumpt einē priefter der ein artzet ift, dz ift (Irregularitas) uff gefpāt fein. — priefter, wan fie artzet feinde fo machē fie fich unteuglich uñ ungefchickt ire empter zuoverbringen. Wan einer ein artzet ift yn der welt und wil priefter werden, fo ift er ungefchickt unnd unteuglich darzuo, man muofz erft mit im (difpenfieren) wie kan er dann artzney geben, fo er yetz priefter ift."[2] Aber auch noch weiterer Schaden entsteht, wenn die Priester auf das ärztliche Gebiet übergreifen: „Der firede (vierte) fchad (Cōtēptus fuperiorū). Sie v̄achtē iren oberen, wann ire oberen haben fie gelert, unnd bifchoff haben fie geweihet got zedienen, nicht das fie mitt dem feich (Urin) unnd harn umbgond, fie fein zehoch unnd zuo einem hoehern ampt geordinet."[3] Ebenso haben die Laien guten Grund, an solchen Priestern Ärgernis zu nehmen, da sie kirchliche Stiftungen gemacht haben, damit die Geistlichen für sie beten, nicht damit diese medizinische Kuren vornehmen: „Der fünft fchad ift (Scādalum). Andere menfchen werdē darvon geergert wann fie haben ir guot dargeben, und geben ir almuofzen noch dar, das mā Got fol für bitten, nicht das fie artzet follen fein."[4] So kommt unser Prediger denn zu dem Schlusse: „Alfo kein priefter fol keim artznei geben, wan er es fchon wol künte. — Er fol ein artzet der felen fein und nit des leibs."[5]

Ebenso wenig wie den Priestern ist es den Ordensleuten gestattet, sich mit Kurpfuscherei abzugeben. „So wil ich die alle laffen farē", sagt Geiler von den Pfarrern, „uñ wil uff den ordenfzlütē bleibē, die fich artzney annemē dz fie nit folten thuon, kein Ordēfzman, — er fei wie er woell, fol fich d' artznei annemē, warūb, da ift er ze guot darzuo, er hat anders zefchaffen, er ift zuo eim

---

[1] Geiler vō Keiferfperg, *Die Emeis*. S. XXV.
[2] Ebendas. — [3] Ebendas. S. XXVI. — [4] Ebendas. — [5] Ebendas. S. XXV.

hoehern geordnet."[1] Selbst wenn der Mönch mit der Medizin einigermaſsen vertraut sei, zieme es sich doch nicht für ihn, von seinen Kenntnissen bei Kranken Gebrauch zu machen, ebenso wenig wie es für den Ritter sich schicke, Waisenvater zu werden: „Kein riter ſol der weiſzen vogt ſein, nit daz er es nitt künte, aber es zimt ſich ſeinē ſtat nitt, er iſt zeguot darzuo."[2] Besonders anſtöſsig findet Geiler es, wie bei dem Priester, so auch bei dem Ordensbruder, „das er mit dem ſeich (Urin) uñ mit treck umgang"[3], wie dies bei dem ärztlichen Beruf unvermeidlich sei.

Eine andere Art von Kurpfuschern sieht Berthold in den Wundärzten, welche innere Krankheiten zu heilen unternehmen. Er bemerkt hierüber: „Swer (wer) niht guot meister sî, der underwinde sich der selbe künste niht, oder er wirt schuldic an den liuten, an allen den (denen), den er nâch wâne erzenîet. Die aber niht sint gelêret und wellent (wollen) sich erzenîe underwinden unde niht enkünnent (Bescheid wissen) dan mit einer wunden unde nement die innern kunst dâ von unde nement sich der an und wellent den liuten trenke geben: dâ hüete dich vor, als liep als dir himelrîche sî, wan dû enweist (weiſst nicht) noch enkanst (verstehst nicht) der rehten gewisheit niht, diu dran lît (liegt). Dû triffest daz unrehte als balde als daz rehte, wan dâ habent die gar wîsen meister genuoc mite ze schaffen."[4] Hiergegen erhebt ein Wundarzt den Einwurf, daſs ihm gar manche innere Kur geglückt sei: „Owê, bruoder Berhtolt, ist mir wol vierstunt (viermal, öfter) gar wol dran gelungen"[5], unser Prediger aber erwidert: „Sich (sieh) daz ist niht wan nâch wâne. Unde wiltû (willst du) dich sîn nicht aenigen (entschlagen), dû wellest der innern künste pflegen, sô sullent dirz die êrbaeren koere gebieten bî der âht (Acht) unde bî dem banne. Ez sint mörder âne dich genuoc, die dâ die liute toetent: ganc mit dînen wunden umbe. Jâ möhtest dû nemen, daz dû des selben meister waerest! Unde dar umbe in aller der werlte (Welt) solt dû dich niht anders underwinden dan daz dû gesehen oder gegrîfen maht

---

[1] Geiler vō Keiſerſperg, *Die Emeis.* S. XXV.
[2] Ebendas. — [3] Ebendas.
[4] Berthold, ed. F. Pfeiffer. Bd. I. S. 154. — [5] Ebendas.

(magst), ez sî wunden oder geswer oder geſtôzen oder geſlagen: des maht dû dich wol underwinden, ob dû die ſelben kunſt hâſt gelernet bî einem andern meiſter."[1] Wie hier Berthold den Chirurgen verbietet, Arznei zu verordnen, ſo warnt Geiler in entſprechender Weiſe ſeine Hörer, von Wundärzten Medikamente anzunehmen: „Zu dē and'n, ſo lere (lerne) hie, Dz du dich nit laſſeſt uñ glaubſt an eim ungelertē wundartzet ſo du hoereſt, daz es ſo verfalich (verfänglich) iſt artzney zenemē."[2]

Aber mit den Wundärzten, welche innere Medizin betrieben, war die Zahl der Kurpfuſcher noch nicht erſchöpft. Beſchäftigten ſich doch auch Zahnärzte, Theriakhändler, Landſtreicher, Teufelsbeſchwörer und alte Frauen mit der Behandlung von Kranken. Geiler berichtet darüber: „Das fuenff unnd fuenfftzigſte Narren Geſchwarm iſt, von unerfahrnen Artzet. Hie aber ſol man fuerſehen, damit nicht ein miſzgriff geſchehe, unnd wir den gelehrten Artzet, nicht mit dem ungelehrten verdammen oder verwerffen. Dann wir reden hie nicht von den Artzet, ſo die kunſt recht und wol geſtudiert haben, welche aller Ehren werdt ſein, ſonder wir ſagen von denen, ſo nichts rechts vō der Artzney wiſſen, unnd kein fundament darinn haben, als da ſeind die Tryackers kraemer, Zanbrecher, Landtſtreicher, Teuffels beſchwerer, unnd die alten Weiber, welche doch die zeit jhres lebens nie kein Buchſtaben auff die Artzney geſtudiret haben."[3] Charakteriſtiſch für dieſe Heilkünſtler war, daſs ſie die Kranken mit groſsem Geſchrei an ſich zu locken verſuchten, denn der Ausdruck: „Er hat ein geſchrey, wie ein Zaanbrecher oder Triackers kraemer"[4] war zum Sprichwort geworden. Über die Heilerfolge der Genannten ſpricht Geiler folgendermaſsen ſich aus: „Weiters wie viel die alten Weiber, Triackeskraemer, Zanbrecher unnd andere unerfahrne mehr mit jhrer kunſt geheilet haben, weiſz ein jedlicher wol, alſo, das ſie etliche gelembdt, etliche blindt, etliche gar dem alten hauffen haben zugeſchickt, und iſt ſolchen kunden recht geſchehen, inn dem ſie die guten Artzt ver-

---

[1] Berthold, ed. F. Pfeiffer. Bd. I. S. 154.
[2] Geiler vō Keiſerſperg, *Die Emeis.* S. XXV.
[3] Derſelbe, *Welt Spiegel, oder Narren Schiff.* S. 202. — [4] Ebendas. S. 57.

acht haben, unnd fein folchen Leutbefcheiffern nachgevolget."[1] Er bezeichnet es daher auch als Thorheit, derartige Personen um ärztliche Hilfe anzugehen: „Die fuenfft Schell der Krancknarren ift, Artzeney unnd rath fuchen bey den alten Weibern, Tryackeskraemern, Zanbrechern, oder fonft anderen Landtftreichern, die nichts vonn der Artzeney wiffen, fonder etwann ein Wurtzel oder Kraut haben, fagen fie, das diefe zu taufentlerley gut fey, fo fie doch nicht eins mag helffen."[2] Auf die Universalmedizin derselben, die alles heilen soll, kommt er an einem anderen Orte nochmals zu sprechen: „Alfo fein der Artznarren noch viel, die brauchen nur ein Artzney, und woellen mit derfelben alle kranckheit und fchaden heilen. Fuernemlich aber thun folches die Tryackers kraemer und Zanbrecher, die geben offt ein wurtzel fuer taufenterley wuerckung und heilfamkeit aufz. Dann fie loben diefelben dermaffen, das wenn fie nur in einem ftuck die wuerckung hett, wie fie die dargeben, were fie mit golt uñ gelt nicht zu bezalē."[3] Wie sie nur eine einzige Wurzel gegen innere Leiden verordneten, so hatten sie auch nur eine einzige Salbe gegen äufsere Schäden, welche freilich an Kompliziertheit der Zusammensetzung nichts zu wünschen übrig liefs: „Defzgleichen habē fie auch offt ein falb, die ift aufz mancherley fchmaltz zugerueft: nemlich von Menfchen fchmaltz, von Beren fchmaltz, von wildt Katzen fchmaltz, von Schlangen fchmaltz, von Dachfen fchmaltz, von Hundt fchmaltz, von Elendt fchmaltz, etc. unnd weifz der Teuffel nicht was fuer fchmaltz darbey ift, die felbige falb geben fie fuer maniche heilfamkeit aufz, nemlich, das fie gut fei fuer offene alte fchaeden, bruechen, ftich, fchnit wunden, fall, fliffende augen, laeme der glieder, gefchwer, und der gleichen viel."[4] Was indessen solche Universalmittel ausrichteten, erfahren wir sogleich noch einmal: „Aber wenn man es bey dem liecht beficht, ift es offtermals eitel erftuncken und erlogen ding: Alfo, das fie mit jhrer Artzeney kaum moechten ein Hundt aufz dem offen locken koennen, fonder befcheiffen unnd betriegen allein den gemeinen Mann umb fein gelt. Daher

---

[1] Johan Geyler, *Welt Spiegel, oder Narren Schiff.* S. 140.
[2] Ebendas. — [3] Ebendas. S. 203.
[4] Ebendas.

fie auch gemeinlich von jedermann Landtbefcheiffer und Landtftreicher genennt werden."¹

Überhaupt klagt Geiler, dafs fast ein jeder sich anmafse heilen zu können, und doch seien der Krankheiten so aufserordentlich viele und daher die geeigneten Mittel gegen dieselben nicht leicht auszuwählen. „Zuo Kōln ein mal im quodlibet," so erzählt er, „ward ufgebē zuo determinierē uñ erclerē eim doctor in d' artznei vō den fiechtagē (Krankheiten) d' mēfchē d' felbig erklert das da werē in einē mēfchen II. taufent CCXXIIII. fychtagē, uñ wā mā eim artzney geb, fo brecht die felbe artzney ein neūwe breftē (Leiden) mit ir. Nun luog zuo, ob efz nit groeffere kunft bedorfft artznei mit zeteilen."² Er fährt dann fort: „Du fagft was fol ich hie lernē aufz allē dē. Zuom erftē folt du lernē, Das du dich nit folt die artzney annemē, Es feind zwo künft, die alle welt kan on geftudiert, Das ift artznei unnd heilig gefchrifft, alle welt kan artzney. Es ift yed'mā ein artzet das ift gefund, und daz fol man thuon etc."³ Und doch ist es so schwer, den Einflufs der Planeten, unter welchem der Kranke steht, zu erkennen, seine Natur, ob heifs oder kalt, ob feucht oder trocken, gehörig zu verstehen und die arzneiliche Behandlung in jedem Falle zu individualisieren: „Und weift nūt darūb, du kenft nit die natur noch cōplexion des fiechē, noch zeichen des hym̄els, noch zeit, unnd kanft im wed' zuo noch vō thū. Ja fprichftu. Es hat mir geholfē, ia darūb fo hilft es einē and'n, du bift d'natur, ein andrer ift einer and'n natur."⁴ So meint er denn, dafs solche Kurpfuscher Esel seien: „Ergo hō ē afinus eft bōa cōfequētia"⁵ oder mit anderen Worten: alle, die „ohn die kunft und erfahrenheit fich underftehen zu Artzeneyen", verdienen die Bezeichnung „Artzt narren." „Dann es feindt jhr viel, die underftehen fich der Artzeney, unnd fein doch nich Artzes genoffen, fonder gantz ungefchickt unnd unerfahren."⁶

Aber auch ein geprüfter und wohl erfahrener Arzt kann dennoch

---

¹ Johan Geyler, *Welt Spiegel, oder Narren Schiff.* S. 203.
² Derselbe, *Die Emeis.* S. XXV.
³ Ebendas. — ⁴ Ebendas. — ⁵ Ebendas.
⁶ Johan Geyler, *Welt Spiegel, oder Narren Schiff.* S. 202.

zu den Arztnarren gehören, nämlich wenn er willkürlich oder nachlässig bei der Kur des Kranken verfährt: „Die ander Schell der Artzt narren ift, fahrleffiglich heilen uñ curiren. Man findt viel Artzet die fein wol gelehrt unnd erfahren in der Artzney, aber gehn gantz farleffig und langfam mit der fach umb. Nemlich auff diefe weifz. Erftlich kommen fie jhrer kunft nicht nach, fonder erdencken ein ander fantafey, unnd newe kunft dem krancken darmit zu helffen, die jhn (ihnen) dann offt mifzrathet, unnd bringen fie manichen Bidermann dardurch inn den todt, an deren todt fie dann nachmals fchuldig fein."[1] Aufserdem aber versäumen sie den Kranken, indem sie nicht oft genug zu demselben gehen: „Darnach achten fie der krancken wenig, kommen etwann in dreyen oder vier wochen keumerlich ein mal zu den krancken, und ziehen fie fo lang auff, das fie dieweil fterben, unnd wider aufferftehn moechten, ehe das fie zu jhnen kommen."[2] Besuchen die einen ihre Patienten zu selten, so ziehen die anderen die Krankheit in die Länge, um desto mehr Gewinn von dem Kranken zu haben: „Die dritt Schell ift, fchalckhafftigklich und aufz boefem fürfatz Artzneien. Dann es fein deren viel, die ziehen aufz fonderm boefen fuerfatz die kranckheit lang auff, unnd machen den krancken offt kraencker, dann er vorhin gewefen ift, allein darumb, damit fie defto mehr gelt moegen bekommen. Solche fein hefftig fcheldens wuerdig, und wirdt jhnen gewifzlich folches nicht ohn geftrafft hin gehn."[3] Endlich gibt es auch Ärzte, die irgend eine Arzenei nach Belieben dem Kranken verordnen, ohne sie richtig ausgewählt zu haben und von der Wirksamkeit derselben überzeugt zu sein: „Die vierdt Schell der Artzt Narren ift, zweiffelhafftig oder auff geraht wol heilen. Es feind vil die wogen es, unnd woellens verfuchen auff geraht wol. So ein Artzet ab einer Artzney zweifflet, fol er fie keins wegs einem krancken geben, fonder ein beffere erwoehlen. Dann es ift vil ficherer dz der folches in Gottes hand uñ gewalt laffe, weder (als) ein Artzney geben, daran er zweiffelt. Derhalben foll ein artzet fuer fehen das er zuvor die Artzney probiere ob es gut oder fchedlich fey."[4]

---

[1] Johan Geyler, *Welt Spiegel, oder Narren Schiff*. S. 203.
[2] Ebendas. — [3] Ebendas. — [4] Ebendas. S. 204.

Als unrecht betrachtet Geiler es ferner, wenn der Arzt schablonenhaft, nur nach der Vorschrift seiner Bücher den Patienten behandelt, ohne zu specialisieren und auf Grund seiner Erfahrung das Medikament zu dosieren: „Alſo vil in d'artznei geleſen hon machtt kein gelertē artzet, es ligt als in d' darreichūg, ſo mā die artznei dē ſiechē gibt. Ariſt. gibt im text die exēpel. Es iſt nit genuog dz ein artzet weiſz dy eigētſchaft d' rutē (der Raute) in welchē grad ſie heiſz iſt od' kalt, feucht od' dürr, er wiſz dē wie man den ſiechē ſoll mitteilen da muoſz man wiſſen zuo und von zuo thuon da muoſz man erkenen die natur etc. uñ heiſzt dan ertznei wan man es ietz mitteilt."[1] Derselbe Gedanke tritt uns bald darauf noch einmal entgegen: „Ja es iſt alſo in dem buch geſchriben, daz iſt nüt geſagt, man muoſz auch wiſſen zuo und vō zethun, warnemē der perſonen, der ſtat, d' zeit, wie ein richter d' gerechtikeit ſol thuon einem menſchē. Es ligt als in alicatione"[2] (= applicatione). Versäumt es der Arzt, zu individualisieren, so wird er nur zu oft statt Genesung den Tod herbeiführen: „Darūb ſprach ein artzet zuo eim künig Ein neuwer artzet der muoſz ein ſpignen kirchoff habē, ich hab vil leut getoedt. Der künig ſprach, wie wer das. Er ſprach, do ich doctor was wordē, da gab ich artzney, wie in den büchern geſchribē waz, da ſturbē mir vil kräcker. Uñ alſo mit läger erfarūg bin ich es inen wordē, uñ hab es gelert (gelernt) dar zuo uñ darvō zethū, darūb es manchē mēſchen koſt."[3]

Ein besonderes Mittel, sowohl die Krankheit, als das rechte Medikament gegen dieselbe zu erkennen, ist die Harnuntersuchung. Wir hören bei Berthold darüber: „Unde dâ von habent noch hiute die hôhen meister die kunst, daz sie bekennent an einem glase (sc. Urin) des menschen nâture unde sînen siechtuom (Krankheit), unde danne, wie man einen ieglîchen siechtuom büezen sol, den man eht gebüezen mac: wan ez ist etelich siechtuom, den alliu diu werlt (Welt) niht gebüezen möhte."[4] Ebenso wird auch in den Schauspielen des Mittelalters, z. B. bei Hans Sachs, der Urin als

---

[1] Geiler vō Keiſerſperg, *Die Emeis.* S. XXV.
[2] Ebendas. — [3] Ebendas.
[4] Berthold, ed. F. Pfeiffer. Bd. I. S. 153.

diagnostisches Hilfsmittel öfter erwähnt.[1] Ja, die Laien waren der Meinung, dafs man alles Mögliche aus demselben ersehen könne, eine Ansicht, der Geiler entgegentritt: „Darnach fein etlich die thun ein ding, wañ fie den Harn zum Doctor bringen, verfchweigen fie und fagen nicht ob er eines Manns fey oder einer Frawen, unnd meinen die Narren der Doctor foll folches alles wol aufz dem Harn fehen, uñ die gantze Kranckheit nach dem Harn urtheilen. Wie man dann von einem Bawren lifet, der hat auff ein zeit einem Doctor den Harn gebracht, da hat jhn der Doctor gefragt, wo er mit herkomme unnd von wannen er fey, da hat er geantwort, jr werdends wol fehen am harn."[2] Freilich gesteht er zu, dafs einzelne, ohne den Patienten zu kennen, allein mit Hilfe des Harns den Sitz der Krankheit angeben, doch meint er, dafs dies nicht mit rechten Dingen zugehe, sondern auf einem Pakt mit dem Teufel beruhe: „Zwar ich mufz hie bekennen das etliche fein die wunderbarliche ding durch den Harn anzeigen, alfo das fie von dem menfchen, dē fie doch nie gefehen habē, könen fagē, wie jm fey, und wo jm wehe fey: Aber folches kompt nicht aufz künftlichen Artzneyen, fonder von dem Teuffel, mit dem fie ein packt haben: Solche folt man dem Teuffel mit einem wagen vol holtz oder drey zum newen Jar fchencken."[3]

Mochte nun aber der Arzt sich um den Patienten bemühen, wie er wollte, auf jeden Fall stand ihm ein Honorar zu. Dasselbe scheint sehr verschieden gewesen zu sein. Berthold erwähnt eine hohe Honorierung, wenn er sagt: „Nû vererzeniget etelicher hie manic pfunt"[4] und in einer anderen Predigt: „Nû gebet ir einem arzâte zehen pfunt der iu niwan (nur) von einem siechtagen (Krankheit) hilfet. Er laezet etewenne (bisweilen) einez sterben, unde muoz man im dannoch daz guot geben."[5] Das Pfund war nämlich nächst der Mark die höchste Münze und bestand aus 20 Schillingen

---

[1] H. Rinn a. a. O. S. 14. Anm. 1.
[2] Johan Geyler, *Welt Spiegel, oder Narren Schiff.* S. 139.
[3] Ebendas.
[4] Berthold, ed. F. Pfeiffer. Bd. I. S. 226.
[5] Ebendas. Bd. I. S. 294.

oder 240 Silberpfennigen. Geiler dagegen führt in seiner Postille ein geringes Honorar an, das aus einer kleinen Münze, dem „plappart" (= ½ Schilling), bestand: „Wenn eim ein fründ kranck ift, wo er denn von eim artzet hoert fagen, fo will er den felben auch verfuochen was er koenne, und fpricht, was lyt (liegt) doran, es ift umb ein plappart zuo thuon, hilfft es nüt, fo fchadet es doch nüt."[1] Er fordert überhaupt, dafs der Arzt gegen einen jeden nachsichtig sei und namentlich von dem Armen sich entweder nichts, oder nur sehr wenig zahlen lasse: „Die fiebend Schell der Artzt Narrē ift, Rauch (rauh) uñ unbarmhertziglich heilen. Es foll ein Artzt barmhertzig fein gegen jederman, fürnemlich aber gegen dem armen, der nit groffes gut hat, das er jm etwas geb. Difem foll er nicht allein aufz barmhertzigkeit unnd umb Gottes willē helffen, fonder er fol jm auch tegliche handtreichung thun, unnd foll nachmals von den reichen fo es bezalen mögen, defto mehr nemmen."[2] Ein rühmliches Beispiel in dieser Beziehung haben die Schutzpatrone der Ärzte, St. Kosmas und Damianus,[3] die Söhne einer Araberin Namens Theodora[4], gegeben. „Dise heiligen wâren zwêne erzete zu Rôme und hulfen den lûten umme sus (umsonst) und wolden nicht nemen von den lûten."[5] Wie streng sie hierin waren, zeigt die folgende Geschichte, die von ihnen erzählt wird: „Der eine hate einer vrowen (Frau) geholfen an ire sûche (Krankheit). Dô quam si und brâchte ime eine kleine gâbe alsô einen korp mit epfelen. Dô enwolde her (er) sîn nit. Dô beswur si in bî gote, daz her di epfele nemen muste. Dô daz Cosmas irfur sîn bruder, dô vorbôt her daz man in nicht solde legen in sîn grap zu ime. Aber got der uffenbârete ime, daz her di gâbe durch got genomen

---

[1] Geyler von Keyferfzberg, *Poftill.* teyl III. S. XCIX. Pred. Am Einundzwentzigften fonnentag noch Trinitatis.

[2] Derselbe, *Welt Spiegel, oder Narren Schiff.* S. 204.

[3] Im Jahre 1452 ftifteten zwölf Meister der Bartscherer in Hamburg eine „Broderschop in de ere des allwoldigen Gades syner leven Moder Marien un Synte Cosmo und Damanio der hylligen Arrsten und Märterer", Gernet, *Mitteilungen aus der älteren Medizinalgeschichte Hamburgs.* Hamburg 1869. S. 43.

[4] F. Pfeiffer, *Deutsche Mystiker des 14. Jahrhunderts.* Bd. I. S. 205.

[5] Ebendas.

hete und nicht durch liplichen nutz. Dar umme leite (legte) man si beide in einen sark, unde geschâhen vil grôzer zeichin, und man bûwete in (ihnen) eine grôze kirchen di noch stêt zu Rôme."[1]

Noch mehr als äufseren Lohn schuldet aber der Kranke dem Arzte Vertrauen: „Der lipliche fieche hat fime arzatte zuo globende der die nature dez fiechtagen (Krankheit) bas (besser) erkennet denne er felber."[2] Nur dem kranken Arzte soll man sich nicht hingeben, da ein Siecher den anderen nicht zu heilen vermöge: „Dû solt ouch niht tuon als jener, daz ein sieche den andern frâge umb erzenîe, wande er spâte gesunt werden mag swer den siechen arzât frâget umbe gesuntheit."[3] Schreibt dagegen der gesunde Arzt Arzenei vor, so ist es unrecht, dieselbe verachten zu wollen. Daher äufsert Geiler: „Die erfte Schell der Kranck narren ift, die Artzeney verachten unnd verwerffen. Es fein etliche, die verwerffen die Artzney gantz unnd gar, alfo, das, wenn fie ein Doctor der Artzney fehen, ab jhm fpeytzen"[4] (speien). Solche Thoren sprechen wohl: „Ich bin auch uff meī alter kūmē on artzney, ich lafz die natur wirckē, dy ift der beft artzet, wan die zeit kūpt, fo hilffet kein artzney."[5] Wie verkehrt dies Urteil sei, begründet Geiler mit den Worten: „Warumb fol man dañ die Artzeney nit verwerffen? darumb, die weil Gott der Herr den Kreütern, Wurtzlen und Edlen gefteinen heilfame kraefft unnd tugendt eingeben hat. Derhalben fein fie nicht zu verwerffen, fonder gleich als andere herrliche unnd gute Gaben, uns von Gott gefchickt, mit danck anzunemmen. Derwegen, welcher die Artzeney verwirfft, der verachtet auch Gottes gaben, und gutthaten."[6]

Ebenso thöricht ist es, ohne krank zu sein, den Arzt aufzusuchen, nur um zu sehen, wie derselbe urteilen werde: „Die ander Schell der Krancknarren ift, den Artzet verfuchen und betriegen. Es fein deren kunden viel, die nicht von wegen kranckheit, fonder

---

[1] F. Pfeiffer, *Deutsche Mystiker des 14. Jahrhunderts.* Bd. I. S. 205.
[2] W. Wackernagel, *Altdeutsche Predigten und Gebete.* S. 557.
[3] Berthold, ed. F. Pfeiffer. Bd. I. S. 6.
[4] Johan Geyler, *Welt Spiegel, oder Narren Schiff.* S. 138.
[5] Derselbe, *Die Emeis.* S. XXV.
[6] Derselbe, *Welt Spiegel, oder Narren Schiff.* S. 138.

allein aufz fondrem betrug, die Doctor der Artzney verfuchen, und wollen hoeren was fie darzu fagen. Solche hudler betriegen fich und jr gut: Dann der Doctor nimbt das gelt und lafzt fie wider hinziehen, wo fie her fein kommen."[1] Geben die einen sich für krank aus, ohne es wirklich zu sein, so verheimlichen andere ihr Leiden und erteilen dem Arzte darüber nicht genügenden Aufschlufs: „Darnach fein etlich die verbergen jr Kranckheit und zeigen folches dē Artzet nicht halb an: Dife fein fürwar groffe Narren, in dem fie meinen fie woellen den Artzt betriegen, fo betriegen fie fich felbs, und machen jhnen felber den todt. Dann welcher fein kranckheit vor dem Artzet verbirget, unnd feine fuend dem Beichvatter, der leugt unnd fchadet jhm felbs unnd fuehret fich felber inn das verderben."[2] An solche richtet Geiler die mit einer ergötzlichen Anekdote verbundene Ermahnung: „Thu nit wie auff ein zeit ein krancker, da fragt jn der Artzet was fehlet oder mangelt dir? Antwort er ich weifz nicht. Da fragt er weiter, wo ift dir wehe? Gab er aber zu antwort ich weifz nicht. Zum dritten fragt er wann bift du kranck worden? antwortet er abermals ich weifz nicht. Da fprach der Artzt letztlich zu jm, fo nim̄ das kreutle ich weifz nicht was, unnd leg darueber ich weifz nicht wo, als dann wirdft du gefund werden, ich weifz nicht wann."[3]

So wenig man dem Arzt etwas verschweigen darf, so wenig soll man seine Vorschriften aufser acht lassen. Daher hören wir bei Geiler: „Die dritt Schell ift dem Artzt nicht volgen noch gehorchen. Es feind etlich die Rahtfragen die Artzt trewlich unnd laffen jhnen auch alle Artzney zu bereiten fo der Doctor heiffet, aber fie gebrauchen diefelben nicht."[4] Wie sie die Arznei verschmähen, so befolgen sie auch die vorgeschriebene Diät und die sonstigen ärztlichen Anordnungen nicht: „Defzgleichen kommen fie dem Raht des Artzes nicht nach, fonder thun gantz und gar das widerfpiel. So er fie heiffet Wein trincken, laffen fie jn waffer bringen, und fo er fie heiffet fchwitzē, fitzen fie in dē bett auff oder ziehē fonft herumb in dem nacht beltz. Item fo er fie heifzt ein criftierung (Klyftier) nemmen, trincken fie bier und ander fuefz getranck darfuer. Wann

---

[1] Johan Geyler, *Welt Spiegel, oder Narren Schiff*. S. 138—139.
[2] Ebendas. S. 139. — [3] Ebendas. — [4] Ebendas.

er lie heißzt ein Adern fchlahen, gehn lie darfuer in das Badt, unnd fchrepffen."[1] Daher denn die Aufforderung an die Ungehorsamen: „Wiltu bald gfund werden, fo lug und volg dem trewen Artzt, unnd komme feinem raht nach, fo wirdſt du gefund werden, ohn allen fchmertzen, wo du aber folches nicht thun wilt, fo laſz den Artzet zu frieden, als dann verfchoneft fein, und deines gelts."[2]

Endlich folgen manche dem Arzt wohl, aber erst nachdem sie zu lange gewartet und den rechten Zeitpunkt zur Heilung verabsäumt haben. Geiler rügt dies mit den Worten: „Die viert Schell ift dē Artzt gehorchen aber zu fpat. Es fein etlich die volgen erft dem Artzt, wann die kranckheit fchon zu gar uberhandt hat genommen, wann die Kuh aufz dem Stall ift, machen fie erft die Thuren zu. Mann fol der kranckheit bey zeyten wider ftandt thun, dann wenn man zu lang verharret, ift nachmals kein Artzeney mehr nutz uñ wuercklich (wirksam). Ein Bawm wenn er noch jung ift, kan man jhn ziehen wie man wil, alfo ift es auch mit folchen gefchaffen, wenn man bey zeiten darzu thut, kan man etwann wol helffen, fo aber folches gefparet wirt auff die lange banck, fo ift es leiftlich alles vergeblich was man anfahet."[3] Aber auch wo man rechtzeitig Hilfe sucht, kann es dennoch vorkommen, daſs alle Mittel des Arztes erfolglos sind. In diesem Falle soll man denselben nicht gleich verachten, zumal wenn er keine Mühe gescheut hat, den Kranken zu retten: „Ler (lerne) ein mitleidē habē mit eim artzet, wā im die kunft felt (fehl schlägt), wā es alfo forglich (schwierig) ift artznei zegebē uñ zenemē, in nit glich verachtē, wē dich fein artznei nit hilfft, wan er allē fleyſz ankert, unnd alle kunft brucht, fo fol er dir artzney gebē die den fiechtag (Krankheit) weret, uñ du uñ er wenē er gebe dir ein artznei, fo gibt er dir gifft."[4] Bekanntlich sind nämlich manche Krankheiten unheilbar, und selbst die gröfsten Meister stehen denselben ratlos gegenüber: „Sumelîche (manche) liute hânt den siechtuom, den alle meister niht vertriben künnent; unde giengen alle meister zuo, die von erzenîe ie gelâsen, die künden etelîchen siechtuom niemer vertriben noch

---

[1] Johan Geyler, *Welt Spiegel, oder Narren Schiff*. S. 139. — [2] Ebendas. — [3] Ebendas. S. 139—140. — [4] Derselbe, *Die Emeis*. S. XXV.

gebüezen."[1] Namentlich hat zu allen Zeiten das Wort gegolten, daſs gegen den Tod kein Kraut gewachsen ist: „Sô ist ein siechtuom, der heizet der tôtslâf. Den künnent alle meister niht gebüezen."
Der „liplîchen gebresten"[3] und verschiedenen Arten „des siechduoms"[4] sind nun aufserordentlich viele. Denn „es iſt unſer leib vil bloeder und zarter dā kein glaſz",[5] und „geſuntheit des leibs wacker ſein, ſcharpff gehoerdt, guotte geſycht, behend vernunfft, zaehe gedechtniſz, ſtercke, uñ andre der glichen natürliche goben und gnoden"[6] sind bald dahin. Besonderen Einfluſs besitzen in dieser Beziehung die Gestirne. Schon Berthold redet davon, „swie (wie) grôze kraft die sternen haben über regen und über wint und über allez daz, daz under dem himel ist";[7] denn „als (wie) got den steinen unde den wurzen unde den worten kraft hât gegeben, alsô hât er ouch den sternen kraft gegeben, daz sie über alliu dinc kraft hânt"[8] (haben). Insbesondere erstreckt sich ihre Einwirkung auch auf den menschlichen Körper, wie denn derselbe Berthold den Hörer versichert: „Sie habent kraft über dîn selbes lîp und über dîne gesuntheit und über dîne kraft."[9] Der gleichen Ansicht huldigt auch Geiler. Als er einmal die verschiedenen Widerwärtigkeiten, welche dem Menschen begegnen, bespricht, wirft er die Frage auf: „Wer ſchüret dir mer die brēd"? und antwortet darauf: „die gātz welt, dz iſt, alles dz das in d' welt iſt. Es ſeind die ynflüſz des hymels, die planetē, mit den and'n ſternē, wie die in dich würcken mit irm ynfluſz, alſo biſtu geſchickt wañ dein leyb zuoſamē geſetzt iſt von widerwertigē (feindseligen) dingē, dz iſt, von den vier elementē, dz iſt, hitz, kelte, truckē uñ feücht, weñ die wid' ein ander fechtē, ſo muoſt du dich leydē, es macht ein gantz katzengeſchrey in dir, wie dz wetter iſt, alſo biſt du auch, deñ biſt

---

[1] Berthold, ed. F. Pfeiffer. Bd. I. S. 517.
[2] Ebendas. Bd. I. S. 518.
[3] F. Pfeiffer, *Deutsche Myſtiker des 14. Jahrhunderts*. Bd. II. S. 218.
[4] A. Birlinger, *Alemannia*. Bd. I. S. 64.
[5] *Des hochwirdigen doctor Keiſerſpergs narenſchiff*. S. CCXXIII.
[6] Derselbe, *Poſtill*. teyl III. S. LI. Pred. Am Fyerdten ſonnentag noch Trinitatis.
[7] Berthold, ed. F. Pfeiffer. Bd. I. S. 50.
[8] Ebendas. — [9] Ebendas. Bd. I. S. 51.

du fiech, deñ bift du gefund deñ bift du froelich, deñ bift du traurig, es ift kein ftandthafftigkeit in dir, weñ du dich yetzund haft gefetzt gätz uñ meynft du feyeft gar ftaet uñ fteyff uff dir felber, über ein ftund fo falleft du ab uñ ift kein ftaetigkeit in dir, eben wie dz wetter, deñ regnet es, deñ fcheint die fonn, alfo feyen wir auch, funder du halteft eben als ein faul armbroft."[1]

Zu den durch den Einflufs der Planeten erzeugten Krankheiten gehören zunächst diejenigen des Gehirns. Berthold und Hollen erwähnen die Hyperämie desselben, wie sie sich in „houbetwêwe"[2] (Kopfschmerz) und hin und wieder selbst in „Krämpfen"[3] kund gibt, und in Hoffmanns Fundgruben ist vom „tropfen"[4] oder Schlagflufs die Rede. Den Ausdruck „tropfen" kennt auch Geiler, wenn er statt dessen auch öfter von „perlis" (paralysis), „fchlagk" oder „apoplexia" spricht. So teilt er über den Knecht des Hauptmanns von Kapernaum mit: „Difzen knecht Centurionis, den hatt das perlis, oder fchlagk gefchlagen, und was fyech, das er fterben wolt"[5] und den Herrn desselben läfst er zu Christo sagen: „Herr mein knecht der lyt (liegt) im hufz, und hott jn das perlis 'gefchlagen, und würt übel getruckt unnd getrenget."[6] An einer anderen Stelle unterscheidet er zwischen „perlis" und „apoplexia", insofern bei ersterer eine halbseitige, bei letzterer eine doppelseitige Lähmung eintrete: „Nuon wz uff die felb zeit ein fyecher menfch in d' ftatt, den hat d' fchlagk, od' das perlis gefchlagē. die handt gotts hat jn geruert dz ein halb fyt jm lam̄ wz. ir neñens dē fchlagk, od' dē tropffen. Deñ weñ d' tropffen einer fallet, wo er deñ hynfelt, do würt der menfch lam̄. uñ heiffzt paralifis. Weñ es aber jm dē gantzē lyb trifft, fo heiffet es gemeynlich apoplexia. Uñ dorum

---

[1] Geyler von Keyferfperg, *Der hafz im pfeffer, die zehēt eygēfchafft des haefzlins.*
[2] H. Hoffmann, *Fundgruben für Geschichte deutscher Sprache und Litteratur.* Tl. I. S. 321.
[3] R. Cruel a. a. O. S. 618.
[4] H. Hoffmann, *Fundgruben für Geschichte deutscher Sprache und Litteratur.* Tl. I. S. 394.
[5] Geyler von Keyferfzberg, *Poftill.* teyl I. S. XXVII. Pred. Am Sönentag III. noch dem Achten der heiligen dry künig tag.
[6] Ebendas.

ſpricht d'text (Nēment war, ſye hand (haben) jm brocht einen menſchen im bett ligend, den hatt der ſchlagk geruert)."[1]

Was die Erkrankungen des Rückenmarks und der Nerven betrifft, so gedenkt Berthold der „rückenlemde"[2], worunter wohl Rückenmarksschwindsucht zu verstehen ist, und Geiler führt „laeme der glieder"[3] an. Er weiſs zugleich, daſs ein gelähmtes Glied leicht atrophisch wird, da er über die Kranken in den Hallen des Teiches Bethesda berichtet: „In den fünff ſchoepffen (Schuppen) lag ein gantzer huff uñ ein groſſe menge — der lammē, uñ der ſchwynenden das iſt deren, die do hatten die ſchwynēde ſucht, die do abnoment uñ ſchwyntēt. als denn mengem (manchem) ein arm, oder ſuſt ein glid ſchwynt oder abnim̄t."[4] Besonders häufig findet bei unseren Predigern die Epilepsie oder „vallende ſuht"[5] Erwähnung, indem sowohl Berthold,[6] als Jordan[7] und Geiler[8] dieselbe besprechen. Berthold hält sie nicht nur für unheilbar, sobald sie länger andauert, sondern glaubt auch, daſs der Atem des Epileptischen ansteckend sei: „Swer die vallende ſuht hât über vier unde zweinzic jâr, dâ gên alle die zuo die dâ hiute leben, die künden den siechtuom niemer gebüezen. Unde swenne er alſô hin vellet unde lît (liegt) unde ſchûmet, ſô hüetet iuch vor im als (so) liep iu lîp (Leben) ſî, daz sich ieman (niemand) nâhen zuo im habe, wan im gêt ein ſô griulich âtem ûz dem munde, daz er vil lîhte den selben siechtuom gewünne, swem der âtem in den munt kaeme. Unde dâ von ſô hüetet iuch daz ir im iht (nicht) nâhen komet innen des (während dessen), daz in der siechtuom an gêt."[9]

---

[1] Geyler von Keyferſzberg, Poſtill. teyl III. S. XCIIII. Pred. Am Nünzehenden ſonnentag noch Trinitatis.

[2] Berthold, ed. F. Pfeiffer. Bd. II. S. 206.

[3] Johan Geyler, Welt Spiegel, oder Narren Schiff. S. 203.

[4] Derselbe, Poſtill. teyl II. S. XXVI—XXVII. Pred. Am Frytag noch Innocauit.

[5] H. Hoffmann, Fundgruben für Geschichte deutscher Sprache und Litteratur. Tl. I. S. 325.

[6] Berthold, ed. F. Pfeiffer. Bd. I. S. 517.

[7] R. Cruel a. a. O. S. 427.

[8] Ebendas. S. 618.

[9] Berthold, ed. F. Pfeiffer. Bd. I. S. 517—518.

V. Kapitel.

Von den Krankheiten der Atmungs- und Kreislauforgane tritt uns bei Jordan die „Squinancia"[1] oder Kehlkopfentzündung[2] und bei Gottschalk Hollen „der Katarrh"[3] der Luftröhre entgegen. An ihm litten sicherlich auch die alten Leute, von denen Geiler in seiner christlichen Pilgerschaft sagt: „Weñ ſy d' huoſt an kůpt, ſo wermen ſie den win, und wenen der kalt wyn tůgs iñ (ihnen), und nit der alter."[4] Bei demselben Autor ist auch von der Lungenschwindsucht oder dem „lůngig ſeyn"[5] die Rede, das für „ein erbgebreſt" oder „morbus contagioſius" erklärt wird; „wañ was der gebreſten ſeind, die von jnen uſzloſſen dempff, die ſelbē erbt man gern."[6] Zugleich führt er die mit Seitenstechen verbundene „plereſis" (Pleuritis) an, indem er sich auf den heiligen Bernhard beruft: „Da ſprichtt Bernhard. (Nō eſt in corde ſanus cui laterata dolēt.) — d' iſt nit geſunt im hertzē dē wee in dē ſeittē iſt, wan eim das ſtechē yn ein ſeitē kůmet hat plereſim, d' iſt nit geſůt."[7]

Neben den bisher genannten Leiden müssen auch solche der Verdauungsorgane häufig gewesen sein. Berthold hebt hervor, dafs Überladung des Magens Fieber erzeuge, indem er von der „überfülle" sagt: „Alſô kumt iemer (immer) etewaz dâ von, ez sî rite (Schüttelfrost) oder suht oder vieber oder swaz ez danne ist."[8] Ebenso erwähnt Jordan von Quedlinburg die „Verstopfung"[9], bei der nach Geiler öfter „einn blow (blau) ſtinckend mul"[10] vorkommt, und bei dem Priester Meffreth aus Meifsen, der etwa ein Jahrhundert später als Jordan, um 1443 lebte, finden wir den „Durchfall, die rote Ruhr und galliges Erbrechen"[11] angeführt.

---

[1] R. Cruel a. a. O. S. 427.
[2] „Kelsuht diu ze latein esquinancia haizt", Konrad v. Megenbach, ed. F. Pfeiffer. 330, 20; 436, 19.
[3] R. Cruel a. a. O. S. 619.
[4] Johañs geiler gnāt von keiſerſzbergk, Chriſtenlich bilgerſchafft. S. XXXVI.
[5] Derselbe, Poſtill. teyl III. S. LXXVIII. Pred. An dem Fyerdtzehenden ſonnentag noch Trinitatis. — [6] Ebendas. — [7] Derselbe, Die Emeis. S. XXI.
[8] Berthold, ed. F. Pfeiffer. Bd. II. S. 205.
[9] R. Cruel a. a. O. S. 428.
[10] Geyler von Keyſerſzberg, Poſtill. teyl I. S. XXIX. Pred. Am Sōnentag Septuageſima.
[11] R. Cruel a. a. O. S. 488.

Mittel gegen Eingeweidewürmer gibt Gottschalk Hollen an[1], und sowohl Jordan[2] als Geiler kennen die Bauchwassersucht, von der letzterer bemerkt: „Und weñ eim d' buch groſſz würt, dz neñt mã ouch ſchwynen"[3] (schwinden). Die von dieser Krankheit Befallenen heiſsen „ydropici" oder „wazzerfühtiche."[4] Endlich wird wiederholt der „gelefuht" (Gelbsucht) oder „ictericia"[5] gedacht, denn wir hören nicht nur bei Berthold von „gelsühtigen"[6], sondern es heiſst auch in einer aus dem zwölften Jahrhundert stammenden poetischen Bearbeitung der Genesis:

„In der lebere hanget ein galle chlebere (klebrig).
ſi iſt unſuoze (unsüſs), ſine wil (sie will nicht) daz man ſi nieze (genieſse).
Swer ſi uz gerahſinet (ausgehustet), ſuenne (wenn) ſi ime uber get,
der iſt genern (genesen): den muoz rîte (Schüttelfrost) iouch fieber ferbern (verschonen),
deme ne muot (plagte nicht) iouch den lip gelefuht noch fich (ficus morbus, Hämorrhoiden)."[7]

Aus der Zahl der Infektionskrankheiten, die bei unseren Predigern vorkommen, heben wir zunächst die Hundswut hervor. Was ihre Ursache betrifft, so teilt Meffreth mit, daſs nach Konstantinus der Hund von Natur kalt und trocken sei und von der schwarzen Galle beherrscht werde; wenn nun diese sich zu sehr ansammle und in Fäulnis übergehe, so mache sie ihn toll. Plinius[8] dagegen bemerke, daſs ein unter der Zunge des Hundes liegender kleiner Wurm die Krankheit erzeuge, die aufhöre, wenn man denselben herausziehe.[9] In welcher Weise die Tollwut auf den Menschen übergeht, gibt Geiler an: „Weñ ein hunt unſinnig würd

---

[1] R. Cruel a. a. O. S. 619. — [2] Ebendas. S. 428.
[3] Geyler von Keyſerſzberg, *Poſtill.* teyl II. S. XXVII. Pred. Am Frytag noch Inuocauit.
[4] F. K. Grieshaber a. a. O. Abt. 1. S. 114.
[5] „Gelsuht diu ze latein ictericia haizt", Konrad v. Megenbach, ed. F. Pfeiffer, 415, 23; 388, 19.
[6] Berthold, ed. Kling. S. 433, 17.
[7] H. Hoffmann, *Fundgruben für Geschichte deutscher Sprache und Litteratur.* Tl. II. S. 14.
[8] Hist. natur. lib. XX.
[9] R. Cruel a. a. O. S. 487—488.

uñ wuoten (wüten), fo würd im die zung alfo hitzig als ein füer, und wo er einē menfchen oder hunt byfzt, fo voht (fängt) die wund an zuo brēnen von dem vergifft des hūdes byfz, alfo ein hitzig thier ift ein hunt."[1]

Bei demselben Prediger geschieht auch des „kalten fybers" Erwähnung, wie er denn von Christus erzählt, er habe Petri Schwiegermutter davon befreit: „Und ift gangen in das hufz Simonis Petri, des fchwyger fyech was, und hefftigklich beladen mit dem fyber, das ir nennen das kalt. Do hond (haben) fye jn gebetten, das er fye folt gefund machen. Der herr hatt fye gewert irer bitt, unnd ift über fye geftanden unnd hatt gebotten dem fyber, das es fye verloffen folt. Von ftund an hatt fye das febres verloffen, und ift uffgeftanden und hatt kocht, und jnen effen bereittet, und zuo tifch gedient."[2] Besonders merkwürdig an dieser Heilung erscheint ihm, dafs sie eine vollständige war, indem nicht, wie sonst so oft bei der Krankheit, Recidive eintraten: „Das do ift wider die art des febres. Dañ weñ einer fchon gefunt würt, fo hatt er nohwehen (Nachwehen), affterfchleg (Rückfälle), unnd, die gond jn weifz ich wie lang noch."[3] Auf das häufigere Vorkommen des kalten Fiebers kann man wohl daraus schliefsen, dafs es bei Geiler zu wiederholten Malen genannt wird.[4]

Ganz besonders oft aber tritt uns der Aussatz oder die „mifelsuht" bei unseren Rednern entgegen. Die von ihm Befallenen werden als „mifelfuochtige"[5], „malatzen"[6] oder „maltzige"[7] bezeichnet und verschiedene Arten der Krankheit unterschieden. Die erste, die aus unreinem Blute entsteht, heifst „allopicia", die zweite, aus „melancolia" entsprungen, „elephantia", die dritte, durch „colera" erzeugt, führt den Namen „leonina", und die vierte,

---

[1] Johañs geiler gnāt von keiferfzbergk, *Chriftenlich bilgerfchafft*. S. CXXXVII.
[2] Derselbe, *Poftill*. teyl III. S. LV. Pred. An dem Fünfften fonnentag noch Trinitatis. — [3] Ebendas.
[4] R. Cruel a. a. O. S. 618.
[5] H. Leyser, *Deutsche Predigten des XIV. Jahrhunderts*. S. 45 u. 55.
[6] Geyler von Keyferfzberg, *Poftill*. teyl IV. S. XVI. Pred. An unfer lieben Frawen Himelfart tag.
[7] Ebendas. teyl I. S. V. Pred. Am dritten Sonnentag des Advents.

„tyriasis" genannt, geht aus „flegma" hervor.[1] Dem entspricht, dafs der Aussatz nicht immer mit gleicher Heftigkeit auftritt. Berthold hebt hervor, dafs „éin ûzsetzigez harter zervallen ist danne (als) daz ander"[2], und Geiler redet von einem vorgeschrittenen Falle, nämlich von „einem mallatzigen mann der do nit fchlecht mallatzig was, fonder wz vol mallatzig."[3] Namentlich bei starker Entwickelung wurde das Leiden für ansteckend gehalten, wie dies schon bei den alten Israeliten der Fall war. Berichtet doch Geiler aus jener Zeit von den Aussätzigen: „Wañ fye dorfftent nit fo nohe hynzuoloussen. nochdem als das im alten gefatz was verbotten, das die mallatzen nit dorfften zuo den menfchē kumen, und fye beleftigen. diewil es ein erbgebreft ift, morbus contagiofius."[4] Aber nicht nur um ihrer Ansteckungsfähigkeit, sondern auch um ihrer Unheilbarkeit willen wurde die Lepra gefürchtet. „Kein artzet", so hören wir bei demselben Gewährsmann, „mag ein rechten maltzen gefunt machen, das fprechent gemeynlich die rechtē artzet. wiewol ettwen (bisweilen) buoben haerlouffen und vil verheiffen, aber hindennoch ficht man dz nüt doran ift."[5]

Für nicht minder ansteckend als der Aussatz galten die „blottrenn."[6] Daher sagt Geiler: „Dovon feind die blotterrechten leüt fchuldig fich zuo entpfembden (entfernen) fo wyt, das fye mit irem gebreften nit fchaden bringen andren menfchen. deñ funft thaeten fye wid' die liebe des nechften."[7] Als ein schwer Blatternkranker wird der arme Lazarus genannt: „Nuon difzer arm bettler Lazarus, d' lag zuo der thuer des rychen, uñ was vol eyffen (Eiter-

---

[1] R. Cruel a. a. O. S. 432.
[2] Berthold, ed. F. Pfeiffer. Bd. I. S. 115.
[3] Geyler von Keyferfzberg, *Poftill.* teyl I. S. XXVI. Pred. Am dritten Sonnentag noch dem achtenden der heiligen dry künig tag.
[4] Ebendas. teyl III. S. LXXVIII. Pred. An dem fyerdtzehenden Sonnentag noch Trinitatis.
[5] Ebendas. teyl III. S. LXXIX. Pred. An dem Fyerdtzehenden fonnentag noch Trinitatis.
[6] Ebendas. teyl III. S. XXXXIIII. Pred. An dem Anderen fonnentag noch Trinitatis.
[7] Ebendas. teyl III. S. LXXVIII. Pred. An dem fyerdtzehenden Sonnentag noch Trinitatis.

beulen) uñ blottren. Er hat nit nůmen (nur) ein plotter, funder aller fein leib was vol eyffen, voll gefchwer uñ blottren. Es was ein gantzer bruot, und was überzogen mit grind uñ blottrē. Plenus ulceribus."[1] Nach Geiler können Lähmungen durch die Blattern entstehen, denn wir lesen bei ihm: „Ein yeglicher der do gelaemmet ift an eim arm, oder bein, von einer wunden wegen, oder andrem zuofall unnd fchaden, den er funft entpfangen hatt, es fey von peftilentz, blottrenn, oder ander kranckheiten halb, dovon er den lam ift worden, uñ des felben glyds nit me (mehr) mechtig ift, der ift proprie debilis, ein krüppel."[2]

Mit besonderem Schrecken erfüllte die eben erwähnte „peftilentz"[3] die Gemüter. Sie hiefs auch um der damit verbundenen starken Sterblichkeit willen „der liutesterbe"[4] oder das „grôze sterben."[5] So wird über eine Pestepidemie in Rom von Hermann von Fritslar berichtet: „Zu dem sechsten mále quam ein grôz sterben zu Rôme uber alle di stat, alfô daz vil hûser wuste wurden: wan der mensche gewete (gähnte) oder nois (nieste) sô vur ime di sêle enwec, und dise plage was in dirre (dieser) zît der vasten und was bî sancte Gregorius gezîten."[6] Sobald die Pest auch nur drohte, rief man: „Peftilentz es fahet an, nun fei yed' man gerüft, wan es kumpt das man bereit fei"[7], und hielt sie ihren Einzug, so wurden Andachten und Gebete ihretwegen gehalten. Beispielsweise heifst es von fünf Predigten, welche Geiler in unser Frauen Münster zum hohen Stifte in Strafsburg hielt: „Ward geurfacht durch peftilentzliche fterbet, das der zeyt da was."[8] Nach demselben Prediger war die Krankheit mit heftigem Fieber verbunden, wie er denn über den Sohn des Hauptmanns von Kapernaum sagt:

---

[1] Geyler von Keyferfzberg, Poftill. teyl III. S. XXXXI. Pred. An dem Erften fonnentag noch Trinitatis.
[2] Ebendas. teyl III. S. XXXXIIII—XXXXV. Pred. An dem Anderen fonnentag noch Trinitatis.
[3] Geiler võ Keiferfperg, Die Emeis. S. XXV.
[4] Berthold, ed. F. Pfeiffer. Bd. I. S. 9.
[5] Ludw. 45, 2.
[6] F. Pfeiffer, Deutsche Mystiker des 14. Jahrhunderts. Bd. I. S. 103.
[7] Geiler võ Keiferfperg, Die Emeis. S. XXV.
[8] Derselbe, Der troft Spiegel. S. I.

„Difzer regulus oder amptman (hatt ein fuon, der lag fyech zuo Capharnaum) hatt das fyber oder febres, und was yetzendan an dem, das er fterben folt an d' peftilentz. wenn peftilentz feind nützt (nichts) anders weder (als) fcharpffe uñ fpitze febres. als wir lefen in den artzetbuecheren."[1]

Unter den Krankheiten, welche auf Ernährungsstörungen beruhen, spielte die Gicht oder „daz gegiht"[2] eine bedeutende Rolle. Sie hiefs auch „artetica" (arthritis) oder „lidsuht"[3] (Gliederkrankheit), und zwar unterschied man, je nach dem die Hand, der Fufs oder die Hüfte befallen, „hantlidesuht"[4], „vuozlidesuht"[5] und „lidsuht in der huft."[6] Die lateinischen Namen dafür waren chiragra, podagra und ciatica (sciatica). Als Ernährungsstörungen dürfen wir zum Teil auch wohl die Leiden des Alters ansehen, deren unsere Prediger häufig gedenken. „Was ift ellender deñ ein alter mēfch", ruft Geiler in seiner christlichen Pilgerschaft aus, „weñ fo wir alt werden, fo fint wir allen menfchen ein überbürd, die ougē werden dunckel uñ trieffen, die orē doub, die hut würd gerumpffen (gerunzelt) und ungefchaffen (häfslich), die glider rideren (zittern) im, der koder (Schleim?) und huoft wil iñ erftecken, deñ ift im wee im houpt, deñ im rucken, deñ würd er lam in den beinen und in den füffen, und mag niergens hin kommē. — Im fchlottert der kopff, er gerot (fängt an) nit me gefehen, die ougen werden blind, die hēd krum, die nafe trüfft im, kurtz und ift mit vil übels überladē."[7] Daher denn auch das gemeine Sprichwort, das schon damals im Schwange war: „XXX jor ein man. XL jor ftill fton. fünfftzig jor wol gethon. LX jor abgon. LXX jor d' felē for (für die Seele). LXXX jor d' welt tor. XC jor d' kind fpott. hundert jor nun gnod dir gott."[8] Was insbesondere das zuletzt genannte Alter

---

[1] Geyler von Keyferfzberg, *Poftill.* teyl III. S. XCIX. Pred. Am Einundzwentzigften fonnentag noch Trinitatis.

[2] W. Wackernagel, *Altdeutsche Predigten und Gebete.* S. 89.

[3] Derselbe, *Vocabularius optimus.* Basel 1847. 36, 68.

[4] Ebendas. 36, 70. — [5] Ebendas. 36, 69. — [6] Ebendas. 36, 71.

[7] Johañs geiler gnāt von keiferfzbergk, *Chriftenlich bilgerfchafft.* S. LXXI.

[8] Derselbe, *Poftill.* teyl I. S. XXXI. Pred. Am Sonnentag Septuagefima.

anbetrifft, so urteilt auch Berthold darüber: „Welher hundert jâr alt würde under uns, der waere den liuten alse smaehe (schmählich) an ze sehenne von ungestaltheit unde von dem gebresten, den daz alter an in haete gemachet."[1]

Neben den inneren kamen oft genug auch äufsere Leiden vor, deren Behandlung den Chirurgen oder „wuntarsten"[2] oblag. Als solche fungierten die „barberer"[3] und „Scherer"[4], die zusammen ein Amt oder eine Zunft bildeten. Die zünftigen Wundärzte pflegten „die kunst bî einem andern meister zuo lernen"[5], wobei Bedingung war, dafs der Lehrling von deutschen Eltern abstammte und zugleich der Bürgerschaft würdig erschien. Auch war die Aufnahme mit bestimmten Feierlichkeiten verbunden; in einer niederdeutschen Zunftrolle vom Jahre 1557 heifst es hierüber: „Eyn islik (jeder) meyster schall henfurder (hinfort) keynen jungen in de lere annemen, he sy denne dudescher bord (Geburt) und der borgerschop wert und solkes schall vor dem ganzen ampte in bywesende (Beisein) des meysters gescheen."[6] War der Lehrling längere Zeit thätig gewesen, so wurde er, falls er sich „der kunst geleret und erfaren"[7] erwies, zum Gesellen ernannt. Der letztere aber hatte, wenn er Meister werden wollte, seinen Lehrbrief vorzulegen, sich „vorhoren" (prüfen) zu lassen, „umme to irkundigen, ifte (ob) he ok to einem meister duchtig"[8] sei, und zur Bewährung seiner Geschicklichkeit ein Meisterstück zu machen.[9] Dieses Meisterstück bestand nach der Hamburger Ordnung des Barbieramtes darin, dafs er „veer gude plaestere (Pflaster) unde achte ungente" (Salben) nebst „twe wundrangken"[10] (Wundtränke) anfertigte. Aufserdem mufste er „ok na (nach) nottroft (Bedarf) etlike menschlike gekrenkede (erkrankte) unde vorgleden (verrenkte) ledemathe (Gliedmafsen) wedder konnen vorfogen

---

[1] Berthold, ed. F. Pfeiffer. Bd. I. S. 389.
[2] E. Bodemann, *Die älteren Zunfturkunden der Stadt Lüneburg.* Hannover 1883. S. 30. — [3] Ebendas. S. 27.
[4] Johan Geyler, *Welt Spiegel, oder Narren Schiff.* S. 118. Derselbe, *Poftill.* teyl II. S. CV. Pred. Am Zynftag noch Judica.
[5] Berthold, ed. F. Pfeiffer. Bd. I. S. 154.
[6] E. Bodemann a. a. O. S. 28.
[7] Ebendas. — [8] Ebendas. S. 27. — [9] Ebendas. — [10] Ebendas.

(einfügen) unde insetten in yne stede"[1] (Stelle), ehe er das Handwerk ausüben durfte.

War jemand auf diese Weise zum Meister befördert, so hatte er unter jeder Bedingung das Ansehen des Standes zu wahren. Daher war es verboten, um der Reklame willen „aderbende (Aderlafsbinden) uttohengen"[2] oder sich in die Praxis eines anderen einzudrängen. Der behandelnde Wundarzt mufste vielmehr verständigt werden, falls ein Kollege in seine Stelle eintreten sollte, und erst dann konnte der Kranke diesen zu sich entbieten: „Id (es) schall ok eyn meister deme anderen up synen band (Verband) nycht gan, he hebbe denne des ersten meisters wyllen gemaket. — Woret (wofern) aver de kranke eynen andern meister bogerede (begehrte), wen de synen ersten arsten (Arzt) und vorbinder redeliken afgelecht, schal ome (ihm) frig (frei) und unbonamen (unbenommen) syn, eynen andern meister an syck to forderen."[3] In schwierigen Fällen wird empfohlen, einige Mitmeister zur Konsultation aufzufordern, um auf diese Weise für das Wohl des Kranken zu sorgen: „Wor (wo) syck verlike (gefährliche) vorwundunge todragen, schall de meister, so erstmals darby gefordert und vorbunden, II oder III syner mytmeistere by den schaden foren (führen), de schollen samptlich dat beste myt raden unde syck malkander (mit einander) vorenigen, wo darby henforder (hinfort) to vorfaren. We (wer) syck hirane vorweigerich (verweigernd) makede, schall III mark in de bussen (Büchse) und I mark in de armenkysten (Armenkasten) geven."[4]

Eine sehr gewöhnliche Beschäftigung für die Wundärzte war der Aderlafs. Als Ort desselben werden die Hände und Füfse angegeben, indem Geiler über die Behandlung einer treulosen Ehefrau mitteilt: „Da thet der Mann ein ding, und fchickt von ftund an nach dem Scherer, liefz jhr die adern auff den fueffen und henden fchlahen, unnd das boefz gebluet herauſz lauffen, da vergafz fie nachmals des Pfaffen unnd fragt jhm gantz nicht nach."[5] Bis-

---

[1] O. Rüdiger, *Hamburger Zunfturkunden*. S. 12.
[2] E. Bodemann a. a. O. S. 30.
[3] Ebendas. S. 29. — [4] Ebendas.
[5] Johan Geyler, *Welt Spiegel, oder Narren Schiff*. S. 118.

weilen kam es vor, dafs der zu Ader Gelassene ohnmächtig wurde, wie denn Berthold von einem in Venere Excedierenden sagt: „Wan (denn) als erz getuot, seht, sô lît (liegt) er und ist als (so) âmehtec (ohnmächtig) als der im ze âder hât gelân"[1] (gelassen).

Derselbe Gewährsmann führt auch öfter das Steinschneiden an. Er fordert nämlich, dafs der Wundarzt ein gelernter Meister sein soll; denn, so fährt er fort, „ist des niht, sô maht (magst) dû wol schuldic werden an einem wunden man oder an einem, dem dû den stein snîden solt."[2] Übrigens scheint man auch Nierensteine gekannt zu haben, da einmal von „stein in den lenden"[3] die Rede ist.

Wie das „stensniden"[4], so wurde auch das „brochsniden"[5] (Bruchschneiden) von den Chirurgen, und zwar nicht nur von den Meistern, sondern unerlaubter Weise auch von einzelnen Gesellen geübt. So wird über einen Barbiergehilfen Klage geführt, dafs er „in de huse (Häuser) geit (geht) vorbinden und balberet und ander ding mer annimpt, de em nich geboren (gebühren) to don, wat aver belangend (belangreich) is, alse (wie) brochsniden."[6] Über derartige Fälle berichten die Meister entrüstet: „Dar denn sulche gesellen, lant- und ludebedregers (Leutebetrüger) to dem dore henut (hinaus) lopen, — darna kamen de armen lude to uns und klagen, wo se van en (ihnen) bedragen (betrogen) syn. So hebben se dat gelt wech, so moten wy den arbeit don."[7] Nach der Operation wandte man bei Brüchen in der Regel Bruchsalben an.[8]

Neben den Hernien hatten die Scherer „gefchwer, offene alte fchaeden, ftich und fchnit wunden"[9] zu heilen. Dabei wird es als besondere Thorheit bezeichnet, wenn „einer underftat ein wund zuo heylenn, unnd die anderen alle ungeartznyet lafzet."[10] Eine

---

[1] Berthold, ed. F. Pfeiffer. Bd. II. S. 206.
[2] Ebendas. Bd. I. S. 154.
[3] Arzneibuch J. Diemer. 50. 128.
[4] E. Bodemann a. a. O. S. 31.
[5] Ebendas. — [6] Ebendas. S. 30—31. — [7] Ebendas. S. 31.
[8] Johan Geyler, *Welt Spiegel, oder Narren Schiff*. S. 203.
[9] Ebendas.
[10] Derselbe, *Der feelen Paradifz*, cap. XLII. *Von warer beharrung.* S. CCXIX.

Wundheilung durch prima intentio scheint nicht häufig gewesen zu sein. Wenigstens erzählt Geiler von einem renommistischen Kriegsknecht: „Ich hab ein (einen) gekant d' het ein wündlin im fchenckel was im gefchoffen, wo d' bey dē leütē was fo bracht er es uff den plan uñ fprach. Es find vil die gar kaum heil werdē weñ fie gewundet find, aber ich würd bald heil, ich war de einest gefchoffen und ward bald heil, die red bracht er alweg herfür."[1] Vielmehr trat meistens ein, was derselbe Prediger an einem anderen Orte angibt: „Ein wund zuo dem erften fchmirtzt, darnoch hebt fie an zuo fulē und gefchwerē."[2]

Viel trug dazu jedenfalls das „weizeln"[3], d. h. das Belegen der Wunde mit Charpie bei, deren Anfertigung unter anderem in den Klöstern geschah. Macht doch Geiler einer verdriefslichen Nonne zum Vorwurf: „Du fitzeft uñ macheft zirle mirle uñ zopffeft an einē tuechlin uñ zeüheft die faedē her ufz, uñ fichft um̄ dich als eī katz die in einer ftubē befchloffen ift."[4] Über die Charpie wurde dann ein Verband angelegt, wir wir einen solchen nicht nur öfter erwähnt[5], sondern auch auf einer Illustration in Geilers Postille abgebildet finden."[6] Dafs derselbe immer hinreichend sauber gewesen, ist kaum anzunehmen, da wir sowohl von Verunreinigung der Wunden[7], als von „dem wilden viure"[8] (Feuer) oder „sant Antonjen fiur"[9] hören, worunter Erysipelas zu verstehen ist.

Mochte nun aber eine Wunde mit oder ohne Eiterung heilen, auf jeden Fall liefs sie eine Narbe zurück. „Sich (sieh) man fihet

---

[1] Geyler vō Keyferfperg, *Von den fyben fchwertern, das erft fchwert.*
[2] Derselbe, *Chriftenlich bilgerfchafft.* S. CXXXVIII.
[3] J. A. Schmeller, *Bayerisches Wörterbuch.* Stuttgart und Tübingen 1827—1837. Bd. 4. S. 173.
[4] Geyler von Keyferfperg, *Der hafz im pfeffer, die zehēt eygēfchafft des haefzlins.*
[5] E. Bodemann a. a. O. S. 30.
[6] Geyler von Keyferfzberg, *Poftill,* Paffion oder das lyden Jefu Chrifti. S. II. Von der ufferweckung Lafari vom tod.
[7] F. Pfeiffer, *Deutsche Mystiker des 14. Jahrhunderts.* Bd. I. S. 71. E. Bodemann a. a. O. S. 32.
[8] Konrad v. Heimesfurt, *M. Haupts Zeitschrift.* 8, 185.
[9] W. Wackernagel, *Vocabularius optimus.* 36, 89.

och dez tagez die mâſa (Narbe) ſiner wundo. die er durch den
ſünder enphie. an dem hailigen cruce"[1], so lesen wir in einer
Grieshaberschen Predigt von Christo. Nur von einem bestimmten
Pflaster wird versichert, daſs unter demselben die Wunde ohne
Narbe oder richtiger mit wenig sichtbarer Narbe heile:

> „Die von dem phlaster genâsen
> die überhuop ɛz mâsen (Narben),
> sô daz man die lich (den Leib) eben sach
> als dâ nie wunde geschach."[2]

Um sich von den damaligen Wundheilungen im einzelnen eine
Vorstellung zu machen, braucht man nur den Bericht eines gewissen
Hans Rosenkrus über seine Heilerfolge zu lesen. Derselbe rühmt
sich, eine unbegreiflich faule Wunde in der Brust, zwei kariöse
Knochen, eine Fistel im Rücken, eine groſse Wunde am Knie, eine
Fistel, die durch den Kinnbacken bis zum Hals ging, sowie eine
so groſse Lippenwunde geheilt zu haben, daſs die Meister die Lippe
abschneiden wollten. Ferner führt er zum Beweis seiner Geschick-
lichkeit einen Knaben an: „Dede (der da) heft gehad baven (über)
twintich hole (Löcher) in henden unde im live unde in den knaken
(Knochen), dar worme (Würmer) inne weren unde ok lose knaken,
de ik om (ihm) darut brachte unde makede one (ihn) myt der hulpe
gades (Gottes) sunt"[3] (gesund). Auch Wunden „in hemeliken (heimlich)
steden"[4] (Stelle) will er vielfach kuriert und ebenso einen ver-
brannten Schienbeinknochen, der blos lag und wie schwarzes Pech
aussah, wieder hergestellt haben. Hatte er diese Erfolge bei
Männern erzielt, so waren diejenigen bei Frauen nach seiner Ver-
sicherung nicht weniger gut. Beispielsweise gibt er an, eine Frau,
die „den krevet"[5] (Krebs) an der Ferse hatte, so daſs die Wund-
ärzte ihr dieselbe abnehmen wollten, ohne jedes Schneiden geheilt
zu haben. Ebenso nahm er eine kranke Brust mit wohl vier oder
fünf Höhlen, eine andere mit drei Höhlen, aus denen die Milch

---

[1] F. K. Grieshaber a. a. O. Abt. 1. S. 153.
[2] Erec v. Hartmann v. Aue, ed. M. Haupt. 5144.
[3] E. Bodemann a. a. O. S. 32.
[4] Ebendas. — [5] Ebendas.

ausflofs, sowie eine völlig ausgefressene Brust in Behandlung, die alle wieder hergestellt wurden. Nicht wenig thut er sich endlich auf die Heilung eines verletzten Kniees und Armes, wie auf den Verschlufs einer Fistel unter dem Knie und mehrerer Fisteln im Gesichte zu gut, von denen eine sechsunddreifsig Würmer enthalten habe.[1]

Auch von Luxationen und Frakturen, welche die Wundärzte heilten, wird öfter berichtet. Bereits oben sahen wir, dafs es zu den Forderungen der Meisterprüfung gehörte, ausgerenkte Glieder wieder kunstgemäfs einzurichten.[2] Berthold aber erwähnt den Fall, „daz dû ein bein abe soltest brechen oder eine hant"[3], wobei ein Chirurg hinzugezogen wurde.

Nicht minder führten Wundärzte Amputationen der verschiedenen Gliedmafsen aus. Die Abnahme eines Fufses wird in Birlingers *Alemannia* mitgeteilt[4], und bei Hermann von Fritslar lesen wir von einem Römer, der ein Freund der heiligen Ärzte Kosmas und Damianus war: „Deme wart ein bein fûle, daz her (er) nicht gegên (gehen) mochte. Dô rif her sêre an dise erzete. Dô quâmen si in der nacht dô her slif, und sniten ime abe daz fûle bein."[5] Die so Amputierten pflegten, wie aus der Abbildung zu einer Geilerschen Predigt ersichtlich, einen Stelzfufs zu tragen.[6]

Sache der Chirurgen war endlich auch die Behandlung der Ohren- und Augenkranken. Daher hatten sie „karrenfalb (Schmalz) in den oren"[7] zu entfernen, falls dadurch eine Behinderung des Hörens eintrat, vor allen Dingen aber die verschiedenen Augenkrankheiten zu heilen. Hierher gehörten zunächst die Reizzustände, die durch Fremdkörper im Auge hervorgerufen wurden, denn schon Eckhart redet davon, wie „wênic daz liehte (lichte) ouge iht (irgend etwas) in ime erlîden mac."[8] Freilich täuschten ältere Leute sich öfter,

---

[1] E. Bodemann a. a. O. S. 32—33. — [2] S. 216—217.
[3] Berthold, ed. F. Pfeiffer. Bd. I. S. 509.
[4] A. Birlinger, *Alemannia*. Bd. I. S. 81.
[5] F. Pfeiffer, *Deutsche Mystiker des 14. Jahrhunderts*. Bd. I. S. 205.
[6] Geyler von Keyferfzberg, *Poftill*, Paffion oder das lyden Jesu Chrifti. S. II. Von der ufferweckung Lafari vom tod.
[7] Derselbe, *Poftill*. teyl I. S. XXIX. Pred. Am Sönentag Septuagefima.
[8] F. Pfeiffer, *Deutsche Mystiker des 14. Jahrhunderts*. Bd. II. S. 602.

indem sie glaubten etwas im Auge zu haben, während es sich um presbyopische Beschwerden handelte: „Weñ es dann gefchicht das fie alt werdent, fo wüfchent fie die ougen, und wenen in (ihnen) fy ettwas dor in gefallen und fetzē deñ die brillen uff, und meinen überal nit das es des alters fchuld fy."[1] Daneben wurden auch „entzündete"[2] und „fliffende augen"[3], sowie die verschiedenen Arten von Erblindung dem Wundarzt überwiesen. Als eine Ursache des Blindwerdens sah man unter anderem häufiges Weinen an, wie denn Berthold berichtet: „Sant Franciscus, der weinete, daz er nâch (beinahe) erblindet was."[4] Nach demselben Autor kann auch Überblendung durch allzu helles Sonnenlicht Blindheit erzeugen: „Ez enhât nieman sô starkiu ougen, unde wil er ze lange unde ze vaste (fest) in die sunne und in daz brehende (leuchtende) rat (Rad) der sunnen sehen, er wirt als (so) unmâzen (über die Mafsen) kranc an sînen ougen, daz erz niemer überwindet; oder er wirt gar blint, daz er niemer stic gesiht."[5] Namentlich aber kamen Erblindungen im höheren Alter vor, wie denn Geiler sagt, dafs alsdann „die ougē dunckel werden uñ trieffen."[6] Ohne Zweifel trug daran nicht selten der graue Staar die Schuld, den man sich als eine „fchädliche Feuchtigkeit"[7] im Auge vorstellte. Das „starsteken"[8] (Staarstechen) wird deshalb auch ausdrücklich unter den chirurgischen Operationen aufgeführt, wobei wir allerdings zugleich über einzelne umherziehende Staaroperateure erfahren, dafs sie „allerley helen und korrigeren willen de dinge, de se nich geleret hebben, und keinen grunt der kunst hebben, denn allene grotsprekent (grofssprechen) und den luden mer to dem vordarven (Verderben) denn to der beteringe (Besserung) reket (gereicht), und wenn id (es) na erem koppe nich henut (hinaus) will, so lopen se tom dore henut."[9]

---

[1] Johañs geiler gnāt von keiferfzbergk, *Chriftenlich bilgerfchafft.* S. XXXVI. — [2] R. Cruel a. a. O. S. 488.
[3] Johan Geyler, *Welt Spiegel, oder Narren Schiff.* S. 203.
[4] Berthold, ed. F. Pfeiffer. Bd. II. S. 27.
[5] Ebendas. Bd. I. S. 265.
[6] Johañs geiler gnāt von keiferfzbergk, *Chriftenlich bilgerfchafft.* S. LXXI. — [7] R. Cruel a. a. O. S. 428. — [8] E. Bodemann a. a. O. S. 31.
[9] Ebendas.

Befand sich die Chirurgie in den Händen der Wundärzte, so war die Geburtshilfe „den hefammen"[1] anvertraut. Sie hatten zunächst schon die Schwangerschaft zu überwachen, wie sie von dem Augenblicke der Empfängnis datiert. Letztere dachte man sich durch „maeñlichen ſomen und zuothon der mañ gewürckt in muoter lib", und zwar so, daſs „do ſeind zuoſamen gelouffen die aller reinſtē bluots troepfflin an dz ort do deñ kindlin werdē entpfangē, dz iſt in der bermuoter."[2] Daher sagt denn Christus von seiner übernatürlichen Empfängnis: „Weñ (denn) ich bin entpfangen vō gott dem heyligē geiſt, d' hatt die aller reineſten bluotstroepfflin in Maria d' muoter gotts zuoſamen geballet, uñ hatt die ſelbē gefuegt an die ort, do die bermuoter iſt, do deñ ein frow entpfocht (empfängt), uñ alſo vō würckūg gotts des heyligē geiſts bin ich entpfangē, uñ nitt von maeñlicher krafft."[3]

Eine viel erörterte Frage war die, wann „diu sêle, die in den glidern und in den âdern ist"[4], in den Embryo gelangt. Die älteren Lehrer waren der Ansicht, daſs in demselben Momente, wo die Materie entsteht, auch die Seele in dieselbe eingegossen werde: „Alsô schrîbent uns die meistere, daz in deme selben punten (Zeitpunkt), sô diu materie des kindes ist bereit in der muoter lîbe, in deme selben ougenblicke sô giuzet got in den lîp den lebenden geist, daz ist diu sêle, diu des lîbes forme ist. Ez ist ein blic (Augenblick) ze bereitenne unde în ze giezenne."[5] Hermann von Fritslar dagegen behauptet: „Wan der lîcham (Körper) wirt enphangen in der muter lîbe, sô wirt iz mê (mehr) danne (als) drîzig tage alt, êr (ehe) iz dor zu kumet daz ime di sêle wirt gegeben."[6] Bestimmter noch urteilt Eckhart, indem er in einer seiner Predigten sagt: „Sô daz kint enpfangen wirt in der muoter

---

[1] H. Hoffmann, *Fundgruben für Geschichte deutscher Sprache und Litteratur*. Tl. II. S. 87. F. K. Grieshaber a. a. O. Abt. 2. S. 3.
[2] Geyler von Keyſerſzberg, *Poſtill.* teyl II. S. LXVIII—LXIX. Pred. Am Donderſtag noch Oculi.
[3] Ebendas. teyl II. S. XXXIII. Pred. Am Montag noch Reminiſcere.
[4] Berthold, ed. F. Pfeiffer. Bd. I. S. 202.
[5] F. Pfeiffer, *Deutsche Mystiker des 14. Jahrhunderts*. Bd. II. S. 27.
[6] Ebendas. Bd. I. S. 18.

lîbe, dâ hât ez bilde (Ansehen) unde varwe unde geschöpfede (Gestalt); daz würket diu nâtûre. Alsô ist ez die vierzic tage unde vierzic nehte und an deme vierzigesten tage sô schöpfet (schafft) got die sêle, vil kürzer denne in eim ougenblicke."[1] Sobald die Seele mit dem Leibe vereinigt ist, beginnt das Kind nach Berthold unsterblich zu sein, da der Geist auf keine Weise untergehen könne: „Als (so oft als) daz kint lebende wirt in sîner muoter lîbe, sô giuzet (giefst) im der engel die sêle în (der almehtige got giuzet dem kinde die sêle mit dem engel în). Und als ez niwan (nur) als (so) lange gelebet als ein hant mac umbe gekêret werden, sô muoz ez iemer und iemer leben als (so) lange als got lebt, unde mac niemer ersterben an der sêle."[2]

Interessant ist auch, zu erfahren, wovon man die Entstehung des Geschlechtes abhängig dachte. Meister Eckhart bemerkt darüber: „Wan dâ diu nâtûre wirt gewendet oder gehindert, daz si niht volle maht (Macht) hât in ir werke, dâ wirt ein frouwe."[3] Nach ihm war also nur der Mann das voll und ganz entwickelte Geschöpf, das Weib dagegen gleichsam eine Hemmungsbildung.

Während der Schwangerschaft wird den Frauen möglichste Schonung ihrer Person anempfohlen, zumal sie ohnehin „dicke arbeit von kint tragen lîdent."[4] Aber nicht nur um ihrer selbst, sondern auch um des Kindes willen sollen sie sich vor Überanstrengung hüten, da dasselbe sonst leicht geschädigt werden kann. Berthold meint denn auch, dafs kein anderer als der Teufel den Rat erteile, die Kinder in dieser Weise zu Grunde zu richten: „Und dar umbe sô râtent sie den frouwen, daz sie diu kint verliesen (verderben), wan wir haben unter allen dingen kein sô grôz dinc, daz sô schiere (bald) erwendet (vernichtet) sî. Ich wil sô verre (viel) drumbe niht reden. Ich hân (habe) etelîche vor mir, die an vier menschen schuldic sint. Wê dir, daz dû dem tiuvel des gevolget hâst. Darumbe wirt ouch dîn niemer rât."[5] Aber auch die Männer

---

[1] F. Pfeiffer, *Deutsche Mystiker des 14. Jahrhunderts.* Bd. II. S. 260-261.
[2] Berthold, ed. F. Pfeiffer. Bd. I. S. 30.
[3] F. Pfeiffer, *Deutsche Mystiker des 14. Jahrhunderts.* Bd. II. S. 260.
[4] Berthold, ed. F. Pfeiffer. Bd. II. S. 115.
[5] Ebendas. Bd. II. S. 56.

versündigten sich hier und da an ihrem ungeborenen Kinde, indem sie ihre schwangeren Frauen mifshandelten. In einer Bertholdschen Predigt hören wir hierüber: „Sô wirt etelîcher (mancher) ein morder sînes eigenen wîbes. Dû maht (magst) ir einen slac oder einen druc tuon, daz sie ez niemer mêr überwindet. — Unde wirdest lihte schuldic an dînem eigenen kinde, ob sie swanger ist dîn hûsfrouwe."[1] Namentlich geschah dies, wenn der Ehemann sich in trunkenem Zustand befand und infolgedessen seiner Handlung sich nicht völlig bewufst war: „Sô legent sie (sc. die tiuvel) maniger leie liste unde stricke, dâ sie manic (manche) tûsent sêle mite vâhent (fangen) — sô hie der trunkenheit, daz einer an sînem eigen wîbe schuldic werde oder einer sîne hûsfrouwen sus (so sehr) slahe, daz er an sînem ungebornen kinde schuldic werde."[2]

Übrigens glaubte man auch, dafs, während die Mutter das Kind „an dise werlt (Welt) getruoc"[3], sie sich „versehen" könne. Als nämlich in einer altdeutschen Predigt bei Wackernagel von den verschiedenen Arten des Unglaubens gehandelt wird, finden wir folgendes geäufsert: „Criſtaner gelôbe hât vier ſtuki. Daz erſt iſt. daz er ſol ungemifchet ſin. daz iſt an (ohne) ungeloben. wan (denn) du ſolt niht geloben an zober. noch an luppe (Zauberei). noch an hefl (Hexe). noch an lachnye (Besprechen). noch an fürſehen (versehen). noch an meſſen (sc. des Kopfes mit einem Gürtel oder einem roten Faden). noch an die nahtfrowen (Nachtfrauen, heidnische Göttinnen). noh an der agelſtrun (Elster) ſchrien. noh an die brawen (Augenbrauen). und die wangen iuken. noch an die battaenien (Schlüsselblumen, deren Wurzeln geheime Kräfte haben sollten). noch an kainer hand (keinerlei) ding. daz ungelôb ſi. wan ünſer herre haſſet — den gemiſten geloben."[4]

Dafs das Gebären mit grofsen Schmerzen verbunden ist, wird öfter erwähnt. So fordert Hermann von Fritslar, bei der Reue solle der Mensch so tiefes Leid empfinden, „als grôz wê als ein frouwe het, diu ein kint gebirt."[5] Ja, als Johann Herolt einmal

---

[1] Berthold, ed. F. Pfeiffer. Bd. I. S. 189.
[2] Ebendas. Bd. I. S. 409, vgl. oben S. 58. — [3] Ebendas. Bd. I. S. 462.
[4] W. Wackernagel, Altdeutsche Predigten und Gebete. S. 77.
[5] F. Pfeiffer, Deutsche Mystiker des 14. Jahrhunderts. Bd. I. S. 275.

über den Text Johannes 16 predigt: „Mulier, cum parit, tristitiam habet", handelt er in zwei besonderen Teilen erstens „de gestibus" und zweitens „de dolore parturientium."[1] Die Ursache dieser Schmerzen wird in dem Sündenfalle Evas gefunden, denn ihre Sünde hatte bei den Frauen zur Folge, „daz fie die kindern gebern grozen fmercen."[2] Bei heftigen Wehen pflegten die Gebärenden die heilige Dorothea anzurufen. Hatte doch diese noch kurz vor ihrem Tode um die Gewährung eines Wunsches gebetet, der ihr denn auch erfüllt worden war: „Herre Jêsu Kriste, ich bite dich des: — di vrowen di in erbeiten gên der kinder, wan si mich ane rufen, daz si snelle erlôst werden."[3] Im Gegensatz zu den übrigen Frauen wird von Maria, der Mutter Jesu, berichtet: „die einige magt fente marie brachte in (sc. Jesum) zu dirre (dieser) werlde (Welt) an (ohne) aller hande wehen"[4] oder, wie es gleich darauf noch einmal ausführlicher heifst: „Nu wande (weil) unfer vrowe fente maria ir libes kint unfer herren Jhesum XPm̄ niht brachte zu dirrer werlt mit fere (Schmerz) und mit wetagen (Leiden) alf andere vrowen. darumme lifet man in der epyftelen. ego quafi vitis fructificavi fua. daz fpricht (heifst). ich habe gefruochtiget als ein winftok einen famphten ruoch"[5] (Geruch).

Bisweilen kam es vor, dafs das Kind noch während des Geburtsaktes starb. Stand dies zu befürchten, so wird den Müttern von Berthold empfohlen, sobald der Kopf ausgetreten, diesen zu taufen: „Und swenne ir vorhte (Furcht) habet, ez sterbe ein kint, daz wizzet ir frouwen wol, ê (ehe) daz ez gar (völlig) zuo der werlte kome, sô toufet im ê daz höubetlîn, dan ê daz ez âne (ohne) touf sterbe."[6] Nahm dagegen die Geburt einen glücklichen Ausgang, so wurde das Neugeborene in eine Wiege oder ein Bettchen gelegt, welches die Hebamme gerne mit Blumen schmückte. In einer Grieshaberschen Predigt finden wir einen schönen Vergleich von

---

[1] R. Cruel a. a. O. S. 485.
[2] H. Leyser, *Deutsche Predigten des XIV. Jahrhunderts.* S. 26.
[3] F. Pfeiffer, *Deutsche Mystiker des 14. Jahrhunderts.* Bd. I. S. 88—89.
[4] H. Leyser, *Deutsche Predigten des XIV. Jahrhunderts.* S. 26.
[5] Ebendas. S. 39.
[6] Berthold, ed. F. Pfeiffer. Bd. II. S. 86.

dieser Sitte hergenommen: „Uñ reht (recht) gelicher wife als diu heveamme leget bluomen in die wiegon alder (oder) in dc betteli in dem dc kindeli liget. alfo foltu reht och legen uñ ftreuwen die bluomen der tugende in die wiegon uñ in dc betteli dinez herzen."[1]

Die Zeit, „sô die frouwen in kindelbette ligent"[2], währte in der Regel sechs Wochen. Schon das mosaische Gesetz hatte diese Dauer bestimmt, und dieselbe war im Mittelalter zur Gewohnheit geworden. Geiler berichtet darüber: „Das haltet man noch heütbeytag von der reinigung oder feüberung der frawen noch der geburt, dz ein fraw fechs wuchen kind iñligt ee fye ufzgot. Es ift aber nit ein gebott. Weñ (denn) das gefatz bindet yetzt nit me (mehr), dz man das halten foll, fonder ift allein ein gewonheit."[3] So kam es denn auch, dafs das Wochenbett bisweilen länger ausgedehnt wurde: „Eine doerfft (bedarf) ettwen (bisweilen) das fye zwoelff wuchen iñleg. Ein andere dargegen bedoerfft kum fiben oder acht wuchen. Maenche minder, oder mee, noch dem die gefchicklicheit oder complex der frawen das erheifcht oder erfordert."[4] Namentlich gab ein andauernder „Blutflufs", wie ihn Jordan von Quedlinburg anführt[5], wohl nicht selten den Anlafs, dafs die Wöchnerin über die gewöhnliche Zeit hinaus das Bett hüten mufste. Andererseits kam auch eine Abkürzung der üblichen Wochendauer vor, da Geiler erklärt: „Man findt wol maenche die in dreyen wuchen alfo ftarck würt, als ein andere in fechs wuchen. uñ dovon ift kein zeit yetzendan beftimpt."[6] Am häufigsten trat diese Abkürzung bei aufserehelichen Geburten ein, wie denn das Kindbett einer Nonne kaum drei Tage währte: „Weñ aber ein fraw iñligt eins kinds, dz do nit gerotē ift, fo fpricht man gewonlich, ir kindtbettet weret eben alfo lang, als einer

---

[1] F. K. Grieshaber a. a. O. Abt. 2. S. 3.
[2] Berthold, ed. F. Pfeiffer. Bd. I. S. 322. H. Hoffmann, *Fundgruben für Geschichte deutscher Sprache und Litteratur.* Tl. I. S. 85. F. Pfeiffer, *Deutsche Mystiker des 14. Jahrhunderts.* Bd. II. S. 598.
[3] Geyler von Keyferfzberg, *Poftill.* teyl IV. S. XXIX. Pred. An unfer lieben Frawen Liechtmefsztag. — [4] Ebendas.
[5] R. Cruel a. a. O. S. 427—428.
[6] Geyler von Keyferfzberg, *Poftill.* teyl IV. S. XXIX. Pred. An unfer lieben Frawen Liechtmefsztag.

nonnen kindtbettet. das felb weret kum drey tag, und dornoch fo fohet (fängt) man wid'umb an uff ein newes leckereyen (Sittenlosigkeiten) zuotriben. Dañ weñ man hinder das fpil kompt, fo ift weder münch noch nonn frey."[1] Die Diät der Wöchnerinnen pflegte eine beschränkte zu sein, indem man Speisen, die ihnen schaden konnten, von ihnen fernhielt.[2]

Für gewöhnlich nährte die Mutter selber ihr Kind. Geiler befürwortet dies als allein vernunftgemäfs und dem göttlichen Gebote entsprechend: „Wan ein fraw ir kind wil feugen —, fo fagt gleich ir vernunfft es ift guot, got hat es dir gebotten, du folt es fpeifenn und erneren, wan es ift dein kind."[3] Doch geschah es auch, dafs „Mangel an Milch" oder eine „schlimme Brust"[4] das Nähren ausschlofs und man zu einer „amme"[5] oder „chind (Kind) amme"[6] greifen mufste. Wie oft die Mutter oder Amme das Kind anlegte, ist nirgends gesagt. Nur von dem heiligen Nikolaus wird wunderbarer Weise erzählt, „daz her (er) zwir (zweimal) vastete in der wochen di wîle her was under deme sûge (Saugen) sîner muter: als an der mittewochen und an dem vrîtage soug (sog) her nicht mê (mehr) danne eins zu mitteme tage."[7]

Die bei der Ausübung der inneren Medizin, der Chirurgie oder Geburtshilfe verordneten Medikamente wurden in den „apotêken"[8] angefertigt. Charakteristisch an denselben erschien der süfse Geruch, so dafs Hermann von Fritslar einmal berichtet: „Dirre (dieser) heilige Alexius wart getragen in sente Pêters munster, und von deme suzen geruche der dâ ginc von sîme lîchamen (Leichnam), sô wart di kirche alse eine appotêke"[9] oder, wie es gleich darauf mit etwas

---

[1] Geyler von Keyferfzberg, *Poftill.* teyl IV. S. XXIX. Pred. An unfer lieben Frawen Liechtmefsztag. — [2] Berthold, ed. F. Pfeiffer. Bd. I. S. 285.
[3] Johannes Geiler von Keiferfperg, *Her d' küng ich diente gern.* S. LXX. Pred. Am XIII. Sontag nach der III künig tag.
[4] R. Cruel a. a. O. S. 618—619.
[5] H. Hoffmann, *Fundgruben für Geschichte deutscher Sprache und Litteratur.* Tl. II. S. 35. — [6] Ebendas. Tl. II. S. 88.
[7] F. Pfeiffer, *Deutsche Mystiker des 14. Jahrhunderts.* Bd. I. S. 15.
[8] *Sammlung von Minnesingern aus der Handschrift der königl. französischen Bibliothek,* ed. Bodmer u. Breitinger. Zürich 1758. II. 105. 6.
[9] F. Pfeiffer, *Deutsche Mystiker des 14. Jahrhunderts.* Bd. I. S. 163.

anderen Worten heifst: „Und daz munster wart sô wol richende alsô iekein appotêke."[1] Da in den letzteren auch Gifte und differente Stoffe aufgestellt waren, so tritt uns in Birlingers *Alemannia* die Warnung entgegen: „Es soll sich menigclichen (jeder) vor dreien dingen wol hüeten, nemlich frembde brief zu lesen, in ainer schmiten (Schmiede) nichs anzugreifen, und dann in ainer apotek oder ains arzen haus nichs zu versuchen."[2] Wie schon in diesen Worten angedeutet liegt, durften neben den Apothekern auch die Ärzte Medikamente bereiten und feil halten. Daher hören wir in einem Osterspiel bei Hoffmann, wie ein fahrender Arzt zu seinem Diener spricht:

„Nu fage, knecht, was das bedeute?
Ich fehe aldort gar vil leute:
Mich dunket in meinem mut
Dafs fie fuchen falbe gut.
Nu fetze aus die buchfen fchier,
Zwei, drei oder vier,
Ob wir icht (irgend etwas) mochten gekeufen (erhandeln) gelt.
Nu flag uf unfer gezelt,
Und tu das alzuhant (alsogleich).
Dafs die erztei (Arzenei) werde den leuten bekannt."[3]

Ebenso sahen wir bereits oben[4], dafs die Meister des Barbieramtes „plaestere (Pflaster) unde ungente"[5] (Salben), wie sie sie in ihrer Praxis bedurften, anfertigten. Ja, der viel benutzte Theriak wurde von besonderen „Triackers kraemern"[6] in gröfserer Menge hergestellt und mit möglichst vielem Lärm zum Verkaufe angeboten.

Was die Stoffe, aus denen die Arzneimittel bestanden, anbetrifft, so waren dieselben zum Teil aus dem Tierreich hergenommen. So das Caftoreum oder Bibergeil, von dem wir in Hoffmanns *Fundgruben* lesen: „Nue ift ein tier und heizit caftor, piber, unt ift vil

---

[1] F. Pfeiffer, *Deutsche Mystiker des 14. Jahrhunderts*. Bd. I. S. 167.
[2] A. Birlinger, *Alemannia*. Bd. I. S. 306.
[3] H. Hoffmann, *Fundgruben für Geschichte deutscher Sprache und Litteratur*. Tl. II. S. 315.
[4] S. 216.
[5] E. Bodemann a. a. O. S. 27.
[6] Johan Geyler, *Welt Spiegel, oder Narren Schiff*. S. 57.

milte unde fenfte. (S)ine gemahte (Gemächte) fint vil nutzi zuo arzintuome"[1] (Heilkunde). Ferner ist hier der Bisam, das bekannte Sekret des Moschustieres, zu nennen, welches sowohl als Heilmittel, wie als Wohlgeruch zur Verwendung gelangte. In Geilers *Narrenschiff* finden wir darüber mitgeteilt: „Es fein etliche, die gehen nirgendt hin, fie haben dann ein blumen oder fonft ein wolfchmeckende (wohlriechende) fpecerey bey jnen, von byfem oder anderem gewuertzen. Difz thun fie allein von hoffart wegen, dann wenn fie es kranckheit halben theten, wer es jhnen wol zuverzeihen."[2] Endlich wurde auch das Blut der Taube als ein Heilmittel, und zwar gegen entzündete Augen, angesehen, jedoch nur, wenn es unter dem rechten Flügel aus einer Ader genommen war."[3]

Noch häufiger als aus dem Tierreiche stammten die Medikamente aus dem Pflanzenreiche her. Als Berthold einmal von „erzenîe" redet, „diu den lîp gesunt machen sol und in eine wîle fristen sol", setzt er erläuternd hinzu: „daz sint wurze (Pflanzen) unde krût unde sâme und etelîchiu ander dinc, diu die meister wol erkennent."[4] Ebenso erwähnt er noch öfter, dafs die Kraft und Wirkung der Pflanzen den Meistern bekannt sei: „Ez künnent eteliche meister von den sternen, sô künnent eteliche von den wurzen, welhe kraft sie haben an dem sâmen und an dem krûte und an der würze (Wurzel) smac (Geruch) und an andern kreften."[5] Wegen dieser Heilkraft, welche die verschiedenen Kräuter besitzen, preist er vor allem den Schöpfer, dem er dankbar nachrühmt, „daz dû, herre, sô maniger hande (mancherlei) krût ûz der erden ûf trîbest, daz nieman weder bûwet noch saewet (sät), daz ie zuo eteswâ nütze unde guot ist. Sô ist diu wurze (Wurzel) guot, sô ist der sâme guot, sô ist sîn krût guot, sô ist der bluome guot; sô gevar (gefärbt) ist diu, sô ist jeniu sus (in solcher Weise) gevar: diu rôt, diu gel (gelb), diu brûn, diu wîz, diu grôz, diu kleine, diu kurz, diu lanc,

---

[1] H. Hoffmann, *Fundgruben für Geschichte deutscher Sprache und Litteratur*. Tl. I. S. 31.
[2] Johan Geyler, *Welt Spiegel, oder Narren Schiff*. S. 187.
[3] R. Cruel a. a. O. S. 488.
[4] Berthold, ed. F. Pfeiffer. Bd. I. S. 508.
[5] Ebendas. Bd. I. S. 2, vgl. Bd. I. S. 5.

unde diu wurze für dén siechtuom (Krankheit) guot ist unde disiu für einen andern. Und alsô müget ir lip unde sêle gesunt machen mit der geschepfede (Kreatur) unsers herren."[1]

Um einige Proben von der Verwendung der pflanzlichen Medikamente zu geben, führen wir eine Stelle aus dem Arzneibuch bei Diemer an: „Raetich ist warm — swer in gesoten izzet, dem ist er guot für die huosten."[2] Namentlich aber weisen wir auf den Hortulus reginae des Priesters Meffreth aus Meifsen hin, in welchem Aufschlufs erteilt wird, wozu man die einzelnen Kräuter gebrauchte. Gegen den Bifs toller Hunde soll es beispielsweise helfen, wenn man Lauch mit Nüssen und Raute verrreibt und davon die Quantität einer grofsen Nufs öfter mit Wein eingibt. Das Mittel kann auch äufserlich auf die Wunde gelegt werden, um das Gift herauszuziehen, und ist dann ebenso wirksam wie Theriak. Ein anderes Heilmittel gegen die Wut teilt der Arzt Isaak mit, nämlich eine Kastanie, mit etwas Salz und Honig zerquetscht und dann eingenommen. Platearius sagt, wie gleichfalls Meffreth angibt, dafs der gekochte Saft einer Pflanze, die sponsa solis oder Wegwart heifst, gegen innerlich beigebrachtes Gift und auch gegen den giftigen Hundsbifs hilft, wenn man ihn auf die Wunde reibt. Balustia aber, die Blüte des Granatapfels, mit Essig gekocht und auf die Brust gelegt, ist bei Krankheiten des Intestinaltraktus gut.[3]

Verstanden sich einzelne Gelehrte auf die Wirkung der Pflanzen, „sô kunden (wufsten) aber ander meister von der edeln steine kraft und von ir varwe"[4] (Farbe), da Gott auch dem „edeln gesteine — die kraft hât gegeben, dâ wir von gesunt werden sullen, der ez eht erkennet."[5] Wie die mancherlei Mineralien wirkten, finden wir besonders bei Jordan von Quedlinburg in seinen naturgeschichtlichen Predigten angegeben. Nach ihm kühlt Saphir die innere Hitze und reinigt die Augen. Er vertreibt auch die Krankheiten Squinancia und Noli me tangere und ist aufserdem gegen heifse Geschwüre zu

---

[1] Berthold, ed. F. Pfeiffer. Bd. I. S. 49.
[2] Arzneibuch J. Diemer. d. III.
[3] R. Cruel a. a. O. S. 487—488.
[4] Berthold, ed. F. Pfeiffer. Bd. I. S. 2.
[5] Ebendas. Bd. I. S. 153.

empfehlen. Smaragd soll die fallende Sucht heilen. Der Onyx dringt, an ein krankes Auge gehalten, mit seiner Kraft in dasselbe ein und zieht die schädliche Feuchtigkeit heraus. Ebenso ist er auch gegen den Ausschlag heilsam. Der Jaspis beseitigt das Fieber und die Wassersucht und hält den Blutfluſs auf. Der Opal endlich, der aus dem Urin des Luchses entsteht, hilft gegen Verstopfung und öffnet den Leib.[1]

Zu den mineralischen Mitteln dürfen wir auch die Mineralbrunnen zählen, die man teils zum Trinken, teils zum Baden benutzte. Der therapeutische Wert derselben war schon aus dem Neuen Testamente bekannt. Denn „under den ſchopffen" (Schuppen) des Teiches Bethesda zu Jerusalem, so berichtet Tauler nach Johannes, „lagen vil ſiecher menſchē, die da warteten weñ der engel gots kaeme herab vō dem himel, uñ das waſſer bewegte. Uñ als bald es von dem engel bewegt ward ſo wurden die menſchenn von ſtuond an geſundt, die darin am erſten geweſchen wurden, von allerley ſiechtagē (Krankheiten) die ſy an jn hatten."[2] In gleicher Weise wurden auch im Mittelalter die Heilquellen fleiſsig benutzt, wie man schon daraus ersieht, daſs uns eine nicht geringe Zahl derselben allein in Schwaben und den Nachbarländern begegnet. Laurentius Fries nennt in seinem Spiegel der Arzney neben Pfeffers Baden in der Schweiz, Marggrafenland, Plummers, Zellerbad, Wildbad, Göppingen und Ow bei Rotenburg am Neckar, das heutige Niedernau.[3] Namentlich Göppingen scheint viel besucht gewesen zu sein, denn auch Geiler von Keisersberg erinnert sich des Göppinger Sauerbrunnens und seiner flüchtigen Kohlensäure: „Begab es ſich ettweñ, das mich ettwas glück an lachet, ſo verdroſz mich darnach zuo greiffen und das zuo erwüſchen weñ gar bey ee das ichs erwüſchen uñ ergreifen wolt, was es zerflogē uñ verſchwunden. wie der ſaur brün zuo Goeppingē, ſo mā dar aufz trinckt ſo bitzelt uñ zippert er ein wenig im mund aber es iſt gleich nüt mer dar hinder, unnd ſchmackt als waſſer."[4]

---

[1] R. Cruel a. a. O. S. 427—428.
[2] Joannis Taulery *Predig Am Freytag nach Inuocauit*. S. XXII.
[3] A. Birlinger, *Alemannia*. Bd. I. S. 99.
[4] Geiler vō Keyſzerſperg, *Der ſeelen Paradiſz*. S. CCXXIX—CCXXX.

Was die Form, in welcher man die Heilmittel brauchte, anlangt, so wandte man äufserlich meist Pflaster und Salben an. Die ersteren wurden hier und da auf den Magen[1], in der Regel aber auf Wunden gelegt. So wird in Hartmanns Erec „ein phlaster guot ze wunden"[2] erwähnt, und ebendaselbst hören wir: mit diesem „phlaster verbant der küneginne hant des ritters sîten."[3] Ebenso heifst es in Wolfram von Eschenbachs Willehalm:

„Swâ (wo immer) man sach ir wunden,
Die wurden an den stunden
Mit balsem (Balsam) gestiuret (gelindert):
Rîchiu (reiche) pflaster wol getiuret (gepriesen),
Müzzel (eine wohlriechende Substanz) und zerbenzerî, (eine Spezerei)
Arômât (ein wohlriechender Stoff) nnd amber (Ambra) was derbî."[4]

Schon aus diesen Versen sind einzelne Stoffe, die man zu Pflastern verwandte, ersichtlich. Andere werden in dem Arzneibuch bei Diemer angeführt: „Man sol ein phlaster dar ûf machen von senfe und von rutensouge (Rautensaft), von pibergeil und von aschen, der gebrant sî von menschen hâre."[5] Besonders galt ein Pflaster aus Alabaster für ausgezeichnet bei chirurgischen Leiden: „Alabaster, dar uss die scherer al ir plaster machent, al wunden heilen mit, es sîgen gswär, stich, brüch und schnit."[6] Diese „emplastra"[7] führten verschiedene Namen. Eine niederdeutsche Urkunde vom Jahre 1557 nennt „eyn apostolicon (Apostelpflaster), ein grauw plaester (graues Quecksilberpflaster), ein groen jenuensy (grünes Genuesisches Pflaster), eyn tractyff"[8] (Zugpflaster).

Aus derselben Quelle erfahren wir auch die Bezeichnung für „achte ungente" (Salben). Es sind dies „eyn incarnatyff (fleisch-

---

[1] Arzneibuch J. Diemer. l. V.
[2] Erec von Hartmann v. Aue, ed. M. Haupt. 5313.
[3] Ebendas. S. 5147.
[4] Willehalm von Wolfram v. Eschenbach nach K. Lachmann. 451, 23.
[5] Arzneibuch J. Diemer. j. II.
[6] Sebastian Brants *Narrenschiff*. 55, 18.
[7] L. Diefenbach, *Mittellateinisch-hochdeutsch-böhmisches Wörterbuch* nach einer Handschrift vom Jahre 1470. Frankfurt a. M. 1846. 108.
[8] E. Bodemann a. a. O. S. 27. Anm.

farbene Salbe?), eyn defensyff (Schutzsalbe), eyn fuscum (braune Salbe), eyn album (Bleiweifssalbe), eyn apostolicon (Apostelsalbe), eyn dialthe (unguentum de althea) cum gummis, eyn popolium (Pappelsalbe)[1], eyn ipsiacum"[2] (unguentum Aegyptiacum). Diese Salben, die in „buchſen"[3] aufbewahrt wurden, fanden teils bei Wunden, teils bei kranken Augen Verwendung. Für das erstere spricht eine Stelle in Hartmanns *Iwein:* „Si salbeten sîne wunden"[4], für das letztere eine solche aus Ulrich von Türheims *Tristan:*

„Ein salbe er under ougen streich,
Daz im sîn liehtiu (lichte) varwe entweich."[5]

Übrigens waren derartige Salben ihrer kostbaren Bestandteile wegen oft aufserordentlich teuer, so dafs wir einmal dem Ausspruch begegnen:

„Ein êrlich leben ane (ohne) schamen,
Dâ mit erwerben gûten namen
Ist bezzer vor tiure salben vil."[6]

Dienten Pflaster und Salben zu äufserlichem Gebrauche, so wurden als innerliche „erzenîe"[7] für gewöhnlich „heiltrenche"[8] oder „trencklin"[9] verschrieben. Daneben waren aber auch „lactwêrje"[10] und „pillulen"[11] üblich. Über die Zusammensetzung der Latwerge erfahren wir:

---

[1] L. Diefenbach a. a. O. 280.
[2] E. Bodemann a. a. O. S. 27. Anm.
[3] H. Hoffmann, *Fundgruben für Geschichte deutscher Sprache und Litteratur.* Tl. II. S. 315.
[4] *Iwein* von Hartmann v. Aue, ed. Benecke u. Lachmann. 208.
[5] *Tristan* von Ulrich v. Türheim, ed. F. H. v. d. Hagen in *Gottfried v. Strafsburgs Werken.* Breslau 1823. 2235.
[6] Ludw. Kreuzf. 8138.
[7] Berthold, ed. F. Pfeiffer. Bd. I. S. 296. Bd. II. S. 87.
[8] W. Wackernagel, *Altdeutsche Predigten und Gebete.* S. 18.
[9] Geyler von Keyſerſzberg, *Poſtill.* teyl II. S. XXXIX. Pred. Am Zynſtag noch Reminiſcere.
[10] Konrads v. Würzburg *goldene Schmiede*, ed. W. Grimm. 809, vgl. 1341.
[11] Geyler von Keyſerſzberg, *Poſtill.* teyl II. S. XXXIX. Pred. Am Zynſtag noch Reminiſcere.

„Mit fünf bimenten (Gewürzen) rein
Sol si gemenget sin."[1]

Sie wurde wie gewisse Pillen meist als Abführmittel benutzt. Denn dafs diese bisweilen als Laxans dienten, ersehen wir aus Geiler, welcher von einem Bauern berichtet: „Der wolt mit pillulen alle kranckheit vertreiben, die weil fie jhn purgiert unnd gefundt gemacht hatten."[2] Um ihrer kräftigen Wirkung willen ging der Patient, wie überhaupt mit inneren Mitteln, so namentlich mit Pillen vorsichtig um: „Wie geet einer zuo einer ertzney, mit klopffendem hertzē. Im ift angſt, luogt nym̄et nit mer pillulē wed' (als) in d' artzt heiſzt. Er fol auch nit minder nemē, fie dientē im anders nit zuo gefuntheit."[3]

Natürlich behielten die Medikamente, wenn anders sie „gar guot — und als (also) wislîche und als meisterlîche und als künsteclîche"[4] zubereitet und infolgedessen „sô gar edel, kreftic unde tugenthaft"[5] waren, auch dann ihre Wirkung, wenn der Kranke auf dieselbe nicht baute. Deshalb äuſsert Berthold zu wiederholten Malen: „Ob ein mensche niht gelouben wil, daz der stein oder diu wurz (Pflanze) die kraft niht habe, als ein arzât giht (sagt), der wirt darumbe niht verlorn, swie (wenn) doch wurz und stein vil krefte haben."[6] Eben um dieser Kräfte willen soll man die Arznei auch nehmen, selbst wenn sie von schlechtem Geschmacke oder sonst widerlich ist. „Einer d' artzney yn fol nemen", sagt Geiler, „der rümpfft fich darab er entbaer ir lieber. Aber um̄ feiner gefuntheit willen empfahet er fie."[7] Dem entsprechend heiſst es denn auch weiter: „Einer artzney braucht man nit mer, weder (als) bloſz als not iſt, und nit umb luftes willē."[8] Freilich ist es nicht der

---

[1] *Sammlung von Minnesingern aus der Handschrift der königl. französischen Bibliothek*, ed. Bodmer u. Breitinger. I. 177. 6.

[2] Johan Geyler, *Welt Spiegel, oder Narren Schiff*. S. 203.

[3] Derselbe, *Von den fyben fcheiden, das fechſt fchwert*..

[4] Berthold, ed. F. Pfeiffer. Bd. I. S. 292.

[5] Ebendas. — [6] Ebendas. Bd. II. S. 83—84, vgl. Bd. I. S. 298.

[7] Geiler vō Keyferſperg, *Von den fyben fcheiden, das fechſt fchwert*.

[8] Derselbe, *Von den fyben fchwertern, das fechſt fchwert*.

Arzt, der mit seinem Mittel die Heilung bewirkt, sondern vielmehr die Natur, die durch dasselbe nur unterstützt wird: „Ein artzot der kan dir gesuntheit nitt geben, er geb dir jn artzny pillulen, oder trencklin, oder was er well. Aber die natur die muoſsz dir zuohilff kūmen, und die krafft uñ das füncklin, das du noch in dir haſt. Uñ muoſsz dieſelb natur allein underſtützt werdē durch die artzny, die dir jngibt d'artzot, d' do iſt allein ein diener der natur. Und deñ ſo kompt die gesuntheit ſelber haernoher, aber langſam̄, von tag zuo tag."[1]

Indessen wenn auch der Erfolg der Arznei in der Regel nicht ausblieb, so gab es doch auch Fälle, wo dieselbe vergeblich gebraucht worden war. Geiler bemerkt darüber: „Das heiſszt ein vergebene artzney, die do nüt würckt, umb welher artzney willē dir nit geholffen würt, dorumb du die jngenūmen haſt, ſunder blibt in dir, unnd iſt dein ſach boeſzer deñ vor. Sye hatt mich nit geholffen, ſprichſtu, ich hab ſye in dz ſchyſzhuſſz (Abtritt) geſchütt, uñ hab das gelt vergebēs uſzgebē."[2] Namentlich war auch die beste Arznei auſser stande, vor dem Tode zu schützen, doch konnte sie bei schweren Krankheiten, wenn auch nicht immer Heilung, so doch oftmals Linderung schaffen: „Wan swaz man dem lîbe erzenîe mac gegeben", sagt Berthold, „sô muoz er doch ze jungest sterben. Jedoch sô mac ein guot meister wol mit künsten einen siechtuom (Krankheit) vertrîben, den sus (sonst) ein mensche lange tragen muoz, ob der siechtuom alsô ist daz man in vertrîben mac, wan ez ist etelich siechtuom, den alle meister niht vertrîben möhten; sie machent aber wol daz man den siechtuom deste sanfter treit"[3] (trägt).

Da die Heilung mancher Krankheiten durch Arznei nicht gelang, so nahm das Volk nicht selten zu Zauberei seine Zuflucht. Vornehmlich waren es die Landbewohner, die gerne Zaubermittel gebrauchten, so daſs Berthold in einer Predigt denselben vorhält: „Owê, ir dorfliute, iuwer kaeme vil ze himele, wan daz selbe extlîn,

---

[1] Geyler von Keyferſzberg, *Poſtill.* teyl II. S. XXXIX. Pred. Am Zynſtag noch Reminiſcere. — [2] Ebendas. teyl II. S. LXV. Pred. Am Mittwoch noch Oculi. [3] Berthold, ed. F. Pfeiffer. Bd. I. S. 509.

daz ermordet alle, die an zouberîe geloubent — und an lüppelerinne (Zauberinnen), an nahtfrouwen (Nachtfrauen) und an sô getân gespüc (Spuk) und an pilwiz (Hexe). Und etelîche geloubent an heilige brunnen, sô an heilige boume, sô an heilige greber ûf dem velde."[1] Auf dem Lande waren es wiederum besonders die Frauen, an denen Berthold tadelt, „daz sie mit zouberîe umbe gânt, sô sîn rucke (Rücken) swirt (schmerzt) oder swaz ez denne ist."[2] Solche Zauberei wurde zum Teil mit Spiegeln[3], zum Teil mit „boesen batônjen" (Schlüsselblumen) oder „boesem hantgift"[4] ausgeführt. Unter „hantgift" ist ein Geschenk zu verstehen, das man erhält, ohne darum gebeten zu haben, und das angeblich gewisse Krankheiten zu heilen vermag. Berthold bemerkt darüber: „Der gloubet an hantgift, — unde der an zouber, uud ir frouwen an lüppe (Zauberei) und an zouber und an des tiuvels gespenste."[5]

Was sich an verschiedenen Arten von Superstition in der Volksmedizin fand, darüber gibt besonders Gottschalk Hollen Aufschlufs. Alte Weiber, so erzählt er, messen den schmerzenden Kopf mit einem Gürtel oder mit einem roten Faden, indem sie dem Kranken ins Ohr flüstern: „Das Feuer bedarf keine Erwärmung, das Bier bedarf keinen Trunk." Einige berühren gegen Kopfweh den Kopf eines Säugetieres oder Fisches, gegen Zahnweh streichen sie die Zähne mit dem Zahne eines gehängten Menschen oder eines anderen Gestorbenen. Wenn am Sabbath die Glocken geläutet werden, halten sie ein Eisen zwischen den Zähnen oder sie heben einen Stein aus dem Flusse und tragen ihn im Munde schweigend nach Hause, ohne auf einen Grufs zu antworten, denn, wenn sie dabei ein Wort sprächen, würde es ihnen nichts nützen. Den Stein legen sie dann an einen trocknen Ort und glauben, so lange ihn weder Wasser noch Regen berühre, würden ihnen die Zähne nicht weh thun. Den Katarrh beschwören sie durch ein Messer mit schwarzem Griff. Gegen Hüftweh steht der Kranke vornüber geneigt, als ob

---

[1] Berthold, ed. F. Pfeiffer. Bd. II. S. 70.
[2] Ebendas. Bd. II. S. 141.
[3] W. Wackernagel, *Kleinere Schriften*. Bd. I. S. 130.
[4] Berthold, ed. F. Pfeiffer. Bd. I. S. 264.
[5] Ebendas. Bd. I. S. 530.

er den Teufel anbete. Wer kann aber alle Thorheiten aufzählen, die sie zur Erleichterung der Geburt oder gegen den Mangel an Milch ins Werk setzen? Gegen schlimme Brust reiten sie bei Mondschein auf Kühen oder Eseln. Gegen Würmer schreiben sie auf dem Leibe des Kranken eine Beschwörung auf Blei oder Pergament, umwickeln die Schrift mit dem Faden einer Jungfrau und werfen sie ins Wasser. Gegen Schmerz in den Füfsen zählen sie mit dem Fufse die Steine in einer Mauer, indem sie den Fufs an dieselbe emporheben und die Kniee küssen. Gegen Fieber geben sie beschriebene Krautblätter nüchtern zu essen oder beschriebene Äpfel. Kranke Kinder lassen sie durch hohle Eichbäume gehen.[1]

Auf diese Weise vermittelst der Zauberei Hilfe bei Krankheiten zu suchen, verdammte die Kirche als Aberglauben. Sie verlangte ausdrücklich: „Criſtaner gelôbe — ſol ungemiſchet ſin. daz iſt an (ohne) ungeloben"[2] und erklärte, dafs Gott den Aberglauben hasse.[3] In Übereinstimmung hiermit versichert Berthold, dafs die Zauberer und Zauberinnen „gar ungesunt an der sêle unde tôtsiech"[4] sind und dafs ihrer ebensowenig Rat wird, wie der Ungläubigen: „Alle die mit lüppe (Zauberei) unde mit zouber umbe gênt, die gênt ouch mit ungelouben umbe und ir wirt alse wênic iemer (jemals) rât, als jüden unde heiden unde ketzer."[5] „Die niunden", wiederholt er, „daz sint halbe ketzer, der ist aller meiste in den dörfern. Daz sint alle die mit zouberîe umbe gânt —, mit swelher hande (Art) zouberîe der man oder wîp umbe gât, ez sî lüppelach (Zauberei) oder zouber —. Ir tiuvele, die sint iu vor iuwer eigen."[6] Als Angehörige des Satans gehen sie denn auch für immer verloren: „Ez sî wîp oder man, die mit zouber unde mit lüppe umbe gênt, die sint êwiclîche verlorn an lîbe und an sêle."[7] Unter Führung des Königs Saul, der auch Zauberei trieb[8], fahren sie mit

---

[1] R. Cruel a. a. O. S. 618—619.
[2] W. Wackernagel, *Altdeutsche Predigten und Gebete*. S. 77.
[3] Ebendas.
[4] Berthold, ed. F. Pfeiffer. Bd. I. S. 226.
[5] Ebendas. Bd. I. S. 464. — [6] Ebendas. Bd. II. S. 172.
[7] Ebendas. Bd I. S. 264.
[8] 1. Sam. 28, 7 ff.

einander zur Hölle: „Ir zouberer und ir zoubraerinne, ich wil iu (euch) ouch iuwer herberge zeigen. Ir sult varn mit grôzer schar under den vanen hern Saules des küniges. Der ist iuwer houbetman, der vert mit grôzer schar in niderlande"[1] (sc. die Hölle). Namentlich den Frauen macht Berthold zum Vorwurf, dafs sie Zauberei lieben: „Ju, frouwen, iu habent die tiuvele einen stric geworfen, dâ tuont sie iu den groesten schaden mite. Der heizet — zouberîe."[2] Er versichert einer „trüllerin" (Gauklerin) drohend: „Dû wahtelbein (Lockpfeife) des tiuvels, dâ mit er manige sêle vaeht (fängt), dû bist verworfen von dem volke, die dâ strîten suln umbe daz êwige leben."[3] Sie und ihre Genossen müssen von ihrem unrechten Wege lassen, wollen sie nicht an den Grund der Hölle geraten: „Daz selbe spriche ich zuo den zouberaerinnen unde zuo den trüllerinnen, ez sî dise oder die: alle, die in toetlîche sünde gevallent nâch dem toufe (Taufe), die müezent ûf den andern wec, oder sie müezent an den grunt der helle."[4] Ja, von einer alten Zauberin gilt, was der Spruch in Pfeiffers *Germania* sagt: „Dar umbe ist ein alt boese wîp wirser (schlimmer) denne der tiuvel."[5]

Nach allem dem fordert Berthold die Ritter auf: „Ir sult uns ouch schirmen vor den, die mit des tiuvels gespenste umbe gênt, die dâ lüppe unde zouber trîbent."[6] Selbst den Schein des Zauberns hat man nach Geiler zu meiden, wie dies Christus bei der Auferweckung des Lazarus that, als er mit lauter Stimme rief: „Lazare, komm heraus!"[7] Denn „der herr hatt woellen alſo mit heller ſtim̅ ſchrygen. uff dz die umbſtaender nit ſolten od' moechtē gedencken, das er etwas frœmbde wort, heymlich ſaegen, od' zoufery hett gebrucht."[8] Derselbe Geiler will auch die Entschuldigung mancher Patienten nicht gelten lassen, dafs man sich schon an die Beschwörer und Hexen wende, wenn man hilflos und verzweifelt auf dem

---

[1] Berthold, ed. F. Pfeiffer. Bd. I. S. 261.
[2] Ebendas. Bd. II. S. 141. — [3] Ebendas. Bd. I. S. 40.
[4] Ebendas. Bd. I. S. 72.
[5] H. Rinn a. a. O. S. 34.
[6] Berthold, ed. F. Pfeiffer. Bd. I. S. 363. — [7] Joh. 11, 43.
[8] Geyler von Keyſerſzberg, *Poſtill.* teyl II. S. XCVI. Pred. Am Frytag noch Letare.

Krankenbette liege: „Die fechft Schell der Kranck narren ift, Artzeney und rath fuchen von den Teuffelsbefchwerern oder alten Hexen, unnd laffen fie gefegnen, das heilig Creutz uber fie machen, damit fie der Teuffel nicht hinfuere. — Ja fprechen fie, du haft gut danten (tanzen), du ligft nicht hie an meiner ftadt, wenn du hie legft du würdeft warlich auch lugen (zusehen), wie du aufz dem Beth kaemeft. Dann es fucht ein Krancker uberall, wo er weifz hilff zu finden: Darumb fage ich, wenn fchon der Teuffel kaeme unnd fein Grofzmutter, und fprech er wolt mir helffen, fragt ich gar nicht darnach, fonder wolt jhm gern volgen (sc. zum Sterben). Solche leut fein fuerwar nicht mehr Chriften leut, fonder leibhafftig des Teuffels, wie fie ftehn und gehen, in dem fie mehr unnd groeffer hoffnung fetzen auff den Teuffel, weder (als) auff Gott felbs, der doch der beft Artzet ift, under allen Artzten."[1] Unser Gewährsmann fafst daher sein Urteil dahin zusammen: „Aber kranckheit mit zauber vertreiben, daz fol nit fein uñ du folteft lieber fiech uñ kräck fein, dan (als) mit zauber gefunt werdē."[2]

Diese Bekämpfung des Aberglaubens bei unseren Predigern wirkt um so auffallender, je sinnlosere und abgeschmacktere Dinge zu glauben sie dem Volke zumuten. Denn von jeher hat es als Grundsatz der römischen Kirche gegolten, heidnischer Superstition und Sitte gewisse Zugeständnisse zu machen. Für die alte Göttersage bot sie ihre Heiligenlegende, an Stelle des Zauberwesens die Reliquienverehrung. So werden denn den Heiligen und ihren Reliquien die seltsamsten Heilerfolge zugeschrieben. Beispielsweise hören wir von dem Leichnam St. Martins bei Hermann von Fritslar: „Di wîle sente Mertîn ûffe der bâre stunt: alle di blinden und lammen und ûzsetzige und sichen, welcherleie sûche (Krankheit) si haten, nêhiten si der bâre oder rurten si si, sô wurden si gesunt."[3] Das der heiligen Veronika gehörige Bild, das Christum auf einem Tuche darstellte, soll sogar einen Kaiser von seinem schweren Leiden wieder hergestellt haben: „Und do daz der cheiser tiberius

---

[1] Johan Geyler, *Welt Spiegel, oder Narren Schiff.* S. 140.
[2] Derselbe, *Die Emeis.* S. XLVI.
[3] F. Pfeiffer, *Deutsche Mystiker des 14. Jahrhunderts.* Bd. 1. S. 241.

gesache (sah) der anbete ez vil fleizlichen uf sinen chnien weinunde und sazehant (sogleich) do wart er gesunt von siem grozen siechtum den er da leit"[1] (litt). Auch Geiler weifs von mannigfachen Wunderkuren ähnlicher Art zu berichten. Was zur Ehre eines Heiligen geweiht oder mit seinen Reliquien in Berührung gekommen ist, hilft, z. B. das Wasser St. Antonii, worin dessen Reliquien eingetaucht, gegen Feuer in einem Glied, item St. Humbrechts Wasser gegen den Bifs toller Hunde, item St. Peters Wasser gegen das kalte Fieber, item St. Agathes Brot gegen das Feuer; gegen Halsweh bindet man um Hals und Kehle ein geweihtes Licht zu Ehren St. Blasii, St. Valentins Wasser benutzt man gegen die fallende Sucht.[2] Gegen die letztere sollen auch zwölf Kerzen, mit den Namen der zwölf Apostel beschrieben, von Nutzen sein.[3] Erlaubt war es ferner, die Bibel oder das Evangelium an ein krankes Glied zu halten, bei Epilepsie von dem Priester das Evangelium für die Quatemberfasten: „Et erat spumans et stridens"[4] über dem Kopfe des Kranken lesen zu lassen, durch das Paternoster, das Symbolum oder andere fromme Gebete und Sprüche Krankheiten zu vertreiben oder das Feuer, das Fieber, eine Wunde und dergleichen damit zu beschwören.[5]

Eine rühmliche Ausnahme in dieser Beziehung macht indessen Berthold. Mit dem Kreuze Christi, mit dem heiligen Salböl, mit der Hostie oder gar mit getauftem Holze oder etwas Ähnlichem heilen zu wollen, ist ihm nichts als Zauberei. „Pfi, zouberaerinne, die mit dem kriuze, dâ unser herre an gemartelt wart, zoubernt!"[6], ruft er aus, und an einer anderen Stelle sagt er: „Dâ zoubert — diu mit dem heiligen krismen (Salböl), diu mit dem heiligen gotes lichnamen. Pfi, es entaete ein jude niht, noch ein heiden. Wê dir, daz ie touf ûf dich kom!"[7]. Nicht minder drohend ist seine

---

[1] M. Haupt und H. Hoffmann, *Altdeutsche Blätter*. Leipzig 1840. Bd. II. S. 381. — [2] Geiler vö Keiferfperg, *Die Emeis*. S. LIII.
[3] R. Cruel a. a. O. S. 619.
[4] Marc. 9, 20, vgl. Luc. 9, 39.
[5] Gottschalk Hollen bei R. Cruel a. a. O. S. 618.
[6] Berthold, ed. F. Pfeiffer. Bd. I. S. 454.
[7] Ebendas. Bd. II. S. 71.

Strafrede gegen dieselben Zauberinnen in einer späteren Predigt: „Nû hoere ich sagen, daz etelîche zoubererinne mit gotes lîchname zoubernt. Owê des! Phî, unflât aller der werlte, daz dich diu erde niht verslant"[1] (verschlang). Diese Art von Zauberei ist nach ihm den schwersten Sünden zuzuzählen und dem Mord und Ehebruch an die Seite zu stellen, wenn es freilich für sie auch noch Bufse gibt: „Unde dar umbe, ir jungen priester, gebet allen den (denen) buoze nâch gnâden die gote wellent eht büezen, er sî mörder oder êbrecher oder der mit gotes lîchname gezoubert hât."[2] Büfsen aber die, die mit der Hostie zaubern, nicht, so gilt gewifslich von ihnen: „Die habent alle verzwîvelt an gote. Des werdent sie ouch jaemerlîchen von gote scheiden an dem jungesten tage."[3] Ebenso verwerflich ist es nach Berthold, gewisse Gegenstände zu taufen, um Wunderheilungen damit zu verrichten: „Sô nimt diu her und toufet ein wahs (Wachs), diu ein holz, diu ein tôtenbein, allez daz sie dâ mite bezouber."[4] Er fordert vielmehr entschieden, „daz man nihtesniht toufen sol, wan (als) ein lebendigez mensche. Ez sol niht sîn ein tôtez bein, noch ein wahs (Wachs), noch ein holz, noch ein tôtez mensche, noch keiner slahte (Art) dinc in der werlte wan ein lebendigez mensche. Pfî, zouberaerinne, toufestû einen frosch! Ein frosch muoz ein frosch sîn, ein holz ein holz, ein krote ein krote. Unflât aller der werlte, man sol niht toufen, wan ein lebendigez mensche!"[5]

---

[1] Berthold, ed. F. Pfeiffer. Bd. II. S. 256.
[2] Ebendas. Bd. I. S. 72. — [3] Ebendas. Bd. I. S. 547.
[4] Ebendas. Bd. II. S. 70—71. — [5] Ebendas. Bd. II. S. 85.

VI. Kapitel.
Die Krankenpflege und Totenbestattung.

Mochte nun die Behandlung der Kranken eine medizinische sein, oder mochte man zu Zaubermitteln seine Zuflucht nehmen, so geschah sie meist in der Wohnung derselben. Da die Patienten hier auf den Umgang mit den Ihrigen eingeschränkt waren, so wird empfohlen, sie aufzusuchen und sich zumal der Armen unter ihnen anzunehmen. „Daz ander", sagt Berthold, „dâ von dû gote solt widerreiten (gegenberechnen) sîne zît, daz ist, daz dû sie in gotes lobe vertrîben solt, mit gebete, mit kirchgange unde ze predigen unde ze antlâz (Ablafs) unde ze siechen gên, ob dû maht (magst) vor êhafter nôt[1] (ehelichen Verpflichtungen). In gleicher Weise fordert Geiler: „Nitt lafz dich verdrieffen heimzefuochen den krankē weñ aufz difem würft du beftetiget in der lieby"[2], und Tauler ermahnt: „Da ein alter krancker unbeholffen mēfch wer, dem fol mā entgegē lauffen und ftreitē einer für den andern, werck der lieb zuo thuon, uñ ein yeglichs des andern bürden helffen tragē."[3] Das Gesagte haben sich besonders die Klosterleute zu merken und einer dem anderen bei seiner Krankheit zu dienen:

---
[1] Berthold, ed. F. Pfeiffer. Bd. I. S. 21.
[2] Geiler võ Keyfzerfperg, *Der feelen Paradifz*, cap. I. Von warer lieb. S. XI.
[3] Joannis Taulery *Predig Am X. Sontag nach Trinitatis*. S. XCV.

„Aber vor ab follen geiftliche cloftermenfchen einander mitt aller gedult, und demuot leiden und dienen in iren kranckheiten uñ arbeitfeligkeiten (Mühseligkeiten), gedenck was deiner fchwoefter heüt gebriftet (fehlt), das mag dir morn (morgen) ouch zuofallen oder noch fchwerers."[1] Die Krankenbesuche sind namentlich als eine geeignete Beschäftigung für den Feiertag anzusehen. „Alsô sult ir den vîgertac (Feiertag) vertrîben", rät Berthold, — „unde sult zuo den siechen gên, die unkreftic ligent, unde sult die laben, ob es in (ihnen) nôt ist und ob sie sîn nôtdürftic sîn und ob ir sîn state (Gelegenheit) habet. Ist des niht, sô klaget (beklaget) sie sus (sonst) getriuwelîche unde bitet got, daz er in friste (erhalte) ûf bezzerunge oder im ein guot ende gebe. — Des ist gar vil, seht! dâ ir den ruowetac (Ruhetag) mite müget vertrîben in gotes liebe und in gotes êre, wellet eht ir mir volgen."[2] In diesem Punkte träge zu sein, ist, wie eine jede Trägheit im Dienste Gottes, ein schweres Unrecht: „Iz (es) ist ein vil grozziu sunde. diu tracheit. So wir trachlichen zekirchen gen. unde sten trachlichen diu ougen uof hefen zeden armen unde ze den siechen."[3] Wer in der Liebe zu den Kranken ermattet und sich von ihnen abwendet, der soll sich durch das Vorbild Christi und die Ermahnung des Tobias zu neuer Hingabe an dieselben bestimmen lassen. „Sihes du aber einen fiechen duorftigen", so heifst es in einer Predigt bei Leyser, „du keres von ime din antluze. und verfmehes in. So fol dir cuomen an din herze. daz unfer herre ihefus crift machete gefunt den mifelfuochtigen (Aussätzigen). und daz der knecht niht hore (höher) dan fin herre. und daz thobyas fprach zu finem fuone. fili ne avertas faciem tuam a paupere et calamitofis."[4]

Nichtsdestoweniger aber mufs Berthold mehr als einem seiner Hörer vorhalten, dafs „dû gar ungerne ze kirchen gêst unde ze predige unde ze messe unde zen aplâzen unde zen siechen, daz dû

---

[1] Geiler vö Keyfzerfperg, *Der feelen Paradifz*, cap. I. Von warer lieb. S. XII.
[2] Berthold, ed. F. Pfeiffer. Bd. I. S. 269.
[3] M. Haupt und H. Hoffmann, *Altdeutsche Blätter*. Bd. II. S. 37.
[4] H. Leyser, *Deutsche Predigten des XIV. Jahrhunderts*. S. 45.

die gesehest unde sie troestest."¹ Auch Geiler klagt, es gebe armer Kranker, die verlassen wie einst Lazarus seien, in Strafsburg genug, und selbst die geiftlichen und weltlichen Behörden vergäfsen ihre Pflicht gegen sie: „Und deren Lazarus uñ armen bettler feind vil hye. Ich fyh (sehe) aber nyemans der jnen handreichung thue. Ey fprichft du, man lot (läfst) nyemans hye verderben. Es ift aber nit wor. deñ man lot fye verderben, fo von hunger, fo von weetagen (Schmerzen). yederman godt (geht) für (vorbei), uñ wenet yegklichs das ander nem fich ir an, und alfo verderbent fye. Und dozuo denen dz empfolhē ift, geiftlich uñ weltlich die gond auch für (vorbei), und loffend (lassen) ein ding ein ding fein."² Er ist der Meinung, dafs ein armer Siecher viel eher auf dem Lande, als in der Stadt Hilfe finde: „Und alfo verderbent me (mehr) armer bettler in difzer ftatt, weder (als) fo es wer uff eim hoff od' dorff, do deñ lützel (wenig) lüt wontent. deñ do fehe einer doch an, dz d' arm verloffen wer, uñ thaete jm handlūg (Handreichung) umb gotts willen, uff das er nit fchuldig an jm würde."³ Geht aber jemand wirklich einmal zu einem Kranken, so fordert er für seine geringe Gabe noch, dafs dieser möglichst viel für ihn bete, ein Handel, der Gott nicht gefallen kann. „Die reichē menfchē", sagt Tauler, „komen zuo eüch uñ gebē eüch armen verzertē krancken kinderē IIII. heller od.' VI. uñ heiffen üch etwa vil gebet machē, od' hundert pater nofter fprechē, uñ gebēt eüch villeicht. VI. pfennig. Von dyfem kauff, uñ funft vō andern weifen, helt got als (so) vil, als er wil."⁴ Den Wohlhabenden dagegen pflegt es im Gegensatz zu den Armen, sobald sie bettlägerig sind, an Besuch nicht zu fehlen: „Aber das ift leider yetzund an in d' welt ungewon (ungewöhnlich), wo arme krancke nottürftige menfchen find, niemants nymēt fich d' an, alle welt fleücht darvon. Weñ aber ein reiche perfon fiech wirt oder ir etwas betrübnüfz zuo fallet, fo kōmet yederman unnd find der fründ uñ ander die jnen zuogehoeren fo vil das fein genug ift, und die

---

¹ Berthold, ed. F. Pfeiffer. Bd. I. S. 516.
² Geyler von Keyferfzberg, Poftill. teyl III. S. XXXXI. Pred. An dem Erften fonnentag noch Trinitatis. — ³ Ebendas.
⁴ Joannis Taulery Predig Am Palm famftag. S. XXXV.

felben bedürffen nüt. Das folt nit fein."[1] Aufser dem Reichen wird auch hier und da wohl ein Verwandter auf dem Krankenbette besucht, da man so seiner Verpflichtung gegen die Siechen zu genügen glaubt: „Du wilt ein werck d' barmhertzikeit thuon, du wilt dē fiechē dienē, du wilt zuo den fiechë gon uñ wilt fie befehen (besuchen), was ift aber daran? difz muos ift mit fleifchbrue gekochet. Du haft etwā ein baefzlin od' ein muemlin, du geeft zuo inen, wer es aber nit dein baefzlin oder muemlin, du giengft nym̄er zuo im, laeg es fchon in tods noetē. Oder weñ die reychē fiech feind, fo kompt yederman zuo in (ihnen), fie hond alwegē einen zuogang als uff einer kirchweyhe, uñ weñ in (ihnen) etwas gebriftet (fehlt) fo ift angft uñ not, uñ laufft yederman zuo, weñ aber ein arm mēfch da ligt uñ fein nottürfftig wer, fo kōpt nyemant zuo im, mā lafzt es ligē."[2]

Da so die Armen in ihrer Wohnung oft nicht die genügende Pflege fanden, so rät Berthold, Spitäler für sie zu gründen und diese mit Geld zu unterstützen. „Ir sult an goteshiuser, an spitâle geben, messe frumen"[3] (machen), fordert er in einer Predigt, namentlich aber die Begüterten ermahnt er: „Der rîche sî, der sol almuosen geben — unde kloester rîchen (bereichern) unde spitâle unde den hungerigen etzen unde den durstigen trenken unde den nacketen kleiden unde den ellenden herbergen unde diu sehs werc der erbarmherzikeit tuon alles."[4] Freilich genügt es nicht, selbst wenn „man unserm herren alle tage ein klôster stifte, des andern tages ein spitel, des dritten tages ein bistuom, unde tribe daz zehen jâr nâch einander"[5]; denn ohne die allgemeinen Tugenden zu üben, die ein jeder Christ haben mufs, erhält man weder Dank, noch Lohn von Gott dafür.[6] So gab es denn nach Geiler nicht nur bei jedem Kloster ein „siechenhaus"[7], sondern auch besondere „blotterhüfzer",

---

[1] Geiler vō Keyfzerfperg, *Der feelen Paradifz*, cap. I. Von warer lieb. S. XI—XII.
[2] Derselbe, *Der hafz im pfeffer, die zwoelft eygēfchaft des haefzlins*.
[3] Berthold, ed. F. Pfeiffer. Bd. I. S. 25.
[4] Ebendas. Bd. I. S. 190.
[5] Ebendas. Bd. I. S. 445, vgl. Bd. I. S. 109. u. S. 138.
[6] Ebendas. Bd. I. S. 445.
[7] H. Rinn a. a. O. S. 21—22.

die meist von Reichen gegründet waren.[1] In diesen Siechenhäusern wurde, der Richtung der Zeit entsprechend, vor allem für das geistliche Wohl der Insassen durch Predigten, Messen und dergleichen gesorgt. Beispielsweise meldet der Priester Heinrich von Nördlingen, der, aus seiner Vaterstadt vertrieben, sich 1331 in Basel aufhielt, in einem Briefe von dort: „Da gab man mir Herberge im Spital, da habe ich Gewalt, zu predigen und habe alle Tage gepredigt und etwan zweimale am Tage."[2] Doch erhielten die Kranken daneben auch leibliche Verpflegung, so dafs Geiler sagt: „— als ein armer fpitel fiech die fpyfz enpfahet (empfängt) ufz d' hand des, d' fie im barmhertzigklich darreicht."[3] Allerdings mochte diese Versorgung oft recht mangelhaft sein, da der 1465 verstorbene Jakob Jüterbock in einer über Lukas 16 gehaltenen Predigt klagt: „Die Kasten und Keller der Reichen sind voll bis zum Überflufs, und die Armen liegen in den Hospitälern — hungernd und frierend, und nirgends trägt man Sorge für sie."[4] Daher will Geiler denn auch, dafs man nicht zu grofse Schätze in den Spitälern ansammle, sondern erforderlichen Falles dieselben lieber für die Kranken verwende: „Dorumb wo man alfo zuofamen famlet, es fyg in der fpitalen, oder fuft, das man dornoch über hundert ior die armen moege dorufz ertziehē, und aber yetz gegenwürtig not do ift, ob man deñ hett tufent gulden gefamlet, die man wolt anlegē zuo der zit, fo foll man do mit ftill fton, und in das houbtguot gryffen, und den armē do mit zuo ftatten kümen in folicher gegenwürtigē not."[5]

Bei den vielen Kranken, die in den Siechenhäusern vereinigt waren, hielt selbstverständlich der Tod hier eine besonders ergiebige Ernte. Ist doch „der siechduom des dodes botte"[6], und werden doch zuletzt alle Menschen unterschiedslos durch einander in das

---

[1] Geyler von Keyferfzberg, Poftill. teyl II. S. III. Pred. über das Euangelium an der Efchermitwoch.
[2] H. Kurz, Geschichte der deutschen Litteratur. Bd. I. S. 784.
[3] Geiler vō Keyferfperg, Von den fyben fcheiden, das fechft fchwert.
[4] R. Cruel a. a. O. S. 504.
[5] Geyler von Keyferfzberg, Poftill. teyl II. S. V. Pred. über das Euangelium an der Efchermitwoch.
[6] A. Birlinger, Alemannia. Bd. I. S. 64.

Beinhaus geworfen, wie man beim Schach die Figuren zusammenräumt und in einen Sack wirft. Hermann von Fritslar schreibt hierüber: „Ein meister glîchit dise werlt (Welt) eime schâfzabele (Schachspiel); dâ stân ûffe kunige unde kuniginnen und rittere und knappen und venden (Bauern); hie mite spilen si. Wanne si mude gespilet haben, sô werfen si den einen under den anderen in einen sack. Alse tut der tôt: der wirfet iz allez in di erden. Welich der rîche sî ader (oder) der arme sî ader der bâbist sî ader der kunic, daz schowet (schauet) an deme gebeine: der knecht ist dicke (oft) uber den herren geleget sô si ligen in deme beinhûse."[1] Zwar weisen die meisten den Gedanken des Altwerdens und Sterbens gerne von sich. „Weñ fy d' huoft an kūpt", sagt Geiler, „fo wermen fie den win, und wenen der kalt wyn tügs iñ, und nit der alter, weñ fie fchon an dem tod ligen, noch dann meynē fie nit das fie fterben, neyn, nit überall, weñ man in (ihnen) von dem tod feit (sagt), das mügē fie nit gehoerē, uñ meynē fy fterbē nit, ich hab noch ein frifch hertz, ich mag wol fchlaffē, effē uñ trinckē, ich ftirb noch nit, alfo verloffen fy fich uff ein lāgs lebē."[2] Trotzdem aber rafft die Todessichel jeden Tag viele Tausende fort. „Nu ift ze wiffen das alle tag driu und dryffig tufeng mönfchen fterbent der (deren) iungfter tag es ouch denne ift"[3], heifst es in einer altdeutschen Predigt. Denn der Tod gleicht darin dem Schlafe, wie wir bei Birlinger lesen, dafs er den Menschen überwältigt und ihn wehrlos macht: „Wo von gelichet der schlof dem tode, daz wil ich üch sagen. der schlaf twinget (zwinget) den menschen darzuo, daz weder ougen noch zunge noch hende noch fueze geregen (bewegen) mag noch hat sin selber kinen gewalt. in gelicher (gleicher) wis duot der dot. Wenne der dot mit dem menschen ringet, so twinget er in so sere, daz ime die ougen erglasen (gläsern werden) und ime die oren valent (fahl werden) und die zunge geleit (darniederliegt) und daz ime hende und fueze und alle sine glider erstarrent und

---

[1] F. Pfeiffer, *Deutsche Mystiker des 14. Jahrhunderts*. Bd. I. S. 164, vgl. Renner 248a und Zarnckes *Narrenschiff*. S. 153 ff.

[2] Johañs geiler gnāt von keiferfzbergk, *Chriftenlich bilgerfchafft*. S. XXXVI.

[3] W. Wackernagel, *Altdeutsche Predigten und Gebete*. S. 182.

daz ime sine kraft und sterke so gar entwichet, daz er sin selbes kein gewalt hat."[1]

Wie schon hier die Zeichen des nahen Todes angedeutet sind, so gibt Berthold dieselben noch ausführlicher an, ohne damit freilich immer das Rechte zu treffen: „Swenne der sieche an dem siechbette lît (liegt) unde der arzât zuo gêt unde besehen wil wie der sieche müge (sich befinde), und ist danne daz der sieche sich gein (gegen) der wende (Wand) kêret[2] unde die liute ungerne an siht, daz ist ein zeichen daz er sterben wil. Und ist daz im diu ougen in dem houbete gespitzet sint, daz ist ein zeichen daz er sterben wil, unde des nimt alles ein guot meister war an dem siechen. — Und ist daz dem siechen diu ôren kalt sint unde val (fahl) unde sie im vaste (stark) dôsent (tosen), daz ist des tôdes zeichen. Und ist daz im der übermunt (die Oberlippe) kurz worden ist und im hin ûf gekrümbet ist, daz ist ein zeichen daz er sterben wil. Und ist im diu zunge zervarn (zerfahren, voller Risse) in dem munde, daz ist ein zeichen daz er sterben wil. Unde sint im die zene vergilwet (ganz gelb gefärbt) in dem munde, daz ist ein zeichen daz er sterben wil, unde wagent (wackeln) im in dem fleische. Und ist daz im der âtem übele smecket (riecht), daz ist ein zeichen daz er sterben wil. Und ist daz im die vinger unde die negel vornen erswarzet (schwarz geworden) sint, daz ist ein zeichen daz er sterben wil. Und ist daz er die arme niendert (nirgend) laet (läfst) geligen unde sie hin unde her wirfet, daz ist ein zeichen daz er sterben wil. Und ist daz der sieche, er sî man oder frouwe, diu bein zuo im oder von im ziuhet (zieht), daz ist ein zeichen daz er sterben wil. Und ist daz im die füeze erkaltet sint, daz ist ein zeichen daz er sterben wil. Und ist daz er die füeze unde daz houbet verkêret, alsô daz er daz houbet hin abe leit (legt) dâ im die füeze solten ligen, unde die füeze leget dâ im daz houbet solte ligen, daz ist ein zeichen daz er sterben wil."[3]

---

[1] A. Birlinger, *Alemannia*. Bd. I. S. 65.
[2] H. Hoffmann, *Fundgruben für Geschichte deutscher Sprache und Litteratur*. Tl. I. S. 326.
[3] Berthold, ed. F. Pfeiffer. Bd. I. S. 509—510.

Traten diese Vorboten des Todes bei einem schwer Kranken ein, so pflegten „der artzet, und ander guotte fründ jn zuo rüw (Reue), und bicht (Beichte) zuo ermanen."[1] Zugleich schickte man nach dem Priester, damit dieser „unsern herren zem siechen trüege"[2] und ihm das Abendmahl reiche. Doch mufste der Kommunikant zuvor Bufse thun und Güter, die er unrechtmäfsig erworben hatte, wieder erstatten. In Bezug auf diejenigen, welche dies verweigerten, fordert Berthold von den Priestern: „Ir priester, — den (denen) sult ir unsern herren niemer gegeben, weder mit gesundem libe noch mit siechem libe noch vor ir ende noch nâch ir ende."[3] In den Klöstern war es aufserdem Sitte, die Klosterleute um den Sterbenden zusammenzurufen, damit sie ihm den Glauben vorsprächen: „Unde dâ von hât man des site", berichtet Berthold, „ez sin frouwenklôster oder mannesklôster swâ (wo immer) convente sint: als einez zem tôde grifende wirt (in den letzten Zügen liegt), sô hât man des site, daz man an eine tâfeln sleht (schlägt), sô koment alle die in dem klôster sint, die sprechent im den gelouben vor; unde swâ sie in dem klôster gênt unde alle die wile und (die ganze Zeit, dafs) jenez ze tôde ziuhet (zieht), sô sprechent sie im den gelouben vor, allez dar umbe, daz jenez von dem gelouben iht (nicht) scheide."[4] Dem Laien dagegen drückte man, wenn seine letzte Stunde nahe schien, eine geweihte Kerze in die Hand, wie dies nicht nur Geiler in seiner Postille abbildet[5], sondern wie es noch heute in einzelnen katholischen Ländern geschieht. Beide aber, sowohl Geistliche als Weltliche, wurden vor dem Sterben vom Bette aufgehoben und auf einer ausgebreiteten Decke auf die Erde gelegt, um hier in Erniedrigung ihr Ende zu erwarten. Wenn die Anwesenden nicht dafür sorgten, so gab der Kranke oft selbst den Befehl dazu. Rührend klingt es daher in den einfachen Klostergeschichten des Cäsarius von Heisterbach, wenn der sterbende Bruder im Infirmitorium seine

---

[1] Geyler von Keyferfzberg, *Poftill.* teyl III. S. LXVII. Pred. An dem Neünden fonnentag noch Trinitatis.
[2] Berthold, ed. F. Pfeiffer. Bd. I. S. 457, vgl. Bd. I. S. 164.
[3] Ebendas. Bd. I. S. 394. — [4] Ebendas. Bd. I. S. 43.
[5] Geyler von Keyferfzberg, *Poftill.* teyl IV. S. XVI. Pred. An unfer lieben Frawen Himelfarttag.

Pfleger ermahnt: „Sternite mattam et pulsate tabulam! breitet die Decke aus und schlaget die Tafel!" Letztere ist dieselbe Tafel, die wir bereits bei Berthold antrafen, und die dazu diente, den Konvent zusammenzurufen, um am Sterbelager Gebete und Psalmen zu lesen. Ganz ähnlich heifst es schon zwei und ein halb Jahrhunderte früher von der Königin Mathilde: „Als aber die neunte Stunde kam, befahl sie, ein grobes Tuch auf den Boden zu breiten und ihren sterbenden Körper darauf zu legen, indem sie mit eigner Hand sich Asche auf das Haupt streute. „Denn ein Christ", sprach sie, „darf nicht anders als in Sack und Asche sterben."" Äbte und Bischöfe liefsen sich vor dem Tode gern in die Kirche tragen und auf „dem eftrich"[1] vor dem Altar niederlegen, um so an heiliger Stätte ihren Geist aufzugeben.[2]

War der Kranke verschieden und „der lícham kalt"[3], so wurde ausnahmsweise wohl die Sektion vorgenommen, zumal wenn der Betreffende plötzlich gestorben war. Geiler erzählt von einem frommen Ritter, der Gott von Herzen gedient, das folgende darauf bezügliche Wunder: „Alſo gewert jnn (ihnen) der herr, und liefz jn gehelingen (jählings) ſterben, und nam ſein ſeel, unnd fürt ſye in ewige ſeligkeit. Seine mitbrüder die mit jm worend gangen, nam wunder das der alſo friſch unnd geſunt geſtorben was. und fürtent ein artzet über den doten leichnam, unnd ſeyten (sagten) jm wie er alſo friſch geſtorben wer, und hett jm nüt gebroſten (gefehlt). Do frogt ſye der artzet vō ſeiner complexion, wie er doch ein menſch wer geſin. Sye ſprochen, Jocundus valde. Er iſt vaſt (sehr) ein froelich menſch geſin, uñ iſt geſin in der liebe gotts unnd zuo allen dingen geſchickt. Do ſprach der artzet. Ich ſag uch (euch) fürwor, das von groſſen froeiden ſein hertz zerſpalten iſt. Alſo ſchneid man jn uff, uñ funden im hertzen geſchribē. Amor meus Jeſus Chriſtus. Jeſus Chriſtus iſt mein liebe."[4]

---

[1] W. Wackernagel, *Altdeutsche Predigten und Gebete*. S. 54.
[2] R. Cruel a. a. O. S. 239.
[3] F. Pfeiffer, *Deutsche Mystiker des 14. Jahrhunderts*. Bd. I. S. 211.
[4] Geyler von Keyferſzberg, *Poſtill.* teyl III. S. XV. Pred. An dem heyligen freytag Sper und Nagel.

VI. Kapitel.

Weiterhin aber ward der Tote gewaschen und darauf eingekleidet, indem man ihn in alte Leinewand hüllte und ihm das Haupt mit einem Schleier umgab. Er erhellt dies aus einer Geilerschen Predigt, in der ein Freund den andern mit den Worten abweist: „Frünt, gang für (weiter), ich kum nit mit dir, ich kan dir nit gehelffen, aber das wil ich thuon, ich will dir zwen lumpen lyhē do mit du dich bedeckeſt, ein alt gewent (gekehrt) boefz (schlecht) lylachē (Betttuch) vō hundert bletzeren (Flicken), do mit du dich bedeckeſt, und do mit man dich umbwicklet in das grab, das du nit nackent ligeſt. Nein es ſol ein gewnt lylachē ſyn, das nüt ſol (nichts wert ist), was ſolt im eyn guots, es wer verloren, und würd nümē (nur) verwüſtet, alſo ſprechē die lüt, weñ man eins begraben ſol, als diſer frünt thuot, und das ander lümplin, iſt iergēs (irgend) ein boeſes ſmutziges ſchleyerlin, do man dir dyn houpt in windet noch dinē tod."[1] War so die Leiche eingekleidet, so hob man sie auf „die bâre"[2] und breitete über das Ganze ein Leichentuch aus.[3] Der Behauptung Cruels, daſs Särge nicht gebräuchlich gewesen[4], können wir insofern nicht beipflichten, als bereits im Nibelungenliede[5], aber auch später bei unseren Predigern[6] und sonst[7] wiederholentlich „serke" erwähnt sind. An die älteste Form derselben[8] erinnern noch Ulmer Predigten aus dem Anfang des sechzehnten Jahrhunderts, worin es heiſst: „Dor nach legt man den Toten in

---

[1] Johañs geiler gnāt von keiſerſzbergk, *Chriſtenlich bilgerſchafft.* S. XXIIII. — [2] F. Pfeiffer, *Deutsche Mystiker des 14. Jahrhunderts.* Bd. I. S. 241. H. Leyser, *Deutsche Predigten des XIV. Jahrhunderts.* S. 70.
[3] Ms. 225 *der Bibliothek zu Erlangen* bei R. Cruel a. a. O. S. 238.
[4] R. Cruel a. a. O. S. 239.
[5] *Der Nibelunge not* nach Lachmanns Ausgabe. 991, 1 u. 979, 1.
[6] F. Pfeiffer, *Deutsche Mystiker des 14. Jahrhunderts.* Bd. I. S. 241.
[7] Wolfram v. Eschenbach, *Parzival* in Wolframs Werken, ed. K. Lachmann. 589, 8 u. 804, 27. *Die Klage,* ed. K. Lachmann. 1182. E. Bodemann a. a. O. S. 23.
[8] Das Heidentum der Germanen dachte sich gleich dem noch anderer Völker eine Schifffahrt der Gestorbenen in das Jenseits — daher bei den Franken, in einem Grabhügel unweit Apenrade und in den Alemannengräbern von Oberflacht jene Särge, von denen her noch heut im alemannischen Lande jeder Sarg ein Totenbaum heiſst, gehöhlte Bäume, wie sie zugleich als Schiffe gedient haben, W. Wackernagel, *Kleinere Schriften.* Bd. I. S. 81.

ein Trog oder Bar oder Totenbaum" und „dann so greift der Herr Jesus den Totenbaum an."[1]

Mochte nun aber die Leiche auf einer Bahre oder in einem Sarge ruhen, so wachten Verwandte und Freunde die nächste Nacht bei ihr und liefsen, wenn sie es haben konnten, von dem Pfarrer und seinen Scholaren oder von den Mönchen des benachbarten Klosters dabei Psalmen singen. So wird von Cäsarius von Heisterbach erzählt, dafs im Jahre 1225 zu Gmünden sechs Scholaren mit einem Priester nachts bei einem Verstorbenen den Psalter lasen und in ihrer erregten Phantasie auf dem Heimwege eine wunderbare Erscheinung am Himmel sahen.[2] An verschiedenen Orten bestanden besondere Totenbünde, bei denen der einzelne sich einkaufte, damit die Brüder nach seinem Tode Vigilien für ihn sängen. Daher führt Berthold einen Geizigen, den er eben zur Bufse ermahnt hat, mit den Worten redend ein: „Wie, bruoder Berhtolt, nû bin ich doch in der brüeder râte (Fürsorge) unde tuon (thue) den (denen) alliu jâr mîne bîhte (Beichte), unde sie sint gar ofte ze mîner herberge und ich hân (habe) mich doch in ir brüederschaft und in ir gebet gekoufet: swenne ich gestirbe, daz sie mîne vigilie begên suln mit singen unde mit lesen."[3] Während einer solchen Totenwache geschah es einmal, dafs der vermeintlich Gestorbene wieder erwachte und furchtbare Geschichten von dem mitteilte, was er nach seinem Scheiden aus dem Leibe im Jenseits erfahren hatte.[4]

Am Tage des Begräbnisses wurde dann die Leiche, begleitet von Verwandten und Freunden, welche Lichter in den Händen hielten[5], zur Kirche vor den Altar getragen, wohin man verstorbene Geistliche und Mönche schon unmittelbar nach ihrem Tode zu bringen pflegte. Oft sorgten dabei die Totenbünde für ein besonders feierliches Geleit, zumal wenn der Verblichene in der Kirche selber beerdigt werden sollte. „Und alse (wenn) dû danne tôt gelist" (liegst), so wird ein Mitglied eines solchen Bundes von einem Bruder angeredet, „sô suln wir dir

---

[1] U. Krafft, *Der geistlich Streit*. 1517, S. 15 u. 43.
[2] Caefarius v. Heifterbach, *Sermones*. *III*. 170.
[3] Berthold, ed. F. Pfeiffer. Bd. I. S. 137.
[4] Caefarius v. Heifterbach, *Dialogus miraculorum*. *I*. 32.
[5] H. Leyser, *Deutsche Predigten des XIV. Jahrhunderts*. S. 70.

danne gar schône (schön) singen unde lesen die langen vigilie unde gar schône sêlmesse unde lûte: requiem eternam, unde holn dich gar schône von dîner pfarre mit unser processen unde bestaten dich in unserm münster unde legen dich für den altar."[1] In dem Gotteshause hielt der Geistliche die Exequien ab und forderte die Anwesenden in einer kurzen, deutschen Ansprache auf, für die Seele des Verstorbenen zu beten. Längere Leichenreden erlangten in Deutschland wenigstens keine weitere Verbreitung und fanden höchstens bei dem Begräbnisse kirchlicher Würdenträger, wie des Bischofs Otto von Bamberg und Ulrich von Augsburg, statt.[2] Die Ursache hiervon lag zum Teil in den gefährlichen Epidemien, wie der schwarze Tod, welche durch die Furcht vor Ansteckung selbst die Verwandten abhielten, dem Toten das übliche Gefolge zu geben. Ohne Zuhörer in der Kirche aber fehlte dem Geistlichen eine jede Veranlassung zu einer Rede bei der Seelenmesse. In Strafsburg und wohl ebenso in anderen Städten bestand die Unsitte, dafs die Angehörigen der Leiche nicht folgten, als die Epidemien längst erloschen waren, noch bis 1500, was Geiler in seiner *Postille* auf Dom. XVI nach Trinitatis ausdrücklich beklagt. Nachdem er hier von den vielen Leidtragenden, welche den Sarg des Jünglings von Nain begleiteten, gesprochen, fährt er fort: „Aber hye got (geht) der lych nyemans noch. wir blibent doheym, und richten das ufz mit begynen (Laienschwestern) und blotzbrüderen (Begharden, Laienbrüdern), die gond der lych noch, und sunft nyemans, weder vatter noch muotter, brueder noch schwoester, kind noch fründ, nitt anders weder als so man ein keyben (Aas) ufzfürt. unnd difz ift ein fchamlich fchantlich unchriftenlich ding. Ift haer erwachfzen (daraus entstanden), das ettweñ (bisweilen) in groffen fterboten (Seuchen) die leüt übel erfchrocken feind, uñ habend fich entfeffeffen (entsetzt) ab den lychen, uñ feind dorumb doheym bliben. Und dz was uff die zeyt wol angefehen, uñ nit unrecht. Aber dorumb allwegen wellen uff der gewonheit bliben, und die halten, dz ift unrecht. Ceffante caufa, ceffat et effectus caufe. Weñ die urfach verfchwindet,

---

[1] Berthold, ed. F. Pfeiffer. Bd. I. S. 137.
[2] R. Cruel a. a. O. S. 237.

fo fol uffhoeren das, das ufz dem felben grund oder urfach uffgefetzt ift worden."[1] Dafs übrigens nicht an allen Orten die gleiche Gewohnheit bestand, beweist ein Abschnitt aus den Satzungen der Lüneburger Bader vom Jahre 1361. Hier heifst es für den Fall, dafs ein Mitglied der Badstübnerzunft mit Tode abgeht: „Is dat up einen hilligen dag, so schole (sollen) wy dem doden tomale (zumal) volgen to grave; is dat des werkeldages, so schall folgen de fruwe edder (oder) de sulveshere (Meister) —. Dergeliken schall me ok holden mit den kinderen, de in unsem badewerke malkeme (jedem) verstervet, den (denen) schall me volgen to grave als vore (vorher) gesecht is."[2] Auch die Artikel des Hamburger Barbieramtes sprachen sich ähnlich über das Leichengefolge aus: „Item so eyn meyster edder (oder) frowe starvet, so schollen dat lyk (Leiche) de jungesten meyster dragen, id were denn, dat se nycht gelyk weren, so mogen se eynen gesellen in de stede (Stelle) nemen unde schollen meyster unde frowens alle myt tor graft gan by broke (Strafe) III β, id were denne, dat he hedde bewyslyke notsake. Item desgelyken storve eynem meyster eyn kynt geselle oder junge, schollen se by dem sulven (demselben) broke mede (mit) tor graft gan, id were denne sake, dat dat lyk worde up eynen sonnavent gegraven (begraben), so schall dar jo ut eynem islyken (jeglichen) hus eyn syn."[3]

Aus der Kirche wurden „die todten zuo grab getragen."[4] War es doch ein „grap, dâ der almehtige got (sc. Christus) selber inne lac"[5], so dafs man schon aus diesem Grunde an der altgermanischen Sitte des Begrabens[6] festhielt. Die Gräber lagen auf dem „kirchofe"[7] oder „frithove"[8], von welchem letzteren Berthold sagt: „Ez heizet

---

[1] Geyler von Keyferfzberg, Poftill. teyl III. S. LXXXIIII. Pred. An dem Sechfzehenden fonnentag noch Trinitatis.
[2] E. Bodemann a. a. O. S. 23. — [3] Ebendas. S. 29.
[4] Geiler vö Keiferfperg, Die Emeis. S. IX.
[5] Berthold, ed. F. Pfeiffer. Bd. I. S. 210.
[6] Sepulcrum cespes erigit, Tacit de Germ. cap. XXVII.
[7] A. Birlinger, Alemannia. Bd. I. S. 64. Joannis Taulery Predig An Der kirchwyhe. S. CXXXV.
[8] Berthold, ed. F. Pfeiffer. Bd. I. S. 446. H. Leyser, Deutsche Predigten des XIV. Jahrhunderts. S. 119.

dar umbe ein frîthof, daz er geheiliget unde gefrîet sol sin vor allen boesen dingen."[1] Wie schon aus diesen Worten ersichtlich ist, gehörten die Kirchhöfe zu den „gewîhten heiligen steten"[2], denn „daz heizent allez heilige stete, die mit wîhe begriffen sint, kirchen unde kirchhove (oder frîthove heizent ez etewâ) — unde swaz eht mit wîhe umbevangen ist, mit bischoves wîhe, daz heizent allez heilige stete."[3] In der Regel befanden sich die Kirchhöfe, wie ihr Name sagt, bei der Kirche[4], also mitten in der Stadt. Es folgt dies schon daraus, dafs man Jahrmärkte auf denselben abhielt, was schwerlich aufserhalb der Stadt geschehen sein dürfte. Berthold bemerkt darüber: „Sô slahent sie eteswâ (hie und da) ir kraeme an gewîhten heiligen steten, an den gewihten kirchhoven."[5] Er will jedoch nichts hiervon wissen, „wan (denn) swâ market ist unde veiler kouf, dâ ist liegen unde triegen unde eide swern, unde gotes name wirt dicke (oft) unnützelichen genennet unde manige ander sünde geschiht dâ mit üppekeit unde mit andern dingen."[6] Doch auch die Ärzte erklärten sich aus hygienischen Gründen gegen die Jahrmärkte auf den Kirchhöfen und zugleich gegen die Begräbnisse innerhalb der Stadt. So mahnt der Hamburger Physikus Johannes Bökel sehr dringend, die Beerdigungen auf den überfüllten Friedhöfen in der Stadt abzustellen, wobei er darauf hinweist, dafs man in Süddeutschland längst angefangen habe, die Kirchhöfe aufserhalb der Stadtmauern zu verlegen.[7] Dafs dies in der That der Fall war, erfahren wir aus einer Predigt bei Geiler, in der er über die Begräbnisse in Palästina äufsert: „Weñ das was gewonheit im felben land, und ift noch hütbeytag an vil orten, das die begrebniffen ufzwendig der ftatt feind, unnd nit in der ftatt. Dorumb, uff das die menfchen nitt verhoent würden vom lufft. Denn fo die foñ und ander fternen die dempff vō den greberen uffzyehent, fo muoffz

---

[1] Berthold, ed. F. Pfeiffer. Bd. I. S. 448. — [2] Ebendas.
[3] Ebendas. Bd. I. S. 446.
[4] Geyler von Keyferfzberg, *Poftill.* teyl II. S. V. Pred. Am Donderftag vor Inuocauit.
[5] Berthold, ed. F. Pfeiffer. Bd. I. S. 448. — [6] Ebendas.
[7] Gernet, *Mitteilungen aus der älteren Medizinalgeschichte Hamburgs.* S. 150.

der lufft von notwegen verderbt und verwüftet werden."[1] Geiler betont also nachdrücklich, dafs eine Verschlechterung der Luft durch die Kirchhöfe eintritt. Es geschah dies um so leichter, als auf denselben die Särge bisweilen über der Erde standen. In einer Leyserschen Predigt hören wir darüber: „Und ging uf einen oden (öden) kirchof. da warin bewilen (vormals) heiden begrabin. und ftundin da ferche bovin (oberhalb) der erden alfe noch huote (heute) fite ift zu walhin"[2] (Wälschland). In der Regel wurden jedoch die Leichen in eine „kule"[3] (Grube) versenkt, deren Ankauf und Herstellung natürlich Kosten verursachte, so dafs manche Zünfte ihren Mitgliedern als besondere Vergünstigung neben Sarg und Geld noch „vrige (freie) kule" gewährten. „Vortmer" (ferner), so lesen wir in der bereits mehrfach citierten Lüneburger Baderordnung, „wanne (wenn) unser welk (einer von uns) afgeit van dodes wegene, de sine penninge dagelikes (täglich) mit uns vordenet heft, dem schall men geven ein sark, einen schilling penning und de kulen vrig."[4] Ebenso erhielten auch in Hamburg die Bader mit ihren Frauen von dem Badstübneramte eine unentgeltliche Gruft: „Int erste so gheve wy allen, de in derselven bröderschop syn, vrouwen unde mann, up unsem kerkhave vrye grafft."[5] Kostbarer als diese einfachen Grüfte waren die Gräber der Reichen, welche aus Stein gemauert und für die Aufnahme mehrerer Leichen eingerichtet waren. Geiler veranschaulicht das Grab des Lazarus, indem er ein solches Familiengrab eines Vornehmen schildert: „Als gemeyncklich noch hüt bey tag die groffzen herren folche groffze graeber habē, do man vil eins gefchlechts mag zuofamen legen. Ich hab ir (ihrer) wol gefehen die alfo gemacht worent, weñ man den ftein uffhuob und dannen

---

[1] Geyler von Keyferfzberg, *Poftill.* teyl III. S. LXXXIIII. Pred. An dem Sechfzehenden fonnentag noch Trinitatis.
[2] H. Leyser, *Deutsche Predigten des XIV. Jahrhunderts.* S. 72.
[3] E. Bodemann, a. a. O. S. 23.
[4] Ebendas.
[5] O. Rüdiger, Die wiedergefundene Handschrift der Zunft der Bader in Hamburg in den *Mitteilungen des Vereins für Hamburgische Geschichte.* 8. Jahrg. 1885. S. 137.

thett, fo mocht man hynab gon. Alfo was ouch dz grab Lafari hol (und hatt ein fteindeckel, der doruff was geleyt.) und weñ man jn dannen thett, fo mocht man einen todten an einem feyl hynab loffzen, od' hyn yn werffen, oder wie es denn was."[1] Der hier genannte Steindeckel findet auch in einer Leyserschen Predigt Erwähnung, wo von einem Betrübten bildlich gesagt wird: „Ower (über) deme ligt der fwere ftein."[2]

Im allgemeinen galten die Friedhöfe als unheimliche Stätten. Dort sollte der Wiederhopf über die Gräber fliegen und in schauerlicher Weise die Toten beklagen: „Daz vögeli daz uf dem afte fingit daz ift ein withophe der het die nature daz er ubir du grebir vliugit und die toten clagit."[3] Aber auch sonst hatte der Ort, wo die Verstorbenen „in der erden vervuoletin"[4], manches Unheimliche an sich. Kam doch daselbst bisweilen irgend ein Stück des menschlichen Gerippes zum Vorschein, so dafs Berthold aus Erfahrung berichten kann: „Dîn nase (ist) von fünf stücken, wan (denn) wer eins tôten houbet siht daz erfûlet ist, der siht wol daz diu nase von fünf beinen (Knochen) ist gewesen."[5] Zuletzt zerfiel der ganze Leichnam in Staub. Darauf deutete schon der Priester am Aschermittwoche hin, wenn er Asche auf das Haupt des Gläubigen mit den Worten streute: „Memento homo quod cinis es et in cinerem reverteris. Menfche gedenke daz du efche bift. und daz du wider ze efchen werden folt."[6] Aber auch Berthold versichert: „Und daz wir gar ein kleinez stücke der erden sîn, daz mac man wol sehen, swâ (wo) ein mensche erfûlet ist, sô ist gar wênic erden ûz im worden, wan ez was ein kleinez stücke der erden, dâ uns got selbe ûz machet."[7] Als die Zeit, innerhalb welcher die Verwesung erfolgt, werden zwanzig Jahre angegeben. Von einem Schreiber

---

[1] Geyler von Keyferfzberg, *Poftill.* teyl II. S. XCVI. Pred. Am Frytag noch Letare.
[2] H. Leyser, *Deutfche Predigten des XIV. Jahrhundertes.* S. 71.
[3] W. Wackernagel, *Altdeutsche Predigten und Gebete.* S. 137.
[4] H. Leyser, *Deutsche Predigten des XIV. Jahrhunderts.* S. 94.
[5] Berthold, ed. F. Pfeiffer. Bd. II. S. 25.
[6] W. Wackernagel, *Altdeutsche Predigten und Gebete.* S. 135.
[7] Berthold, ed. F. Pfeiffer. Bd. II. S. 25.

Richard, der im Prämonstratenserkloster Arnsburg lebte und die meisten Bücher für dasselbe abgeschrieben hatte, wird nämlich berichtet: „Nachdem er gestorben und an einem Ehrenplatze begraben worden war, wurde nach zwanzig Jahren die Gruft geöffnet. Da fand man den ganzen Leib in Staub zerfallen, nur die rechte Hand, mit der er geschrieben, war ganz frisch; sie wird noch im Kloster aufbewahrt."[1] Zeigten sich nach der Verwesung noch Knochenreste, so wurden dieselben gesammelt und in einem „beinhûs"[2] aufbewahrt.

Während dies die gewöhnliche Art der Beerdigung bildete, galt es für besonders ehrenvoll, in einem „goteshûse"[3] oder einer „kirche"[4] begraben zu werden. War doch diese schon ihrem Namen nach dem Herren geweiht, denn „Kyriaca heiffzt ein Kirch proprie, a Kyrios grece, quod eft dominus latine. Im ober teütfchland nennēt fye es ein kilch, aber kirch ift dem kriechifchen neher."[5] Deshalb segnete sie auch ein Bischof feierlich ein: „Da der byfchof ain chirchen wihet. Da fprenget er mit dem wihen brunnen. Da zündet man die chertzen alle. man falbet fi mit dem hailigen Öle. Er fchribet mit finem ftab an den eftrich. unde an die mur und fegnot fi."[6] Nicht minder entsprach das Äufsere derselben der Heiligkeit des Ortes. Oft fand man „unfer vrowen fente merien bilde gemalet an der muoren"[7], und die alten Geschlechter stifteten Fenster und Altäre, mit ihren Wappen verziert, dorthin: „Und machen fenfter, und altaer in die kirchen, und zeichen die mit fchilten, unnd woellen das es alle menfchen wiffen, damit haben fy genōmen iren lon."[8] So entstanden denn jene herrlichen Gotteshäuser, wie „die houbtkirch im Elfas"[9], der Strafsburger Dom, von dem Tauler berichtet: „Zuo gleycher weifz als die da zimmern in dem thuom (Dom) in

---

[1] Caefarius v. Heifterbach, Dial. mirac. XII, 47.
[2] F. Pfeiffer, *Deutsche Myftiker des 14. Jahrhunderts.* Bd. I. S. 164.
[3] Berthold, ed. F. Pfeiffer. Bd. I. S. 3.
[4] Geyler von Keyferfzberg, *Poftill.* teyl II. S. LX. Pred. Am Zynftag noch Oculi. — [5] Ebendas.
[6] W. Wackernagel, *Altdeutsche Predigten und Gebete.* S. 54.
[7] H. Leyser, *Deutsche Predigten des XIV. Jahrhunderts.* S. 103.
[8] Joannis Taulery *Predig Am VIII. Sontag nach Trinitatis.* S. XCIII.
[9] Geyler von Keyferfzberg, *Poftill.* teyl II. S. V. Pred. Am Donderftag vor Inuocauit.

dem münſter, da iſt mācherley weyſz und werck, da mügē villeicht mer dañ hundert mēſchen iñ arbeiten, oder darzuo dienen, in mancherley weyſz, etlich tragē ſtein, die andern moerter (Mörtel), diſz mācherley dienen legt mā alles zuo dem einigen werck das der thuom uñ die kirch wol gezimmert, unnd gemacht werd."[1] Noch berühmter aber war die Peterskirche in Rom, deren unsere Prediger gleichfalls öfter gedenken.[2]

In „sente Pêters munster"[3] hatten denn auch die vornehmsten Apostel ihre Ruhestätte gefunden. So erfahren wir über den heiligen Jakobus und Philippus durch Hermann von Fritslar: „Dise zwêne aposteln ligen zu Rôme in sancte Pêters munster, alse (wenn) man în gêt ûffe di linken hant dô ist ir gebeine inne vormûret in eime philêre (Pfeiler) der kirchen."[4] Rechts daneben waren nach derselben Quelle Simon und Judas bestattet: „Dar uber oder dar gegen ûffe di gerechten hant dâ lît (liegt) sente Symôn und sente Jûdas in eime phîler und ouch ir gebeine vormûret; und zwêne êrliche (schöne) eltêre (Altäre) stênt an deme phîler, und dises gebeines mac niman nicht (teilhaftig) werden, man muste di kirchen brechen, und diz tar (wagt) niman tun wan (als) der bâbist (Pabst) alleine, und deme staten sîn (gestatten es) ouch di Rômêre nicht daz her (er) daz heilictum gebe von Rôme."[5] Die beiden Apostelfürsten, Petrus und Paulus, aber ruhten unter dem Hochaltar daselbst: „Sente Pêters gebeine und sente Paulus ligen under dem hôhen alter sente Pêters in der kluft (Gruft), ouch vermûret under deme altâre; und dô tar (wagt) niman messe obe singen wan (als) der bâbist (Pabst) alleine."[6] Wie die Genannten, so hatte auch der Evangelist St. Johannes sein Grab bei einem Altar, denn wir hören von ihm: „Do hiez er im ein grab machin hinder dem altere."[7] Aber auch noch in späterer Zeit wurden die Heiligen gerne in einer Kirche begraben, wobei es als Auszeichnung galt, wenn der Sarg

---

[1] Joannis Taulery *Predig Am V. Sontag nach Trinitatis.* S. LXXXV—LXXXVI.
[2] F. Pfeiffer, *Deutsche Mystiker des 14. Jahrhunderts.* Bd. I. S. 230.
[3] Ebendas. — [4] Ebendas. Bd. I. S. 123. — [5] Ebendas. — [6] Ebendas.
[7] H. Leyser, *Deutsche Predigten des XIV. Jahrhunderts.* S. 81.

nicht versenkt ward, sondern über der Erde stehen blieb. Daher verbot St. Hieronymus in seinem demütigen Sinne, „daz man nicht sîn gebeine ader (oder) sînen sarc solde erheben pobin (über) di erden alsô (wie) andere heiligen, wan (denn) her (er) keine êre wolde haben in dirre (dieser) zît. Dar umme liz in der bâbist begraben zu Rôme in einer kirchen, di heizit zu sancte Marîen Majoren, in der erden und liz einen einveldigen (einfachen) mermelstein (Marmorstein) legen ûffe sîn grap; in den mermelstein liz her (er) gizen ein guldîn krûze drîer fuze lang und zweier breit, und alle di dar ûf kussen und alsô (so) dicke (oft) alsô (als) si dar ûf kussen sô haben si hundert tage aplâz."[1] Oft wurde auch noch hinterher über dem Grabe eines Heiligen eine Kirche erbaut, wie wir denn von der Leiche St. Priscae erfahren: „Und di kristenen lûte (Christenleute) von Rôme di nâmen disen lîcham heimelîchen und begruben in mit grôzen êren, und bûweten dar uber eine schône kirchen."[2] Da die Gebeine berühmter Heiligen einem Gotteshause kein geringes Ansehen verliehen, so geschah es öfter, dafs man sie aus einer Kirche in die andere versetzte. Ein Beispiel dieser Art ist der heilige Matthias, über den eine Leysersche Predigt mitteilt: „Sin heilich gebeine nam fider (wieder) die kuoginne helena kuonik conftantines muoter die daz heilige cruoce vant da got al der werlde (aller der Welt) heilant die martere an leit (litt) und vuortis (führte es) mit ir zu conftinopolim. von dannen quam er zu triere. wane (denn) fuomeliche (einige) buoch daz faget daz fie von dannen buortich (gebürtig) were."[3]

Aber auch andere angesehene Personen, sowohl Männer als Frauen, liefsen sich gerne in einem Dome beisetzen. Beispielsweise findet sich in den ältesten Jahrbüchern der Stadt Zürich über jemanden berichtet, er sei „zuo Babenberc (Bamberg) êrlîch (ehrenvoll) begraben in dem münster."[4] Ebenso bilden noch heute die

---

[1] F. Pfeiffer, *Deutsche Mystiker des 14. Jahrhunderts.* Bd. I. S. 212.
[2] Ebendas. Bd. I. S. 65.
[3] H. Leyser, *Deutsche Predigten des XIV. Jahrhunderts.* S. 87.
[4] *Die beiden ältesten deutschen Jahrbücher der Stadt Zürich*, ed. L. Et müller. Zürich 1844. 51, 38.

Gräber dieses oder jenes Adelsgeschlechtes einen hervorragenden Schmuck mancher älteren Gotteshäuser. Namentlich der stille Friede der Klosterkirchen schien mehr als einem für seine letzte Ruhestätte erwünscht, so daſs wir hören: „Im klôster ligend ir (ihrer) vil vergraben"[1] (begraben). Einer dieser vielen war auch Tauler, der im Dominikanerkloster zu Straſsburg unter einem Steine mit Epitaphium bestattet wurde.[2]

Im vollsten Gegensatze zu diesen bevorzugten Begräbnissen stand das Hinausschaffen des Leichnams auf das Feld oder an die Stätte der Erhängten. Daher glaubte ein heidnischer Richter, Namens Decianus, den heiligen Vincentius noch im Tode beschimpfen zu können, wenn er seinen Dienern befahl: „Mochte wir in nicht lebende uberwinden, sô wollen wir in tôt uberwinden: ir sult den lîchame nemen unde sult in tragen ûffe daz velt daz in di vogele ezzen und di tir."[3] Ebenso fordert Berthold in Bezug auf die, welche unrechtes Gut nicht zurückgeben wollen: „Und ir sult ir halt niht bestaten in deheinem (keinem) gewîhten frîthove noch an deheiner gewîhten stat. „Bruoder Berhtolt, war (wohin) suln wir in danne tuon?" „Dâ sult irn an daz velt ziehen, als ein schelmigez (infiziertes) rint: wan (denn) er ist ûzsetzic unde schelmic unde sol in ouch dehein getouftiu hant niemer mêr an gerüeren."[4] An einer anderen Stelle aber sagt er von denselben Personen noch genauer, wie mit ihnen verfahren werden soll: „Ir sült sie niemer bestaten an deheiner stat diu wewîhet sî, noch sie sol niemer halt dehein getouftiu hant an gerüeren. „Bruoder Berhtolt, wie suln wir in danne tuon?" Dâ sult ir nemen ein seil unde machet einen stric dran unde leget im den stric an den fuoz mit einem hâken und ziehet in zer tür ûz. „Bruoder Berhtolt, ob diu swelle danne hôch ist: wie sullen wir im danne tuon?" Dâ sullet ir durch die swelle graben unde sult in derdurch ûz ziehen, daz eht niemer getouftiu

---

[1] W. Wackernagel, *Altdeutsches Lesebuch*. Basel 1839. 926, 42.
[2] Handschriftliche Bemerkung vor dem Titelblatt von Joannis Tauleri des heiligē lerers Predig, faſt fruchtbar zuo eim recht chriſtlichen leben. Baſel MDXXI, auf der Hamburger Stadtbibliothek.
[3] F. Pfeiffer, *Deutsche Mystiker des 14. Jahrhunderts*. Bd. I. S. 71.
[4] Berthold, ed. F. Pfeiffer. Bd. I. S. 119.

hant an in kome, unde bindet in einem rosse an den zagel (Schweif) unde füeret in ûz an daz gewicke (Wegscheide), dâ die erhangenen unde die erslagenen dâ ligent. Füeret in eht gegen dem galgen unde gegen des galgen gesinde. Des ist er dannoch kûme (gar nicht) wert."[1] Die Gesundheitspflege kam freilich bei dieser Art, sich eines Toten zu entledigen, ebenso wenig wie bei den Begräbnissen innerhalb der Kirchen zu ihrem Rechte.

---

[1] Berthold, ed. F. Pfeiffer. Bd. I. S. 394—395.

Schluſs.

Beurteilung des Mitgeteilten.

Überblicken wir zum Schlusse die hygienischen · Anschauungen unserer Geistlichen noch einmal, so werden wir denselben im groſsen und ganzen unsere Anerkennung nicht versagen dürfen. Wie berechtigt ist nicht der Kampf, den sie gegen die Verfälschung der Nahrungs- und Genuſsmittel, sowie gegen die Völlerei und Trunksucht führen, und wie gemäſsigt sind nicht die Forderungen, die sie in Bezug auf die Enthaltung von Speisen während der Fasten aufstellen! Aber auch was sie über die Haut- und Haarpflege, die Vorzüge der Bäder, die Thorheit des Schminkens, die Verweichlichung durch Kleider und Betten, die Anforderungen der Hygiene an die Wohnungen sagen, ist durchaus gesunder Natur. Nicht minder werden wir ihnen beipflichten, wenn sie die privilegierte und nicht privilegierte Prostitution, die widernatürliche Unzucht, den künstlichen Abortus, die Heirat naher Verwandter, die Kohabitation mit kranken oder hochschwangeren Frauen auch deshalb untersagen, weil dadurch die Gesundheit leicht geschädigt werden kann. Endlich sind sie auch damit im Rechte, daſs sie gegen die Kurpfuscherei der Priester und anderer Personen, gegen die laxe oder schablonenhafte Behandlung der Kranken seitens des Arztes, gegen zu späte Konsultation desselben oder Auſserachtlassen seiner Vorschriften, gegen Heilungsversuche mit Zaubermitteln, gegen die mangelhafte

Versorgung der Siechen in den Hospitälern, sowie gegen die Verderbnis der Luft durch die innerhalb der Stadt gelegenen Kirchhöfe ihre Stimme erheben. Fragen wir nach dem Grunde dieser durchaus richtigen Anschauungen, so liegt derselbe vornehmlich in der vielseitigen Bildung unserer Geistlichen, die sich auf fast alle Gebiete des damaligen Wissens erstreckte. Allerdings sind sie in erster Linie, was sie sein wollen, nämlich Gottesgelehrte. Daher reden sie am häufigsten von den Personen des Alten und Neuen Testamentes, von „unſerm vater und unſer muoter. hern adami[1] und vorn (= vrouwe, Frau) even"[2], von „hern Nôê"[3], „hern Abrahâm und Ysââc"[4], „herren Loht, herren Abrahames bruoder ſun"[5], „hern moyſes"[6], von „dem heiligen wiſsagen unsers herren gotes hern david dem propheta"[7], von „dem wiſen man herren Salomon"[8], von „Hern Job"[9], „hern ysayas dem propheta"[10] und weniger ehrfurchtsvoll, sondern zutraulicher von „dem guoten sant Johannes"[11] und „dem guten ſente paulus."[12] Auch die Kirchenväter, „Sanctus Grêgôrius"[13], „sant Ambrôsius"[14].

---

[1] Berthold, ed. F. Pfeiffer. Bd. I. S. 551.
[2] H. Leyser, *Deutsche Predigten des XIV. Jahrhunderts.* S. 127.
[3] Berthold, ed. F. Pfeiffer. Bd. I. S. 275.
[4] Ebendas. Bd. II. S. 191.
[5] F. K. Grieshaber a. a. O. Abt. 1. S. 24.
[6] H. Leyser, *Deutsche Predigten des XIV. Jahrhunderts.* S. 26. Berthold, ed. F. Pfeiffer. Bd. II. S. 191.
[7] M. Haupt u. H. Hoffmann, *Altdeutsche Blätter.* Bd. II. S. 179. H. Leyser, *Deutsche Predigten des XIV. Jahrhunderts.* S. 28. F. K. Grieshaber a. a. O. Abt. 2. S. 55.
[8] F. K. Grieshaber a. a. O. Abt. 1. S. 56, vgl. Berthold, ed. F. Pfeiffer. Bd. I. S. 563.
[9] W. Wackernagel, *Altdeutsche Predigten und Gebete.* S. 126. Berthold, ed. F. Pfeiffer. Bd. II. S. 191.
[10] M. Haupt u. H. Hoffmann, *Altdeutsche Blätter.* Bd. II. S. 181. H. Leyser, *Deutsche Predigten des XIV. Jahrhunderts.* S. 128.
[11] Berthold bei H. Rinn a. a. O. S. 23.
[12] H. Leyser, *Deutsche Predigten des XIV. Jahrhunderts.* S. 104.
[13] Berthold, ed. F. Pfeiffer. Bd. II. S. 38. H. Leyser, *Deutsche Predigten des XIV. Jahrhunderts.* S. 136. Geyler von Keyſerſzberg, *Poſtill.* teyl I. S. XXXIII. Pred. Am Sonnentag Sexageſima. Ebendas. teyl II. S. LXXVIII.
[14] Berthold, ed. F. Pfeiffer. Bd. I. S. 302.

„Crisostomus"[1] und „der guote sant Augustin"[2] werden oft von ihnen erwähnt. Ebenso gedenken sie des Bischofs von Augsburg „sant Uolrichs"[3], „Hugos"[4] von S. Victor, „des guoten sant Bernhart"[5], des Stifters der Dominikaner „Sanctus Dominicus"[6], sowie der Scholastiker „Anfhelmus"[7], „fant Thomas"[8], „Albertus magnus"[9], „Scotus"[10] und ihrer Werke.

Nicht minder zeigen sie sich mit dem klassischen Altertume nach den verschiedensten Seiten hin vertraut. Von den griechischen Schriftstellern citieren sie Homer[11] und die Odyssee[12], den Fabeldichter Aesop[13], die Schule der „Stoici"[14], den Geographen „Ptolemeus"[15] und vor allem „die groffen meifter[16] Plato[17] und Ariftotiles."[18] Mit „Plâtô dem grôzen pfaffen"[19] war besonders Eckhart

---

[1] F. Pfeiffer, *Deutsche Mystiker des 14. Jahrhunderts*. Bd. I. S. 14. Geyler von Keyferfzberg, *Poftill.* teyl II. S. CVI. Pred. Am Zynftag noch Judica. Ebendas. teyl III. S. LXVIII. Ebendas. teyl. III. S. LXXX.

[2] Berthold, ed. F. Pfeiffer. Bd. I. S. 4 u. S. 269. F. Pfeiffer, *Deutsche Mystiker des 14. Jahrhunderts*. Bd. I. S. 18. Geiler vō Keyferfperg, *Von den fyben fcheiden, das fechft fchwert.*

[3] Berthold, ed. F. Pfeiffer. Bd. II. S. 37.

[4] Geiler vō Keyferfperg, *Von den fyben fcheiden, das fechft fchwert.*

[5] Berthold, ed. F. Pfeiffer. Bd. I. S. 186. H. Leyser, *Deutsche Predigten des XIV. Jahrhunderts.* S. 26. Joannis Taulery *Predig Uff fant Johannis baptiften geburt.* S. CXXXVII. Geiler vō Keiferfperg, *Die Emeis.* S. XXI.

[6] Johañs geiler gnät von keiferfzbergk, *Chriftenlich bilgerfchafft.* S. CXL.

[7] W. Wackernagel, *Altdeutsche Predigten und Gebete.* S. 127.

[8] Joannis Taulery *Predig Uff fant Johannis baptiften geburt.* S. CXXXIX. Geiler vō Keyfzerfperg, *Der feelen Paradifz,* cap. IX. Von fürfichtikeit. S. LIIII.

[9] Joannis Taulery *Predig Uff fant Johannis baptiften geburt.* S. CXXXVIII.

[10] Geyler von Keyferfzberg, *Poftill.* teyl III. S. LXVII. Pred. An dem Neünden fonnentag noch Trinitatis.

[11] R. Cruel a. a. O. S. 136 f. — [12] Ebendas. S. 467.

[13] H. Rinn a. a. O. S. 8.

[14] Geiler vō Keyferfperg, *Von den fyben fcheiden, das fechft fchwert.*

[15] Derselbe, *Poftill.* teyl II. S. XV. Pred. Am Sonnentag noch Inuocauit.

[16] Joannis Taulery *Predig Uff fant Johannis baptiften geburt.* S. CXLI.

[17] Geiler vō Keyferfperg, *Von den fyben fcheiden, das fechft fchwert.*

[18] Joannis Taulery *Predig Am XIII. Sontag nach Trinitatis.* S. CV-

[19] F. Pfeiffer, *Deutsche Mystiker des 14. Jahrhunderts.* Bd. II. S. 261.

bekannt, noch mehr aber mit Aristoteles, so dafs ihn Trithemius "meister Eckart in philosophia Ariftotelica suo tempore doctiffimum"[1] nennt. Doch auch von Tauler wird "der heydenfche meifter Ariftoteles"[2] genannt, und Geiler erwähnt ihn gleichfalls[3], indem er "Ariftotelem in fua rhetorica"[4], "Ariftotelem j. Metaphifice"[5] und "dz buoch vō dē fitten Ariftotelis"[6] anführt. Aus der Zahl der römischen Autoren treten uns der Lustspieldichter "Terentius" entgegen, von dem "ein alt fprichwort. Obfequiū amicos, veritas odiū parit"[7] mitgeteilt wird, Marcus "Tullius" Cicero, dessen insbesondere Geiler[8] gedenkt, und "Her Kâtô"[9], "d' heid"[10], auch "d' wifz Catho"[11] genannt. Berthold bemerkt über den letzteren: "Der was gar ein guoter, slehter (schlichter), gerehter man und muoz doch êwiclich in der helle sîn, von éiner sünde wegen, die er ûf im hete, daz ist, daz er des geloubens niht enhete, und daz ist diu aller schedelichste sünde."[12] Trotzdem beruft sich Geiler vielfach auf ihn[13] und teilt gerne seine Sentenzen, wie "Patere legē quā ipfe tuleris. Lid das gefatz dz du felber macheft"[14], und andere[15] mit. Derselbe Geiler erwähnt auch den Geschichtsschreiber Sallust:

---

[1] R. Cruel a. a O. S. 372.
[2] Joannis Taulery *Predig Uff die kirchwyhe.* S. CCXXXVIII.
[3] Geyler von Keyferfzberg, *Poftill.* teyl III. S. LXXXII. Pred. Am Fünffzehenden fonnentag noch Trinitatis.
[4] Ebendas. teyl II. S. VII. Pred. Am Donderftag vor Inuocauit.
[5] Ebendas. teyl II. S. LXXVII. Pred. Am Sonnentag Oculi.
[6] Derselbe, *Der feelen Paradifz,* cap. IX. Von fürfichtikeit. S. LIIII.
[7] Derselbe, *Poftill.* teyl II. S. CV. Pred. Am Zynftag noch Judica.
[8] Ebendas. teyl II. S. VII. Pred. Am Donderftag vor Inuocauit. Ebendas. teyl II. S. XXIIII. Ebendas. teyl III. S. XXVI. Derselbe, *Chriftenlich bilgerfchafft.* S. LXXI. Derselbe, *Der feelen Paradifz,* cap. IX. Von fürfichtikeit. S. LIIII.
[9] Berthold, ed. F. Pfeiffer. Bd. I. S. 128.
[10] Geiler vō Keyfzerfperg, *Der feelen Paradifz,* cap. VI. Von warer keüfcheit. S. XXXVIII.
[11] Derselbe, *Poftill.* teyl II. S. XXXV. Pred. Am Zynftag noch Reminifcere
[12] Berthold, ed. F. Pfeiffer. Bd. II. S. 1—2.
[13] Geiler vō Keiferfperg, *Die Emeis.* S. XI.
[14] Derselbe, *Poftill.* teyl II. S. XXXV. Pred. Am Zynftag noch Reminifcere.
[15] Ebendas. teyl III. S. XXXX. Pred. An dem Erften fonnentag noch Trinitatis.

„Vide in Saluſtij jugurtino"[1], Ovids Metamorphosen[2], besonders häufig aber „Senecam d' lerer"[3], der auch „der frum̄ heid"[4] genannt wird, obwohl er nach Berthold sich gleichfalls in der Hölle befindet.[5] Ebenso begegnen wir dem Historiker „Valerius maximus"[6] bei ihm.

Vielfach ziehen unsere Prediger neben den klassischen Schriftstellern auch die alte Geschichte zum Belege für ihre Behauptungen heran. So erzählt Geiler „vō eim Pericles genant, d' wz ein namhafftiger frum̄er mā zuo Athenis in Kriechē" (Griechenland); dieser Perikles habe auf Kosten der Athenienser eine Brücke gebaut, sei aber aufser stande gewesen, Rechnung darüber abzulegen. „Der ſelb hat ein vettren oder als etlich wellen, ein ſtieff ſuon (do lyt nit vil an) der hiefz Alcibiades. Der ſprach zuo ſeim ſtieffvatter. Worumb biſtu betruebt? was lyt (liegt) dir an? Er ſeyts jm. Do ſprach der iung. Lieber vatter, du muoſt ein ſinn erdencken, das du kein rechnung doerffteſt geben. Das nam der in ſein rymen, und gedocht der ſach noch, und macht ein zwyttracht zwüſchen Athenis, uñ einer andren ſtatt, Lacedemonia. unnd gewunnen die zuo Athenis ſovil zuoſchaffen, das ſye der rechnung vergoſſen (vergaſsen), und dorfft kein rechnung thuon."[7] Ebenso interessant ist die folgende Geschichte, die gleichfalls Geiler mitteilt: „Ich habe geſen von zweyen künigen, von Dario unnd Alexandro wen ich, die ſtritten wider einander. Darius der ſchickte dem Alexandro zwenn oder drey ſeck vol mag (Mohn) ſomen, unnd ſchreib im dar zuo, das er mer volckes het weder (als) er, darumb ſo ſolt er abſton wan (denn) er hett als (so) vil zekriegen, als manch körnli in den ſecken

---

[1] Geyler von Keyſerſzberg, *Poſtill.* teyl III. S. XCIX. Pred. Am Einundzwentzigſten ſonnentag noch Trinitatis.

[2] R. Cruel a. a. O. S. 467.

[3] Geiler vō Keyſerſperg, *Von den ſyben ſcheiden, das ſechſt ſchwert.* Derselbe, *Der ſeelen Paradiſz,* cap. IX. Von fürſichtikeit. S. LIIII. Derselbe, *Die Emeis.* S. XI.

[4] Derselbe, *Poſtill.* teyl III. S. LXI. Pred. An dem Achtenden ſonnentag noch Trinitatis.

[5] Berthold, ed. F. Pfeiffer. Bd. I. S. 128.

[6] Geyler von Keyſerſzberg, *Poſtill.* teyl III. S. LXVIII. Pred. Am Neünden ſonnentag noch Trinitatis. R. Cruel a. a. O. S. 467. — [7] Ebendas.

wer. Da nam der Alexander ein brieflyn und thet pfefferkornlin darin unnd fchickt es Dario, unnd embott im damit, wie wol er wenig volcks het gegen feinem volck, fo wer aber fein wenig volck gar zapffrefz und kün dann fein volck, darumb fo wer fein volck als magfomen, und fein volck wer als pfefferkoernlin da ein koerlin mer bitzlet auf der zungen, dan (als) ein gantze hand fol magfomen."[1] Tauler aber, als er davon spricht, dafs man, um die ewige Wahrheit zu erkennen, gesammelt und in sich versunken sein müsse, führt als Beispiel solcher innerlichen Sammlung den Archimedes an: „Ein heidnifcher meifter was gekeret uff ein kunft, das wz ein rechnung. Er het alle fein krefft darzuo gekert, und fafz vor effen und zalte unnd fuochet die kunft. Da kam einer unnd zuckt ein fchwert, und er wefzt nit das er der meifter was, und fprach. Sage wie heiffeft du, oder ich toedte dich. Der meifter was fo fere ingezogē, (in sich gekehrt) das er den fyēde (Feind) weder fach noch hort, noch künde fich fo vyl geeüffern das er fprechen moecht, Ich heifz alfo. Und do der fyend lang und vyl geruoffet, und er nicht fprach, do fchluog er im den halfz ab."[2]

Am meisten aber streuen unsere Geistlichen aus den verschiedenen Zweigen der Naturwissenschaft und verwandter Fächer allerlei Notizen in ihre Predigten ein. Berthold macht von seinen geographischen Kenntnissen Gebrauch, indem er schildert, wie Gott „grôze starke guldine berge in Indiâ"[3] habe. Tauler weifs von Flüssen mit zum Teil unterirdischem Laufe zu berichten: „Zuo gleicher weifz als die waffer flieffen uff uñ nyder, uñ yetzūd fincken in ein abgrundt, unnd fcheinet da als ob kein waffer da fey, unnd als bald über ein kleine zeit, fo raufchet es heraufz, als ob es alle ding umb fich ertrenckē woelle, alfo geet difz alles in ein abgrundt."[4] Geiler endlich redet nicht nur von „Moeren land, Sicilien land, Nyderland, Engelland, Hyfpanien, Frāckrich"[5], sondern meint auch,

---

[1] Geiler võ Keiferfperg, *Die Emeis.* S. XI.
[2] Joannis Taulery *Predig An der heilgen dry künig tag.* S. XI. F. Pfeiffer, *Deutsche Mystiker des 14. Jahrhunderts.* Bd. II. S. 13.
[3] Berthold, ed. F. Pfeiffer. Bd. I. S. 271.
[4] Joannis Taulery *Predig Uff fant Johannis baptiften geburt.* S. CXL.
[5] Geyler von Keyferfzberg, *Poftill.* teyl II. S. XV. Pred. Am Sonnentag noch Inuocauit.

dafs die Geographen die Entfernungen auf der Erde wohl zu schätzen verständen: „Wenn fye hatten zwo oder dry tagreifen von Hierufalem bifz gon Nazareth. Ift by XV oder XVI tütfcher mylen. Als die Ptolomiften wol wiffent."[1]

Auch die Astronomie wird von unseren Autoren wiederholt in den Kreis ihrer Betrachtung gezogen. Zwei Predigten Bertholds handeln „von den siben planêten"[2]: „Der êrste planête heizet Sol, daz ist diu sunne."[3] „Der ander stern heizet der mâne"[4] (Mond). „Der dritte sterne heizet Mars."[5] „Der vierde stern heizet Mercurius —. Der ist ein mitter stern, ez sint drî vor im und drî nâch im."[6] Der fünfte stern heizet Jupiter."[7] „Der fehste stern heizet Vênus."[8] „Der sibente stern heizet Saturnus, saturans, Satjâr, er heizet der traege stern. Der stern kumet in drîzic jâren niur einsten umbe, sô staete (beharrend) ist er."[9] Bei demselben Berthold erfahren wir auch: „Ez lesent die heidenischen meister wunder unde wunder, wie manic tûsent mîle ze dem himelrîche gê unz (bis) an den himel, dâ die sternen ane stênt, unde dâ lesent sie gar vil von unde habent daz allez geschriben — wie manige mîle zuo dem mânen (Monde) sî von dem ertrîche (wan der mâne ist der niderften sternen einer, der iendert (irgend) an dem himele sî), unde sie lesent danne aber ein wênic für baz, wie verre (weit) von dem mânen unz (bis) aber an den naehsten sternen sî, unde wie verre aber von dem naehsten sternen unz an den dritten himel sî, unde von dem dritten unz an den vierden, unde wie verre von dem vierden unz an den fünften sî, unde dannoch für baz unz an den himel, dâ die sternen ane sint."[10] In noch gröfserem Umfange

---

[1] Geyler von Keyferfzberg, *Poftill.* teyl J. S. XXII. Pred. Am erften Sonnentag noch dem Achten der heiligen dry künig tag.
[2] Berthold, ed. F. Pfeiffer. Bd. I. S. 48. Bd. II. S. 233.
[3] Ebendas. Bd. I. S. 52. Bd. II. S. 234.
[4] Ebendas. Bd. II. S. 235. Bd. I. S. 53.
[5] Ebendas. Bd. I. S. 54. Bd. II. S. 235.
[6] Ebendas. Bd. II. S. 235. Bd. I. S. 55.
[7] Ebendas. Bd. II. S. 236. Bd. I. S. 57.
[8] Ebendas. Bd. II. S. 236. Bd. I. S. 61.
[9] Ebendas. Bd. II. S. 237. Bd. I. S. 63.
[10] Ebendas. Bd. I. S. 179.

aber, als Berthold benutzt Jordan von Quedlinburg seine Kenntnisse in der Astronomie, um allerlei bildliche Ausführungen in seinen Predigten davon herzunehmen. So sagt er in einer Adventsrede über Lukas 21: „Erunt signa in sole et luna et stellis", durch Sonne, Mond und Sterne werden Christus, Maria und die Apostel angedeutet. Die Sonne bezeichne Christum, weil er ohne den Epicyklus der Sünde sei und gleich ihr von seiner Bahn weder zur Rechten, noch zur Linken abweiche. Denn die Sonne laufe immer auf der Ekliptik in der Mitte des Zodiakus, während die Planeten von derselben bald nach Süden, bald nach Norden abschweifen. Maria sei unter dem Monde zu verstehen wegen der Verschiedenheit ihrer Erscheinung gleich den vier Phasen desselben. Endlich gleichen die Apostel den Sternen, weil sie wie diese Träger des Lichtes und der Wärme sind."[1]

Was die physikalischen Kenntnisse unserer Prediger betrifft, so ist bei Tauler von einer optischen Täuschung die Rede. Er meint, daſs man Bewegung an einem Sterne zu beobachten glaube, während sich in Wirklichkeit nur die vor ihm hinziehende Wolke bewege: „Zuo gleicher weyſz, als ob d' ſternſchein eyn lebendig ding were, unnd ſich ſelber bewegte, wenn dann eyn wolcken darüber gieng, ſo vergieng auch das leben."[2] Einen anderen Vergleich nimmt er von dem Magneten her: „Wann als der Agſtein (Magnetstein) nach jm zeücht das eyſen, alſo zeücht nach jm chriſtus Jeſus alle hertzē, die da vō jm beruert werden, als das eyſen von dem ſtein wirt berueret mit ſeyner krafft ſo geet es zuo berg dem ſteyn nach, wie wol es doch ſeyn natur nit iſt, ſo raſt (rastet) es doch nit in jm ſelber, es komme dā vor über ſich in die hoehe."[3] Dasselbe Bild kommt auch bei Geiler vor, denn auch er redet davon, „wie der edel ſtein Magnes, die krafft hatt, dz er yſzen an ſich zeücht. wenn man doran haltet ein nodel, ſo ſpringt ſye doran."[4]

Neben der Physik wird auch die Alchemie nicht selten, und

---

[1] R. Cruel a. a. O. S. 429.
[2] Joannis Taulery *Predig An Der kirchwyhe.* S. CXXXV.
[3] Derselbe, *Predig An der uffart.* S. XLIIII.
[4] Geyler von Keyſerſzberg, *Poſtill.* teyl IV. S. XXIII. Pred. An des heyligen apoſtel ſanct Mattheus tag.

zwar namentlich von Berthold in seinen Predigten herangezogen. Ein oft wiederholter Gedanke ist bei ihm, daſs man den Geizigen nicht von seinem unrechten Gute abbringe, so wenig man Zinn und Kupfer zu scheiden vermöge: „Ez ist aber zin unde kopfer zuo einander komen swâ (wo immer) der gîtige (Habgierige) unde daz unrehte guot zuo einander kumt: daz kan nieman gescheiden, als (so) wênic als man zin unde kupfer iemer (jemals) gescheiden mac; wan des tuon sich alle die meister abe, die hiute lebent unde die von gesmelze ie kunst gelernten. Zin unde blî braehte man wol von einander, unde silber unde zin unde golt daz braehte man allez wol von einander: aber zin unde kupfer des tuo sich alliu diu werlt (Welt) abe."[1] Auſser bei Berthold treten auch bei Jordan von Quedlinburg öfter chemische Kenntnisse zu Tage.[2]

Vor allem aber machen sich unsere Geistlichen das groſse Gebiet der beschreibenden Naturwissenschaften für ihre Zwecke dienstbar, indem sie allerlei Bilder und Allegorien aus demselben entnehmen. Anfangs beschränkte sich dies auf die Naturgeschichte der Tiere, und zwar schöpfte man hier aus einem einzigen Werke, dem Physiologus.[3] Später kamen allgemeinere Naturbeschreibungen, die man studierte, hinzu, wie verschiedene Bücher mit dem Titel: De natura rerum, des Bartholomäus de Glanvilla De proprietatibus rerum und das Speculum naturale des Vincenz von Beauvais. Noch häufiger wurde die Summa de exemplis et similitudinibus benutzt, die nach den einen von Johannes de S. Geminiano, nach den anderen von Helvicus Teutonicus herrührt und in der Vorrede gerühmt wird als ein „opus perutile et validum praedicatoribus, in quo similitudines inter creaturarum proprietates et inter virtutes et vitia ceteraque, de quibus in sermonibus mentio fieri solet, pulcerrime declarantur. Merkwürdiger noch ist das gleichfalls viel gelesene Lumen animae des Bruders Berengarius, dem an wissenschaftlicher Belesenheit nur noch der berühmte Vincenz von Beauvais gleichkommt.

---

[1] Berthold, ed. F. Pfeiffer. Bd. I. S. 225.
[2] R. Cruel a. a. O. S. 426.
[3] K. Ahrens, *Zur Geschichte des sogenannten Physiologus*. Programm des Gymnasiums zu Plön. 1885.

Der Verfasser hat nach der Vorrede zu Avignon mit Unterstützung des Pabstes Johann XXII von allen Seiten seltene naturgeschichtliche Schriften zusammengebracht und passende Stellen daraus mit geistlicher Deutung versehen. Auch aus speciellen Traktaten über Tiere, Pflanzen und Mineralien pflegten unsere Geistlichen zu entlehnen, was sich zu Vergleichungen, Sinnbildern und moralischen Nutzanwendungen gebrauchen liefs[1], wie denn beispielsweise das Chronicon Rastedense berichtet, dafs der Erzbischof Siwardus bei seiner Wahl zum Abt in Rastede 1140 auch ein „herbarium et lapidarium in uno volumine", sowie „Phisologum" ins Kloster mitgebracht habe.[2]

So predigte denn Jordan von Quedlinburg unter Zugrundelegung von Joh. 8, 59: „Tulerunt lapides Judaei, ut jacerent in eum" über den Saphir, den Topas, den Smaragd, den Karfunkel, den Amethyst, den Onyx, den Jaspis, den Chrysolith, den Beryll, den Opal, den Achat und den Sardius.[3] Der bereits öfter genannte Priester Meffreth aus Meifsen gibt in dem ersten 1443 vollendeten Teile seines Hortulus reginae eine Beschreibung des Beryll, der er eine ausführliche geistliche Erklärung hinzufügt.[4]

Handelt es sich hier um Mineralien, so weist Berthold darauf hin, wie viel man aus der Botanik zu lernen vermöge: „Dô man den guoten sant Bernhart frâgte, wâ von er sô wise waere, dô sprach er: „ich lerne an den böumen."[5] Daher nimmt eine altdeutsche Predigt von Wackernagel öfter Vergleiche aus der Naturgeschichte der Pflanzen her, wie: „Unfer vrowe (Frau) gelichet fich ainer rebun"[6] (Rebe). Meffreth redet von dem Kraut Draguntea, das eine rote Blüte trage[7], sowie vom Fenchel, vom Wermut, von der Rose, vom Veilchen und von der Raute.[8] Des „edeln ruotlin"[9] thut gelegentlich auch Tauler Erwähnung.

---

[1] R. Cruel a. a. O. S. 459 ff. — [2] Ebendas. S. 265—266.
[3] Ebendas. S. 427 ff. — [4] Ebendas. S. 488.
[5] Berthold, ed. F. Pfeiffer. Bd. I. S. 49.
[6] W. Wackernagel, *Altdeutsche Predigten und Gebete.* S. 106.
[7] R. Cruel a. a. O. S. 459.
[8] Ebendas. S. 488.
[9] Joannis Taulery *Predig An der heilgen dry künig tag.* S. IX.

Am häufigsten aber nehmen unsere Geistlichen in ihren Reden auf Tiere Bezug. Schon in den ältesten Predigten treten uns Bilder entgegen, die sich auf die Naturgeschichte der Taube, des Einhorns, des Adlers und des buntfarbigen Panthers beziehen.[1] Berthold liebt Gleichnisse, die an „den hasen"[2], „diu nahtegal"[3], „den heuschrecken"[4], „den âmeizen"[5], „die unreine krote"[6] und „den mollen"[7] (die Eidechse) anknüpfen, von welchem letzteren er sagt: „Daz ist klein unde gêt in den welden und ez ist niht der mûlwelpfe (Maulwurf), daz die erden dâ hület und ûf wirft: ez ist niht vil groezer danne (als) ein vinger."[8] Auch den Oktopus mit seinen zahlreichen Saugnäpfen finden wir, wenngleich etwas fabelhaft, bei ihm geschildert: „Eteliche sint als ein fisch, der ist in dem mere, der hât aht (acht) füeze und an ieglîchem fuoze drîhundert munde und ziuhet den man ûz dem scheffe (Schiffe) in daz wazzer, niht darumbe daz er in ezze, er sûget in biz an die wîle (so lange bis), daz er im daz leben ûz gesûget."[9] Ein Nachahmer Bertholds, der gegen Ende des 13. Jahrhunderts lebende Bruder Peregrinus, schrieb Sermone in lateinischer Sprache, worin folgende Stelle vorkommt: „Dico vobis de natura animalis cujusdam, quod vulgari dicitur eychhorn."[10] Bei Meffreth begegnet uns von den Säugetieren der Elefant, der Löwe, der Wolf, das Kaninchen und der Maulwurf, von den Vögeln der Adler, der Habicht, der Storch, der Kranich, der Schwan, der Papagei, der Hahn, die Taube, die Schwalbe, die Nachtigall, die Lerche, die Grasmücke, von den Amphibien die Schlange, die Eidechse und der Salamander.[11] Von der Schlange bemerkt er, dafs sie ihre Haut abwerfe, wie der Hirsch sein Geweih.[12] Auch Geiler entlehnt nach dem Vorbilde Christi gerne Gleichnisse aus der Tierwelt: „Nym die dritt glichnüſz in voglen. Ein ſpetzlin iſt ouch ein vogel, aber ein falck iſt gar ein ander vogel weder (als) ein ſpetz-

---

[1] R. Cruel a. a. O. S. 256—257.
[2] Berthold, ed. F. Pfeiffer. Bd. I. S. 554.
[3] Ebendas. Bd. I. S. 302. — [4] Ebendas. Bd. I. S. 559.
[5] Ebendas. Bd. I. S. 561. — [6] Ebendas. Bd. I. S. 413.
[7] Ebendas. Bd. I. S. 563. — [8] Ebendas. — [9] Ebendas. Bd. II. S. 263.
[10] R. Cruel a. a. O. S. 337. — [11] Ebendas. S. 488 ff.
[12] Ebendas. S. 490.

lin."[1] Ein ander Mal berichtet er, Christus habe auf dem See Genezareth „als ein halz mitt offnen ougen gefchlaffen."[2] Dem Anhänger irdischen Gutes aber hält er vor, „das dein hertz ligt uff den felben rychtumb unnd yrdenfchen dingen, nit anders weder als ein roffzkaefer in eim roffztreck"[3], oder er vergleicht ihn mit dem Frosche, der von dem Kissen, auf das man ihn hebe, alsbald wieder in den Sumpf hineinhüpfe: „Wenn man ein froefch uff ein küffen fetzt, fo fpringt er glichs wider haerab in treck, er mag uff dem küffen nit bliben. Alfo auch bift du im treck gelegen."[4]

Was aber ganz besonders an unsern Predigern erfreut, ist das warme Herz, das in ihrer Brust für die unvergängliche Schönheit der Natur schlägt, und das nur aus dem innigsten Umgange mit dieser entsprungen sein kann. Mögen sie ihre Blicke nachts zum gestirnten Himmel erheben, oder mag ihnen im goldenen Lichte der Sonne die Erde erglänzen, immer und immer wieder sind sie der höchsten Bewunderung für die Herrlichkeit des Weltalls voll. So redet denn Berthold voller Entzücken von „der gezierde aller, dâ der almehtige got die werlt (Welt) mite gezieret hât, mit dem firmamente, unde wie er daz gezieret hât mit der sunnen (Sonne) unde mit dem edeln sternenschîne, mit edelkeit der steine unde mit maniger hande varwe unde mit ir kraft — unde mit maniger hande (Art) wurze (Pflanzen) unde mit maniger hande liehten (lichten) blüetevarwe unde gesmac (Geruch) der wurze unde der blüete unde der bluomen, und alle die genaemekeit (Annehmlichkeit) und alle die lustlîche freude, die diu werlt hât von der sumerwunne unde von vogelsange unde von seitenklange unde von andern süezen stimmen, unde die freude die menschen anblic gît"[5] (gibt). Aber auch der Ton, den Geiler anschlägt, steht im schönsten Einklang hiermit, denn begeistert ruft er aus: „Nim numen (nur) ein foeglin, eyn diftelzwiglin (Distelfinklein) für dich, und fich wie das

---

[1] Geyler von Keyferfzberg, *Poftill.* teyl II. S. XXXIX. Pred. Am Zynftag noch Reminifcere.

[2] Ebendas. teyl I. S. XXIX. Pred. An dem vierden Sonnentag noch dem achtenden der heiligen dry künig tag.

[3] Ebendas. teyl III. S. LXXX. Pred. Am Fünfzehenden fonnentag noch Trinitatis. — [4] Ebendas. — [5] Berthold, ed. F. Pfeiffer. Bd. I. S. 223.

got fo hübfch uñ verwunderlich gemacht het, wie es ein klein fpitzes
fneblin het, uñ rote gele (gelbe) wifze und mächerley federlin het,
und fitzt uff eynē zwiglen, und kan fo hübfch uñ lieblich fingē, dz
eins fich nit gnuog verwūdrē kan —. Nym numē ein bluom, ein
gilg (Lilie), uñ fich das die von got fo wunniglich gemacht und ge-
fchaffē ift, das eins moecht hinflieffen in finē hertzē vō verwūderūg."[1]
In der deutschen Litteratur dürfte das Lob der Natur nicht oft
schöner als in diesen Stellen ausgesprochen sein, und so mögen
sie denn unserer unberedten Darstellung zum beredten Schlusse
dienen.

---

[1] Johañs geiler gnät von keiferfzbergk, *Chriftenlich bilgerfchafft*.
S. XXIX, vgl. Derselbe, *Poftill*. teyl III. S. LXXXII. Pred. Am Fünfftzehenden
fonnentag noch Trinitatis.

Ebenfalls im SEVERUS Verlag erhältlich:

Wilhelm Griesinger
Handbuch der speciellen Pathologie und Therapie: Infectionskrankheiten
SEVERUS 2011 / 384 S. / 59,50 Euro
ISBN 978-3-86347-052-4

Die Ursache, Verlaufs- und Therapieformen von Infektionskrankheiten sind Gegenstand dieses Werkes von Wilhelm Griesinger, das im Rahmen der ab 1854 von Rudolf Virchow herausgegebenen Reihe *Handbuch der speciellen Pathologie und Therapie* erschienen ist. Auf der Grundlage des damaligen Forschungsstandes stellt Griesinger anschaulich und detailliert die Ursachen und den Verlauf von Malaria, Gelbem Fieber, Typhus, Pest und Cholera dar und schlägt mögliche Therapieformen vor.

Wilhelm Griesinger (1817-1868) war ein bedeutender Psychiater und Internist und gilt als der Begründer der modernen Psychiatrie. Durch seine aus heutiger Sicht bemerkenswert moderne Auffassung grenzte er sich von seinen Kollegen ab. Im Gegensatz zu ihnen betrachtete Griesinger psychische Erkrankungen grundsätzlich als Krankheiten des Gehirns und nicht als Ausdruck allgemeinmedizinischer Krankheiten oder aber als Folge moralischer Verfehlungen. Ebenso sah er die Bedeutung der individuellen Lebensgeschichte und der sozialen und familiären Situation des Kranken entsprechend einem modernen bio-psycho-sozialen Modell.

www.severus-verlag.de

Ebenfalls im SEVERUS Verlag erhältlich:

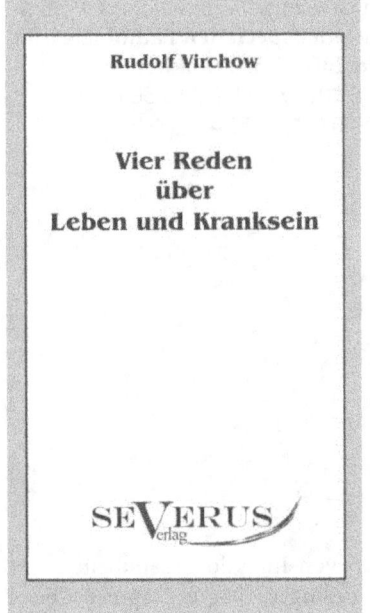

Rudolf Virchow
Vier Reden über Leben und Kranksein
SEVERUS 2010 / 268 S. / 19,50 Euro
ISBN 978-3-942382-63-2

Rudolf Virchow (1821 – 1902), Mediziner und Anthropologe, war Inhaber des ersten Lehrstuhls für pathologische Anatomie in Deutschland und viele Jahre Leiter des pathologischen Instituts der Berliner Charité.
Zeit seines Lebens setzte er sich stark für die Herausbildung einer allgemeinen gesundheitlichen Grundversorgung und die öffentlichen Hygienebedingungen ein. Dieses Engagements führte schließlich zur Errichtung von Berlins erster moderner Kanalisation.

Das vorliegende Werk präsentiert vier Vorträge Virchows, die allesamt auf der Entstehung einer einzelnen Zelle aufbauen und komplexe biologische Prozesse wie die Atmung und den Blutkreislauf detailliert und verständlich darstellen. Seine berühmte Lehre der Zellularpathologie wird eindrucksvoll an dem Beispiel von Fiebererkrankungen demonstriert: Der Leser erhält einen Einblick darin, wodurch Fieber entsteht und wie dieser Erscheinung im Altertum mit Hilfe verschiedener Gottesvorstellungen und Heilungsmethoden begegnet wurde.

www.severus-verlag.de

Bisher im SEVERUS Verlag erschienen:

Achelis. Th. Die Entwicklung der Ehe * Die Religionen der Naturvölker im Umriß, Reihe ReligioSus Band V * **Andreas-Salomé, Lou** Rainer Maria Rilke * **Arenz, Karl** Die Entdeckungsreisen in Nord- und Mittelafrika von Richardson, Overweg, Barth und Vogel * **Aretz, Gertrude (Hrsg)** Napoleon I - Briefe an Frauen * **Ashburn, P.M** The ranks of death. A Medical History of the Conquest of America * **Avenarius, Richard** Kritik der reinen Erfahrung * Kritik der reinen Erfahrung, Zweiter Teil * **Beneke, Otto** Von unehrlichen Leuten: Kulturhistorische Studien und Geschichten aus vergangenen Tagen deutscher Gewerbe und Dienste * **Berneker, Erich** Graf Leo Tolstoi * **Bernstorff, Graf Johann Heinrich** Erinnerungen und Briefe * **Bie, Oscar** Franz Schubert - Sein Leben und sein Werk * **Binder, Julius** Grundlegung zur Rechtsphilosophie. Mit einem Extratext zur Rechtsphilosophie Hegels * **Bliedner, Arno** Schiller. Eine pädagogische Studie * **Birt, Theodor** Frauen der Antike * **Blümner, Hugo** Fahrendes Volk im Altertum * **Brahm, Otto** Das deutsche Ritterdrama des achtzehnten Jahrhunderts: Studien über Joseph August von Törring, seine Vorgänger und Nachfolger * **Braun, Lily** Lebenssucher * **Braun, Ferdinand** Drahtlose Telegraphie durch Wasser und Luft * **Brunnemann, Karl Maximilian** Robespierre - Ein Lebensbild nach zum Teil noch unbenutzten Quellen * **Büdinger, Max** Don Carlos Haft und Tod insbesondere nach den Auffassungen seiner Familie * **Burkamp, Wilhelm** Wirklichkeit und Sinn. Die objektive Gewordenheit des Sinns in der sinnfreien Wirklichkeit * **Caemmerer, Rudolf Karl Fritz** Die Entwicklung der strategischen Wissenschaft im 19. Jahrhundert * **Casper, Johann Ludwig** Handbuch der gerichtlich-medizinischen Leichen-Diagnostik: Thanatologischer Teil, Bd. 1 * Handbuch der gerichtlich-medizinischen Leichen-Diagnostik: Thanatologischer Teil, Bd. 2 **Cronau, Rudolf** Drei Jahrhunderte deutschen Lebens in Amerika. Eine Geschichte der Deutschen in den Vereinigten Staaten * **Cunow, Heinrich** Geschichte und Kultur des Inkareiches * **Cushing, Harvey** The life of Sir William Osler, Volume 1 * The life of Sir William Osler, Volume 2 * **Dahlke, Paul** Buddhismus als Religion und Moral, Reihe ReligioSus Band IV * **Eckstein, Friedrich** Alte, unnennbare Tage. Erinnerungen aus siebzig Lehr- und Wanderjahren * Erinnerungen an Anton Bruckner * **Eiselsberg, Anton Freiherr von** Lebensweg eines Chirurgen * **Eloesser, Arthur** Thomas Mann - sein Leben und sein Werk * **Elsenhans, Theodor** Fries und Kant. Ein Beitrag zur Geschichte und zur systematischen Grundlegung der Erkenntnistheorie. * **Engel, Eduard** Shakespeare * Lord Byron. Eine Autobiographie nach Tagebüchern und Briefen. * **Ewald, Oscar** Nietzsches Lehre in ihren Grundbegriffen * Die französische Aufklärungsphilosophie * **Ferenczi, Sandor** Hysterie und Pathoneurosen * **Fichte, Immanuel Hermann** Die Idee der Persönlichkeit und der individuellen Fortdauer * **Fourier, Jean Baptiste Joseph Baron** Die Auflösung der bestimmten Gleichungen * **Frimmel, Theodor von** Beethoven Studien I. Beethovens äußere Erscheinung * Beethoven Studien II. Bausteine zu einer Lebensgeschichte des Meisters * **Fülleborn, Friedrich** Über eine medizinische Studienreise nach Panama, Westindien und den Vereinigten Staaten * **Gmelin, Johann Georg** Quousque? Beiträge zur soziologischen Rechtfindung * **Goette, Alexander** Holbeins Totentanz und seine Vorbilder * **Goldstein, Eugen** Canalstrahlen * **Graebner, Fritz** Das Weltbild der Primitiven: Eine Untersuchung der Urformen weltanschaulichen Denkens bei Naturvölkern * **Griesinger, Wilhelm** Handbuch der speciellen Pathologie und Therapie: Infectionskrankheiten * **Griesser, Luitpold** Nietzsche und Wagner - neue Beiträge zur Geschichte und Psychologie ihrer Freundschaft * **Hanstein, Adalbert von** Die Frauen in der Geschichte des Deutschen Geisteslebens des 18. und 19. Jahrhunderts * **Hartmann, Franz** Die Medizin des Theophrastus Paracelsus von Hohenheim * **Heller, August** Geschichte der Physik von Aristoteles bis auf die neueste Zeit. Bd. 1: Von Aristoteles bis Galilei * **Helmholtz, Hermann von** Reden und Vorträge, Bd. 1 * Reden und Vorträge, Bd. 2 * **Henker, Otto** Einführung in die Brillenlehre * **Kalkoff, Paul** Ulrich von Hutten und die Reformation. Eine kritische Geschichte seiner wichtigsten Lebenszeit und der Entscheidungsjahre der Reformation (1517 - 1523), Reihe ReligioSus Band I * **Kautsky, Karl** Terrorismus und Kommunismus: Ein Beitrag zur Naturgeschichte der Revolution *

www.severus-verlag.de

Kerschensteiner, Georg Theorie der Bildung * **Klein, Wilhelm** Geschichte der Griechischen Kunst - Erster Band: Die Griechische Kunst bis Myron * **Krömeke, Franz** Friedrich Wilhelm Sertürner - Entdecker des Morphiums * **Külz, Ludwig** Tropenarzt im afrikanischen Busch * **Leimbach, Karl Alexander** Untersuchungen über die verschiedenen Moralsysteme * **Liliencron, Rochus von** / **Müllenhoff, Karl** Zur Runenlehre. Zwei Abhandlungen * **Mach, Ernst** Die Principien der Wärmelehre * **Mausbach, Joseph** Die Ethik des heiligen Augustinus. Erster Band: Die sittliche Ordnung und ihre Grundlagen * **Mauthner, Fritz** Die drei Bilder der Welt - ein sprachkritischer Versuch * **Meissner, Franz Hermann** Arnold Böcklin * **Meyer, Elard Hugo** Indogermanische Mythen, Bd. 1: Gandharven-Kentauren * **Müller, Adam** Versuche einer neuen Theorie des Geldes * **Müller, Conrad** Alexander von Humboldt und das Preußische Königshaus. Briefe aus den Jahren 1835-1857 * **Oettingen, Arthur von** Die Schule der Physik * **Ostwald, Wilhelm** Erfinder und Entdecker * **Peters, Carl** Die deutsche Emin-Pascha-Expedition * **Poetter, Friedrich Christoph** Logik * **Popken, Minna** Im Kampf um die Welt des Lichts. Lebenserinnerungen und Bekenntnisse einer Ärztin * **Prutz, Hans** Neue Studien zur Geschichte der Jungfrau von Orléans * **Rank, Otto** Psychoanalytische Beiträge zur Mythenforschung. Gesammelte Studien aus den Jahren 1912 bis 1914. * **Ree, Paul Johannes** Peter Candid * **Rohr, Moritz von** Joseph Fraunhofers Leben, Leistungen und Wirksamkeit * **Rubinstein, Susanna** Ein individualistischer Pessimist: Beitrag zur Würdigung Philipp Mainländers * Eine Trias von Willensmetaphysikern: Populär-philosophische Essays * **Sachs, Eva** Die fünf platonischen Körper: Zur Geschichte der Mathematik und der Elementenlehre Platons und der Pythagoreer * **Scheidemann, Philipp** Memoiren eines Sozialdemokraten, Erster Band * Memoiren eines Sozialdemokraten, Zweiter Band * **Schleich, Carl Ludwig** Erinnerungen an Strindberg nebst Nachrufen für Ehrlich und von Bergmann * **Schlösser, Rudolf** Rameaus Neffe - Studien und Untersuchungen zur Einführung in Goethes Übersetzung des Diderotschen Dialogs * **Schweitzer, Christoph** Reise nach Java und Ceylon (1675-1682). Reisebeschreibungen von deutschen Beamten und Kriegsleuten im Dienst der niederländischen West- und Ostindischen Kompagnien 1602 - 1797. * **Schweitzer, Philipp** Island - Land und Leute * **Sommerlad, Theo** Die soziale Wirksamkeit der Hohenzollern * **Stein, Heinrich von** Giordano Bruno. Gedanken über seine Lehre und sein Leben * **Strache, Hans** Der Eklektizismus des Antiochus von Askalon * **Sulger-Gebing, Emil** Goethe und Dante * **Thiersch, Hermann** Ludwig I von Bayern und die Georgia Augusta * Pro Samothrake * **Tyndall, John** Die Wärme betrachtet als eine Art der Bewegung, Bd. 1 * Die Wärme betrachtet als eine Art der Bewegung, Bd. 2 * **Virchow, Rudolf** Vier Reden über Leben und Kranksein * **Vollmann, Franz** Über das Verhältnis der späteren Stoa zur Sklaverei im römischen Reiche * **Wachsmuth, Curt** Das alte Griechenland im neuen * **Weber, Paul** Beiträge zu Dürers Weltanschauung * **Wecklein, Nikolaus** Textkritische Studien zu den griechischen Tragikern * **Weinhold, Karl** Die heidnische Totenbestattung in Deutschland * **Wellhausen, Julius** Israelitische und Jüdische Geschichte, Reihe ReligioSus Band VI *ced**Wellmann, Max** Die pneumatische Schule bis auf Archigenes - in ihrer Entwickelung dargestellt * **Wernher, Adolf** Die Bestattung der Toten in Bezug auf Hygiene, geschichtliche Entwicklung und gesetzliche Bestimmungen * **Weygandt, Wilhelm** Abnorme Charaktere in der dramatischen Literatur. Shakespeare - Goethe - Ibsen - Gerhart Hauptmann * **Wlassak, Moriz** Zum römischen Provinzialprozeß * **Wulffen, Erich** Kriminalpädagogik: Ein Erziehungsbuch * **Wundt, Wilhelm** Reden und Aufsätze * **Zallinger, Otto** Die Ringgaben bei der Heirat und das Zusammengeben im mittelalterlich-deutschem Recht * **Zoozmann, Richard** Hans Sachs und die Reformation - In Gedichten und Prosastücken, Reihe ReligioSus Band III

www.severus-verlag.de

www.ingramcontent.com/pod-product-compliance
Lightning Source LLC
Chambersburg PA
CBHW070825300426
44111CB00014B/2471